임동석중국사상100

서경

書經(尚書)

林東錫 譯註

周公 像

"상아, 물소 뿔, 진주, 옥. 이런 진괴한 물건들은 사람의 이목은 즐겁게 하지만 쓰임에는 적절하지 않다. 그런가 하면 금석이나 초목, 실, 삼베, 오곡, 육재는 쓰임에는 적절하나 이를 사용하면 닳아지고 취하면 고갈된다. 그렇다면 사람의 이목을 즐겁게 하면서 이를 사용하기에도 적절하며, 써도 닳지 아니하고 취하여도 고갈되지 않고, 똑똑한 자나 어리석은 자라도 그를 통해 얻는 바가 저마다 그 자신의 재능에 따라주고, 어진 사람이나 지혜로운 사람이나 그를 통해 보는 바가 저마다 그 자신의 분수에 따라주되 무엇이든지 구하여 얻지 못할 것이 없는 것은 오직 책뿐이로다!"

《소동파전집》(34) 본 《眞寶》(後集) 099 〈이씨산방장서기〉에서, 구당(丘堂) 여원구(呂元九) 선생의 글씨

책머리에

올해(2014) 11월 중국 고대 유적지와 역사박물관만을 위주로 학술답사에 나섰다. 몇 번씩 가 본 곳이지만 이번에는 몇몇 역사학자들과 역사재단 편경범片京範 실장이 함께하는 순수한 학술답사인만큼 기대와 설렘이 컸다. 나아가 내가 알고 있던 역사 상식에 대한 잘못된 이해나, 알지도 못한 채 그동안 중국 고전 역주작업에 매달려왔던 것은 아닌지에 대한 두려움도 앞섰다.

서안의 함양咸陽 공항에 내리자 천지는 연무煙霧에 덮여 한낮이건만 캄캄하였다. 곧바로 비림박물관碑林博物館을 거쳐 명대 서안성西安城의

〈碑林〉(陝西 西安)

〈半坡遺址〉(陝西 西安 : 仰韶文化)

웅대함을 아스라이 휘돌아 숙소에 들었다. 이튿날 앙소문화仰昭文化의 대표적 유적지 반파박물관半坡博物館과 임동臨潼 병마용박물관兵馬俑博物館을 거쳐 진시황릉秦始皇陵을 멀리서 훑어보고는 기차에 올라 낙양洛陽으로 떠났다. 일정이 너무 급해 그야말로 주마간화走馬看花였지만 여행 때마다 나를 담당하던 낯익은 안내원 마부장馬部長을 만나자 마음이 놓였다.

낙양의 용문석굴龍門石窟과 낙양박물관을 거쳐 언사偃師 이리두二里頭 하왕성夏王城 유지遺址에 이르자 내 눈이 확 뜨였다. 여기가 하夏나라 도읍지로 추정되는 곳이라 하여, 그간 초보적으로 발굴해 놓았던 자료를 볼 수 있었던 것이다. 하나라는 사실 역사 속에 첫 왕조로 알려져 왔으나 도읍지가 어딘지 알 수 없었는데 이런 곳이었다고 추정되었다니

〈龍門石窟〉(河南 洛陽)

신기함을 억누를 수 없었다. 곁에는 편작扁鵲 사당이 있었고 이제는 경
로당 역할을 하고 있으며, 둘레는 가을배추가 서리를 기다리고 있는 황
량한 농토였다. 다시 정주에 이르러서 하남성박물관에서는 고대 역사의
찬란한 문물과 신기한 황하문화의 정수를 모아놓은 유물을 보고 혀를

顓頊·帝嚳 〈二帝陵〉(河南 內黃縣)

〈二帝陵의 尋源表〉

내둘렀다. 한편 시내 구석의 상성로商城路에 있는, 상나라 때 토성土城으로 흔히 거론되던 박毫이 여기도 그중 한 곳이었다니 성터 위의 나무며, 아침 태극권을 하거나 악기를 불며 햇볕을 쬐는 시민의 모습에 이들이 그 먼 역사를 아는지 신기하게 느껴졌다. 이어서 먼 여정의 안양安陽으로 가는 길에 내황현內黃縣 이제릉二帝陵을 찾아 나섰다. 전설상의 오제五帝 중에 전욱顓頊 고양씨高陽氏와 제곡帝嚳 고신씨高辛氏를 함께 모신 곳이었다. 들길을 돌아 목적지에 이르러 차에서 내리자, 늙은 마을 노인

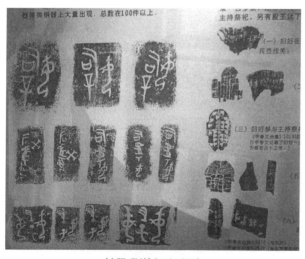

〈安陽 殷墟〉(河南 安陽)

몇이 늦가을 햇볕을 쬐며 문 앞 양지에 웅크리고 앉아 있었다. 사실 여부를 떠나 이곳이 '중화민족 성씨 분화 발원지'라는 안내판을 통해 심원의식尋源意識으로서의 역할은 훌륭하게 하고 있다

〈武梁祠〉武氏墓群(山東 嘉祥縣)

는 생각이 들었다. 황량하고 추운 평원을 돌아 안양安陽에 도착, 도무지 실내 온도를 맞출 수 없는 특급 온천호텔에서 떨면서 숙박을 할 수밖에 없었다. 아침 일어나보니 서리가 천지를 덮고 있었다. 다시 여정에 올라 먼저 유리성羑里城에 이르렀다. 은殷의 말왕 주紂가 서백西伯 창(姬昌, 뒤의 周文王)을 감금했던 감옥으로 널리 알려진 곳인데 그 유리성이 바로 여기인 줄은 이번에 처음 알게 되었다. 복희씨伏犧氏의 '역易' 팔괘八卦를 64괘로 연화演化하고 괘사卦辭와 효사爻辭의 의미를 문자로 풀이하여 《주역周易》으로 정리하였다는 곳이 바로 여기로 많은 전설도 남겼다. 그 앞에 점치는 풀 시초蓍草는 쑥대처럼 자라고 있었다. 다시 은허殷墟! 하남 안양 소둔촌小屯村. 갑골문甲骨文 발견의 온갖 이야기를 담고 있으며, 인류 역사상 위대한 문자를 발견한 엄청난 의미를 지닌 곳이다. 그런가 하면 《상서》에 반경盤庚이 이곳으로 천도하면서 반대하던 토호들을 달래고 윽박지르며 뜻을 이룬 내용이 많이 기록된 곳이 바로 여기이며, 이

〈大禹像〉武氏墓 石刻

〈倉頡造字〉와 〈堯舜禪讓〉

곳 또한 박훈毫이라 불렸으니 상商, 殷나라의 도읍지는 구체적으로 확정지을 수 없음이 여전히 수수께끼이다.

　상나라 제단祭壇터와 고종高宗 무정武丁의 아내로 알려진 부호婦好의 무덤과 많은 양의 청동기 유물 등, 그런가 하면 가슴을 벅차게 하는 갑골문 출토지 등에서는 3천 년 전 옛 역사의 실물이 거짓말처럼 내 눈앞에 펼쳐져 있었다. 지난날 그저 여행으로 둘러보았을 때와는 전혀 달랐고, 책으로 공부했던 것, 지금《상서》를 역주하면서 보고 있는 과거와의 대화는 타임머신을 타고 옛사람들을 만나고 있는 듯한 착각이 들 정도였다. 아쉬움을 뒤로 하고 먼 산동성 제녕濟寧을 향한 긴 여정에 몸을 실었다. 여불위呂不韋의 고향 복양濮陽을 지나 황하黃河를 건너 하택河澤에 이르는 길목의 경항대운하京杭大運河 위로 비친 저녁 해는 붉다 못해

〈伏犧와 女媧〉

대평원 위의 광대한 그림으로 천지를
올려놓고는 시간을 재촉하고 있었다.
산동! 거리상 고국이 가깝기도 하지
만 공맹孔孟의 고향이며 제로齊魯의
찬란한 유가儒家 사상이 깃든 곳에 다
시 왔다는 안도감에 깊은 잠에 들 수
있었다. 이튿날 이른 아침 찾아간 가
상현嘉祥縣 무씨사당武梁祠의 화상석
畵像石은 눈에 익은 그대로였으며, 실
물 크기를 보고서야 내 작업에 원용
했던 그림들에 자신감을 갖게 되었다.
다시 태안 대문구大汶口 유적지를 거
쳐 제남濟南으로 떠났다. 이튿날 장구

〈伏犧와 女媧〉

시章丘市 성자애城子崖 용산진의 그 이름도 귀에 익은 용산문화龍山文化
유적지에 이르렀다. 마찬가지로 황량한 들판! 어디를 파도 옛 고고문물
이 묻혀 있을 것만 같은 착각을 뒤로 하고 치박淄博 임치臨淄의 제齊나
라 치박박물관에 도착하였다. 그 찬란했던 제나라. 강태공姜太公과 전상
田常의 강씨제姜氏齊와 전씨제田氏齊로 이어져 춘추전국을 호령했던 역
사 속의 영웅호걸들, 제환공齊桓公, 관중管仲과 포숙鮑叔, 전단田單, 안자

〈大汶口遺址〉(山東 泰安)

〈城子崖遺址〉(山東 章丘市 龍山鎭) : 龍山文化

〈龍山文化博物館〉(山東 章丘市)

晏子, 손자孫子 이제는 어디로 갔나 하는 감회에 길을 재촉하여 청도靑島
에 닿아 청도박물관에서 그들의 동이문화東夷文化와 산동 동부 고대사
에 대한 확인을 끝으로 고대사 답사 여행은 막을 내렸다.

〈臨淄博物館〉(山東 淄博)

이번 답사여행은 그야말로 《상서》 역주를 위한 알뜰한 확인이었다. 돌아와 원고를 다시 고치고, 확인하고 정리하면서 한편 뿌듯하기도 하고 한편 아쉽기도 하지만 아무리 미진해도 이제는 마무리를 지어야겠다는 생각에 도리어 용기를 내고 말았다. 옛 사람도 이 《상서》를 두고 "《尚書》文句古奧, 訓釋爲艱"(《상서》는 문구가 옛스럽고 오묘하여, 풀이와 해석이 어렵다)이라고 하였으니, 나도 그런 핑계를 댈 수밖에 없음에랴!

2014 대설大雪에 줄포苗浦 임동석林東錫이 부곽재負郭齋에서 적음.

일러두기

1. 이 책은 十三經注疏本《尚書正義》를 바탕으로 〈今文〉, 〈古文〉(僞古文) 《尚書》 전체를 역주한 것이다.

2. 이에 따라《尚書正義》(十三經注疏本, 臺灣 藝文印書館 印本, 中華書局印本)를 저본으로, 다른 판본의《상서》역주본 등을 相互 交叉 對照하여 經文의 문자를 표준으로 하여 작업하였다.

3. 그 외 今文만을 위주로 한《尚書今註今譯》(屈萬里, 臺灣商務印書館),《新譯尚書讀本》(吳璵, 三民書局),《新譯尚書讀本》(郭建勳, 三民書局)과 일부만을 詮譯한《尚書詮譯》(金兆梓, 中華書局)도 참고하였으며, 특히 江灝, 錢宗武의 역주본《今古文尚書全譯》(貴州人民出版社) 및 우리나라 전래의《書傳》(世昌書館 印本) 등은 매우 유용한 참고 자료로 활용하였다.

4. 저본을 근거로 〈우서虞書〉, 〈하서夏書〉, 〈상서商書〉, 〈주서周書〉 등 넷으로 구분하고 '堯典'부터 '秦誓'까지 50편으로 나누었으며, 上中下로 나뉜 '太甲', '盤庚', '說命', '泰誓'는 한 편으로 처리하였다.

5. 전체를 230 조항으로 나누어 일련번호를 부여하고, 괄호 안에 다시 편 내의 번호를 표시하였으나 이러한 구분은 단지 읽기 편하도록 한 것이며 원전이나 관례는 없다.

6. 매 편마다 임의로 제목을 부여하여 읽는 이의 이해나 검색에 편하도록 하였다.

7. 원문은 현대 중국식 표점을 가하여 앞에 제시하였으며, 이어서 해석과 주석을 실었다. 주석은 人名, 地名, 事件名, 用語 등 해석상 註釋이 필요한 것들을 제시하고 풀이하였으며, 이미 제시된 것이라 할지라도 해당 장의 이

해에 필요하다고 여겨지면 반복하여 실은 것도 있다.

8. 직역을 위주로 하였으나 문장의 뜻을 순통하게 하기 위하여 일부 의역을 한 곳도 있으며, 고대어의 미묘한 특징이나 특유의 표현법 등은 모두 주석에서 처리하였다.

9. 각 편의 서문은 〈序〉로 밝혔으며 이 또한 주석과 해석을 함께 하여 이해에 도움이 되도록 하였고, 부록으로는 관련 서발과 《사기》의 관련 本紀 4편을 실어 연구와 참고에 도움이 되도록 하였다.

10. 주석의 근거는 孔穎達 疏나 기타 학자들의 의견을 인용할 경우 가능하면 이를 밝혔으며, 그 문장은 따로 해석해 넣지 않고 원문을 그대로 제시하였다.

11. 작업상 오자, 탈자, 오류 등 불가피하였던 부분은 발견하는 대로 계속 수정 보완해 나갈 것이다.

12. 이 책의 역주 작업에 참고한 문헌은 다음과 같다.

※참고문헌

1. 《尙書正義》漢 孔安國(傳), 唐 孔穎達(正義)《十三經注疏》藝文印書館 臺北

2. 《尙書正義》漢 孔安國(傳), 唐 孔穎達(正義) 淸 阮元(校刻)《十三經注疏》中華書局 北京

3. 《尙書》四庫全書 商務印書館 印本 臺北

4. 《尙書》四部備要

5. 《尙書》四部叢刊

6. 《尙書》吳樹平(點校) 十三經全文標點本 北京燕山出版社 1991 北京

7. 《尙書詮譯》金兆梓 中華書局 2010 北京

8. 《尙書今註今譯》屈萬里 臺灣商務印書館 1979 臺北

9. 《今古文尙書全譯》江灝, 錢宗武 貴州人民出版社 1990 貴陽

10. 《新譯尙書讀本》吳璵 三民書局 2013 臺北

11. 《新譯尙書讀本》郭建勳 三民書局 2011 臺北

12. 《書傳》蔡沈 明文堂 古本 1981 서울

13. 合本四書三經《書經》柳正基(監修) 東亞圖書 1983 서울

14. 《書經》金冠植 玄岩社 1973 서울

15. 《經傳釋詞》王引之 河洛圖書出版社 1980 臺北 臺灣

16. 《四庫全書總目》(2권) 漢京文化事業有限公司

17. 《經傳釋詞》(活字本) 王引之 河洛圖書 1980 臺北

18. 《書傳》宋, 蘇軾(撰) 〈四庫全書〉本

19. 《洪範口義》宋, 胡瑗(撰) 〈四庫全書〉本

20. 《尙書全解》宋, 林之奇(撰) 〈四庫全書〉本

21. 《尙書講義》宋, 史浩(撰) 〈四庫全書〉本

22. 《何氏尙書詳解》宋, 何僎(撰) 〈四庫全書〉本

23. 《尙書說》宋, 黃度(撰) 〈四庫全書〉本

24. 《五誥解》宋, 楊簡(撰) 〈四庫全書〉本

25. 《書經集傳》宋, 蔡沈(撰) 〈四庫全書〉本

26. 《尙書正義》宋, 黃倫(撰) 〈四庫全書〉本

27. 《陳氏尙書詳解》宋, 陳經(撰) 〈四庫全書〉本

28. 《尙書要義》宋, 魏了翁(撰) 〈四庫全書〉本

29. 《尙書表注》宋, 金履祥(撰) 〈四庫全書〉本

30. 《書傳輯錄纂註》元, 董鼎(撰) 〈四庫全書〉本

31. 《尙書通考》元, 黃鎭成(撰) 〈四庫全書〉本

32. 《尙書句解》元, 朱祖義(撰) 〈四庫全書〉本

33. 《書傳會選》明, 劉三吾(等敕撰) 〈四庫全書〉本

34. 《書經大全》明, 胡廣(等奉敕撰) 〈四庫全書〉本

35. 《洪範明義》明, 黃道周(撰) 〈四庫全書〉本

36. 《欽定書經傳說彙纂》淸, 王頊齡(等奉敕撰) 〈四庫全書〉本

37. 《尙書稗疏》淸, 王夫之(撰) 〈四庫全書〉本

38. 《尙書古文疏證》淸, 閻若璩(撰) 〈四庫全書〉本

39. 《古文尙書寃詞》淸, 毛奇齡(撰) 〈四庫全書〉本

40. 《禹貢錐指》淸, 胡渭(撰) 〈四庫全書〉本

41. 《尙書地理今釋》淸, 蔣廷錫(撰) 〈四庫全書〉本

42. 《尙書大全》淸, 孫之騄(輯) 〈四庫全書〉本

43. 《尙書補疏》淸, 焦循(撰) 〈皇淸經解〉本

44. 《尙書後案》淸, 王鳴盛(撰) 〈皇淸經解〉本

45. 《尙書集注音疏》淸, 江聲(撰) 〈皇淸經解〉本

46. 《尙書注疏考證》淸, 齊召南(撰) 〈皇淸經解〉本

47. 《尙書古今文注疏》淸, 孫星衍(撰) 〈皇淸經解〉本

48. 《古文尙書考》淸, 惠棟(撰) 〈皇淸經解〉本

49. 《古文尙書撰異》淸, 段玉裁(撰) 〈皇淸經解〉本

50. 《中國歷史紀年表》華世出版社 編輯部 1978 臺北

51. 《左傳注疏》十三經注疏本(宋本) 嘉慶 21년 江西 南昌府學開彫. 臺灣 藝文印書館 印本.

52. 《春秋經傳集解》晉, 杜預 上海古籍出版社 1988 上海

53. 《左傳會箋》(日, 1903)竹添光鴻 鳳凰出版社(覆印本) 1977 臺北

54. 《春秋經傳集解》(四部叢刊) 晉, 杜預(撰) 唐, 陸德明(音義) 景玉田蔣氏藏本 書同文(電子版) 北京

55. 《公羊傳注疏》十三經注疏本(宋本) 嘉慶 21년 江西 南昌府學開彫. 臺灣 藝文印書館 印本.

56. 《穀梁傳注疏》十三經注疏本(宋本) 嘉慶 21년 江西 南昌府學開彫. 臺灣 藝文印書館 印本.

57. 《世本》周渭卿(點校) 齊魯書社 2010 濟南 山東

58. 《帝王世紀》晉, 皇甫謐(撰). 陸吉(點校) 齊魯書社 2010 濟南 山東

59. 《逸周書》袁宏(點校) 齊魯書社 2010 濟南 山東

60. 《竹書紀年義證》雷學淇 藝文印書館 1977 臺北

61. 《竹書紀年》張潔·戴和冰(點校) 齊魯書社 2010 濟南 山東

62. 《史記》鼎文書局(活字本) 1978 臺北

63. 《二十五史》鼎文書局(活字本) 1978 臺北

64. 《中國歷史大事年表》上海辭書出版社 1986 上海

65. 《中國歷史年表》柏楊 星光出版社 1979 臺北

66. 《中國帝王譜》田鳳岐(編) 天津市普文印務公司 2003 天津

67. 《經學辭典》黃開國(編) 四川人民出版社 1993 成都

68. 《中國儒學辭典》趙吉惠·郭厚安(編) 遼寧人民出版社 1989 瀋陽

69. 《中國大百科全書》(哲學) 中國大百科全書出版社 1992 北京

70. 《中國大百科全書》(歷史) 中國大百科全書出版社 1992 北京

71. 《中國儒學百科全書》中國大百科全書出版社 1997 北京

72. 《郡齋讀書志》宋, 晁公武(撰), 孫猛(校證) 上海古籍出版社 1990 上海

73. 《詩經直解》陳子展 復旦大學出版社 1991 上海

74. 《四書集註》林東錫(譯) 東西文化社 2009 서울

75. 《漢書藝文志問答》臺灣中華書局 1982 臺北

76. 《中國通史》李符桐(外) 文鳳出版社 1973 臺北

77. 《圖說中國歷史》周易(主編) 二十一世紀出版社 2002 南昌 江西

78. 《圖說中國歷史》中央編譯出版社 2007 北京

79. 《說話中國》李學勤(外) 上海文藝出版社 2004 上海

80. 《中國史綱》張蔭麟 九州出版社 2005 北京

81. 《上古史》張淸華 京華出版社 2009 北京

82. 《正說中國三百五十帝》倉聖 黑龍江人民出版社 2006 哈爾濱

83. 《中國歷史》聞君 北京工業大學出版社 2006 北京

84. 《中國歷史》周佳榮(外) 香港敎育圖書公司 1989 香港

85. 《中國歷史博物》朝華出版社(編) 2002 北京

86. 《國學導讀叢編》周何·田博元 康橋出版社 1979 臺北

87. 《經學通論》王靜芝 國立編譯館 1982 臺北

88. 《中國學術槪論》林東錫 傳統文化硏究會 2002 서울

89. 《說文解字》,《太平御覽》,《山海經》등.

90. 工具書 등 기타 文獻은 기재를 생략함.

中國歷史發展略圖
(夏代～南北朝)

中國歷史發展略圖
(隋朝～明朝)

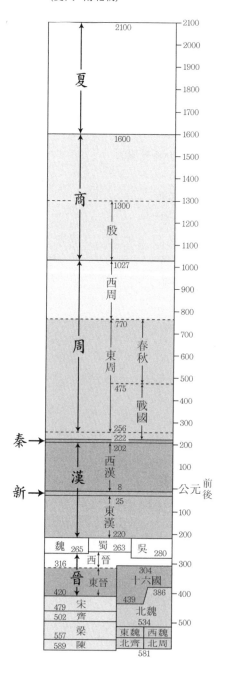

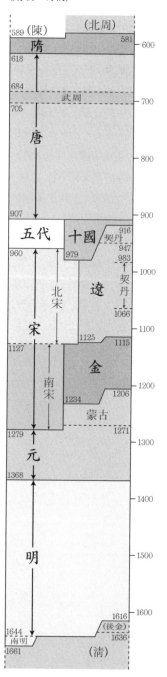

해제

I. 《尙書》의 명칭

《서(書)》는 '尙書'라고도 하며 흔히 三經, 五經으로 말할 때는 '書經'이라고도 한다. 虞書, 夏書, 商書, 周書로 불리던 것이 漢初 伏生(伏勝)에 의해 '尙書'라 이름이 굳어졌고 줄여서 '서'라 하게 되었다.

이의 저본은 물론 唐, 虞, 夏, 商, 周 五代의 정치 당안(檔案, file)이었다. 또한 그 내용은 왕의 정령(政令)을 기록한 것이 위주이며, 사건을 서술한 것은 극히 일부이다.

《漢書》藝文志 春秋類의 叙에 "古之王者世有史官, 君擧必書, 所以愼言行, 昭法式也. 左史記言, 右史記事. 事爲春秋, 言爲尙書, 帝王靡不同之"라 하였으며, 《禮記》玉藻篇에도 "動則左史書之, 言則右史書之"라 하여 右史는 '記言', 즉 천자의 말, 政令, 敎示, 諭示 등을 기록한 것으로서 '記事'(左史가 사건을 기록하는 것)의 체제와는 달라 《春秋》와 좋은 대조를 이루고 있다.

그러나 '言'과 '事'의 절연한 구분이란 있을 수 없다. 따라서 《상서》 중에도 〈顧命篇〉 등과 같이 물론 사건을 기록한 것도 있다.

한편 이를 《상서》라 칭한 데 대해서는 3가지 가설이 있다.
①陸德明의 《經典釋文》叙錄에는 "以其尙古之書, 故謂之尙書"라 하였다.
②王肅은 "上所言, 下爲史所書, 故曰尙書"라 하였다.
③鄭玄은 "尙者, 上也. 尊而重之, 若天書然"이라 하였다.
이 가운데 육씨의 설명이 비교적 타당하다 여기고 있다.

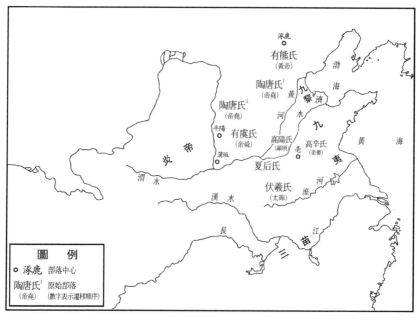

〈中國 上古시대 黃河유역 部族들〉

II. 作者

《서》는 당, 우, 하, 상, 주의 史官이 기록한 것이다. 그러므로 매 편마다 周公이나 皐陶(고요)의 말이 있다고 해서 그들이 기록한 것은 아니다. 다만 공자가 정리하였다는 설에 대해서《漢書》藝文志에 "書之所起遠矣. 至孔子纂焉. 上斷於堯, 下訖於秦. 凡百篇而爲之序, 言其作意"라 하였으며, 《尚書正義》에도《尚書緯》를 인용하여 "孔子求書, 得黃帝玄孫帝魁之書, 迄于秦穆公, 凡三千二百四十篇, 斷遠取近, 定可以爲世法者, 百二十篇, 以百二篇爲尚書, 十八篇爲中侯"라 하였다. 또한《史記》孔子世家에도 "孔子序書傳, 上紀唐虞之際, 下至秦穆. 編次其事"라 하여 공자가《상서》의 100 여편에 序를 붙인 것으로 되어 있다. 그러나 康有爲는 이는 믿을 수 없다고 하였으며, 실제 공자의 정리설에 대해서는 확정적으로 말할 수 없다.

Ⅲ. 《尙書》의 種類

《상서》의 古今 眞僞 문제와 그 종류에 대해 청대 학자들이 많은 노력을
기울인 끝에 대략 다음의 세 종류로 구분됨을 밝혀냈다.

(1) 《今文尙書》

漢 武帝 때에 濟南 사람 伏生(伏勝)이 전한 29편을 말한다. 원래는 28편이
었으나 뒤에 〈泰誓篇〉을 보충해 넣은 것이라고도 한다. 앞서 말한 대로 구
전되어 오던 것을 漢代에 통용되던 당시 문자인 隷書로 베껴서 〈今文尙書〉
라 부른다. 《漢書》 儒林傳 伏生傳에 "伏生濟南人也. 故爲秦博士. 孝文時, 求
能治尙書者, 天下亡有, 聞伏生治之, 欲召, 時伏生年九十餘, 老不能行. 於是詔
太常使掌故朝錯往受之. 秦時禁書, 伏生壁藏之. 其後大兵起, 流亡. 漢定, 伏
生求其書, 亡數十篇, 獨得二十九篇. 卽以敎於齊魯之間, 齊學者由此頗能言尙
書"라 하였다.

이 《今文尙書》 29편의 편목은 다음과 같다(王先謙의 伏生篇과 皮錫瑞의 설
에 의함).

(1)堯典(今本에는 舜典이 합해져 있음) (2)皐陶謨 (3)禹貢 (4)甘誓 (5)湯誓 (6)盤
庚 (7)高宗肜日 (8)西伯戡黎 (9)微子 (10)牧誓 (11)洪範 (12)金縢 (13)大誥 (14)康
誥 (15)酒誥 (16)梓材 (17)召誥 (18)洛誥 (19)多士 (20)無逸 (21)君奭 (22)多方 (23)
立政 (24)顧命 (25)康王之誥 (26)費誓 (27)呂刑 (28)文侯之命 (29)秦誓

이 〈今文尙書〉는 漢 武帝 때 歐陽高를 박사로, 宣帝 때에는 大夏侯(勝)와
小夏侯(建)를 박사로 세웠었다. 그러나 이 세 사람의 책은 晉의 永嘉의 난
때 망실되고 말았다.

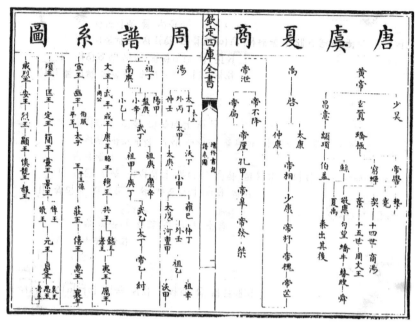

〈唐, 虞, 夏, 商, 周 五代 世系圖〉時潤《增修東萊書說》

(2)《古文尙書》(逸書)

이 책은 '逸書'라고도 칭한다. 앞서의 설명대로 漢 武帝 말 魯 恭王이 공자의 구택을 헐다가 벽에서 나온, 蝌蚪文으로 쓰여 있던 것이다. 모두 16 편이었으며, 孔安國이 조정에 바쳤으나 巫蠱의 사건으로 학관에 들지 못하였다.

《漢書》藝文志에 "古文尙書者, 出孔子壁中. 武帝末, 魯共(恭)王壞孔子宅, 欲以廣其宮, 而得古文尙書, 及禮記·論語·孝經, 凡數十篇, 皆古字也. ……孔安國者, 孔子後也. 悉得其書, 以考二十九篇, 得多十六篇. 安國獻之, 遭巫蠱事, 未列于學官"이라 하였는데, 여기서 "以考二十九篇, 得多十六篇"에 대해 顏師古의 注에는 "이미 세상에 나돌던 〈今文尙書〉 29편과 대조해 보고 그 밖의 16편을 더 찾았다"(壁中書多, 以考見行世二十九篇之外, 更得十六篇)라 하여, 금고문을 합하면 45편임이 밝혀졌다고 설명하였다. 그러나 이《古文尙書》

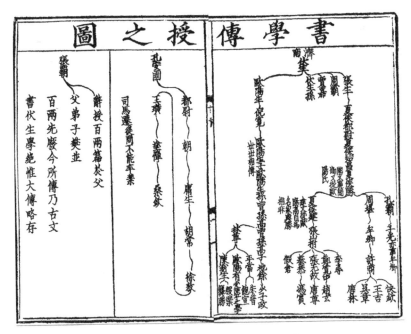

〈尙書學의 傳授圖〉四部叢刊 經部《尙書》

16편은 漢末 兵亂에 사라지고 말았다.

(3)《僞古文尙書》

〈1〉梅氏의《僞古文尙書》

孔安國의〈古文尙書〉가 학관에 들지 못한 채 병란으로 없어지고, 伏生이 전하였던〈今文尙書〉도 서한 때 학관에 들어서 歐陽高와 大小夏侯氏에 의해 전해졌으나 서진 永嘉亂으로 없어지자, 동진 때 이르러 새로운 일이 발생한다.

그 무렵 豫章內史를 지내던 梅賾(字는 仲眞)는 여러 고적 중에 인용된《尙書》구절을 모두 모아 25편을 만들고, 아울러 伏生의《尙書》29편을 33편으로 늘려 모두 58편을 지어 조정에 바쳤다. 이 梅本은 晉으로부터 唐에 이르도록 僞書인 줄 모른 채 당 太宗의 명에 의해 孔穎達이〈尙書正義〉를 지을

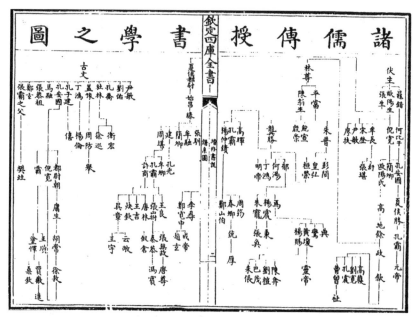

〈尙書學의 傳授圖〉 四庫全書 經部 《增修東萊書說》

때도 이를 믿고 저본으로 택하였다. 陸德明의 《經典釋文》에 "江左中興, 元帝時, 豫章內史枚賾, 奏上孔傳古文尙書. 亡舜典一篇, 購不能得, 乃取王肅注堯典, 從愼徽五典以下, 分爲舜典以續之, 學徒逐盛"이라 하여 의심 없이 五經에 나란히 들게 되었다. 그러다가 南宋에 이르러 오역(吳棫)이 《書稗傳》을 지으면서 비로소 의심이 시작되었다.

吳棫은 이 책에서 "增多之書, 皆文從字順. 非若伏生之書, 詰屈聱牙"라 하였으며, 《朱子語類》에서 "漢儒以伏生書爲今文, 安國之書爲古文, 以今古之, 則今文多艱澁, 而古文反平易. 伏生背文暗誦, 乃偏得其所難. 安國考定於蝌蚪古書錯亂·磨滅之餘, 反得其所易, 則有不可曉者"라 하여 의심을 나타냈으며, 또한 陳振玉도 같은 의심을 표하였다.

明代에 이르러 吳澄을 거쳐 梅鷟가 《尙書考異》를 지어 위작이라 반박하였으나 그 증거가 불충분하였다. 그러나 청대에 이르러 閻若璩가 《古文尙書疏證》을 지어 실학의 고증방법으로 128조목에 이르는 근거를 찾아내어 위작임이 증명되었다.

그러나 이 梅本의 《僞古文尙書》는 뒤에 王肅을 거쳐 당 孔穎達의 正義로, 송대에 十三經에 列入되면서 지금 통행하는 《十三經注疏本》으로 정착되었다.

이것이 위작임에도 폐기하지 않은 이유는 대략 다음의 네 가지로 볼 수 있다.

〈伏生授經圖〉 王維(唐) 일본 오사카시립미술관 소장

① 현재의 梅氏本 58편 중 완전 위조는 25편이다. 그 외 33편은 伏生의 29편을 늘린 것으로, 舜典만 王肅本을 근거로 하였고, 그 외엔 孔安國의 것을 근거로 한 것이라 여겨지기 때문이다.

② 梅氏本이 진본은 아니지만, 그것을 조작할 때 시기적으로 그리 멀지 않았으므로 고서를 직접 접할 수 있었을 것이다.

③ 孔安國本이 비록 매씨에 의해 새로 쓰여졌지만 시기적으로 멀지 않아 훈고에 많은 정확성이 있었을 것이고, 게다가 孔穎達의 正義에 나타난 문물 전제는 후세 고증학자들의 좋은 자료가 되므

〈太昊 伏犧氏〉《三才圖會》

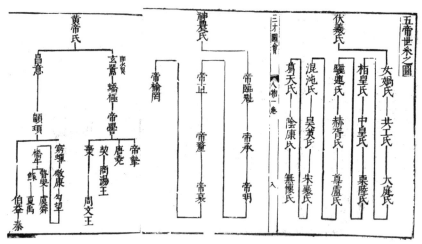

〈五帝世系圖〉《三才圖會》

로 없애기에 애석하다.

④ 매씨본은 晉 이래로 많은 학자들이 진본으로 믿고 인용하였으며, 많은 전고를 가지고 있다. 갑자기 없애기에 불편을 느낀다.

이상이 이제껏 통용되는 이유이다.

여기서 매씨의 《僞古文尙書》 25편의 편목을 보면 다음과 같다.

(1)大禹謨 (2)五子之歌 (3)胤征 (4)仲虺之誥 (5)湯誥 (6)伊訓 (7, 8, 9)太甲(上·中·下) (10)咸有一德 (11, 12, 13)說命(上·中·下) (14, 15, 16)泰誓(上·中·下) (17)武成 (18)旅獒 (19)微子之命 (20)蔡仲之命 (21)周官 (22)君陳 (23)畢命 (24)君牙 (25)囧命

〈2〉 〈百兩篇《僞古文尙書》〉(張霸《僞古文尙書》)

漢代 張霸가 102편으로 만든 《古文尙書》를 말한다.

王充의 《論衡》 正說篇에 "景帝時, 魯共王壞孔子敎授堂以爲殿, 得百篇尙書

〈盤古氏와 天皇氏〉《三才圖會》

于墻壁中. 武帝使使者取視, 莫能讀者. 遂秘于中, 外不得見. 至孝成皇帝時, 徵 爲古文尙書學. 東海張霸案百篇之序, 空造百兩之篇, 獻之成帝. 帝出秘百篇以校之, 皆不相應. 於是下霸於吏, 吏白霸罪當至死, 成帝高其材而不誅, 亦惜其文而不滅, 故百兩之篇傳在世間者, 傳見之人, 則謂尙書, 本有百兩篇矣"라 하였으며, 또한 《漢書》儒林傳 張山拊傳에도 "世所傳百兩篇者, 出東萊張霸, 分析合二十九篇, 以爲數十. 又采左氏傳·書叙, 爲作首尾. 凡百二篇. 篇或數簡, 文意淺陋, 成帝 …… 乃黜其書"라 하였다.

뒤에 劉向도 秘府에서 책을 교정하다가 이 책이 僞書임을 알고 폐출시켜 버렸다고 한다.

〈3〉杜林《漆書古文尙書》

漢代 杜林이 소지하였던 옷칠을 한 《尙書》를 말한다.

〈地皇氏와 人皇氏〉《三才圖會》

　《後漢書》杜林傳에 "林字伯山, 扶風茂林人也, 光武徵拜侍御史. 林前於西
州, 得漆書古文尙書一卷, 常寶愛之, 雖遭難困, 握持不離身……"이라 하였으
며, 또 같은 책 儒林傳에도 "扶風杜林傳古文尙書, 林同郡賈逵爲之作訓, 馬
融作傳, 鄭玄注解. 由是古文尙書遂顯於世"라 하였다. 그러나 이 책이 어떤
것이었는지는 알 수 없다. 후대에 어떤 이는 伏生의 것과 같다고 하였으나
믿을 것이 못 되고, 杜林傳에 '一卷'이라 한 것으로 보아 몇 편 안 되는 고서
로서 아마 난리 통에 민간으로 흘러 들어갔던 것이 아닌가 할 뿐이다.

〈焚書坑儒를 감행한 秦始皇〉

IV. 《尙書》의 體裁와 分類 및 內容

1. 體裁와 篇數

지금 《十三經注疏本》의 《尙書(원래 梅氏本)》는 4서 58편으로 되어 있다. 그 편목은 다음과 같다.

① 虞書(5편) : 堯典, 舜典, 大禹謨, 皐陶謨, 益稷謨.
② 夏書(4편) : 禹貢, 甘誓, 五子之歌, 胤征.
③ 商書(17편) : 湯誓, 仲虺之誥, 湯誥, 伊訓, 太甲(上·中·下), 咸有一德, 盤庚 (上·中·下), 說命(上·中·下), 高宗肜日, 西伯戡黎, 微子.
④ 周書(32편) : 泰書(上·中·下), 牧誓, 武成, 洪範, 旅獒, 金縢, 大誥, 微子之

〈坑儒谷遺址〉(陝西 咸陽)

命, 康誥, 酒誥, 梓材, 召誥, 洛誥, 多士, 無逸, 君奭, 蔡仲之命, 多方, 立政, 周官, 君陳, 顧命, 康王之誥, 畢命, 君牙, 囧命, 呂刑, 文侯之命, 費誓, 秦誓.

이상 《今文尚書》와 《僞古文尚書》《古文尚書》를 대비하여 정리하면 다음과 같다.

한편 필자의 본 역주본은 《僞古文尚書》(十三經의 《尚書正義》)를 완역한 것임을 밝힌다.

《尚書》譯註본 '今古文' 收錄 對照表

書	No.	篇	番號	章	備考	書	No.	篇	番號	章	備考
虞書	01	堯典	001-004	4	今古	周書	26	金縢	138-140	3	今古
	02	舜典	005-012	8	古		27	大誥	141-144	4	今古
	03	大禹謨	013-016	4	古		28	微子之命	145-148	4	古
	04	皋陶謨	017-019	3	今古		29	康誥	149-156	8	今古
	05	益稷	020-024	5	古(今)		30	酒誥	157-159	3	今古
夏書	06	禹貢	025-036	12	今古		31	梓材	160-161	2	今古
	07	甘誓	037-038	2	今古		32	召誥	162-166	5	今古
	08	五子之歌	039-044	6	古		33	洛誥	167-173	7	今古
	09	胤征	045-050	6	古		34	多士	174-176	3	今古
商書	10	湯誓	051-054	4	今古		35	無逸	177-179	3	今古
	11	仲虺之誥	055-057	3	古		36	君奭	180-183	4	今古
	12	湯誥	058-061	4	古		37	蔡仲之命	184-188	5	古
	13	伊訓	062-066	5	古		38	多方	189-191	3	今古
	14	太甲(上中下)	067-075	9	古		39	立政	192-194	3	今古
	15	咸有一德	076-085	10	古		40	周官	195-199	5	古
	16	盤庚(上中下)	086-094	9	今古		41	君陳	200-202	3	古
	17	說命(上中下)	095-104	10	古		42	顧命	203-206	4	今古
	18	高宗肜日	105-106	2	今古		43	康王之誥	207-209	3	古(今)
	19	西伯戡黎	107	1	今古		44	畢命	210-213	4	古
	20	微子	108-109	2	今古		45	君牙	214-216	3	古
周書	21	泰誓(上中下)	110-116	7	古		46	冏命	217-218	2	古
	22	牧誓	117-118	2	今古		47	呂刑	219-224	6	今古
	23	武成	119-121	3	古		48	文侯之命	225-226	2	今古
	24	洪範	122-132	11	今古		49	費誓	227-228	2	今古
	25	旅獒	133-137	5	古		50	秦誓	229-230	2	今古

○ 이상 古文 50편 今文 28편. 古文에만 있는 것 22편임.

○ 한편 〈益稷〉, 〈康王之誥〉 2편은 今文에는 합쳐져 있으며 편수는 上中下로 나뉜 것은 묶어서 계산하였음.

2. 分類

《尚書》의 내용에 대해 孔安國은 六體(典, 謨, 訓, 誥, 誓, 命)로 나누었고, 孔穎達은 十例(孔安國의 六體에 貢, 征, 歌, 範을 덧붙임)로 나누었다.

이를 설명하면 다음과 같다.

① 典 : 常法, 憲法의 뜻(堯典, 舜典).

② 謨 : 謀와 같은 뜻이며, 計劃 및 施政의 方針을 말함(大禹謨, 皐陶謨, 益稷謨).

③ 訓 : 賢臣이 君主에게 告誡함. 지금의 건의서(伊訓 등).

④ 誥 : 諭示. 종묘에는 祭告, 君主에게는 勸告, 君의 臣下에 대한 戒. 同官相告의 뜻(湯誥, 康誥 등).

⑤ 誓 : 약속 및 조약의 誓文(湯誓 등).

⑥ 命 : 명령, 하달공문 등의 뜻(說命 등).

⑦ 貢 : 토론을 벌여 정책을 결정하는 것(禹貢).

⑧ 征 : 왕명을 받들어 征伐함(胤征).

⑨ 歌 : 太康이 나라를 잃자 형제 5명이 노래를 부름(五子之歌).

⑩ 範 : 箕子가 천지의 대법을 서술함(洪範).

3. 內容

《尙書》의 내용은 분류편에서 대강 살펴보았지만 역대 이래 가장 중요하게 여긴 부분은 〈洪範篇〉의 九疇와 이른바 '十六字心傳'이다.

(1) 洪範九疇(이는 箕子가 周 武王에게 말해 준 것이라 함)

① 五行 : 일상의 다섯 가지 기본 물질 및 상징적인 표상(水, 火, 木, 金, 土).

② 敬用五事 : 일상의 五官 태도 (貌, 言, 視, 聽, 思).

③ 農用八政 : 經國의 요체(食, 貨, 祀, 司空, 司徒, 司寇, 賓, 師).

④ 協用五紀 : 天文의 曆數(歲, 月, 日, 星辰, 曆數).

⑤ 建用皇極 : 임금이 백성에게 임하는 도리를 말한 글. '皇建其極, 無黨無偏, 作民父母'하여 임금의 도리로 삼으라는 것.

⑥ 人用三德 : 덕성의 수양을 말함(正直, 剛克, 柔克).

⑦ 明用稽疑 : 卜筮의 방법을 말함.

⑧ 念用庶徵 : 氣象, 天變에 감응함을 이름(休徵, 咎徵).

⑨ 嚮用五福 : 선악에 따라 祥殃을 받는다는 뜻. 五福은 壽, 富康寧, 攸好德, 考終命을 말하며, 六極은 凶短折, 疾, 憂, 貧, 惡, 弱임.

(二) 十六字心傳

"人心惟危, 道心惟微, 惟精惟一 允執厥中"(사람의 마음이란 위태로운 것이고 도심은 미미한 것이므로, 오직 精一하게 하여 그 中을 꼭 잡을 것)을 말하는데 이는 大禹謨에 나오는 말로, 송대 儒學者들은 요, 순, 우에게 내려오면서 16자로 心傳되었다고 여겨 송대 理學을 여는 시발이 되었다.

V. 《尚書》의 傳授

1. 〈今文尚書〉의 傳授

한초에 濟南의 伏生은 《今文尚書》를 그곳의 張生과 歐陽生에게 전수하였다. 구양생은 이를 예관(兒寬)에게, 예관은 다시 구양생의 아들에게 전해주었으며, 그 후 대를 이어 구양생의 증손인 歐陽高에게 전해주었다. 구양고는 《尚書章句》를 지어 박사가 되었으며, 이로써 대대로 歐陽氏의 '尚書學'이 성행하였다.

다른 일파는 장생이 이를 魯의 夏侯氏에게 전해주었고 그는 족자인 始昌에게, 始昌은 다시 족자인 勝에게 이었다. 勝은 《尚書異說》을 지었으니 이가 바로 세상에서 일컫는 '大夏侯(勝)'이다. 勝은 다시 종형자인 建에게 이었는데, 建은 동시에 歐陽高에게도 배워 대성하여 '小夏侯(建)'라 일컬어진다.

그러나 이 학통은 晉의 永嘉 난 때에 삼가(大小夏侯, 歐陽高)의 書가 모두 흩어져 없어지고 말았다. 뒤에 청대에 이르러 輯佚學이 흥성하게 되자 陳

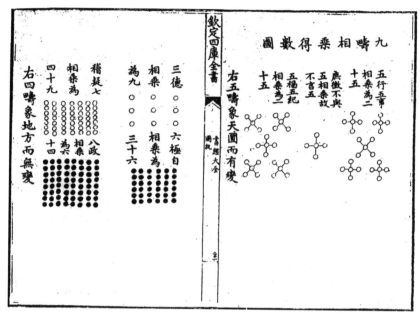

〈九疇相乘得數圖〉《書經大全》

喬樅이《今古尙書經說考》와《尙書歐陽夏侯遺說考》를 지어 겨우 서한시대의 금문상서학의 대강을 살필 수 있게 되었다.

2. 〈古文尙書〉의 傳授

孔安國이 孔壁에서 얻은《古文尙書》는 五傳하여 桑欽에 이르고 王莽 때에 학관에 들게 된다. 동한 때에는《古文尙書》가 빛을 보게 되었는데, 유명한 학자로는 賈逵, 孔僖, 尹咸, 周防, 周磐, 楊倫, 張楷, 孫期 등이 있었다.

馬融과 鄭玄은 금문과 고문을 왕래하였으나 고문을 위주로 하였다. 동한 끝 무렵부터 남북조의 북조 때에는 鄭玄의 주가 위주였으나, 당대 孔穎達이《尙書正義》를 지을 때 孔安國의 古文(梅氏의 僞古文에 편입된 것)을 範本으로 삼는 바람에 빛을 잃고 말았다.

청대에 이르러 漢學의 중흥으로 惠棟의 제자 江聲이《尙書集注音疏》를

짓고, 王鳴盛이 《尙書後案》을, 孫星衍이 《尙書古今文注疏》를 짓고, 戴震의
제자인 段玉裁가 《古文尙書撰異》를 지을 때 주로 馬融, 鄭玄의 주에 귀의
하여 고문학을 대강 살필 수 있게 되었다.

3. 〈僞古文尙書〉의 傳授

《僞古文尙書》의 전수는 鄭沖이 蘇愉에게, 다시 梁柳에게, 이것이 臧曹에
게, 그리고 梅賾(梅頤)에 이르러 편정되어 조정에 바쳐졌다. 그 무렵 모든 이
가 진짜로 믿어 드디어 학관에 들게 되었으며, 당에 이르러 孔穎達이 《尙書
正義》를 쓸 때 範本으로 채택되어 〈十三經〉을 거쳐 오늘에 이르도록 표준
으로 상존하게 되었다.

1. 〈尙書序〉 ·· 孔安國

　옛날 복희씨伏犧氏가 천하를 통치할 때에 비로소 팔괘八卦를 그리고, 서계書契를 만들어, 결승結繩으로 처리하던 정사를 대신하였으며, 이로 말미암아 문적文籍이 생겨나게 되었다.

　복희伏犧, 신농神農, 황제黃帝 시대의 글을 일러 《삼분三墳》이라 하며, 대도大道를 말한 것이다. 소호少昊, 전욱顓頊, 고신高辛, 당唐, 우虞시대의 글을 일러 《오전五典》이라 하며 상도常道를 말한 것이다. 하夏, 상商, 주周 시대에 기록에 이르러서는 비록 교화敎化를 만들었으나 그들과는 같지 않았으며 아정雅正한 고사誥辭와 심오한 뜻이 있었으니 하나의 지향하는 바로 귀착된다.

　이 까닭으로 대대로 이를 보물로 여겨 대훈大訓으로 여겼던 것이다. 팔괘의 이론을 일러 《팔색八索》이라 하며 그 의미를 찾는다는 뜻이다. 그리고 구주九州에 대한 기록을 일러 《구구九丘》라 하며, 구丘는 모으다聚의 뜻으로, 구주에 있는 것들, 그곳 토지에서 나는 것들, 그에 맞는 바의 풍기風氣가 모두 이 책에 모아져 있다는 뜻이다. 《춘추좌씨전春秋左氏傳》에 "초楚나라 좌사左史 의상倚相은 능히 《삼분》, 《오전》, 《팔색》, 《구구》를 읽을 수 있었다" 하였으니, 상세上世 제왕들이 남겨준 기록임을 말한 것이다.

　나의 선조 공자孔子께서는 주周나라 말기에, 사적史籍이 번거로운 문자로 되어 있음을 보고, 이를 보는 자가 통일을 이루지 못할 것을 두렵게 여겨, 이에 드디어 《예禮》, 《악樂》을 확정하고, 옛 기록을 명확히 하였으며, 《시詩》를 줄여 3백 편으로 하였고, 역사 기록을 요약하여 《춘추春秋》를 수정하였으며, 《역易》을 정리하여 《팔색》을 폐기하고, 직방씨職方氏의 기록을 서술하여 《구구》를 폐기하였다. 《삼분》과 《오전》을 정리하여, 당,

우 시대를 끊어 그 아래로 주대에 끝나도록 하였다. 번잡하고 뒤얽힌 것들은 베어내고 실속 없이 겉만 화려한 언사는 잘라내어 그 큰 줄기(宏綱)만을 거론하고 그 요점(機要)만을 묶어, 대대로 교화로 삼기에 족한 것들로서 〈전典〉, 〈모謨〉, 〈훈訓〉, 〈고誥〉, 〈서誓〉, 〈명命〉의 문장 무릇 1백 편으로써 하였으니 이는 지극한 도를 회복하고 넓혀 임금 된 이들에게 궤범軌範을 보여주기 위해서였다. 제왕帝王의 통치는 탄연坦然히 명백해졌으며 이를 들어서 실행할 수 있게 되어, 3천 명의 제자들이 함께 그 논리를 이어받게 되었다.

그런데 진시황秦始皇에 이르러 선대의 전적典籍을 없애버리면서 분서갱유焚書坑儒를 저지르자 천하의 학자들은 도망하고 흩어지고 말았으며, 나의 선인께서 그 가서家書를 벽 속에 숨겨 놓게 되었다. 그러다가 한漢나라가 다시 일어서서 학교學校를 개설하고, 널리 박학한 유생들을 찾는 등 대도大道, 大猷를 드러내고자 하였다. 이때 제남濟南 사람 복생伏生은 아흔 살이 넘었으며 그 본경本經은 잃어버려 입으로 전수傳授하여, 겨우 20여 편을 얻게 되었다. 그런데 그것이 상고上古의 기록이라 하여 이를 일러 《상서尚書》라 하였던 것이다. 백편百篇의 대의는 세상에 누구도 들어본 바가 없는 것이었다. 그러다가 노魯 공왕共王은 궁실을 짓기를 좋아하여, 공자의 구택을 헐어 그 궁실을 넓히려고 하다가 그 벽 속에서 선인께서 감추어두었던 고문 우(虞, 舜), 하(夏, 禹), 상商, 주周의 기록 및 전傳과 《논어論語》, 《효경孝經》을 얻게 되었는데, 모두가 과두문자科斗文字로 되어 있었다. 공왕이 다시 공자의 당堂으로 올라가자 금석사죽金石絲竹의 음악소리가 들려 이에 그 집을 헐기를 그만 두고, 그 책을 모두 공씨에게 되돌려주었다. 과두문자는 폐기된 지 이미 오래되어 그 무렵 사람들로서 능히 이를 아는 자가 없어, 복생으로부터 듣고 받아적은 글의 논리와 문의를, 그즈음 알 수 있던 예서隸書로 바꾸어 고문을 확정하고 다시 이를 죽간竹簡에 베껴 적었는데 복생의 〈금문상서〉는 25편으로 늘어났다. 복생으로부터 전수된 것은 〈순전舜典〉이 〈요전堯典〉에 합해져 있었고, 〈익직益稷〉은 〈고요모皐陶謨〉에 합해져 있었으며, 〈반경盤庚〉 3편은 하나로 합해져 있었고, 〈강왕지고康王之誥〉는 〈고명顧命〉에 합해져 있었으며, 다시 이들 편에 각각 서문序文이 함께 나타나 모두 59편, 46권이 되었던 것이다. 그 나머지는 착간으로 뒤얽혀 있거나 인멸되어 다시 더 알아볼 수 없어, 이를 관부官府로 보내어 서부書府에 보관하여 능히 알 수 있는 자를 기다리게 되었다.

황제의 조칙을 받아 59편에 전傳을 지으니, 이에 드디어 정밀하게 연구하고 깊이 생각하며, 다른 경적經籍을 널리 상고하고 여러 이론들을 채집하고 모아 훈전訓傳을 확립하게 되었다. 간명한 문자로 그 뜻을 펴서 그 지향하는 것을 널리 펴서 드러내었으니 장래에 도움이 있기를 바란다.

《상서》의 서문은 그 편을 지은 자의 뜻을 서술한 것이다. 환하게 도의가 드러나는 것이니 마땅히 서로 가까이 붙어있는 것이므로, 그 때문에 각 편의 앞 첫머리에 이를 인용하여 58편으로 확정하였다. 이를 모두 마쳤을 때 마침 나라에 무고巫蠱의 사건을 만나 경적에 대한 도는 더 이상 들어볼 수가 없게 되어, 단지 후손에게 물려주어 후대에 넘겨줄 뿐이다. 만약 옛것을 좋아하고 널리 아는 군자로서 나와 뜻을 같이 하는 자가 있다면 나 또한 이를 더는 숨기지 않겠도다.

古者, 伏犧氏之王天下也, 始畫八卦, 造書契, 以代結繩之政, 由是文籍生焉. 伏犧·神農·黃帝之書, 謂之《三墳》, 言大道也. 少昊·顓頊·高辛·唐·虞之書, 謂之《五典》, 言常道也. 至于夏·商·周之書, 雖設敎不倫, 雅誥奧義, 其歸一揆. 是故歷代寶之, 以爲大訓. 八卦之說, 謂之《八索》, 求其義也. 九州之志, 謂之《九丘》. 丘, 聚也, 言九州所有, 土地所生, 風氣所宜, 皆聚此書也. 《春秋左氏傳》曰: 「楚左史倚相能讀《三墳》·《五典》·《八索》·《九丘》.」卽謂上世帝王遺書也.

先君孔子生於周末, 覿史籍之煩文, 懼覽之者不一, 遂乃定《禮》·
《樂》, 明舊章, 刪《詩》爲三百篇, 約史記而修《春秋》, 讚《易》道以黜
《八索》, 述職方以除《九丘》. 討論《墳》·《典》, 斷自唐·虞以下, 訖
于周. 芟夷煩亂, 翦截浮辭, 舉其宏綱, 撮其機要, 足以垂世立教,
<典>·<謨>·<訓>·<誥>·<誓>·<命>之文凡百篇, 所以恢弘至
道, 示人主以軌範也. 帝王之制, 坦然明白, 可舉而行, 三千之徒,
並受其義.

及秦始皇滅先代典籍, 焚書坑儒, 天下學士, 逃難解散, 我先人
用藏其家書于屋壁. 漢室龍興, 開設學校, 旁求儒雅, 以闡大猷. 濟
南伏生, 年過九十, 失其本經, 口以傳授, 裁二十餘篇. 以其上古
之書, 謂之《尚書》. 百篇之義, 世莫得聞. 至魯共王好治宮室, 壞孔
子舊宅, 以廣其居, 於壁中得先人所藏古文虞·夏·商·周之書及傳·
《論語》·《孝經》, 皆科斗文字. 王又升孔子堂, 聞金石絲竹之音, 乃
不壞宅, 悉以書還孔氏. 科斗書廢已久, 時人無能知者, 以所聞伏
生之書考論文義, 定其可知者爲隸古定, 更以竹簡寫之, 增多伏生
二十五篇. 伏生又以<舜典>合於<堯典>, <益稷>合於<皋陶謨>,
<盤庚>三篇合爲一, <康王之誥>合於<顧命>, 復出此篇幷序, 凡
五十九篇, 爲四十六卷. 其餘錯亂摩滅, 弗可復知, 悉上送官, 藏之
書府, 以待能者.

承詔爲五十九篇作傳, 於是遂研精覃思, 博考經籍, 採摭羣言, 以
立訓傳. 約文申義, 敷暢厥旨, 庶幾有補於將來.

《書》序, 序所以爲作者之意. 昭然義見, 宜相附近, 故引之各冠其
篇首, 定五十八篇. 旣畢, 會國有巫蠱事, 經籍道息, 用不復以聞, 傳
之子孫, 以貽後代. 若好古博雅君子與我同志, 亦所不隱也.

【尚書序】이 序文의 작자는 孔安國임. 《漢書》藝文志 顏師古 注에 "孔安國書序云「凡
五十九篇, 爲四十六卷, 承詔作傳.」"이라 함.

【孔安國】西漢의 經學家. 魯나라 曲阜 사람으로 구체적인 생몰연대는 알 수 없음. 孔子의 후예. 武帝 때 博士에 올라 諫大夫에 이르렀으며 臨淄太守를 지냄. 《漢書》 儒林傳과 藝文志에 관련 기록이 있음. 그는 孔壁에서 나온 〈古文尙書〉를 바탕으로 그 무렵 伏生이 구술한 〈今文尙書〉와 대조하여 이를 무제에게 바쳤으나 巫蠱之亂으로 말미암아 學官에 들지 못하고 말았음.

【伏犧氏】고대 전설상의 部落 首領. 혹 三皇으로도 여기며 《十八史略》(1)에 "太昊伏羲氏: 風姓, 代燧人氏而王. 蛇身人首, 始畫八卦, 造書契, 以代結繩之政, 制嫁娶, 以儷皮爲禮, 結網罟敎佃漁, 養犧牲以庖廚, 故曰庖犧. 有龍瑞, 以龍紀官, 號龍師. 木德王, 都於陳"이라 함. 太昊(太皡). 혹 包犧, 庖犧, 宓犧, 伏戱 등 여러 표기가 있으며 이는 犧牲을 가두어 두었다가 필요할 때 활용하였음을 뜻하는 말임.

【王】동사로 쓰였음. 천하를 다스림. 통치함.

【八卦】《易》의 陽爻(—)와 陰爻(--)를 兩儀라 하며 둘씩 모여 四象(== == == ==)이 되며, 셋씩 모여 八卦과 됨. 이를 표로 보이면 다음과 같음.

이를 小成卦라 하며 여덟 가지 부호를 이룸. 이로써 사물의 속성을 상징하며 伏犧 때에는 이 八卦까지 구성된 것으로서 자연 및 사회 현상을 상징하고자 하였음. 《周易》繫辭傳(下)에도 "古者, 包犧氏之王天下也, 仰則觀象於天, 俯則觀法於地, 觀鳥獸之文, 與地之宜, 近取諸身, 遠取諸物, 於是始作八卦, 以通神明之德, 以類萬物之情"이라 함.

【書契】나무나 돌에 글자를 새겨 기록하는 방법. 〈釋文〉에 "書者, 文字; 契者, 刻木而書其側"이라 함.

【結繩】문자 이전의 기록 방법. 새끼줄 등을 엮어 수량이나 기억 등을 표시하는 기록법.

【文籍】문장이나 전적 등의 기록.

【神農】전설 속의 고대 三皇의 하나. 炎帝로도 불리며, 산이나 들에 불을 놓아 농사법을 마련하였다 하여 烈山氏로도 부름. 농사법을 처음 전하였으며, 百草의 맛을 보아 醫藥을 처음 만들었다고도 함.《十八史略》(1)에 "炎帝神農氏: 姜姓人身牛首, 繼風姓而立, 火德王. 斲木爲耜, 揉木爲耒, 始敎耕, 作蜡祭. 以赭鞭鞭草木, 嘗百草, 始有醫藥. 敎人日中爲市, 交易以退. 都於陳, 徙曲阜"라 함.

【黃帝】少典의 아들로 姓은 公孫. 姬水 가에 살아 姬姓으로 바꾸었으며, 號는 軒轅氏, 有熊氏로도 부름. 炎帝를 물리치고 涿鹿에서 蚩尤에게 승리한 뒤 神農氏 통치를 이어받음. 그의 아내 누조(嫘祖)가 누에를 보고 養蠶術을 처음 열었다 하며 그 외 文字, 曆法, 舟車, 宮室, 衣裳, 音樂, 醫藥, 弓矢 등을 모두 황제가 처음 만든 것으로 전해지고 있음. 한편 그가 神仙術을 익혀 승천하였다 하여 道家의 鼻祖로 모시기도 함.《十八史略》(1)에 "黃帝: 公孫姓, 又曰姬姓, 名軒轅, 有熊國君, 少典子也. 母見大電繞北斗樞星, 感而生帝. 炎帝世衰, 諸侯相侵伐, 軒轅乃習用干戈以征不享, 諸侯咸歸之. 與炎帝戰于阪泉之野, 克之. 蚩尤作亂, 其人銅鐵額, 能作大霧, 軒轅作指南車, 與蚩尤戰於涿鹿之野禽之, 遂代炎帝爲天子. 土德王, 以雲紀官, 爲雲師. 作舟車以濟不通, 得風后爲相, 力牧爲將. 受河圖. 見日月星辰之象, 始有星官之書. 師大撓占斗建作甲子, 容成造曆, 隸首作算數. 伶倫取嶰谷之竹, 制十二律籥, 以聽鳳鳴. 雄鳴六, 雌鳴六. 以黃鐘之宮生六律六呂, 以候氣應, 鑄十二鐘, 以和五音. 嘗晝寢, 夢遊華胥之國, 怡然自得. 其後天下大治, 幾若華胥.《世傳》: 黃帝采銅鑄鼎, 鼎成, 有龍垂胡髥下迎. 帝騎龍上天, 羣臣後宮從者七十餘人, 小臣不得上, 悉持龍髥, 髥拔, 墮弓, 抱其弓而號. 後世名其處曰鼎湖; 其弓曰烏號. 黃帝二十五子, 其得姓者十四"라 함.

【三墳】고대 三皇시대의 기록물. 孔穎達 疏에 "墳, 大也. 以所論三皇之事, 其道至大, 故曰言大道也"라 함.

【少昊】金天氏. 黃帝의 아들. 顓頊, 高辛, 唐堯, 虞舜과 함께 五帝로 여기기도 함.《十八史略》(1)에 "少昊金天氏: 名玄囂, 黃帝之子也. 亦曰靑陽, 其立也鳳鳥適至, 以鳥紀官"이라 함.

【顓頊】高陽氏. 五帝의 하나. 黃帝의 손자이며 昌意의 아들.《十八史略》(1)에 "顓頊高陽氏: 昌意之子, 黃帝孫也. 代少昊而立. 少昊之衰, 九黎亂德, 民神雜糅, 不可方物. 顓頊受之, 乃命南正重, 司天以屬神; 火正黎, 司地以屬民, 使無相侵瀆. 始作曆, 以孟春爲元"이라 함.

【高辛】帝嚳 高辛氏. 少昊 金天氏의 손자. 五帝의 하나.《十八史略》(1)에 "帝嚳高辛

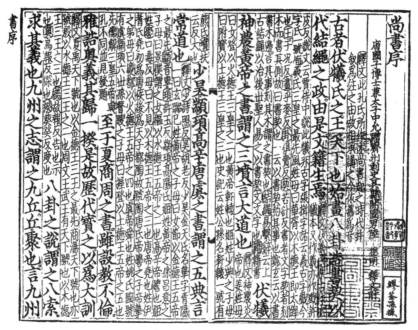

〈尙書序〉四部叢刊《尙書》

氏: 玄囂之子, 黃帝曾孫也. 生而神靈, 自言其名, 代顓頊而立, 居於亳"이라 함.

【唐】帝堯 陶唐氏. 堯임금. 五帝의 하나. 唐堯로도 불림.《十八史略》(1)에 "帝堯陶唐
氏: 伊祁姓, 或曰名放勛, 帝嚳子也. 其仁如天, 其知如神, 就之如日, 望之如雲, 都平
陽. 茆茨不剪, 土階三等. 有草生庭, 十五日以前, 日生一葉, 以後日落一葉, 月小盡, 則
一葉厭而不落, 名曰蓂莢, 觀之以知旬朔. 治天下五十年, 不知天下治歟, 不治歟?
億兆願戴己歟, 不願戴己歟? 問左右不知, 問外朝不知, 問在野不知. 乃微服游於康
衢, 聞童謠, 曰:『立我烝民, 莫匪爾極. 不識不知, 順帝之則.』有老人, 含哺鼓腹, 擊
壤而歌曰:『日出而作, 日入而息. 鑿井而飮, 畊田而食, 帝力何有於我哉!』觀于華, 華
封人曰:「嘻! 請祝聖人. 使聖人壽富多男子!」堯曰:「辭, 多男子則多懼; 富則多事; 壽則
多辱.」封人曰:「天生萬民, 必授之職. 多男子而授之職, 何懼之有? 富而使人分之, 何
事之有? 天下有道, 與物皆昌; 天下無道, 修德就閒; 千歲厭世, 去而上僊, 乘彼白雲,
至于帝鄕, 何辱之有?」堯立七十年, 有九年之水, 使鯀治之, 九載弗績. 堯老倦于勤,
四嶽擧舜, 攝行天下事. 堯子丹朱不肖, 乃薦舜於天. 堯崩, 舜卽位"라 함.

【虞】帝舜 有虞氏. 虞舜으로도 불림. 五帝의 마지막 임금.《十八史略》(1)에 "帝舜有虞

〈炎帝 神農氏와 黃帝 軒轅氏〉《三才圖會》

氏: 姚姓, 或曰名重華, 瞽瞍之子, 顓頊六世孫也. 父惑於後妻, 愛少子象, 常欲殺舜. 舜盡孝悌之道, 烝烝乂不格姦.畊歷山, 民皆讓畔; 漁雷澤, 人皆讓居; 陶河濱, 器不苦窳. 所居成聚, 二年成邑, 三年成都"라 함

【五典】五帝의 역사를 기록한 책이라 함.《史記》五帝本紀를 참조할 것. 孔穎達 疏에 "典者, 常也. 言五帝之道可以百代常行, 故曰言常道也"라 함.

【夏·商·周】三代. 夏(禹), 商(湯), 周(文武)의 創業시대를 王道政治가 행해졌던 때로 높이 여김.

【設敎不倫】'設敎'는 '교화를 마련하다'의 뜻. '倫'은 類와 같음. 雙聲互訓.《禮記》曲禮(下) "擬人必於其倫"의 鄭玄 注에 "擬, 猶比也; 倫, 猶類也"라 함.

【雅誥奧義】'雅誥'는 雅正한 辭誥. 夏, 殷, 周 三代의 문장을 가리킴. 본《尚書》의 夏書, 商書, 周書는 訓, 誥, 誓, 命, 歌, 貢, 征, 範 등 八類가 있으며, 그중 誥를 대표로 내세운 것. '奧義'는 심오한 뜻.

【揆】道理. 法則. 旨趣.

【八索】八卦에 대한 해설. 西伯 昌(文王)이 羑里에 갇혔을 때 저술하였다 함. 孔穎

達 疏에 "引言爲論八卦事義之說者, 其書爲八索. ……此索謂求索, 亦爲搜索"이라
함.

【九丘】九州의 일을 기록한 책. 孔穎達 疏에 "其論九州之事所有志記者, 其書謂之
九丘"라 함.

【丘, 聚也】'丘'와 '聚'는 疊韻 관계임.

【左史倚相】'左史'는 楚나라 벼슬이름으로 史官. '倚相'은 그의 이름. 이는 《左傳》昭
公 12년 "左史倚相趨過, 王曰:「是良史也, 子善視之! 是能讀《三墳》·《五典》·《八索》·
《九丘》.」"의 기록을 인용한 것임.

【先君】자손이 그 조상을 칭하는 말. 여기서는 孔安國이 자신의 선조 孔子를 높여
일컬은 것임.

【遂乃定】'定'은 확정함. 原義를 살려 바르게 정리한 뒤 확정함. 孔穎達 疏에 "修而
不改曰定"이라 함.

【舊章】여러 經書들. 六經. '明舊章'은 孔穎達 疏에 "明舊章者, 卽禮, 樂, 詩, 書, 易,
春秋也"라 함.

【刪詩】고대 3천 여 편의 詩가 있었으나 공자가 이를 추려 3백여 편으로 하였다는
주장. 이는 《史記》孔子世家에 "古者, 詩三千餘篇, 及至孔子, 去其重, 取可施於禮義,
上采契后稷, 中述殷周之盛, 至幽厲之缺, 始於衽席, 故曰「關雎之亂以爲風始, 鹿鳴
爲小雅始, 文王爲大雅始, 淸廟爲頌始.」三百五篇孔子皆弦歌之, 以求合韶武雅頌之
音. 禮樂自此可得而述, 以備王道, 成六藝"라 한 것을 근거로 한 것이며, 실제 이
'刪詩說' 외에 '獻詩說', '陳詩說' 등이 있으며 확정된 논리는 아님. 현존하는 《詩
經》(毛詩)는 311편으로 되어 있으며 그 가운데 제목만 있는 笙詩 6편을 제외하면
305편이 전함.

【約史記而修春秋】'約'은 孔穎達 疏에 "準依其事曰約"이라 함. 《春秋》는 孔子가 魯
隱公 元年부터 哀公 17년까지 242년간의 魯나라 12公을 紀로 하여 쓴 역사책. 이
를 풀어쓴 《左傳》, 《公羊傳》, 《穀梁傳》 등 '春秋三傳'이 있음.

【讚易道以黜八索】'讚'은 贊과 같음. 孔穎達 疏에 "因而佐成曰讚"이라 함. 《史記》孔
子世家에 "孔子晚而喜易, 序象·繫·象·說卦·文言. 讀易, 韋編三絶. 曰:「假我數年, 若
是, 我於易則彬彬矣.」"라 함.

【述職方以除九丘】'職方'은 官職 이름으로 《周禮》夏官 司馬 職方氏에 "職方氏:掌
天下之圖, 以掌天下之地, 辨其邦國, 都鄙, 四夷, 八蠻, 七閩, 九貉, 五戎, 六狄之人
民, 與其財用. 九穀, 六畜之數要. 周知其利害"라 함.

【討論墳典, 斷自唐·虞以下, 訖于周】'討論'은 整理하다의 뜻.《論語》憲問篇 "世叔討論之"의 鄭玄 注에 "討論, 整理. 理, 亦治也. 謂整比其辭而治之也"라 함. '訖'은 '종결하다, 완결하다, 마치다'의 뜻.

【芟夷煩亂, 翦截浮辭】'芟'은 '除去하다, 削除하다'의 뜻. '煩亂'은 번거롭고 雜亂한 기록을 뜻함. '翦截'은 '잘라버리다'의 뜻. 孔穎達 疏에 "去而少者爲翦截也"라 함. '翦'은 剪과 같음. '浮辭'는 浮華한 言辭.

【擧其宏綱, 撮其機要】'宏'은 大의 뜻. '撮'은 摘取의 뜻. '機要'는 알맹이가 되는 요점.

〈少皥 金天氏〉《三才圖會》

【典·謨·訓·誥·誓·命之文凡百篇】典·謨·訓·誥·誓·命은 모두 尙書의 문체. '典'은 大冊. 五帝의 글. 〈堯典〉,〈舜典〉등. '謨'는 謀와 같으며 '모책을 세우다'의 뜻. 〈大禹謨〉,〈皐陶謨〉등. '訓'은 '訓導하다, 敎導하다'의 뜻. 〈伊訓〉. '誥'는 제후가 군주를 뵐 때 군주가 내리는 정책이나 言辭. 〈湯誥〉,〈仲虺之誥〉,〈大誥〉,〈康誥〉등. '誓'는 서약하는 말. 〈湯誓〉,〈甘誓〉,〈牧誓〉등이 있음. '命'은 命令. 〈說命〉,〈蔡仲之命〉등.

【三千之徒】孔子의 제자.《史記》孔子世家에 "孔子以詩書禮樂敎, 諸子蓋三千焉, 身通六藝者七十二人"이라 함.

【秦始皇】嬴政. 戰國末 六國을 통일한 秦나라 황제. 전국시대 혼란을 法家 사상으로 통일하고 다른 學問이 弊害가 된다고 여겨 焚書坑儒를 감행함.

【焚書坑儒】《十八史略》(1)에 "三十四年, 丞相李斯上書曰:「異時諸侯並爭, 厚招遊學. 今天下已定, 法令出一. 百姓當家, 則力農工, 士則學習法令. 今諸生不師今, 而學古以非當世, 惑亂黔首. 聞令下, 則各以其學議之. 入則心非, 出則巷議, 率群下以造謗. 臣請史官非秦記皆燒之, 非博士官所職, 天下有藏詩書百家語者, 皆詣守尉雜燒之, 有偶語詩書者棄市, 以古非今者族. 所不去者, 醫藥卜筮種樹之書. 若有欲學法令, 以吏爲

師.」制曰:「可.」三十五年, 侯生盧生, 相與譏議始皇, 因亡去. 始皇大怒曰:「盧生等, 吾尊賜之甚厚, 今乃誹謗我. 諸生在咸陽者, 吾使人廉問, 或爲妖言, 以亂黔首.」於是使御史悉案問, 諸生傳生告引, 乃自除犯禁者四百六十四人, 皆坑之咸陽. 長子扶蘇諫曰:「諸生皆誦法孔子, 今上皆重法繩之, 臣恐天下不安.」始皇怒, 使扶蘇北監蒙恬軍於上郡.」이라 함.

【我先人用藏其家書于屋壁】《孔子家語》後序에 "子襄以秦法峻急, 壁中藏其家書"라 하였으며, 《史記》孔子世家에 의하면 子襄은 孔子의 後孫으로 孔安國의 曾祖라 하였음. 그러나 《漢書》藝文志 顏師古 注에는 "師古曰:「《家語》云孔騰字子襄, 畏秦法峻急, 藏《尙書》·《孝經》·《論語》於夫子舊當壁中, 而《漢記》尹敏傳云孔鮒所藏. 二說不同, 未知孰是.」"라 하여 孔鮒가 이미 壁中에 책을 숨긴 기록도 있음을 거론하고 있음.

【漢室龍興, 開設學校】'龍興'은 새로운 왕조가 흥기함을 비유함. 漢나라가 새롭게 들어섰음을 말함. 孔穎達 疏에 "言興龍者, 以《易》龍能變化, 故比之聖人九五飛龍在天, 猶聖人在天子之位, 故謂之興龍也"이라 함.

【旁求儒雅, 以闡大猷】'旁求'는 '널리 찾다'의 뜻. '大猷'는 大道를 뜻함. 여기서는 先代의 典籍을 가리킴.

【濟南伏生】'濟南'은 지금의 山東 濟南市. 伏生은 伏勝, 자는 子賤. 漢나라 때 濟南人. 秦나라 때 博士였으며, 漢 文帝 때 이미 90여 세가 되어 거동할 수 없는 상태였음. 이에 文帝는 太常을 파견하여 晁錯로 하여금 伏生으로부터 《尙書》를 익혀 오도록 하였음. 이 때 복생의 딸이 아버지의 구술을 전하여 이를 그즈음 사용하던 문자 隸書로 받아 적어 20여 편의 〈今文尙書〉를 전수받게 된 것임.

【裁二十餘篇. 以其上古之書, 謂之尙書】'裁'는 纔(才)와 같으며 只, 僅의 뜻. '겨우'의 의미.

【至魯共王好治宮室, 壞孔子舊宅】魯 共王은 恭王으로도 표기하며 漢 景帝의 아들 劉餘. 당시 魯나라 왕으로서 苑囿와 狗馬, 音樂을 좋아하였음. 宮室을 넓히고자 孔子의 舊宅을 헐다가 壁中에서 古文經傳을 얻게 된 것임. 《漢書》藝文志를 참조할 것.

【科斗文字】'科斗'는 蝌蚪. 즉 올챙이. 大篆의 일종으로 고대 먹과 붓이 없을 때 옻즙을 뾰족하게 깎은 대나무로 찍어 竹簡에 썼으며 이때 옻즙의 짙은 黏性으로 인해 글씨가 시작 부분은 굵고 둥글게, 끝 부분은 가늘고 미세하게 되어 마치 올챙이 모습과 같다하여 붙여진 俗稱. 공자 벽에서 나온 經의 글씨가 이 蝌蚪文字

로 되어 있었음.

【金石絲竹】음악을 통칭하는 말. 金은 鍾, 石은 磬, 絲는 琴(絃樂器), 竹은 管樂器류를 일컬음.

【錯亂摩滅】錯簡과 消失. '摩滅'은 磨滅과 같으며 湮滅, 消失의 뜻.

【硏精覃思】'硏精'은 정밀하게 연구함. '覃思'는 깊이 생각함.

【採撫群言】'採撫'은 '채집하여 거두어 모으다'의 뜻.

【敷暢厥旨】'敷暢'은 '펴서 그 뜻을 시원하게 밝혀내다'의 뜻.

【書序】매 편마다 맨 앞 구절은 그 편이 지어진 동기나 내용을 간단히 서술한 서문을 가리킴. 《漢書》藝文志에 "書之所起遠矣, 至孔子纂焉, 上斷於堯, 下訖于秦, 凡百篇, 而爲之序, 言其作意"라 하였으며, 이에 따라 이 서문을 '百篇書序'라 함, 顔師古 注에 "引序各冠其篇首, 定五十八篇"이라 함. 한편 이 '百篇書序'는 劉向은 〈藝文志〉에 孔子가 지은 것처럼 설명하고 있으나 증거가 충분하지 않음. 그러나 漢 武帝 이전에 이미 널리 알려져 있었음.

【巫蠱事】漢 武帝(劉徹)는 末期에 迷信을 믿었으며, 江充이 이를 틈타 자신과 사이가 좋지 않았던 太子(戾太子, 劉據)를 모함하여 태자궁에 木偶를 묻어놓은 다음, 그곳에 蠱氣가 있어 황제가 고통을 당하는 것이라 거짓 꾸며댐. 이에 甘泉宮에 있던 무제는 劉屈里로 하여금 태자를 공격하도록 하였으며 血鬪 끝에 태자는 湖關으로 도망하여 자결함.《漢書》武帝紀를 참조할 것.

【經籍道息】孔穎達 疏에 "好愛經籍之道滅息"이라 함.

2. 〈書傳序〉 ································ 蔡沈

    경원慶元 기미(己未, 1199)년 겨울, 선생 문공文公 주희朱熹께서, 나沈에게 《서집전書集傳》을 지으라 하시고, 이듬해 그만 세상을 뜨고 말았다. 그리고 다시 19년이 흘러 비로소 책을 마칠 수 있었으니 모두 거의 만언萬言이나 되는 분량이었다. 오호라! 책을 어찌 쉽게 말하겠는가! 이제 二帝와 삼왕三王이 천하를 경영하던 대법이 모두 이 책에 실려 있는데 얕은 견해와 얇은 지식으로 어찌 족히 그 오묘함을 다 밝혀낼 수 있겠는가? 게다가 수천 년 뒤에 태어나서 수천 년 전의 일을 밝게 설명하고자 하는 것이니 짐짓 어렵도다. 그러나 이제와 삼왕의 다스림은 도에 근본을 두었고, 이제 삼왕의 도는 마음에 근본을 두었으니, 마음에 근본을 두고 그 마음을 터득한다면 그 도와 다스림은 진실로 가히 말로 표현할 수 있을 것이다. 어찌 그렇겠는가? '정일집중精一執中'은 요堯, 순舜, 우禹가 서로 전해준 심법心法이며, '건중건극建中建極'은 상탕商湯과 주무왕周武王이 서로 전해준 심법이기 때문이다. 덕德이니, 인仁이니, 경敬이니, 성誠이니 하는 것은 말로는 비록 다르지만 그 이치는 하나로서, 이러한 마음의 오묘함을 밝히는 것이 아닌 것이 없다. 천天이라는 말은 바로 그 마음에서 나오는 것을 엄격하게 하는 것이요, 민民이라는 말은 바로 그로 말미암아 베푸는 바의 마음을 삼가는 것이니, 예악교화禮樂教化란 마음을 발현하는 것이요, 전장문물典章文物이란 마음이 드러나는 것이니, 집안이 가지런히 되고 나라가 다스려져서 천하가 공평하게 되는 것은 마음을 미루어 그렇게 하는 것이다. 마음의 덕이 그 성대함이여! 이제와 삼왕은 이러한 마음을 간직하고 있었던 자요, 하걸夏桀과 상수商受는 이러한 마음을 잃고 있었던 자이며, 태갑太甲과 성왕成王은 막혔으나 이러한 마음을 간직했던 자였다. 간직하고 있으면 다스려지고, 잃어버리면 혼란을 당하는 것이니 치란治亂의 나뉨이란 생각건대 그 마음을 간직하고 있는지, 간직하지 못하고 있는지의 상황이 어떠한가에 달려 있을 뿐이다. 후세後世 군주 된 자는 이제와 삼왕의 다스림에 뜻을 두어 그 도를 찾지 않으면 안 될 것이며, 그 마음의 요체를 찾고자 함에 이 책을 버리고 어디에서 찾을 것인가? 나는 전수받아 읽은 이래로 그 뜻을 침잠沈潛하고 여러 학자들의 설을 참고하여, 융회관통融會貫通하되, 이에 감히 절충折衷하였다. 미묘한 표현이나 깊은 뜻은 옛 사람에게 들은 것을 많이 서술하였고 이전二典과 우모禹謨는 대체로 선생께서 일찍이 고쳐준 것으로 그 손때가 아직도 새롭다. 오호라, 안타깝도다!《집전》은 본래 선생이 명하신 바이니 그 때문에 스승의 설을 인용하되 따로 구별하여 표시하지 아니하고, 사대四代의 기록을 나누어 10권으로 분리하였다. 문장의 시대에 따라 다르지만 다스림은 도로써 함이 같은 것이다. 성인의 마음이 책에 드러남은 마치 화공化工의 오묘함이 물체에 드러남과 같아 정밀하고 깊게 하지 아니하면 능히 알아낼 수가 없다. 이《전》은 요堯, 순舜, 우禹, 탕湯, 문왕文王, 무왕武王, 주공周公의 마음에서의 그 미묘한 것까지 아직 능히 이르지는 못했다 해도, 요, 순, 우, 탕, 문왕, 무왕, 주공의 글에서는 그것을 바탕으로 훈고訓詁를 하였으니 역시 가히 그 지의指意의 대략은 터득할 수 있을 것이다.

가정嘉定 기사(己巳, 1209)년 3월 16일 무이武夷 채침蔡沈 서序.

慶元己未冬, 先生文公, 令沈作《書集傳》; 明年, 先生歿. 又十年, 始克成編, 總若干萬言. 嗚呼! 書豈易言哉! 二帝·三王治天下之大經大法, 皆載此書, 而淺見薄識, 豈足以盡發蘊奧? 且生於數千載之下, 而欲講明於數千載之前, 亦已難矣. 然二帝·三王之治, 本於道; 二帝·三王之道, 本於心, 得其心, 則道與治, 固可得而言矣. 何者? '精一執中', 堯·舜·禹相授之心法也; '建中建極', 商湯·周武相傳之心法也. 曰德, 曰仁, 曰敬, 曰誠, 言雖殊而理則一, 無非所以明此心之妙也. 至於言天則嚴其心之所自出, 言民則謹其心之所由施, 禮樂敎化, 心之發也; 典章文物, 心之著也; 家齊國治而天下平, 心之推也. 心之德, 其盛矣乎! 二帝·三王, 存此心者也; 夏桀·商受, 亡此心者也; 太甲·成王, 困而存此心者也. 存則治, 亡則亂, 治亂之分, 顧其心之存不存如何耳. 後世人主, 有志於二帝·三王之治, 不可不求其道; 有志於二帝·三王之道, 不可不求其心; 求心之要, 舍是書, 何以哉? 沈自受讀以來, 沉潛其義, 參考衆說, 融會貫通, 廼敢折衷. 微辭奧旨, 多述舊聞, 二典禹謨, 先生蓋嘗是正, 手澤尚新. 嗚呼惜哉!《集傳》, 本先生所命, 故凡引用師說, 不復識別, 四代之書, 分爲十卷, 文以時異, 治以道同. 聖人之心, 見於書; 猶化工之妙, 著於物, 非精深, 不能識也. 是傳也, 於堯·舜·禹·湯·文·武·周公之心, 未必能造其微, 於堯·舜·禹·湯·文·武·周公之書, 因是訓詁, 亦可得其指意之大略矣.

嘉定己巳三月旣望, 武夷蔡沈序.

【蔡沈】南宋의 儒學者(1167–1230). 자는 仲默. 九峰先生으로 널리 알려짐. 蔡元定의 둘째 아들로 朱熹에게 배웠으며, 벼슬에 뜻을 버리고 九峰에 은거하여 後生 교육에 힘을 쏟음. 주자 만년 작업을 이어받아《書傳》10권을 완성하였으며, 아울러 아버지의〈洪範〉연구를 물려받아《洪範皇極內篇》2권을 지음.《宋史》蔡元定傳에 함께 그 傳記가 실려 있음.〈四庫全書總目提要〉《書集傳》에 "宋蔡沈撰. 沈字仲默, 號九峯, 建陽人, 元定之子也. 事蹟附載《宋史》元定傳. 慶元己未, 朱子屬沈作《書傳》. 至嘉定己巳, 書成. 淳祐中, 其子杭奏進於朝. 稱《集傳》六卷.《小序》一卷.《朱熹問答》一卷. 繕寫成十二冊, 其《問答》一卷久佚"이라 함.

【慶元】南宋 寧宗(趙擴)의 연호. 1195–1200년까지 8년간이었으며 己未年은 1199년에 해당함.

【文公】朱文公. 朱熹(1130–1200). 南宋의 大儒. 南宋 閩學派의 대표 인물. 漢學을 集大成한 이가 鄭玄이라면, 宋學을 大成한 이는 朱熹라고 할 수 있음. 朱熹는 바로이 閩學派의 領首로서 字는 元晦, 혹은 晦庵, 仲麌이며 徽州 婺源人. 아버지 朱松이 관직에서 물러나 閩(지금의 福建)의 尤溪에 살 때 朱熹를 낳았으므로 그의 학

문을 閩學이라고 하며, 濂·洛·關과
함께 宋學 四大派라 부름. 崇安에
살 때 紫陽書室을 짓고, 또 草堂을
建陽의 雲谷에 지어 晦庵이라 하
고 스스로는 晦翁이라 함. 晚年에
는 建陽의 考亭에 살기도 하였으
므로 紫陽, 晦庵, 考亭先生이라고
도 부름. 저서로 《易本義》,《詩集
傳》,《大學中庸章句》,《論語集注》,
《孟子集注》,《近思錄》,《通鑑綱目》,
《伊洛淵源錄》 등이 있으며, 그의
語錄을 모은 《朱子語類》 140권은
宋의 黎靖德이 편집한 것이고, 그
의 저작물을 모아 놓은 《朱子全
書》 66권은 淸代 康熙 52년(1713)에
李光地 등이 命을 받들어 撰集한
것임. 朱子는 비록 李侗(延平先生)

〈書集傳序〉《書傳》(韓國 通俗本)

에게 배웠으나 그에 만족하지 않고 스스로 先秦 孔子로부터 曾子, 子思, 孟子의
정통 사상을 근간으로 濂溪, 橫渠, 伊川의 心性學說을 융합하여 儒家의 大統을
세웠음. 그는 理氣二元論을 내세웠으며, 그의 우주론은 우주의 근원을 太極으로
보고, 이 太極은 곧 理와 氣의 二元이 종합된 것이라 함. 그리하여 "萬物統於太極,
而物物各具一太極"이라 하였으며, 太極은 다만 한 개의 「理」(太極只是一個理字)라
함. 그는 또 理는 形而上學의 道요, 氣는 形而下學의 器라 하고(天地之間, 有理有氣.
理者, 形而上之道也, 生物之本也 ; 氣者, 形而下之器也, 生物之具也), 이 理氣는 서로 다
르지만 그러나 서로 떨어질 수 없는 것이라 그 특징을 설명하기도 하였음(理氣雖
屬二物, 而未嘗相離, 然終各一物. 大抵, 天地萬物, 以理爲本. 以其生生不已, 則皆氣爲之
用). 그의 心性論은 「天命之性」과 「氣質之性」으로 나누어 설명하고 있으며, 天命之
性은 하늘로부터 받은 것으로 太極의 理와 같은 것이며, 氣質之性은 氣에 들어
있는 것으로 보고 있음. 理가 至善統一한 까닭에 天命之性은 모두 善으로 인식되
며, 氣는 淸濁이 있기 때문에 善과 不善의 구별이 나타난다는 것이며, 그 때문에
《大學》의 明明德이란 濁水에 빠진 구슬을 씻는 것과 같다고 하였음(禀氣之淸者,

〈朱熹像〉臺北故宮博物館 소장

爲聖爲賢. 如珠寶在淸冷水中, 禀氣之濁者, 爲愚爲不肖, 如珠在濁水中. 所謂明明德者, 是就濁水中, 揩拭此珠耳). 그는, 性, 情, 才의 구별에 대하여 그는 性은 心의 理, 情은 心의 動, 才는 心의 力이며, 欲이란 情이 흘러 넘치는 상태에 이른 것이라 함. 그 때문에 心이 理에서 발한 것을 「道心」, 氣에서 발한 것을 「人心」이라고 하였으며, 道心은 絶對至善한 것으로써 情과 欲에 의해 쉽게 가려진다고 하였음. 또 人心을 둘로 나누어 正에서 나타나는 것은 「天理」, 正에서 얻지 못한 것은 「人欲」이라 하여 "道心惟微, 人心惟危"라 설명하기도 함. 사람은 天理를 좇아 本然之性으로 돌아가기 위해 부단히 노력하면 凡庸한 자도 聖域에 들 수 있다고 하였음. 한편 그의 修養論은 「求仁」을 준칙으로 삼고 있음. '求仁'이란 天理를 存立시키고 人欲을 제거하는 것(存天理, 滅人欲)으로, 그 방법은 「居敬」과 「窮理」두 가지라 하였음(學者工夫, 唯在居敬窮理二事, 此二事互相發明, 能窮理則居, 敬工夫日益進, 能居敬則窮理工夫日益密). 여기서 居敬이란 內部心性의 함양을 말하는 것으로, 정신을 집중해서 外物의 유혹을 뿌리치는 일(集中精神, 不被外物所引誘)이며, 이 길로 들어서는 길은 「體察」과 「靜坐」두 가지가 있다고 하였음. 다음으로 窮理란 外界知識에 대한 탐구를 일컫는 것으로, 그 길로 들어서기 위해서는 역시 「致知」와 「力行」두 방법을 제시하였음. 窮理의 실천은 독서를 통해 天下의 理致를 알아내는 것으로, 만일 그렇지 못하면 벽을 대하고 서 있는 듯이 답답하다고 하였으며(爲學之道, 莫先於窮理. 窮理之要, 必在於讀書. 欲窮天下之理, 而不卽經訓史冊以求之, 則是正牆面而立爾), 그리고 力行은 먼저 알고 행동에 옮길 것을 주장함(知行常相須, 如目無足不行, 足無目不定, 論先後, 知爲先, 論輕重, 行爲重). 여기서 말한 먼저 알고 행동에 옮기는 先知後行은 바로 王守仁(陽明)의 知行合一과 판연히 다른 대립적 개념이 되고 있음. 《宋史》道學傳에 전이 있음.

【書集傳】《尙書》의 注를 모으고 傳을 더한 저술. 지금의 《書傳》.

【始克成編】'克'은 能과 같음.

【二帝三王】'二帝'는 唐堯와 虞舜. 둘은 五帝의 4, 5번째 제왕. '三王'은 夏禹, 商湯, 周 文武를 가리킴. 네 王은 夏, 殷, 周 三代의 개국 군주로 儒家에서 聖人으로 추앙함.

【盡發蘊奧】'蘊奧'는 덮여서 쉽게 알기 어려운 奧妙한 도.

【精一執中】'精一'은 惟精惟一의 준말, '執中'은 允執厥中의 준말로 〈中庸〉의 도를 가리킴.

【相授之心法】말이나 글로 전할 수 없는 마음으로 전하는 오묘한 이치.

【建中建極】中道를 지켜 人倫의 표준으로 삼을 지극한 원칙을 세움.

【商湯周武】商나라를 건국한 湯과 周나라를 일으킨 武王(姬發).

【夏桀商受】桀은 하나라 末王. 受는 紂의 이름. 殷나라의 末王. 亡國의 대표적인 暴君으로 널리 인용됨.

【太甲成王】'太甲'은 殷나라 二代 임금. 湯의 손자 太丁의 아들로, 즉위하여 처음에는 방탕하였으나 伊尹의 지도를 받아 善政을 베풀어 殷나라 초기 國運을 안정시킴. 廟號는 太宗. '成王'(姬誦)은 周 武王의 아들로 어린 나이에 제위에 올라 周公의 섭정을 받고 뒤에 정치에 나서 周나라 초기의 국운을 안정시킴.

【迺敢折衷】'折衷'은 중도를 취하여 치우침이 없는 선에서 결정함을

堯

大武帝堯 盛德巍巍
垂衣兩治 光披華夷
聖神文武 四岳是咨
攝遜之典 萬世仰之

〈堯임금〉宋 馬麟(畫)

뜻함.

【二典禹謨】 '二典'은 〈堯典〉과 〈舜典〉. '禹謨'는 〈大禹謨〉.

【四代之書】 '四代'는 虞(舜), 夏(禹), 商(湯), 周(文武)의 네 조대. 실제 虞는 왕조가 아니나 여기서는 舜을 높이 여겨 朝代로 삼은 것.

【化工之妙】 化學과 工業을 통해 나타나는 기묘한 현상.

【堯, 舜, 禹, 湯, 文, 武, 周公】 여기에 孔子를 추가하여 儒家에서는 八大聖人으로 추앙함.

【嘉定己巳】 '嘉定'은 南宋 寧宗의 4번째 연호. 1208−1224년까지 17년간이었으며 己巳年은 嘉定 2년(1209)에 해당함.

【三月旣望】 '旣望'은 음력으로 16일.

【武夷】 '武夷'는 지명. 지금의 福建省 武夷市. 남쪽에 武夷山이 있으며 朱子가 이곳에 武夷精舍를 짓고 학문과 교육, 저술에 힘을 기울였음.

四部叢刊三編經部

尚書正義

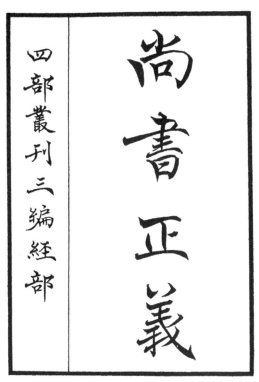

古文尚書堯典第一

正義曰撿古本并石經直言堯典第一無古文尚書以孔君從
隸古仍號古文故後人加以別於出大小夏侯
及歐陽所傳焉今文故也故以堯典第一篇之名當與衆篇相次第
訓爲次也於次第之內而處一故曰堯典第一以此第一以
五帝之末撰三王之初典策既備因機成務交代爲第一也然書者理由舜史勒成一家可以爲法上取堯
事下終禪禹以至舜終皆爲史所錄其堯舜二典可以陳行事
之狀而終禪萬貢即全非君言謹之後代不應入書此其一
體之異以此爲之身事從禪後無入夏書之理自甘哲已下
多言辭則古史所書就是知五子之歌亦有上言書事草
劉以義而錄但致言有本名隨其事撿其此體爲例有十一日
典二曰謨三曰貢四曰歌五曰誓六曰誥七曰訓八曰命九日
征十曰範堯舜典典大禹謨皋陶謨二篇謨也禹貢
一篇貢也五子之歌一篇歌也甘誓湯誓泰誓費誓三篇誓也
秦誓八篇誓也仲虺之誥湯誥大誥康誥酒誥召誥洛誥康王
之誥一篇誥也伊訓一篇訓也說命三篇微子之命蔡仲之命
傾命畢命囧命文侯之命九篇命也胤征
一篇征也洪範
一篇範也此各隨事爲言益稷亦謨其人稱說以別之其太甲一
咸有一德伊訓亦訓道亦訓之類盤庚高宗肜日與微子所言文亦
訓辭可知也西伯戡黎亦錄其事益稷高宗肜日恐非入書亦云誓
其政事亦誥也旅獒戒王以無逸戒王亦誡
梓材酒誥分言召公亦誥也君奭周官上誥於下亦誥也君
訓也君奭周公誥召公亦誥也呂刑陳刑告王亦誥也書篇之名
陳君牙與畢命之類亦命也書篇之名
因事而立既無體例隨便爲文其百篇次第於序孔鄭
不同孔

《尚書正義》十三經注疏(藝文印書館)

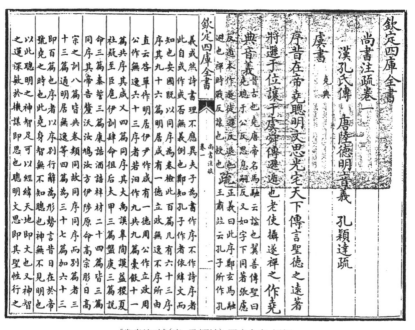

《尚書注疏》(唐，孔穎達) 四庫全書 經部

四部叢刊經部

尚書

堯典

監本纂圖重言重意互註點校尚書卷第一

虞書

孔氏傳

堯典第一

昔在帝堯聰明文思光宅天下
將遜于位讓于虞舜作堯典

曰若稽古帝堯曰放勳欽明文思安安
允恭克讓光被四表

格于上下

克明俊德以親九族

九族既睦平章百姓

百姓昭明協和萬邦黎民於變時雍

乃命羲和欽若昊天曆象日月星辰敬授人時

《尚書》(漢，孔安國) 四部叢刊 經部

書經集傳卷一

宋　蔡沈　撰

虞書

虞舜氏因以為有天下之號也書凡五篇堯典雖紀唐堯之事然本虞史所作故曰虞書其舜典以下夏史所作當曰夏書或以為孔子所定亦多引為夏書亦云虞書春秋傳

堯典

堯唐帝名説文曰典從冊在丌上尊閣之世也此篇以簡冊載堯之事故名曰堯典後又訓為常也以其載堯之事可為常法故又訓為常也今古文皆有

曰若稽古帝堯曰放勳欽明文思安安允恭克讓光被

稽考也古史作粵曰若者發語辭周

四表格于上下

書越若來三月亦此例也稽考也史臣曰者欽事故先言考古之帝堯者其德如下文所云是也粵曰若者發語辭

曰者獨言其説如此故至也獨言放至海是也欽明通

也勳功也言堯之功大矣文章著見而思通明

深遠也言其德之盛如此欽敬也明通達也文

而非勉強所謂性者也允信克能

性之欲害有強為矯為者也允信克能

物之蔽者也故有強為矯為

者是以恭讓而能顯破及表外而言也蓋放勳

地也言其德之盛如此又總而言也蓋放勳

之盛景而其實惟天惟大惟堯則之故書叙帝王之道

允恭克讓以其行惟恭讓以其用惟明文言安安則

勳之所極惟其如此

之一字為一經之全體不可息哉

外為則一字其可息哉

不克明俊德以親九族九族既睦平

《書經集傳》(宋，蔡沈) 四庫全書 經部

洪範口義卷上

宋　胡瑗　撰

洪範

夫武王既勝殷殺受乃立其子武庚為後遂以箕子歸武王於是問以天道箕子陳述天地人之常經聖王治國之大法無出於洪範故武王述大法九類之書得入周書者以此篇箕子為武王述作洪範之篇此篇

故得入周書也

惟十有三祀王訪于箕子

此武王訪箕子之年周既受命惟十有三年四月伐紂而歸京師既告武成太平天下武王以箕子大賢遂訪而問焉故惟十有三祀王訪于箕子

王乃言曰嗚呼箕子惟天陰騭下民相協厥居

隲定也王乃問而言曰嗚呼箕子欲問箕子而先嘆者所以重之也言天不言而默定下民之命又且相助合協其居而使有常生之資定下民之命者或貧

《洪範口義》(宋，胡瑗) 四庫全書 經部

欽定四庫全書

書傳卷一

宋　蘇軾　撰

虞書

堯典第一

光宅天下

昔在帝堯聰明文思

聰者無所不聞明者無所不見文者其法度也思者

其智慮也

聖人之德如日月之光貞一而無所不及也

將遜于位

遜遁也

讓于虞舜作堯典

言常道也

曰若稽古帝堯曰放勲欽明文思安安

若順也稽考也放法也有功而可法曰放勲猗孔子

曰巍巍乎其有成功此論其德之辭也自孟子太史

《書傳》(宋, 蘇軾) 四庫全書 經部

欽定四庫全書

尚書全解卷一

宋　林之奇　撰

虞書

堯典

昔在帝堯

昔在者篇首起語之辭書序自為一篇故以昔在帝

堯起於篇首如孔氏序云古者伏羲氏之王天下也

鄭氏云昔在者恢先之者唐孔氏云在昔者自

下本上之辭言昔在者從上自下為稱據代有先之

而書無所先故云昔也此說未嘗書始於堯典云昔在

帝堯謂書無所先堯可也至同命言在昔文豈書亦

無先之者乎五帝序云惟昔黃帝法天則地正與此同

聰明文思光宅天下

漢孔氏曰言聖德遠著其說甚善大抵說經之體貴

不費辭如秦近君說堯典二字至十餘萬言但說若

稽古猶三萬言雖多亦奚以為哉是以古之人其說

《尚書全解》(宋, 林之奇) 四庫全書 經部

禹貢論上

宋　程大昌　撰

總叙

臣初讀禹貢於本文甚疑者凡十有二目而於積世師

傳之說有不敢主信者盖有三事也禹力之著於河居

天下諸水之半而斷自大伾以下河道所歷無能主言

三江有中有北而南江不見於經九江之為九為一莫

知經語之所的主弱水黑水諸家皆謂在甘沙數州則

當南流入河而東注碣石顧於弱水曰既西於黑水

曰入于南海漢之在經但有一源而後分之以為東

西兩派濟既入河而復出於滎乃不名河而復名濟為

其地九河逆河碣石在經甚明而亘古究求竟無歸宿

九州分載所道之山各附其境惟梁岐二山舍雍附冀

荆州去海尚遠而預書江漢朝宗于海九州貢道莒其

不能自達于河則皆書其所因以達者如浮汶達濟不

《禹貢論》(宋, 程大昌) 四庫全書 經部

尚書講義卷一

宋　史浩　撰

虞書

堯典

昔在帝堯聰明文思光宅天下將遜于位讓于虞舜作

堯典

此書序也班固謂先聖孔子作凡典謨訓誥誓命之

文必有史氏紀其所作之由孔子取史語裁為法度

之言以信後世雖謂之孔子作可也凡稱昔在必其

人之聲名功業不泯者自古以來惟帝堯足以當之

皇降而帝帝降而王帝者君天下之號而堯其名也

或曰堯謚也夫古者死無謚謚始于周堯則其名

無疑矣且以舜禹言之有鯀在下曰虞舜又曰來禹

豈呼舜禹之謚耶聰明德之至大者是故天以聰明

在上而元后亦以聰明作民父母天之聰明豈必償

償然屬耳瞪目而得之耶亦曰無所不聞無所不見

而已卒之聰于無聲視于無形天下之理不得遁而

《尚書講義》(宋, 史浩) 四庫全書 經部

《尚書詳解》(宋, 何僎) 四庫全書 經部

欽定四庫全書

尚書詳解卷一

宋　夏僎　撰

虞書

堯典

陳少南謂堯舜禹湯先儒或以為名或以為謚其說
皆無據觀大禹謨序言作大禹皋陶謨益稷則皋陶
益稷皆名也觀師錫帝曰虞舜帝亦曰格汝舜又曰

欽定四庫全書

來禹又曰咨禹曰棄曰皋陶曰咨益例以名
命之則舜禹不得不為名也舜禹為名則堯亦名也
惟論語曰予小子履說者謂履為湯名為名則湯
非名矣說者又謂湯名天一將為王改為履又曰名
履字天一皆不可知不可知者余請闕之其可知者
據書而言則舜禹當為名似舜禹既為名矣
觀諸家之說則少南之說似近人情故余請從之至
於堯書謂之典孔氏則謂典言常道是以典訓常伊

《書經大全》(明, 胡廣) 四庫全書 經部

欽定四庫全書

書經大全卷一

明　胡廣等　撰

虞書

虞舜氏因以為有天下之號也書凡五篇堯典雖
紀唐堯之事然本虞史所作當曰夏書春秋傳亦多引為夏書此
下夏史所作當曰夏書
陳氏曰虞書凡四十六
云虞書或以為孔子所定也

欽定四庫全書

曰二典禹謨俱謂之虞書者益三聖授受實宇一
道謂之虞書則可以該舜惟曰虞
書則見舜上承於堯下授於禹

堯典

堯唐帝名說文書名後漢許曰典從冊在丌與
慎叔重作此篇以簡冊載堯之事故名曰
典典後世以其所載之事可為常法故又訓為
常也今文伏生所校馬古文孔壁所藏皆有
常也鄭等所注云夏尚以上無謚以其號也子宋
曰元謚周道也云夏禹之類看來足舜禹也無意堯字

尚書大傳卷一

松陽縣教諭孫之騄輯

易曰河出圖雒出書聖人則之書之所起遠矣至孔子
得黃帝玄孫帝魁之書迄於秦穆公凡三千二百四十
篇斷遠取近定可以為世法者百二十篇而為之序遭秦
滅學燔書漢興芟夷殘缺漢儒闕故秦博士伏勝能傳其業
詔太常使掌故晁錯往受焉而伏生年且百歲不能正
言言不可曉使其女誦二十八篇口授晁錯曰堯典皋
陶謨禹貢甘誓湯誓盤庚高宗肜日西伯戡黎微子牧
誓洪範金縢大誥康誥酒誥梓材召誥洛誥多方多士
立政無逸君奭顧命呂刑文侯之命費誓秦誓凡二十
八篇自是傳其學者有歐陽大小夏侯宣帝時復有河
內女子得泰誓一篇獻之與伏生女所誦合二十九篇
漢志所謂經二十九卷是也故言書者始濟南伏生伏
生創大傳四十一篇以授同郡張生張生授千乘歐陽

《尚書大全》(清, 孫之騄) 四庫全書 經部

尚書地理今釋

大學士蔣廷錫撰

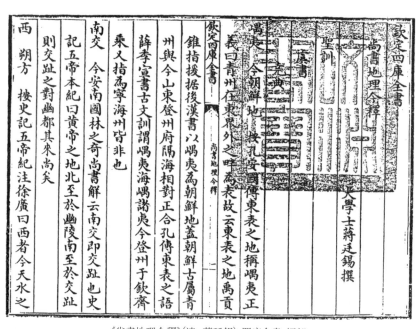

堯典

嵎夷 今朝鮮

冀州在帝都之旺而表之地故云東表之地禹貢
青州在東帝外之旺而表之地稱嵎夷正

錐指援据後漢書以嵎夷為朝鮮地蓋朝鮮古屬青
州與今山東登州府隔海相對正合孔傳東表之語
薛季宣書古文訓謂嵎夷海嵎諸夷今登州于欽齊
乘又指為寧海州皆非也

南交 今安南國林之奇尚書解云南交即交趾也史
記五帝本紀曰黃帝之地北至於幽陵南至於交趾
則交趾之對幽都其來尚矣

西 朔方 按史記五帝紀注徐廣曰西者今天水之

《尚書地理今釋》(清, 蔣廷錫) 四庫全書 經部

古文尚書冤詞卷一

翰林院檢討毛奇齡撰

文尚書即間有令文古文之分以問經師經師勿

告也崇禎十六年國子助教鄒爛疏請分今文古文尚

書而專以今文取士為富師戒嚴不及報曲水社

修奕事山陰張杓謂眾曰毀之之禍萌矣國家取士三

百年專用朱子之書以立學謂可以衛經而經學大壞

前此萬歷十二年南戶部員外房伯元得魏政始石經

大學本于科臣許仁卿家考功郎中豐坊偽造本也

疏請立學官勒令取士廢大學舊本幸其疏以他事與

中監不合駁奏不行然事亦危矣原其意則以朱子改

大學公然取士遂相率更竄以各行其說所謂踵其事

而效尤焉者近者宗伯臣姜公逢元以毛詩進講上敕

勿講國風且特諭東宮講官毋敢以國風進太子前者

何則以其謠也夫以三百五篇皆絃歌之詩太史採之

《古文尚書冤詞》(清，毛奇齡) 四庫全書 經部

尚書古文疏證卷一

山陽 閻若璩 撰

漢書儒林傳孔氏有古文尚書孔安國以今文字讀之

因以起其家逸書得十餘篇蓋尚書茲多於是矣藝文

志古文尚書者出孔子壁中武帝末魯共王壞孔子宅

古文尚書及禮記論語孝經凡數十篇皆古字也共安

國者孔子後也悉得其書以考二十九篇得多十六篇

安國獻之遭巫蠱事未列於學官楚元王傳魯共王壞

孔子宅欲以為宮而得古文於壞壁之中逸禮有三十

九書十六篇天漢之後孔安國獻之夫一則曰得多十

六篇再則曰逸書十六篇是古文尚書篇數之見於西

漢者如此也後漢書杜林傳林前於西州得漆書古文

尚書一卷常寶愛之雖遭艱困握持不離身後出示衛

宏等遂行於世同郡賈逵為之作訓馬融鄭康成之傳

注解皆是物也夫曰古文尚書一卷雖不言篇數然馬

《尚書古文疏證》(清，閻若璩) 四庫全書 經部

尚書稗疏卷一

虞書堯典

岳州王夫之撰

中星　一唐一行以堯演紀之歲冬至日在虛一度推北
正虛九度為秋分昏中南至星七度為冬至昏中東正
房二度為夏至中星西正昴七度為冬至中星以理數
求之有不然者今以一行所測度量之冬至日在虛一
度而中星在昴七度則春分日當在胃十一度夏至在
柳十四度秋分在氐九度而虛一度之去昴七度胃十
一度之去星七度柳十四度之去房二度氐九度之去
虛九度其遠近多寡之不齊或差一度或差二度未有
準也若用郭守敬所測度數合之則參差益甚今大概
而言冬至日躔之次與秋分昏中之星恒差一宿雖二
十八舍度數多寡之不同而考之月令言亦中星以昴
則以中氣言與此星鳥星昴則無有不然者以秋分昏
東壁中昴家言

《尚書稗疏》(淸, 王夫之) 四庫全書 經部

集註書傳卷之一

虞書

蔡沈集傳

堯典

堯唐帝名諡文曰典可法也此篇以簡冊載堯
之事故名曰堯典後

曰若稽古帝堯曰放勳　欽明文思　安安　允恭克
讓　光被四表　格于上下

《書傳》(宋, 蔡沈) 韓國 通行本 (世昌書館)

《書經》목차 일람표

차례

書經 ²

◈ 책머리에
◈ 일러두기
◈ 해제
◈《尚書》서문

I 우서虞書

Ⅱ 하서夏書

書經를

부록

I 우서虞書

　우虞는 제순帝舜이 유우씨有虞氏 출신이어서 흔히 순舜이 세웠던 나라, 혹은 그가 여러 씨족의 공동 수령으로 있을 때의 시대 이름이다. 《고문상서古文尙書》에는 〈虞書〉로 되어 있으나 공영달孔穎達의 《상서정의尙書正義》에는 마융馬融, 정현鄭玄, 왕숙王肅의 전傳에 나타난 주注, 그리고 유향劉向의 《별록別錄》을 인용하여 모두 「虞夏書」라 불렀으며 伏生 또한 唐傳, 虞傳, 夏傳 앞에 두고 제목을 「虞夏傳」이라 하였다.

　고대 오제(黃帝, 顓頊, 帝嚳, 帝堯, 帝舜) 중에 堯는 唐, 舜은 虞를 세운 것으로 알려졌으나 이는 순 때 史觀이 정리하여 그 때문에 《今文尙書》에는 '虞書'라 불러온 것이다. 이에 본 〈虞書〉 안에는 唐의 堯典, 虞의 舜典이 있게 된 것이며, 당시 禹는 신하로서 그의 모책을 적은 大禹謨, 그리고 역시 같은 시기의 명신 고요의 皐陶謨와 益稷 등 5篇이 실리게 된 것이다.

　堯典에는 天文과 曆法을 만들어 백성들에게 時節을 알려준 業績이 기록되어 있고, 大禹謨, 皐陶謨, 益稷에는 帝舜의 賢臣이던 禹, 皐陶, 益과 문답한 기록이 위주이며, 帝王의 德과 道에 관한 것이 중심이다. 특히 禹가 개진한 政治論이 대부분을 차지하고 있으며, 禹의 치수사업에 대한 내용도 함께 들어 있다.

　한편 고대 전설 속의 제왕帝王들은 사회발전의 형태에 따라 (1)유소씨(有巢氏: 처음으로 둥지를 짓기 시작한 시대의 씨족) (2)수인씨(燧人氏: 나무를 뚫어 불을 얻을 줄 알았던 시대의 씨족) (3)복희씨(伏犧氏: 그물을 엮어 물고기나 짐승을 잡으며 가축을 가두어 초보적이며 안정적 식량 공급을 해결했던 시대의 씨족) (4)신농씨(神農氏: 농기구를 발명하여 농업정착 생활로 들어선 시대의 씨족) 등의 발전 단계를 거쳐왔다. 그 뒤 흔히 '삼황'三皇시대라 하여 원시적인 통치단계가 있었던 것으로 여기며, 삼황은 천황씨天皇氏, 지황씨地皇氏, 인황씨人皇氏를 들거나 복희씨와 신농씨 둘에 여와씨女媧氏, 축융씨祝融氏, 수인씨, 황제黃帝, 軒轅氏 중 하나를 넣어 삼황이라 하기도 한다. 그러나 일반적으로 수인씨, 복희씨, 신농씨를 '삼황'이라 여기고 있다. 다음으로 '오제'五帝는 흔히 선양(禪讓: 公天下)의 시대로 부족 사이 공주共主를 정하여 어느 정도 통치기구를 형성하였을 것이며, 이를 통해 질서를 바로잡고 갈등을 해결하는 단계였을 것으로 보고 있다. 흔히 《사기史記》 오제본기五帝本紀에 의하여 황제(黃帝, 軒轅氏, 有熊氏), 전욱(顓頊: 高陽氏), 제곡(帝嚳: 高辛氏), 제요(帝堯: 陶唐氏), 제순(帝舜: 有虞氏)을 들고 있으며 그중 오제의 마지막 당唐, 우虞 시대의 요堯와 순舜은 儒家에서 이상시대로 여기고 있다. 이를 이어 우(禹: 夏禹)에 이르러 그 아들 계啓가 왕위를 이으면서 중국 첫 왕조 하夏나라가 탄생하며, 이때부터는 세습(世襲: 家天下)의 시대로 역사의 틀이 고착화되었다. 이에 대해서는 사마천司馬遷《사기史記》의 오제본기五帝本紀에 자세히 실려 있다.

* 蔡沈《書傳》〈虞書〉注에 "虞舜氏因以爲有天下之號也. 書凡五篇:「堯典」, 雖紀唐堯之事, 然本虞史所作, 故曰「虞書」. 其舜典以下, 夏史所作, 當曰「夏書」.《春秋傳》亦多引爲「夏書」此云.「虞書」或以爲孔子所定也"라 하였다.

〈01〉 요전堯典(001-004)

唐堯(陶唐氏 출신의 堯)의 '제왕으로서의 사적과 그의 德'을 기리고자 舜(有虞氏 출신의 舜) 시대의 사관史官이 추술追述한 것이다. 堯는 姓은 伊耆이며 이름은 放勛(放勳), 帝嚳 高辛氏의 아들이라 하였다. 西漢 伏生이 전한 《今文尚書》의 堯典은 다음의 舜典을 합해 한 편으로 되어 있으나 흔히 《古文尚書》를 근거로 2편으로 분리하여 다루고 있다.

＊蔡沈 《書傳》 〈堯典〉 注에 "堯, 唐帝名. 《說文》曰:「典: 從冊在丌上, 尊閣之也.」 此篇以簡冊載堯之事, 故曰〈堯典〉. 後世以其所載之事, 可爲常法. 故又訓爲常也. 今文古文皆有"라 하였다.

〈唐堯〉像

참고로 《史記》 五帝本紀의 堯부분을 轉載하면 다음과 같다.

帝嚳娶陳鋒氏女, 生放勛. 娶娵訾氏女, 生摯. 帝嚳崩, 而摯代立. 帝摯立, 不善(崩), 而弟放勳立, 是爲帝堯. 帝堯者, 放勳. 其仁如天, 其知如神. 就之如日, 望之如雲. 富而不驕, 貴而不舒. 黃收純衣, 彤車乘白馬. 能明馴德, 以親九族. 九族既睦, 便章百姓. 百姓昭明, 合和萬國. 乃命羲·和, 敬順昊天, 數法日月星辰, 敬授民時. 分命羲仲, 居郁夷, 曰暘谷. 敬道日出, 便程東作. 日中, 星鳥, 以殷中春. 其民析, 鳥獸字微. 中命羲叔, 居南交. 便程南爲, 敬致. 日永, 星火, 以正中夏. 其民因, 鳥獸希革. 申命和仲,居西土, 曰昧谷. 敬道日入, 便程西成. 夜中, 星虛, 以正中秋. 其民夷易, 鳥獸毛毨. 申命和叔;居北方, 曰幽都. 便在伏物. 日短, 星昴, 以正中冬. 其民燠, 鳥獸氄毛. 歲三百六十六日, 以閏月正四時. 信飭百官, 衆功皆興. 堯曰:「誰可順此事?」放齊曰:「嗣子丹朱開明.」堯曰:「吁! 頑凶, 不用.」堯又曰:「誰可者?」讙兜曰:「共工旁聚布功, 可用.」堯曰:「共工善言, 其用僻, 似恭漫天, 不可.」堯又曰:「嗟, 四嶽, 湯湯洪水滔天, 浩浩懷山襄陵, 下民其憂, 有能使治者?」皆曰鯀可. 堯曰:「鯀負命毀族, 不可.」嶽曰:「异哉, 試不可用而已.」堯於是聽嶽用鯀. 九歲, 功用不成. 堯曰:「嗟! 四嶽:朕在位七十載, 汝能庸命, 踐朕位?」嶽應曰:「鄙德忝帝位.」堯曰:「悉舉貴戚及疏遠隱匿者.」衆皆言於堯曰:「有矜在民閒, 曰虞舜.」堯曰:「然, 朕聞之. 其何如?」嶽曰:「盲者子. 父頑, 母嚚, 弟傲, 能和以孝, 烝烝治, 不至姦.」堯曰:「吾其試哉!」於是堯妻之二女, 觀其德於二女. 舜飭下二女於嬀汭, 如婦禮. 堯善之, 乃使舜愼和五典, 五典能從. 乃遍入百官, 百官時序. 賓於四門, 四門穆穆, 諸侯遠方賓客皆敬. 堯使舜入山林川澤, 暴風雷雨, 舜行不迷. 堯以爲聖, 召舜曰:「女謀事至而言可績, 三年矣. 女登帝位.」舜讓於德不懌. 正月上日, 舜受終於文祖. 文祖者, 堯大祖也. 於是帝堯老, 命舜攝行天子之政, 以觀天命. 舜乃在璿 璣玉衡, 以齊七政. 遂類于上帝, 禋于六宗, 望于山川, 辯于群神. 揖五瑞, 擇吉月日, 見四嶽諸牧, 班瑞. 歲二月, 東巡狩, 至於岱宗, 祡, 望秩於山川. 遂見東方君長, 合時月正日, 同律度量衡, 脩五禮五玉三帛二生一死爲摯, 如五器, 卒乃復. 五月, 南巡狩;八月, 西巡狩;十一月, 北巡狩:皆如初. 歸, 至于祖禰廟, 用特牛禮. 五歲一巡狩, 群四朝. 徧告以言, 明試以功, 車服以庸. 肇十有二州, 決川. 象以典刑, 流宥五刑, 鞭作官刑, 扑作敎刑, 金作贖刑, 眚災過, 赦;怙終賊, 刑. 欽哉, 欽哉, 惟刑之靜哉! 讙兜進言共工, 堯曰不可而試之工師, 共工果淫辟. 四嶽舉鯀治鴻水, 堯以爲不可, 嶽彊請試之, 試之而無功, 故百姓不便. 三苗在江淮·荊州數爲亂. 於是舜歸而言於帝, 請流共工於幽陵, 以變北狄;放讙兜於崇山, 以變南蠻;遷三苗於三危, 以變西戎;殛鯀於羽山, 以變東夷:四罪而天下咸服. 堯立七十年得舜, 二十年而老, 令舜攝行天子之政, 薦之於天. 堯辟位凡二十八年而崩. 百姓悲哀, 如喪父母. 三年, 四方莫擧樂, 以思堯. 堯知子丹朱之不肖, 不足授天下, 於是乃權授舜. 授舜, 則天下得其利而丹朱病;授丹朱, 則天下病而丹朱得其利. 堯曰:「終不以天下之病而利一人」, 而卒授舜以天下. 堯崩, 三年之喪畢, 舜讓辟丹朱於南河之南. 諸侯朝覲者不之丹朱而之舜, 獄訟者不之丹朱而之舜, 謳歌者不謳歌丹朱而謳歌舜. 舜曰:「天也」, 夫而後之中國踐天子位焉, 是爲帝舜.

〈서〉: 옛날 당요唐堯가 재위할 때는 총명聰明하고 문사文思하여 그 빛이 천하에 가득하였다. 제위에서 물러나 우순虞舜에게 선양하였으며, 그 상황을 기록한 것이 〈요전〉이다.

<序>: 昔在帝堯, 聰明文思, 光宅天下, 將遜於位, 讓於虞舜, 作 <堯典>.

【序】매 편마다 맨 앞 구절은 그 편이 지어진 動機나 過程, 內容 등을 간단히 敍述한 것임.《漢書》藝文志 六藝略《尙書》에 "書之所起遠矣, 至孔子纂焉, 上斷於堯, 下訖于秦, 凡百篇, 而爲之序, 言其作意"라 하였으며 이에 따라 이 서문을 '百篇書序'이라 하며 顔師古 注에 "引序各冠其篇首, 定五十八篇"이라 하였고, 孔安國 〈尙書序〉에도 "書序, 序所以爲作者之意, 昭然義見, 宜相附近, 故引之各冠其篇首, 定五十八篇"이라 함. 한편 이 '百篇書序'는 劉向 〈藝文志〉에는 孔子가 지은 것처럼 설명하고 있으나 증거가 충분하지 않음. 그러나 漢 武帝 이전에 널리 알려진 것으로 보아 매우 이른 시기에 이미 이 서문이 있었음을 알 수 있음.

【帝堯】陶唐氏 출신의 堯. 堯는 전설상 上古시대 五帝의 하나. 陶唐氏. 唐堯로도 부름. 祁姓이며 이름은 放勳. 帝嚳의 아들.《十八史略》(1)에 "帝堯陶唐氏: 伊祁姓, 或曰名放勛, 帝嚳子也. 其仁如天, 其知如神, 就之如日, 望之如雲, 都平陽. 茆茨不剪, 土階三等. 有草生庭, 十五日以前, 日生一葉, 以後日落一葉, 月小盡, 則一葉厭而不落, 名曰蓂莢, 觀之以知旬朔"이라 함.《史記》五帝本紀를 볼 것.

【聰明】귀 밝은 것을 聰, 눈 밝은 것을 明이라 함. 孔穎達의 疏에 "言聰明者, 據人近驗, 則聽遠爲聰, 見微爲明. ……以耳目之聞見, 喩聖人之智慧, 兼知天下之事"라 함.

【文思】'文'은 '문명화하다'의 뜻. 鄭玄과 馬融은 "經緯天地謂之文"이라 하였으며, '思'는 鄭玄은 "慮事通敏謂之思"라 함.

【光宅天下】'宅'은 〈尙書正讀〉에 "宅, 宅而有之也"라 하여 '충만하다'의 뜻으로 보았음.

【遜】孔穎達 傳에 "遜, 遁也"라 하여 '물러나 피하다'의 뜻으로 여겼음.

【虞舜】有虞氏 출신의 舜. 고대 五帝의 하나. 有虞氏. 姓은 姒氏, 이름은 重華. 虞舜으로도 부름. 堯임금으로부터 천하를 물려받아 帝位에 오름. 瞽瞍의 아들로 孝誠이 뛰어났던 분으로 널리 알려져 있으며 儒家에서 聖人으로 추앙함.《十八史略》(1)에 "帝舜有虞氏: 姚姓, 或曰名重華, 瞽瞍之子, 顓頊六世孫也. 父惑於後妻, 愛少子象, 常欲殺舜. 舜盡孝悌之道, 烝烝乂不格姦"이라 함.《史記》五帝本紀를 볼 것.

001(1-1)
제요帝堯

지난날 옛 요堯임금을 살펴보건대 이름을 방훈放勳이라 하며, 흠명문
사欽明文思하시고, 온화한 모습이며, 윤공극양允恭克讓하시어 그 광명은
사방 밖까지 덮여나갔고 상하上下 모든 이들에게 이르렀다.

높은 덕을 명확히 하시어 구족九族을 화친하도록 하셨으며, 구족이
이윽고 화친하게 되자 백관과 백성들을 명확하게 구분하여 드러나게 하
였으며, 모든 씨족들을 협화協和하도록 하니 백성들은 이로써 화목함을
이루게 되었다.

曰若稽古帝堯, 曰放勳, 欽明文思, 安安, 允恭克讓, 光被四表,
格于上下.

克明俊德, 以親九族; 九族旣睦, 平章百姓; 百姓昭明, 協和萬
邦; 黎民於變時雍.

【曰若】《尚書》특유의 표현 방법으로 '越若', '粤若'으로도 나타나며 이미 지난 일을
추서할 때 표현하는 시작의 말. "지난날을 察查하여 詳考하건대"의 뜻. 蔡沈의 〈集
注〉에 "曰若, 謂語詞"라 함.

【稽古】'稽'는 '고찰하다'의 뜻.

【放勳】堯임금의 이름. "그 훈적이 아주 크다"의 의미를 가지고 있음. '勳'은 功勳, '放'
은 '拘束되지 않음'의 뜻을 가지고 있음. '放勛'으로도 표기함.

【欽明文思】각기 하나씩의 독립된 의미임. '欽'은 鄭玄은 "敬事節用謂之欽"이라 함.
'明'은 明察함을 뜻하며 '文思'는 앞에 설명함.

【安安】온화한 모습을 뜻함. 晏晏과 같음.《爾雅》釋訓에 "晏晏, 溫和也"라 함.

【允恭克讓】'允'은 '확실히'의 뜻.《說文》에 "允, 信也"라 함. '恭'은 공손하고 신중함.

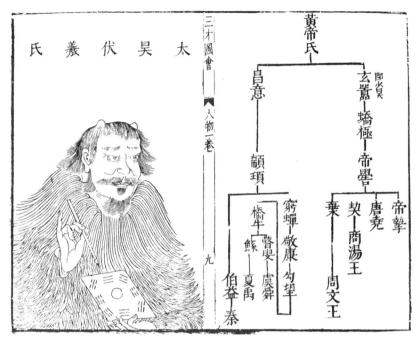

〈黃帝氏 世系〉와 〈太昊 伏羲氏〉《三才圖會》

鄭玄은 "不懈於位曰恭"이라 하여 자신의 직위에 게으름이 없음을 뜻하는 것으로
보았음. '克'은 '能'과 같음. '讓'은 어질고 능력 있는 자에게 양보함. 鄭玄은 "推賢尙
善曰讓"이라 함.

【光被】그 광명이 널리 덮어줌. 혹 '光'은 廣과 같은 것으로도 봄. 王引之《經義述聞》
에 "光, 與廣同義"라 함.

【四表】四方 그 바깥의 外表. 즉 온 세상.

【俊德】德이 뛰어나고 출중함.《說文》에 "俊, 才千人也"라 함.

【格于上下】'格'은 '至'와 같음. '이르다, 도달하다'의 뜻. 孔安國 傳에 "格, 至也"라 함.

【九族】高祖로부터 玄孫까지. 孔穎達 疏에 "上至高祖, 下及玄孫, 是謂九族"이라 함.
즉 高祖, 曾祖, 祖, 父, 자신, 子, 孫, 曾孫, 玄孫을 가리킴. 혹 父族 四, 母族 三, 妻族
二를 묶어서 지칭하는 말이라고도 함.

【平章】'平'은 변별함.《史記》五帝本紀에는 '便',《史記》索隱에는 '釆',《後漢書》劉愷
傳에 인용된 것은 '辨'으로 되어 있음. 鄭玄 注에는 "辨, 別也"라 함. '章'은 '彰'과 같
음. 따라서 "명확하게 변별하다"의 뜻.

〈帝嚳高辛氏〉와 〈帝堯陶唐氏〉《三才圖會》

【百姓】모든 관리와 일반 백성을 함께 지칭하는 말. 孔穎達 疏에 "百姓, 謂百官族姓"
이라 함.

【協和萬邦】'協和'는 협력하여 화합함을 뜻하며, '萬邦'은 모든 씨족들을 통틀어 일
컫는 말.

【黎民】백성. 蒼生. 黎는 백성의 검은 머리를 뜻함.

【於】감탄사. '오'로 읽음. 그러나 〈尙書核詁〉에 인용한 高晉生의 說에는 '於'를 '以'로
보았음.

【時雍】'時'는 '善'의 뜻. 雙聲互訓. '雍'은 '和睦'의 뜻.

002(1-2)
희화羲和

이에 희씨羲氏와 화씨和氏에게 명하여 호천昊天을 공경하고 따르며, 일월성신日月星辰을 법으로 여겨 이를 미루어 짐작해 백성들에게 농사를 지을 때를 알려주도록 하였다.

이를 분담하여 희중羲仲은 우이嵎夷에 살도록 명하였으니 그곳은 양곡暘谷이라 하였다.

그곳에서 해가 뜨는 것을 잘 인도하여 봄이 되면 경작을 시작하는 일을 잘 헤아려 측정하도록 하였으며, 춘분이 되면 조성鳥星이 나타날 때를 중춘仲春의 표준으로 삼아 백성들은 저마다 흩어져 농사를 짓기 시작하며 이때에는 새와 짐승들은 새끼를 키워 번식하게 된다.

다음으로 희숙羲叔에게 당부하여 남교南交에 살면서 남쪽의 움직임을 변별하고 측정하여, 여름을 공경스럽게 받아 하지夏至가 되어 화성火星이 나타날 때를 중하仲夏의 표준을 삼아 그 백성들로 하여금 높은 지대로 옮겨 살도록 하며, 이때에는 새와 짐승들이 털과 가죽이 성글어진다.

다음으로 화중和仲에게 서쪽에 살도록 하였으니 그곳은 매곡昧谷이라 하였다.

지는 해를 공경스럽게 보내주며 가을 추수의 때를 잘 변별하고 측정하여, 추분秋分에 허성虛星이 나타날 때를 중추仲秋의 기준으로 삼아 그 백성들로 하여금 평지로 내려와 살도록 하며, 이때에는 새와 짐승들의 털이 다시 나게 된다.

다음으로 화숙和叔에게 당부하여 삭방朔方에 살도록 하였으니 그곳은 유도幽都라 하였다.

북방의 태양이 운행하여 바뀌는 현상을 관찰하여 묘성昴星이 나타날 때를 중동仲冬으로 삼아 그 백성들로 하여금 깊은 방 안으로 들어가 추위를 피하도록 하였으며, 이때에는 새와 짐승들이 보드라운 털로 추위를 이기게 된다.

요임금이 말하였다.

"아! 너 희씨 및 화씨여. 만 1주년은 366일이니 윤달을 넣어 사시四時를 정해야 한 해가 되는 것이다. 이를 잘 활용하여 백관들이 자신의 임무를 수행하여 많은 업적을 내며 모두가 흥성하게 하라."

乃命羲和, 欽若昊天, 厤象日月星辰, 敬授人時.

分命羲仲, 宅嵎夷, 曰暘谷.

寅賓出日, 平秩東作; 日中, 星鳥, 以殷仲春; 厥民析, 鳥獸孳尾.

申命羲叔, 宅南交, 平秩南訛, 敬致; 日永. 星火, 以正仲夏; 厥民因, 鳥獸希革.

分命和仲, 宅西, 曰昧谷.

寅餞納日, 平秩西成; 宵中, 星虛, 以殷仲秋; 厥民夷, 鳥獸毛毨.

申命和叔, 宅朔方, 曰幽都.

平在朔易, 日短, 星昴, 以正仲冬; 厥民隩, 鳥獸氄毛.

帝曰:「咨! 汝羲暨和. 朞三百有六旬有六日, 以閏月定四時, 成歲. 允釐百工, 庶績咸熙.」

【羲和】羲氏와 和氏. 모두 重(少皥의 후손)과 黎(顓頊의 후손)의 후손이며 羲仲, 羲叔, 和仲, 和叔을 이름. 이들 집안은 天地四時의 季節과 氣候 등을 관측하는 일을 담당하였음. 馬融은 "羲氏掌天官, 和氏掌地官, 四子掌四時"라 함.

【昊天】'昊'는 '大'의 뜻. 하늘의 큼을 의미함. 큰 하늘.

【欽若】공경하여 따름. '若'은 '순종하다'의 뜻.

【厤象】'厤'은 '曆'과 같음. '推算하다'의 뜻. 《爾雅》釋詁에 "曆, 數也"라 함. '象'은 '법으로 삼다'의 뜻. 《楚辭》王逸 注에 "象, 法也"라 함. 혹 '관찰하다'의 뜻으로도 쓰임.

【人時】'民時'. 백성들이 씨를 뿌리고 거둬들이기며 절기에 맞추어 생업에 종사함. 《史記》,《漢書》,《尚書大傳》 및 鄭玄 注에는 모두 '民時'로 되어 있으나 唐 天寶 3년 衛包가 唐太宗 李世民의 이름을 諱하여 '人時'로 바꾼 것임.

【嵎夷】지명. 東方. 東海 가의 지명이라 함. 그러나 韓半島로 보기도 함. 淸 蔣廷錫의 《尚書地理今釋》(1)에는 "嵎夷, 今朝鮮地. 按孔安國傳: '東表之地稱嵎夷.'〈正義〉曰: '青州在東界, 外之畔爲表, 故云東表之地.《禹貢錐指》援據《後漢書》以嵎夷爲朝鮮地. 蓋朝鮮古屬青州, 與今山東登州府, 隔海相對, 正合孔傳東表之語. 薛季宣《書古文訓》謂嵎夷, 海嵎諸夷. 今登州于欽齊乘, 又指爲寧海州皆非也"라 함.

【暘谷】'湯谷', '崵谷'으로 표기하며 해가 떠오르는 곳.《說文》에 "暘, 日出也"라 함. 《淮南子》天文訓에 "日出於湯谷"이라 함.

【寅賓】'공경스럽게 引導함'. 孔穎達 疏에 "寅, 敬"이라 하였고, '賓'은《史記》五帝本 紀에는 '道'로 되어 있으며 '導'와 같음. 孔穎達 疏에 "賓者, 主行導引, 故賓爲導也" 라 함. 그러나 '寅賓'은 묶어 疊韻連綿語가 아닌가 함.

【平秩】辨別하여 測定함.《尚書核詁》에 "秩, 察也.〈釋訓〉: '秩秩, 淸也.',〈釋言〉: '察, 淸也.' 是秩察誼同"이라 함.

【東作】'東'은 '春', '作'은 '始'의 뜻. 봄 이 되어 경작을 시작함.《廣雅》釋 詁에 "作, 始也"라 함.

【日中】春分을 가리킴. 밤과 낮의 길 이가 같은 날.

【星鳥】별 이름. 남방 朱雀七宿는 天 呈 鳥形에 있으므로 이를 星鳥라 칭함.

【以殷仲春】'殷'은 '표준을 정하다'의 뜻. '仲'은 四季 孟仲季의 중간 달. 즉 仲春(2), 仲夏(5), 仲秋(8), 仲冬(11) 의 달을 가리킴. 仲春은 2월.

【厥析】'厥'은 '其'와 같음. '析'은 흩어 짐. 그들이 흩어져 각기 농사를 위 해 밭으로 나감.

【孳尾】鳥獸가 각각 새끼를 번식시

〈伏羲捧日圖〉(畫像磚)

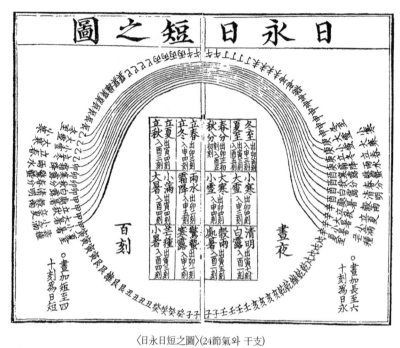

〈日永日短之圖〉(24節氣와 干支)

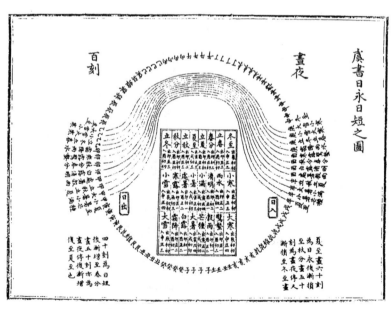

〈日永日短之圖〉(24節氣와 干支)《書經大全》

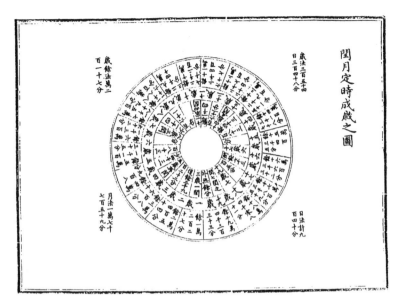

〈閏月定時成歲之圖〉《書經大全》

킴. 孔安國 傳에 "乳化曰孳, 交接曰尾"라 함.

【南交】'交'는 지명. 남쪽 交趾. 지금의 越南 북부 일대라 함. 《墨子》節用篇과 《韓非子》十過篇에 "堯治天下, 南撫交趾"라 함.

【南訛】'南'은 여름, '訛'는 운행, 운동을 뜻함. 《詩》小我 無羊 "或寢或訛"의 〈毛傳〉에 "訛, 動也"라 함.

【敬致】'致'는 '到來'의 뜻. 《說文》에 "致, 送詣也"라 하였고, 《漢書》五帝紀 "存問致賜"의 顔師古 注에 "致, 送至也"라 함.

【日永】하루 해가 긺. 해가 가장 긴 夏至를 뜻함.

【星火】火星. 東方青龍七宿의 하나. 夏至날 黃昏 때 남방에 출현함.

【厥民因】'因'은 높고 밝은 곳으로 올라가 그곳에 거함. 《尚書集注音疏》에 "因, 就也. 就之言就高也. 〈月令〉: '仲夏可以居高明.'"이라 함. 혹 '옷을 벗어두고 일을 하다'의 뜻으로도 봄(釋義).

【希革】'希'는 '稀'와 같음. '革'은 羽의 뜻. 鳥獸의 羽毛가 성글어짐. 鄭玄은 "夏時鳥獸毛疏皮見"이라 함.

【昧谷】해가 지는 골짜기.

【寅餞納日】'寅'은 恭敬의 뜻. '餞'은 祖餞, 餞別. '納日'은 해가 지는 시간.

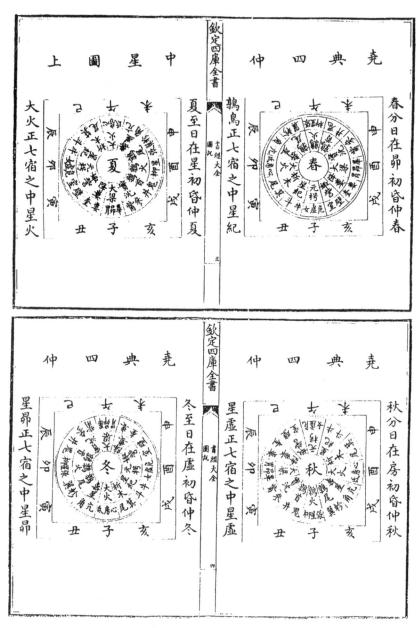

〈四仲(春夏秋冬)〉《書經大全》

【西成】秋收. 五行說에서 서쪽은 가을. 혹 태양이 서쪽으로 기울어 사라지는 시간. 하루해가 마치는 시간.《尙書易解》에 "成, 終也"라 함.

【宵中】밤과 낮의 길이가 같은 날. 여기서는 秋分을 가리킴.

【星虛】北方玄武七宿의 하나.

【厥民夷】'夷'는 '平'과 같음. 여기서는 그 백성들이 다시 평지로 내려와 거주함을 뜻함.

【毛毨】털이 다시 남.《玉篇》에 "毨, 毛更生也"라 함.

【朔方】북방.

【幽都】幽州. 북쪽 일대.

【平在朔易】'在'는 '살피다'의 뜻.《爾雅》釋詁에 "在, 察也"라 함. '朔'은 북방. '易'는 改易. 운행의 뜻. 그러나 '易'는 혹 '治'와 같은 것으로도 봄. 治田.《孟子》의 '深耕易耨', '易其田疇'와 같음.

【星昴】西方白虎七宿의 하나.

【隩】'奧'와 같음. 방의 가장 깊은 곳.《爾雅》釋宮 音義에《尙書》와《說文》을 인용하여 "奧, 室也"라 하였고,《後漢書》梁冀傳 注에 "奧, 深室也"라 함. 날이 추워져 사람들이 방으로 들어감.

【氄】가늘고 보드라운 솜털.

【吞】감탄사.

【曁】及과 같음.

【碁】一周年.

【以閏月定】지구의 公轉 週期는 365일 4分의 一日이며, 달의 지구 운행 주기는 29日이 넘기 때문에 陰曆에는 大月(三十日)과 小月(二十九日)을 두었음. 그러나 이를 12개월로 하였을 경우 1년이 354일, 혹은 355일로 10일 정도 부족하여 다시 3년에 한 번씩 윤달을 두게 됨.

【允釐】'允'은 用과 같으며, '釐'는 治와 같음. 王引之《經義述聞》에 "允, 猶用也"라 함.

【百工】百官.

【庶績咸熙】'庶'는 '많다'의 뜻. '熙'는 '興'의 뜻.《爾雅》釋詁에 "熙, 興也"라 함.

〈顓頊·帝嚳〉像 河南 內黃縣 二帝陵

003(1-3)
단주丹朱

제요帝堯가 물었다.

"누가 사시에 잘 순응하는 자로서, 등용될 만한 인물인가?"

방제放齊가 말하였다.

"맏아드님 단주丹朱가 총명하고 깨었습니다."

제요가 말하였다.

"아! 말만 많고 다툼만 일삼는데 되겠는가?"

그러자 제요가 다시 말하였다.

"나의 일에 순응할 자 누구인가?"

환도驩兜가 말하였다.

"아! 공공共工은 백성들을 모아들여 공을 이룰 수 있습니다."

제요가 말하였다.

"아! 그는 말이 교묘하고 행동이 어긋나며 겉으로는 공경하는 척하되 오만함은 하늘에 닿을 정도이다."

제요가 다시 말하였다.

"아! 사악四嶽이여. 탕탕湯湯한 홍수가 널리 번져 재앙을 일으키고 있고, 그 질펀함은 산을 삼키고 언덕 위까지 치솟고 있으며, 그 드넓음은 하늘로 넘실거리고 있다. 아래 백성들이 탄식하고 있으니 누가 능히 이를 처리할 수 있을꼬?"

모두가 함께 이렇게 말하였다.

"아! 곤鯀입니다."

제요가 말하였다.

"아! 그는 일을 그르친 자로다. 명령을 내던지고 족속을 무너뜨린 자로다."

사악이 말하였다.

"그렇지 않습니다. 시험해 보시고 쓸 만하면 쓰시면 됩니다."

제요가 말하였다.

"가거라. 그리고 공경을 다하라!"

그러나 곤은 9년이 되도록 아무런 실적을 이루지 못하였다.

帝曰:「疇咨若時登庸?」

放齊曰:「胤子朱啓明.」

帝曰:「吁! 嚚訟可乎?」

帝曰:「疇咨若予采?」

驩兜曰:「都! 共工方鳩僝功.」

帝曰:「吁! 靜言庸違, 象恭滔天.」

帝曰:「咨! 四岳, 湯湯洪水方割, 蕩蕩懷山襄陵, 浩浩滔天. 下民其咨, 有能俾乂?」

僉曰:「於! 鯀哉.」

帝曰:「吁! 咈哉. 方命圮族.」

岳曰:「异哉! 試可乃已.」

帝曰:「往, 欽哉!」

九載, 績用弗成.

【疇】'誰'와 같음. 《爾雅》 釋詁에 "疇, 誰也"라 함.

【咨】語助詞.

【若時登庸】'若'은 順의 뜻. '時'는 四時. '登庸'은 登用과 같음. 馬融은 "羲和爲卿官, 堯之末年皆以老死, 庶績多闕, 故求賢順四時之職, 欲用以代羲和"라 함.

【放齊】人名. 帝堯의 신하.

【胤子朱啓明】胤子는 맏아들, '朱'는 堯의 아들 丹朱. 어리석은 인물로 알려짐. '啓明'은 깨이고 명석함.

【吁】탄식하는 소리를 音寫한 것.

【嚚訟】'嚚'(은)은 진실함도 믿음성이 없이 말만 허황하게 늘어놓는 것.《左傳》僖公 24년에 "耳不聽五聲之和爲聾, 目不別五色之章爲昧, 心不則德義之經爲頑, 口不道忠信之言爲嚚"이라 함. '訟'은《說文》에 "訟, 爭也"라 하여 爭訟을 일삼는 것.

【若予采】'若'은 善, '采'는 事의 뜻.《尚書》皐陶謨에 "載采采"라 하였고,《史記》夏本紀에 "始事事"라 하여 '采'와 '事'는 같음.

【驩兜】堯임금 때의 신하로 惡行을 저질렀으며, 四凶의 하나로 알려짐.

【都】歎美詞. 찬미할 때 쓰는 말. '훌륭하다'의 뜻.

【共工】요임금의 신하. 또한 四凶의 하나.

【方鳩僝功】'方'은 '旁'과 같음. 보편적인 것. '鳩'는 '糾'와 같음. '糾合'의 뜻. '僝'은 '갖추다'의 뜻. 馬融은 "僝, 具也"라 함.

【靜言庸違】'靜'은 '靖'과 같으며 '靜言'은 '巧言'과 같음.《漢書》翟義傳에 "靜言令色"이라 하였으며 이는《論語》의 "巧言令色"과 같음. '庸違'는 행동과 말이 어긋남.

【象恭滔天】'象恭'은 겉으로 공경하는 척함. '滔'는 '慆'와 같으며 오만한 태도.《詩》大雅 蕩 "天降滔德, 女興是力"의 毛傳에 "滔, 慢也"라 함.

【四岳】사방의 諸侯를 통할하는 권한을 가진 직위.

【湯湯】물결이 넘실거리는 모양.

【方割】'方'은 '旁'과 같음. '割'은 '害'와 같음. 재앙을 끼침.《尚書》大誥 "天降割于我家, 不少延"에 馬融은 '割'을 '害'라 함.

【懷山襄陵】'懷'는 '포위하다'의 뜻. '襄'은 上의 뜻.

【下民其咨】'其'는 '乃'와 같음. '咨'는 탄식하며 괴로움을 호소함.

【俾乂】'俾'는 使와 같음. '乂'는 '다스리다, 처리하다'의 뜻.

【僉】모두. '衆'과 같음.

【鯀】'鮌'으로도 표기하며 禹의 아버지. 堯의 명을 받들어 治水에 힘썼으나 물을 막는 방법으로 나섰다가 실패함. 뒤에 舜에 의해 그 책임을 물어 죽임을 당하고 그 아들 禹가 疏通의 방법으로 治水에 성공하여 王位에 올라 夏나라 시조가 됨.

【咈哉】'咈'은 '위배하다'의 뜻.

【方命圯族】'方'은 放과 같음. 王命을 放棄함. '圯'는 '허물어뜨리다'의 뜻.《爾雅》釋詁에 "圯, 毀也"라 함. '族'은 族類.

【試可乃已】《尚書集注音疏》에 "試·已, 皆用也. 言用之可乃用爾"라 함. 따라서 "시험해 보고 등용할 만하면 등용하라"는 뜻. 그러나 '已'는 '그만두다, 그치다'의 뜻으로도

볼 수 있음.

【异】'異'의 異體字.

【欽】恭敬의 뜻.

【九載】'載'는 年, 歲와 같음. 鯀이 9년 동안 홍수를 다스렸으나 아무런 실적을 이루지 못함.

004(1-4)
우순虞舜

제요가 말하였다.

"아! 사악四岳이여. 짐朕이 제위에 있은 지 70년이 되는 동안 그대들이 능히 나의 명령을 이행하였도다. 짐의 지위를 누가 대신할 수 있겠는가?"

악岳이 말하였다.

"우리는 덕이 비루하여 제위를 욕되게 할 것입니다."

제요가 말하였다.

"현명한 자를 밝혀내고, 비천한 지위에 있어 제대로 알려지지 않은 자를 드러내어 추천하라."

그러자 여러 사람들이 제요에게 이렇게 건의하였다.

"홀아비가 아래 백성 가운데 있으니 우순虞舜이라 합니다."

제요가 말하였다.

"그렇다. 나도 듣고 있었다. 어떠한 인물인고?"

악이 말하였다.

"장님의 아들이며 아버지는 완고하고 어머니는 간악하며 배다른 아우 상象은 오만하건만 그럼에도 화해를 이루고 있습니다. 효성으로써 후덕함을 드러내며 일 처리에 간악함에 이른 적이 없습니다."

제요가 말하였다.

"내 그를 시험해 보리라! 딸을 이러한 사람에게 시집보내어 두 딸에게 어떻게 법이 되는지를 살펴보리라."

그리고 두 딸을 규수嬀水 가로 내려 보내어 우씨 집안의 며느리가 되도록 명령을 내렸다.

제요는 이렇게 부탁하였다.

"공경을 다하도록 하라!"

帝曰:「咨! 四岳. 朕在位七十載, 汝能庸命, 巽朕位?」
岳曰:「否德忝帝位.」
曰:「明明揚側陋.」
師錫帝曰:「有鰥在下, 曰虞舜.」
帝曰:「兪? 予聞, 如何?」
岳曰:「瞽子, 父頑, 母嚚, 象傲, 克諧. 以孝烝烝, 乂不格姦.」
帝曰:「我其試哉! 女于時, 觀厥刑于二女.」
釐降二女于嬀汭, 嬪于虞.
帝曰:「欽哉!」

【庸命】'庸'은 用과 같으며 '命'은 天命을 뜻함.
【巽】'辭讓(禪讓)하다, 대신 이어 실천하다'의 뜻.《史記》五帝本紀에는 '踐'으로 되어
　있음.
【否德忝帝位】'否'는 '비'로 읽으며 '鄙'와 같음.《史記》五帝本紀에는 '鄙'로 되어 있음.
　'忝'은 辱의 뜻. 帝位에 욕이 되어 배합될 수 없음을 말함.
【明明揚側陋】'明明'은 賢明한 자를 명확하게 변별함. '揚'은 추천하여 씀을 뜻함. '側
　陋'는 隱匿. 즉 숨어 있는 자. 지위가 낮고 미천한 신분을 가리킴.
【師錫帝】'師'는 많다(衆)의 뜻. '錫'은 賜와 같음. '帝'는 帝堯. "많은 사람들이 제요에
　게 의견을 제시하다"의 뜻.
【鰥】홀아비. 물고기는 밤에 잘 때도 눈을 감지 않음을 비유하여 홀아비를 일컫는
　말로 굳어짐. 그러나 方孝岳《尙書今語》에는《爾雅》釋詁를 근거로 "鰥, 病也"라 하
　여 舜을 '鰥'이라 한 것은 '疾苦의 고통을 당하는 상태를 표현한 것'이라 하였음.
【虞舜】虞는 有虞氏 집단. 舜은 고대 五帝의 하나. 姓은 姚氏, 이름은 重華. 虞舜으
　로도 부름. 堯임금으로부터 천하를 물려받아 帝位에 오름. 瞽瞍의 아들로 孝誠이
　뛰어났던 분으로 널리 알려져 있으며 儒家에서 聖人으로 추앙함.《十八史略》(1)에
　"帝舜有虞氏: 姚姓, 或曰名重華, 瞽瞍之子; 顓頊六世孫也. 父惑於後妻, 愛少子象, 常
　欲殺舜. 舜盡孝悌之道, 烝烝乂不格姦"이라 함.

【俞】‘그렇다’의 뜻. 肯定을 표시함.《史記》五帝本紀에는 ‘然’으로 되어 있음.

【瞽子】장님의 아들. 舜의 아버지는 瞽叟(瞽瞍)였음. 舜의 生母가 죽자 새로이 여자
를 맞아 순의 異腹 아우 象을 낳았으며 온 집안이 舜을 괴롭힘.

【象】舜의 계모가 낳은 이복동생. 오만하기 그지없었으며 계모와 함께 舜을 괴롭혀
여러 번 죽일 음모를 꾸미기도 하였음.《孟子》를 참조할 것.

【克諧】‘克’은 能, ‘諧’는 和의 뜻. 능히 화합을 이루어냄.

【烝烝】舜의 아름답고 훌륭한 효성을 찬미하는 말. ‘烝烝’은 ‘후덕하고 아름답다’의
뜻.《詩》魯頌 泮水 “烝烝皇皇, 不吳不揚”의 毛傳에 “烝烝, 厚也”라 하였고, 〈文王有
聲〉에는 “文王烝哉”라 하였으며,《韓詩外傳》에는 “烝, 美也”라 함.

【乂不格姦】‘乂’는 ‘잘 처리하다’의 뜻. ‘格’은 至와 같음. ‘姦’은 邪慝함.

【女于時】‘女’는 動詞로 ‘시집보내다’의 뜻. ‘時’는 ‘是’와 같음. 여기서는 舜을 가리킴.
‘순에게 시집을 보내다’의 뜻.

【厥刑于二女】‘厥’은 其, ‘刑’은 法.《詩》大雅 思齊 “刑于寡妻, 至于兄弟, 以御于家邦”
의 毛傳에 “刑, 法也”라 함. ‘二女’는 堯의 두 딸 娥皇과 女英. 舜의 二妃가 됨.

【釐】‘飭’과 같음. 명령.

【嬀汭】‘嬀’는 물 이름. 지금의 山西省 永濟縣 남쪽을 흐름. ‘汭’는 물이 감돌아 흐르
는 강가.

【嬪】婦와 같음. ‘며느리가 되다’의 뜻.

〈堯舜禪位圖〉石刻(山東 嘉祥縣 武梁祠)

〈02〉 순전舜典(005-012)

순舜은 중국 五帝의 하나이며 씨족 연맹의 수령으로 성은 姚氏, 이름은 重華, 顓頊의 5세손이며 有虞氏 집단 출신이었다. 그 때문에 虞舜이라 불리며 특히 아버지 瞽瞍와 배다른 아우 象의 괴롭힘을 견뎌내고 도리어 효성과 우애로써 원만히 해결한 성인으로 알려져 있다.

본편은 순이 제위에 오르기 전 겪었던 체험과 제위에 오른 다음 천하를 순행하면서 형법을 제정하고 共工, 驩兜, 三苗와 鯀

〈帝舜〉像

등 四凶을 제거한 사건 및 현능한 이를 천거하고, 백관을 임용하는 등 온몸을 다 바쳐 다스림에 힘쓴 이야기가 주를 이루고 있다.

《今文尙書》에는 堯典과 舜典을 하나로 결합했으며 《古文尙書》에는 분리하고 있다. 堯가 舜에게 천하를 선양하였으나 舜은 姚의 아들 丹朱에게 양위하였다가 2년 뒤에야 즉위하였다.

＊蔡沈《書傳》〈舜典〉注에 "今文·古文皆有. 今文合于堯典, 而無篇首二十八字"라 하였다.

〈서〉: 우순虞舜은 조정 출신도 아니며 미천한 신분이었지만 요堯가 그의 총명聰明함을 듣고 여러 단계의 어려운 난관을 시험해 보았다. 이를 기록한 것이 〈순전〉이다.

〈序〉: 虞舜側微, 堯聞之聰明, 將使嗣位, 歷試諸難, 作〈舜典〉.

【序】〈舜典〉의 序文에 해당함.

【側微】'側'은 孔穎達 疏에 "不在朝廷謂之側"이라 함. 여기서는 舜이 민간에 은거하고 있었음을 말한 것. '微'는 孔穎達 疏에 "其人貪賤謂之微"라 하여 舜의 출신이 微賤함을 뜻함.

【聰明】귀로 듣고 잘 알아차리는 똑똑함을 '聰'이라 하고, 눈으로 보아 민첩하게 깨닫는 것을 '明이라 하였으나 이를 묶어 사리에 밝고 영민(靈敏)함을 뜻하는 말로 쓰임. 《尙書》堯典에 "昔在帝堯, 聰明文思, 光宅天下"라 하였고, 孔穎達의 疏에 "言聰明者, 據人近驗, 則聽遠爲聰, 見微爲明. ……以耳目之聞見, 喩聖人之智慧, 兼知天下之事"라 함.

【嗣】承繼함. 繼承함.

【歷試】여러 차례 시험하는 단계를 거침.

005(2-1)
우순虞舜

옛 일을 상고하건대 제순帝舜은 중화重華라 하였으며 요임금과 서로 잘 맞았다.

깊고 명철하며 천지 사방에 모두 문명하였고, 온화하고 공손하며 명확하고 충만하여, 숨겨진 덕이 차츰 윗사람에게 전해져 요임금이 명하여 그에게 지위를 주었다.

신중히 오전五典을 아름답게 하자 백성들은 오전의 내용을 능히 따를 수 있게 되었고, 온갖 사안을 그에게 넘겨주자 그 모든 일들이 순서대로 처리되었으며, 사방 접대를 예에 맞추어 관장하도록 하자 사방 문이 용의를 갖추게 되었고 순이 산림을 맡아 관리하는 직책을 받아들이자 열풍烈風이나 뇌우雷雨로 인해 자연 질서가 어지러워지게 되는 경우가 없었다.

요임금이 말하였다.

"다가오라! 너 순이여. 내 그대의 일에 찬동하며 그대의 말을 잘 헤아려 보았더니 그대의 건의는 틀림없이 실적을 이룰 수 있으리라 여긴 것이 3년이나 되었다. 그대는 제위에 오르도록 하라."

그러나 순은 덕 있는 자에게 양보하고 제위에 오르지 않으려 하였다.

曰若稽古, 帝舜曰重華, 協于帝.

濬哲文明, 溫恭允塞, 玄德升聞, 乃命以位.

愼徽五典, 五典克從; 納于百揆, 百揆時敍; 賓于四門, 四門穆穆; 納于大麓, 烈風雷雨弗迷.

帝曰:「格! 汝舜. 詢事考言, 乃言底可績, 三載. 汝陟帝位.」

舜讓于德, 弗嗣.

【重華】'重'은 '겹치다'의 뜻이며 '華'는 德이 빛남을 말함.

【協于帝】'協'은 和協함. 相合함.

【濬哲文明】'濬'은 '깊다'의 뜻. '哲'은 명철하고 지혜가 있음. '文明'은 孔穎達 疏에 "經緯天地曰文, 照臨四方曰明"이라 함.

【溫恭允塞】온화하고 겸손하며 확실하고 충만함. '溫恭'은 부모님께 공손한 태도. '允塞'은 형제에게 우애 있는 태도를 뜻하는 것이라고도 함.

【玄德升聞】'玄'은 숨겨진 것. '玄德'은 알려지지 않은 덕. '升聞'은 위로 그 소문이 올라가 요임금까지 듣게 됨.

【乃命以位】이에 명하여 지위를 줌. 한편 첫 문장부터 이곳까지 28자는 《今文尙書》에는 없음. 이에 대해 蔡沈 《書傳》에 "唐孔氏曰:「東晉梅賾上孔傳闕〈舜典〉, 自乃命以位以上二十八字, 世所不傳, 多用王范之註補之, 而皆以'愼徽五典'以下爲〈舜傳〉之初. 至齊蕭鸞建武四年(497), 姚方興於大航頭得孔氏傳古文, 〈舜傳〉乃上之. 事未施行而方興以罪致戮. 至隋開皇初, 購求遺典始得之.」今按古文孔傳《尙書》有'曰若稽古'以下二十八字, 伏生以〈舜典〉合於〈堯典〉, 只以'愼徽五典'以上接'帝曰欽哉'之下, 而無此二十八字. 梅賾旣失孔傳〈舜典〉, 故亦不知有此二十八字, 以'愼徽五典'以下, 則固具於伏生之書. 故傳者用王范之註以補之. 至姚方興乃得古文孔傳〈舜典〉, 於是始知有此二十八字. 或者由此乃謂古文〈舜典〉一篇, 皆盡亡失, 至是方全得之, 遂疑其僞, 蓋過論也."라 함.

【愼徽】'愼'은 신중함. '徽'는 美의 뜻.

【五典】五倫, 五常, 五敎를 가리킴. 《左傳》 文公 18년의 "父義, 母慈, 兄友, 弟恭, 子孝"를 뜻함. 한편 《孟子》에는 구체적으로 "父子有親, 君臣有義, 夫婦有別, 長幼有序, 朋友有信"이라 함.

【克從】'克'은 能과 같음. '從'은 준수하여 따름.

【納于百揆】'納'은 《廣雅》 釋詁에 "納, 選入也"라 함. '揆'는 사물. 또는 '헤아리다, 법으로 삼다'의 뜻. 여기서는 모든 사안을 순에게 넘겨주어 처리하도록 하였음을 말함.

【時敍】順理에 따름. 《經義述聞》에 "時敍, 猶承敍也. 承敍者, 承順也"라 함.

【賓于四門】'賓'은 '빈객을 영접하다'의 뜻. 孔穎達 疏에 "以諸侯爲賓, 舜主其禮迎而待之"라 함.

〈帝舜 有虞氏〉《三才圖會》

【穆穆】화기애애함.《爾雅》釋訓 "穆穆, 敬也"의 郭璞 注에 "皆容儀謹敬"이라 함.

【大麓】관직 이름. 산림을 관리하는 직책.《說文》에는 "麓, 一曰守山林吏也"라 함.

【弗迷】자연 질서에 어긋남이 없음. '弗'은 '不'과 같음.

【格】'오라'라고 명하여 부르는 말.

【詢事考言】'詢'은 '모책을 세우다'의 뜻. '考言'은 '그대의 조언을 살펴보겠다'의 뜻.

【言底可績】'底'는 '틀림없이'의 뜻으로 강조함을 나타냄.

【讓于德】덕 있는 자에게 帝位를 선양함.

【弗嗣】뒤를 잇지 않음. 帝位에 오르기를 사양함. 舜의 겸손함을 뜻함.

006(2-2)
선양 禪讓

정월 상일上日, 순舜은 요堯의 문조文祖에서 선양을 받았다.

그리고 선기옥형璇璣玉衡으로 살펴 칠정七政을 잘 배열하였다.

이에 상제上帝에게 유제類祭를 지내고 육종六宗에게 인제禋祭를 올렸으며, 산천山川에게 망제望祭를 올리는 등 여러 신들에게 두루 고하였다.

이어서 제후들로부터 오서五瑞를 모아, 이윽고 길월吉月의 길일吉日을 선택하여 사악四岳과 여러 목牧들의 조근朝覲을 받고, 모았던 오서를 여러 제후의 장들에게 나누어 주었다.

그해 2월, 동쪽으로 순수하여 대종岱宗에 이르러 시제柴祭를 올리고 그곳의 산천들을 등급의 차례에 따라 망제를 올렸으며, 동쪽 제후들의 알현을 받았다.

그리고 월령을 조화시켜 날짜를 바로잡고 율려律呂와 도량형度量衡을 통일했으며, 오례五禮, 오옥五玉, 삼백三帛, 이생二生, 일사一死 등의 예법을 바르게 고쳐 제도를 만들었고, 오기五器로서의 그러한 행사를 모두 마치자 이를 다시 제후들에게 되돌려주었다.

5월에 남쪽으로 순수하여 남악南岳에 이르러 지난번 대악에서 하였던 예를 똑같이 하였다.

8월에 서쪽으로 순수하여 서악西岳에 이르러서도 또한 처음처럼 하였다.

11월에는 북쪽으로 순수하여 북악北岳에 이르러는 서악에서 했던 예대로 하였다.

돌아와서는 예조藝祖에 이른 다음 수소를 희생으로 하여 제를 올렸다.

5년에 한 번씩 순수하였으며 여러 제후의 장들은 그 사이 사악에서 한 번씩 조회를 하면서 실적으로 아뢰고 의견을 올렸으며, 이를 시험하여 그 공적을 밝히고 수레와 의복으로써 그 공로를 치하하였다.

　　正月上日, 受終于文祖.
　　在璿璣玉衡, 以齊七政.
　　肆類于上帝, 禋于六宗, 望于山川, 徧于羣神.
　　輯五瑞, 旣月乃日, 覲四岳羣牧, 班瑞于羣后.
　　歲二月, 東巡守, 至于岱宗, 柴; 望秩于山川, 肆覲東后.
　　協時月正日, 同律度量衡, 修五禮·五玉·三帛·二生·一死贄; 如五器, 卒乃復.
　　五月南巡守, 至于南岳, 如岱禮.
　　八月西巡守, 至于西岳, 如初.
　　十有一月朔巡守, 至于北岳, 如西禮.
　　歸, 格于藝祖, 用特.
　　五載一巡守, 羣后四朝; 敷奏以言, 明試以功, 車服以庸.

【正月上日】‘正月’은 舜이 제위에 오른 첫 해의 첫째 달. ‘上日’은 馬融은 朔日, 즉 초하루라고 하였고 王引之는 善日, 즉 吉日이라 하였음.

【受終于文祖】‘終’은 堯帝가 늙어 임금의 일을 그만두고 제위를 舜에게 禪讓함을 말함. ‘受終’은 舜이 이를 받아들여 업무를 시작함. 文祖는 堯 太祖의 宗廟.

【在璇璣玉衡】‘在’는 《爾雅》 釋詁에 “察也”라 하여 ‘살피다’의 뜻. ‘璇璣’는 ‘魁’, ‘玉衡’은 ‘杓’를 뜻하며 北斗七星을 가리킴. 흔히 이를 기준으로 만든 천체 관측의 모형, 天球儀, 渾天儀 등을 의미하며 천문을 관찰함을 뜻함. 《史記》에 “北斗爲玉衡”이라 함.

【以齊七政】‘齊’는 ‘배열하다’의 뜻. ‘七政’은 정치행정에 관계된 7가지 일들. 아래에 거론한 祭祀, 班瑞, 東巡, 南巡, 西巡, 北巡, 歸格藝祖를 가리킴. 혹 日月과 五星, 또는 春夏秋冬 四季와 天地人을 합한 7가지라고도 함.

【肆類于上帝】‘肆’는 ‘遂’와 같으며 ‘於是’의 뜻. ‘類’는 ‘禷’의 가차. 제사 이름. 《說文》

에 "禷, 以事類祭天也"라 함. '上帝'는 하느님. 여기서는 천제에게 舜이 제위를 이어받았음을 제사로서 보고한 것.

【禋于六宗】'禋'은 제사 이름. 《說文》에 "禋, 潔祀也"라 함. '六宗'은 두 가지 설이 있음. 賈逵는 "六宗者, 天宗三, 日月星也. 地宗三, 河海岱也"라 하였고, 馬融은 "萬物非天不覆, 非地不載, 非春不生, 非夏不長, 非秋不收, 非冬不藏, 此其爲六也"라 함. 그 외에도 《經傳釋文》에는 天地와 春, 夏, 秋, 冬을 가리키는 것이라 하였음.

【望】관할 지역 내의 名山과 大川에 지내는 제사를 뜻함.

【輯五瑞】'輯'은 '集'과 같음. 모두 모음. '五瑞'는 제후들이 符節用으로 가지고 있는 다섯 가지 玉이나 笏.《周禮》春官 典瑞에 "公執桓圭, 侯執信圭, 伯執躬圭, 子執穀璧, 男執蒲璧"이라 함.

【既月乃日】吉月의 吉日을 선택하여 고름.

【覲四岳】'覲'은 제후가 천자를 뵙는 예. '四岳'(四嶽)은 四方의 제후들을 統率하는 직책을 가진 方伯.

【牧】州牧. 州를 다스리는 직책의 사람.

【班瑞】'班'은 頒과 같음. '瑞'는 상서로운 물건. 예물.

【群后】여러 제후의 우두머리들.

【巡守】巡狩와 같음. 巡行, 巡幸. 천자가 제후의 나라를 직접 순행하며 살피는 것. 제후가 천자를 찾아가는 것은 '述職'이라 함.《孟子》告子(下)에 "天子適諸侯曰巡狩, 諸侯朝於天子曰述職. 春省耕而補不足, 秋省斂而助不給."라 하였고, 〈梁惠王〉(下)에는 "天子適諸侯曰巡狩, 巡狩者, 巡所守也; 諸侯朝於天子曰述職, 述職者, 述所職也"라 함.《晏子春秋》(8)에도 "天子之諸侯爲巡狩; 諸侯之天子爲述職. 故春省耕而補不足者謂之游, 秋省實而助不給者謂之豫"라 함.

【岱宗】'岱岳'이라고도 하며 泰山의 다른 이름. 東岳. 지금의 山東 泰安市 동쪽에 있으며 五嶽의 하나.

【柴】제사 이름. '祡'와 같음. 馬融은 "祭時積柴, 加牲其上而燔之"라 하여 燔祭의 일종이라 하였음.

【望秩】차례로 순서를 정하여 望祭를 지냄.

【協時月】때와 달에 맞춤. '協'은 協和와 같음. 四時와 月令에 맞춤.

【正日】날짜를 바로잡음. 날짜를 정함. '正'은 '定'과 같음.

【律】樂律. 律呂(六律과 六呂)을 12달에 맞추었음.

【度量衡】度는 길이, 量은 부피, 衡은 무게를 뜻함. 이를 計測하는 도구는 자, 되,

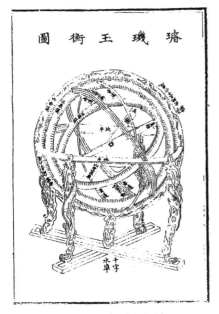

〈璿璣玉衡圖〉《書經大全》　　　　　〈七政圖〉《書經大全》

저울이었음.

【五禮】吉禮, 凶禮, 賓禮, 軍禮, 嘉禮의 다섯 가지. 혹 公, 侯, 伯, 子, 男 5등급의 朝聘之禮로 보기도 함.

【五玉】앞에 거론한 五瑞. 즉 다섯 가지 옥이나 笏.

【三帛】赤, 白, 黑 세 가지 색깔의 비단. 儀式 때 옥을 받쳐놓는 비단 천. 鄭玄은 "三帛, 所以薦玉也. 受瑞玉者以帛薦之. 帛必三者, 高陽氏之后用赤繒, 高辛氏之后用黑繒, 其餘諸侯皆用白繒, 周禮改之爲纁也"라 함.

【二生】卿大夫들이 들던 羔羊과 雁. 살아 있는 것으로 사용하였음.

【一死】士의 신분이 들던 꿩(雉). 죽은 것을 사용하였음.

【贄】처음 만나는 경우에 주고받는 禮物.

【五器】五禮에 사용하는 五瑞, 五玉을 가리킴.

【卒乃復】相見禮를 마친 모든 이들에게 다시 五瑞의 옥들을 되돌려줌.《尙書大傳》에는 "諸侯執所受圭與璧, 以朝于天子, 無過行者得復其圭以歸其國"이라 함.

【南岳】衡山. 五嶽은 고대 제왕이 숭배하여 제사를 지내던 산으로 漢宣帝 때에는 泰山을 東嶽, 華山(陝西省)을 西嶽, 天柱山(霍山, 安徽省)을 南嶽, 恒山(河北省)을 北

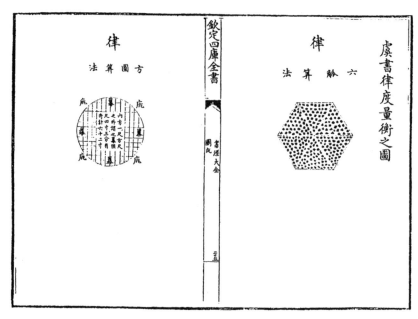

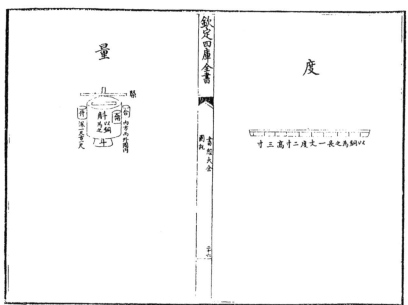

〈律度量衡〉《書經大全》

衡

漢志云虞之律度量衡所以舜遠近立民信也

數者一十百千萬也算法用竹徑十分長六寸二百七

十一枚而成六觚為一握所以為算法之用也以之度

圓取方則積一分而為一寸積一寸而為一尺方其尺

而計之有百寸方尺之外謂之冪而不足於四角之庛

也是以制為之度則度長短者不失毫釐量多少者不

失圭撮權輕重者不失黍絫是為三平之法也

度始於黃鍾之長以秬黍中者一黍之廣度之九十分

黃鍾之長一為一分十分為寸十寸為尺十尺為丈十

丈為引而五度審矣量起於黃鍾之龠其容秬黍中者

千二百實龠中以井水準其槩十龠為合十合為升十

升為斗十斗為斛而量制上為斛下為斗左耳為升十

右耳為合龠附于右合之下

衡起於黃鍾之重一龠之秬重十二銖積二十四銖而

為一兩十六兩為斤而有三百八十四銖三十斤而為

鈞一月之數也萬有一千五百二十銖所以當萬物之

數四鈞為石重百二十斤象十二月也

〈律度量衡〉《書經大全》

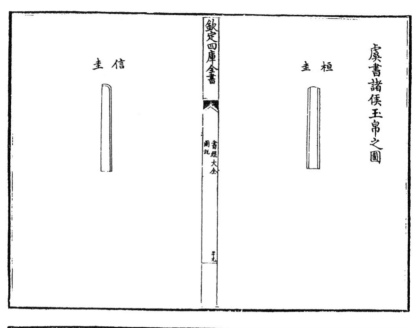

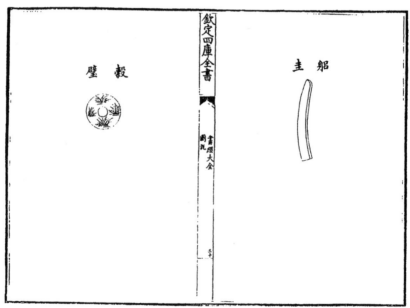

〈諸侯玉帛之圖〉《書經大全》

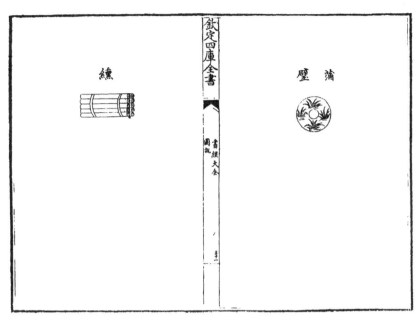

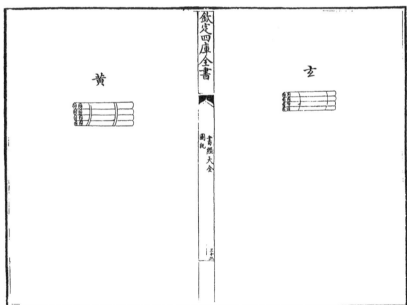

〈諸侯玉帛之圖〉《書經大全》

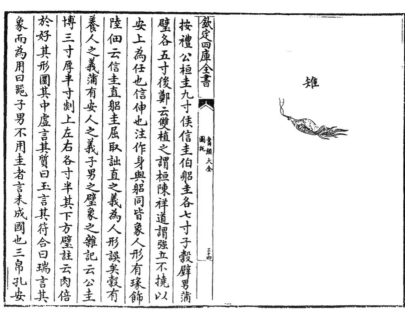

按禮公桓圭九寸侯信圭伯躬圭各七寸子穀璧男蒲
璧各五寸後鄭云雙植之謂桓陳祥道謂強立不撓以
安上為任也信伸也注作身與躬同皆象人形有琢飾
陸佃云信圭直躬圭屈取詘直之義為人形誤矣穀有
養人之義蒲有安人之義子男之璧象之雜記云公主
博三寸厚半寸剡上左右各寸半其下方璧註云肉倍
於好其形圓其中虛言其質曰玉言其符合曰瑞言其
象而為用曰瑞子男不用圭者言未成國也三帛安

〈諸侯玉帛之圖〉《書經大全》

嶽, 嵩山(河南省)을 中嶽으로 삼았었음. 그러나 隋代에는 衡山(湖南省)을 南嶽으로 고쳤으며, 明代에는 恒山(山西省)을 北嶽으로하였음.《幼學瓊林》에 "東嶽泰山, 西嶽 華山, 南嶽衡山, 北嶽恒山, 中嶽嵩山, 此爲天下之五嶽"이라 함. 한편《說苑》辨物篇 에는 "五嶽者, 何謂也? 泰山, 東嶽也; 霍山, 南嶽也; 華山, 西嶽也; 常山, 北嶽也; 嵩 高山, 中嶽也. 五嶽何以視三公? 能大布雲雨焉, 能大斂雲雨焉; 雲觸石而出, 膚寸而 合, 不崇朝而雨天下, 施德博大, 故視三公也."라 하여 시대별로 달랐음.

【岱禮】泰山에서 행하였던 제사와 똑같이 함.

【西岳】華山.

【北岳】恒山.

【格于藝祖】'格'은 '이르다(至, 到)'의 뜻. '藝祖'는 앞에 든 文祖를 가리킴.

【特】제물로 사용하는 수소.

【四朝】5年에 한 번씩 舜임금이 巡行하며, 그 사이 사악(동서남북 네 곳의 거점)에서 제후들을 모아 朝會를 개최함. 혹 5년 사이 기간에는 제후들이 조정으로 찾아와 述職하는 것이 아닌가 여기기도 함.

【敷奏】實績을 아뢰고 意見을 上奏하도록 함.

【車服以庸】'庸'은 제후들의 功勞를 일컫는 말. 그 공로에 따라 수레와 의복을 상으 로 내림.

007(2-3)
천하함복天下咸服

순舜은 12주를 개설하고 12개 산에 봉토를 쌓아 제단을 만들었으며 물길을 소통시켰다.

그리고 형법을 그림으로 그려 백성들이 알 수 있도록 하였으며, 추방하는 방법으로 오형五刑의 죄를 저지른 자를 용서하기도 하였고, 채찍으로는 관부에서 처리하는 형벌의 도구로 삼았고, 회초리로는 가르칠 때의 형벌로 삼았으며, 금전으로는 형벌의 대속금으로 삼도록 하였다.

과실로 죄를 저질렀을 때는 이에 사면해 주되 끝까지 잘못을 저지른 자라면 그때에야 형벌을 내렸다.

삼갈지어다, 삼갈지어다. 오직 형벌을 내리는 일은 신중해야 하느니라!

공공共工을 유주幽州로 유배시키고, 환도驩兜를 숭산崇山으로 추방하며, 삼묘三苗를 삼위三危로 몰아내고, 곤鯀을 우산羽山에 종신토록 살도록 내쫓았다.

이렇게 네 사람에게 죄를 내리자 천하 사람들이 모두 감복하였다.

肇十有二州, 封十有二山, 濬川.
象以典刑, 流宥五刑, 鞭作官刑, 扑作教刑, 金作贖刑.
眚災肆赦, 怙終賊刑.
欽哉, 欽哉, 惟刑之恤哉!
流共工于幽洲, 放驩兜于崇山, 竄三苗于三危, 殛鯀于羽山.
四罪而天下咸服.

【肇】'開設하다, 처음 열다'의 뜻.

【十二州】堯임금 때의 九州, 즉 冀州, 兗州, 靑州, 徐州, 荊州, 揚洲, 豫州, 梁州, 雍州에 舜이 幷州, 幽州, 營州의 三州를 開設하여 모두 十二州가 됨.

【封十二山】'封'은 산을 지정하여 봉토나 제단을 만들어 산신제를 지낼 수 있도록 함을 말함. 十二山은 十二州의 큰 산 열두 개. 구체적으로는 알 수 없음.

【浚川】河流를 소통시킴. 浚渫하는 방법으로 물이 흐르도록 함.

【象以典刑】'象'은 그림으로 그림. 형벌에 관한 내용을 그림으로 그려 널리 알림.《尙書正讀》에 "蓋刻畫墨, 劓, 剕, 宮, 大辟之刑於器物, 使民知所懲戒"라 함.

〈帝舜 有虞氏〉《三才圖會》

【流宥】'流'는 추방하는 것. 죽이지 아니하고 추방하는 방법으로 낮추어 용서함.

【五刑】다섯 가지 형벌. 墨刑, 劓, 剕, 宮, 大辟.

【鞭】채찍. 官府에서 당장 시행해야 할 형벌일 경우, 채찍으로 때리는 정도의 처벌을 뜻함.

【扑】회초리를 침. 가르칠 때 잘못이 있는 학생에게 가하는 형벌.

【金】黃金, 돈. 죄값을 벌금으로 내는 것. 代贖金을 물도록 하는 형벌.

【眚】過失, 過誤. 실수나 착오로 잘못을 저지른 경우를 말함.

【肆】'於是'와 같음.

【怙終賊刑】'怙'는 改悛의 정이 없이 끝까지 잘못을 저지름. '賊'은 '則'의 가차. 끝까지 잘못을 저지른 경우라면 그때는 형벌을 가함.

【恤】'불쌍히 여기다'의 뜻. 그러나 '신중히 여기다'의 뜻.

【共工】四凶의 하나.

【幽州】북쪽 지역. 十二州 중의 하나. 지금의 河北省 密雲縣 근처.《爾雅》釋地에 "燕曰幽州"라 하였고, 馬融은 "幽州, 北裔也"라 함. 共工을 그곳으로 추방함.

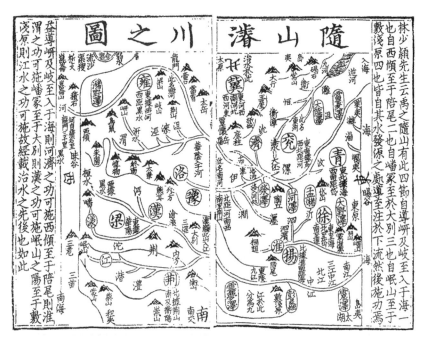

〈隨山濬川之圖〉四部叢刊《尙書》

【放驩兜于崇山】 '放'은 '추방하다'의 뜻. '驩兜' 역시 四凶의 하나. '崇山'은 지금의 湖北省 皇陂縣 남쪽으로 고대 澧陽縣이었던 곳의 산 이름.《通典》에 "澧陽縣有崇山, 卽放驩兜之所"라 함.

【竄三苗于三危】 '竄'은 굴속으로 숨어들어 다시 나오지 못하도록 함. '三苗'는 고대 종족 이름.《史記》五帝本紀에 따르면 江水, 淮水, 荊州 일대, 즉 지금의 河南 남부, 江西 서부, 湖南 북부 일대에 있던 민족. '三危'는 지명으로 지금의 甘肅 敦煌 근처라 함.

【殛鯀于羽山】 '殛'은 방축하여 그곳에서 죽도록 함. '鯀'은 禹의 아버지. 堯帝의 命을 받아 治水事業을 벌였으나 실패한 책임을 물어 추방한 것임. '羽山'은 일설에 지금의 山東 郯城縣 동쪽, 혹은 蓬萊縣 동남쪽이라 함.

008(2-4)
제내조락 帝乃殂落

28년 뒤 요帝임금이 세상을 떠났다.

백성들은 마치 자신의 부모를 잃은 듯이 3년 동안 온 세상이 음악 연주도 끊고 적막하였다.

정월 원일元日에 순舜은 문묘文廟에 이르러 사악四岳에게 물어보고 사방의 문을 열어 사방의 사정에 눈을 바르게 뜨고 보았으며 곳곳의 소문을 널리 들었다.

그리하여 12주의 주목州牧에게 물어보고는 이렇게 말하였다.

"백성에게 먹을 것을 생산하도록 함에는 반드시 그 때를 잘 지켜주는 것으로부터 시작해야 하느니라! 멀리 있는 자는 부드럽게 품어주며 가까이 있는 자는 잘 대해주도록 하라. 돈후한 덕과 믿음이 가도록 잘 처리하고, 사악한 자들은 거절하면 만이蠻夷조차도 모두가 복종해 올 것이다."

그리고 순은 이렇게 물었다.

"자! 사악이여. 능히 요임금의 사업을 분발하여 나서서 빛나게 할 이가 있어야 할 것이다. 그로 하여금 백관百官의 자리에 처하여 그 일을 잘 해내도록 할 수 있는 사람이 누구인가?"

그러자 모두가 이렇게 말하였다.

"백우伯禹를 사공司空으로 삼으십시오."

순이 말하였다.

"그렇다! 우禹여! 너는 물과 흙을 평平하게 하라. 오직 그 일에 힘쓸지어다!"

그러자 우는 절하며 머리를 조아리고 후직后稷과 설契 및 고요皐陶에게 양보하였다.

순이 말하였다.

"아! 너는 너의 일자리로 나서거라!"

그리고 순은 이렇게 말하였다.

"기棄 후직이여, 많은 백성들이 곤액과 굶주림으로 허덕이고 있다. 너 후직은 백곡百穀의 농사일을 맡도록 하라."

다시 순이 말하였다.

"설이여, 백성들이 서로 친목하지 못하여 오품五品이 겸손하지 못하니 너를 사도司徒로 삼노라. 공경히 오교五敎를 잘 펴서 교화시키되 너그러운 기준을 두도록 하라."

그리고 순은 다시 이렇게 말하였다.

"고요여, 만이蠻夷가 중원을 괴롭혀 노략질과 간귀姦宄의 못된 짓을 하고 있다. 너를 사士로 삼노니, 오형五刑을 잘 사용하여 다섯 가지 처리 방법과 세 곳의 형벌 장소를 정하도록 하라. 다섯 곳의 귀양지를 정하고 다섯 곳 귀양지는 원근의 거리에 따라 세 지역을 정하라. 오직 사안을 잘 살펴 공정하게 처리하여 믿음이 가도록 하라."

二十有八載, 帝乃殂落.

百姓如喪考妣, 三載, 四海遏密八音.

月正元日, 舜格于文祖, 詢于四岳, 闢四門, 明四目, 達四聰.

咨十有二牧, 曰:「食哉惟時! 柔遠能邇, 惇德允元, 而難任人, 蠻夷率服.」

舜曰:「咨, 四岳! 有能奮庸熙帝之載, 使宅百揆亮采, 惠疇?」

僉曰:「伯禹作司空.」

帝曰:「俞, 咨! 禹, 汝平水土, 惟時懋哉!」

禹拜稽首, 讓于稷契暨皐陶.

帝曰:「俞, 汝往哉!」

帝曰:「棄, 黎民阻飢, 汝后稷, 播時百穀.」

帝曰:「契, 百姓不親, 五品不遜. 汝作司徒, 敬敷五教, 在寬.」

帝曰:「皐陶, 蠻夷猾夏, 寇賊姦宄. 汝作士, 五刑有服, 五服三就. 五流有宅, 五宅三居. 惟明克允!」

【二十八有載】堯는 70년 재위하고 舜에게 禪讓하였으며, 그 뒤 다시 28년이 흐른 뒤 세상을 떠난 것임.

【帝乃殂落】'帝'는 堯帝를 가리킴. '殂落'은 죽음을 이르는 말.

【考妣】이미 돌아가신 부모를 이르는 말.

【遏密】'遏'은 '그치다, 막다'의 뜻. '密'은 '아주 고요하고 적막함'을 표현한 것. 음악을 전혀 연주하지 않음.

【八音】음악을 대신하여 이르는 말. '八音'은 구체적으로 金, 石, 絲, 竹, 匏, 土, 革, 木의 여덟 가지 악기 소리.

【月正元日】正月上日, 正月一日.

【格于文廟】'格'은 '至'와 같음. '文廟'는 종묘. 조상의 위패를 모셔놓은 사당.

【闢四門】어진 이들을 언제나 맞이하기 위하여 사방의 문을 열어 놓음.

【明四目】識見을 사방으로 넓힘. '明'은 눈으로 보아 사실을 바르게 확인하고 판단하는 일.

【達四聰】見聞을 넓히는 것. '聰'은 귀로 바르게 들어 정확하게 판단하는 일.

【咨十有二牧】12州의 州 長官. 한편 이 구절을 순이 한 말로 여겨 「咨, 十有二牧!」으로 표점을 찍은 판본이 많으나 앞뒤로 보아, '咨'는 '諮'의 뜻이며 "12주의 목에게 諮問을 구하다"의 뜻으로 보아야 합리적일 것으로 봄.

【食哉惟時】'食'은 백성의 먹을거리, '哉'는《爾雅》에 "哉, 始"라 하여 '시작'의 뜻. '時'는 農時. "먹을 것을 생산하는 것은 백성의 農時를 지키도록 함이 그 시작"이라는 뜻.

【柔遠能邇】'柔'는 懷柔함. '能'은 잘 대해줌. '邇'는 가까운 이들.

【惇德允元】'惇'은 '敦'과 같으며 '厚'의 뜻. '允'은 '信'의 뜻. '元'은 '善'의 뜻.

【難任人】'難'은 '거절하다'의 뜻. '任人'은 말솜씨만 뛰어난 인물. 孔安國 傳에 "任, 佞"이라 함.

【奮庸熙帝之載】'奮'은 '奮發하다'의 뜻. '庸'은 '노력하다'의 뜻. '熙'는 '빛이 나도록 펴

〈司徒 설(契)〉《三才圖會》

나가다'의 뜻. '載'는 孔安國 傳에 "載, 事也"라 하여 事業을 뜻함.

【宅百揆】'宅'은 '거하다, 처하다'의 뜻. '百揆'는 百官을 가리킴.

【亮采惠疇】'亮'은 '先導하다, 輔導하다'의 뜻. '采'는 사업, 일. '惠'는 助詞, '疇'는 '誰' 와 같음.

【伯禹作司空】伯禹는 禹. 鯀의 아들. 아버지의 업무를 이어받아 치수사업을 성공적 으로 완수함. 뒤에 夏나라의 시조가 됨. 司空은 營建과 土木工事를 담당하는 三公 의 하나.

【惟時懋哉】'時'는 '是'와 같음. 여기서는 禹가 맡은 司空의 직위를 가리킴. '懋'는 '힘 쓰다'의 뜻.

【讓于稷契曁皐陶】'讓'은 '양보하다, 사양하다'의 뜻. '稷'은 后稷, 농사일을 맡은 農 稷之官. 여기서는 后稷(棄)을 가리킴. 그 후손이 뒤에 周나라를 세움. '契'은 高辛氏 의 아들로 그 후손이 뒤에 商나라를 세움. '曁'는 '及'과 같음. '및'의 뜻. '皐陶'는 당 시 순의 신하로 舜을 위해 여러 가지 훌륭한 모책을 세운 인물.

【俞】'唯'와 같음. 긍정을 표시할 때 쓰는 感歎詞. 許與詞.

〈后稷〉(姬棄)《三才圖會》

【汝往哉】 "너는 그 일을 수행하러 자리로 가도록 하라"의 뜻.

【黎民阻飢】 '黎民'은 백성들을 가리킴. '黎'는 '衆'의 뜻. '阻飢'는 곤액을 당하며 굶주림에 시달림.

【播時】 '播'는 '씨를 뿌리다'의 뜻이며 '時'는 '蒔'와 같음. 농사일을 뜻함.

【五品】 五教, 五常, 五倫과 같음. 즉 父母兄弟子의 다섯 가족 관계와 그 윤리를 말함.

【司徒】 三公의 하나로 民政을 맡은 벼슬. 백성을 敎化하는 임무를 맡은 자. 《孟子》 滕文公(上)에 "人之有道也, 飽食煖衣, 逸居而無敎, 則近於禽獸. 聖人有憂之; 使契爲司徒, 敎以人倫 : 父子有親, 君臣有義, 夫婦有別, 長幼有序, 朋友有信"이라 함.

【敬敷五敎】 공경히 五敎를 敷衍 설명하여 널리 알리도록 함. 백성을 五敎로써 잘 교화할 것을 부탁한 말. 五敎는 앞서 《孟子》에서 밝힌 五倫을 가리킴.

【在寬】 그 방법과 목적은 반드시 '寬厚'함에 두어야 함.

【蠻夷猾夏】 '蠻夷'는 南蠻과 東夷. 그러나 여기서는 중원 둘레의 이민족을 일컫는 말로 쓰임. '猾'은 侵亂의 뜻. '夏'는 中原을 뜻함.

【寇賊姦宄】 '寇'는 노략질을 하는 것. '賊'은 賊害함. 사람을 죽이거나 괴롭힘. 외부

의 적을 '姦'이라 하며 내부의 적을 '宄'라 한다 함. 그러나 '姦宄'는 못된 도적이나 적을 일컫는 雙聲連綿語.

【士】獄官의 우두머리. 형법을 맡은 총책.

【五服】'服'은 '用'과 같음.

【三就】세 곳. 형벌을 행하는 곳을 셋으로 구분함. 죄의 輕重에 따라 廣野, 市, 朝로 나누었음을 말함.

【五流】추방의 다섯 가지. 경중에 따라 流, 放, 竄, 殛, 謫 등으로 나눔.

【五宅】귀양지를 다섯 곳으로 나눔.

【三居】귀양살이 하는 곳을 원근에 따라 셋으로 나눔.

【惟明克允】사정을 명확히 살펴 이를 공정하게 처리하여 믿음이 가도록 함.

009(2-5)
사악司岳

순임금이 말하였다.

"누가 나의 백공 거느리는 일을 잘 해낼 수 있을까?"

모두들 말하였다.

"수垂입니다!"

순이 말하였다.

"그렇다. 아! 수여, 너를 공공共工으로 삼노라."

그러자 수는 절하고 머리를 조아리며 수장殳斨과 백여伯與에게 양보하였다.

순이 다시 말하였다.

"그렇다. 그러나 너는 그 직무에 나서거라! 네가 그들과 함께 하도록 하라."

그리고 순이 말하였다.

"누가 나의 산림과 초택의 초목과 조수를 잘 관리할 수 있을까?"

모두들 말하였다.

"익益입니다!"

순이 말하였다.

"그렇다. 자! 익아, 너를 짐의 우虞로 삼노라."

그러자 익은 절하며 머리를 조아리고 주호朱虎와 웅비熊羆에게 양보하였다.

순이 말하였다.

"그렇다. 그러나 너는 그 직무에 나서거라! 너는 그들과 함께 하도록 하라."

순이 말하였다.

"자! 사악이여, 누가 짐의 삼례三禮에 대한 의전을 능히 해낼 자인가?"

"모두들 말하였다.

"백이伯夷입니다."

순이 말하였다.

"그렇다. 자! 너를 질종秩宗으로 삼노라. 이른 새벽부터 밤늦도록 공경을 다하여 곧게 하며 맑게 하라!"

백이는 절하고 머리를 조아리며 기夔와 용龍에게 양보하였다.

그러자 순이 말하였다.

"그렇다. 그러나 나서거라. 공경을 다하도록 하라."

帝曰:「疇若予工?」

僉曰:「垂哉!」

帝曰:「兪, 咨! 垂, 汝共工.」

垂拜稽首, 讓于殳斨暨伯與.

帝曰:「兪. 往哉! 汝諧.」

帝曰:「疇若予上下草木鳥獸?」

僉曰:「益哉!」

帝曰:「兪, 咨! 益, 汝作朕虞.」

益拜稽首, 讓于朱虎·熊羆.

帝曰:「兪, 往哉! 汝諧.」

帝曰:「咨! 四岳, 有能典朕三禮?」

僉曰:「伯夷!」

帝曰:「兪. 咨! 伯, 汝作秩宗. 夙夜惟寅, 直哉惟淸.」

伯拜稽首, 讓于夔·龍.

帝曰:「兪. 往, 欽哉!」

【若】‘善’과 같음. ‘잘하다’의 뜻.

【工】百工.

【垂】人名. 倕. 손재주가 뛰어난 匠人.

【共工】관직 이름. 工事를 담당하는 직책. 孔安國 傳에 “共爲供其職事”라 하였고, 孔穎達 疏에는 “共工, 官稱”이라 함.

【殳斨, 伯與】둘 모두 人名. 그러나 蔡沈《書傳》에는 ‘殳斨’은 ‘殳’와 ‘斨’의 두 사람으로 보기도 하였음.

【諧】‘偕’와 같음. ‘함께하다’의 뜻.

【上下】‘上’은 높은 곳에 있는 山林, ‘下’는 낮은 곳 소택 지역의 풀.

【益】人名.

【虞】山澤의 資源을 지키고 다스리는 官名.

【朱虎, 熊羆】둘 모두 인명.

【典三禮】‘典’은 ‘主管하다, 管掌하다’의 뜻. ‘三禮’는 天事, 地事, 人事에 관한 것들.

【伯夷】인명.

【秩宗】관직 이름. 儀典이나 祭祀 등을 맡은 禮官.

【夙夜】이른 아침부터 밤늦도록.

【寅】공경스럽게 처리함.

【直哉惟淸】곧바르고 깨끗함.

【夔, 龍】둘 모두 인명. 夔는 순임금 때 음악을 관장한 인물.

010(2-6)
기夔

순임금이 말하였다.

"기夔여! 그대에게 명하여 전악典樂을 삼노니, 맏아들을 가르치되 곧지만 온화하게, 관대하면서도 엄격하게, 강하게 하되 학대함은 없이, 간결하게 하되 오만하지 않게 하라. 시詩는 속뜻을 말로 표현하는 것이요, 노래는 말을 음악으로 표현한 것이며, 오성五聲은 노래에 의해 음이 결정되는 것이요, 율려律呂는 오성을 조화롭게 하는 것이며, 팔음八音은 능히 이들과 화음을 이루어 서로 그 질서를 빼앗지 아니하여 신과 사람의 관계가 이로써 조화가 이루어지는 것이로다."

그러자 기가 말하였다.

"오! 저는 석경을 세게, 또는 가볍게 두드리는 데에 맞추어 온갖 짐승들이 모두 나서서 춤을 추도록 하겠나이다."

순임금이 말하였다.

"용龍아, 짐은 헐뜯는 말과 잔혹한 행동을 증오한다. 그러한 것들은 나의 무리들을 놀라게 하기 때문이다. 그러니 너에게 명하여 납언納言의 임무를 맡기노니, 이른 아침이나 늦은 저녁이라도 나의 명령은 전달하고 다른 사람의 의견을 들려주되 오직 미덥게 할 것이로다!"

순이 말하였다.

"자! 너희들 모두 22명이니 공경을 다하라! 오직 잘 선도하여 하늘의 큰 공적을 밝히도록 하라."

그리하여 3년을 두고 그 업적을 고과하였으며, 세 번 이런 고과를 거치면서 사리에 어두운 자와 명철한 자를 구분하여 승급과 퇴출을 거듭하자 모든 이들의 공적이 다 같이 흥성하게 되었고, 이에 삼묘三苗에게 각기 지역을 주어 나누어 안치시켰다.

　帝曰:「夔! 命汝典樂, 敎胄子, 直而溫, 寬而栗, 剛而無虐, 簡而無傲, 詩言志, 歌永言, 聲依永, 律和聲, 八音克諧, 無相奪倫, 神人以和.」
　夔曰:「於! 予擊石拊石, 百獸率舞.」
　帝曰:「龍, 朕堲讒說殄行, 震驚朕師, 命汝作納言, 夙夜出納朕命, 惟允!」
　帝曰:「咨! 汝二十有二人, 欽哉! 惟時亮天功.」
　三載考績, 三考, 黜陟幽明, 庶績咸熙, 分北三苗.

【典樂】音樂에 관한 일을 맡은 職責.

【胄子】天子와 卿大夫들의 맏아들. 嫡長子.

【直而溫】우직하나 따뜻하게 함.

【寬而栗】관대하나 엄격히 함. '栗'은 '慄'과 같음.

【剛而無虐】굳세고 강건하면서도 학대함이 없음.

【簡而無傲】간결하고 대범하나 오만함은 없음.

【詩言志, 歌永言】'詩'는 속뜻의 감정을 말로 표현한 것이며, 노래는 사상과 감정을 소리로 표현한 것임. '永'은 '詠', '咏'과 같음. 노래를 뜻함.

【聲依永, 律和聲】音調는 노래의 높낮이에 의해 이루어지는 것이며 六律은 五聲의 和音을 위한 것임. '聲'은 宮, 商, 角, 徵, 羽의 五聲. '律'은 六律六呂를 합해서 이른 말. 즉 黃鐘, 太簇, 姑洗, 蕤賓, 夷則, 無射, 大呂, 應鐘, 南呂, 林鐘, 仲呂, 夾鐘의 열 두 가지.

【八音】구체적으로 金, 石, 絲, 竹, 匏, 土, 革, 木의 여덟 가지 악기 소리.

【克諧】능히 조화를 잘 이룸.

【倫】秩序, 차례, 순서.

【於】'오'로 읽으며 감탄사.

【擊石拊石】石磬을 강하게 혹은 약하게 두드려 음을 냄. '拊'는 '撫'와 같으며 '石'은 '磬'의 뜻.

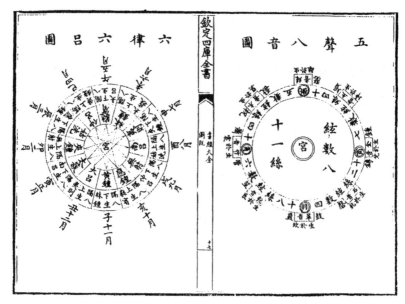

〈五聲八音〉과 〈六律六呂〉《書經大全》

【聖】혐오함. 싫어함. 증오함.

【讒說殄行】남을 헐뜯는 말과 殘惡한 행동. '殄'은 '殘'과 같은 뜻.

【納言】官名. 아랫사람의 의견을 왕에게 진언하기도 하고 왕의 명령을 아래로 전달하는 임무를 맡음.

【二十二人】棄, 契, 皐陶, 禹, 垂. 그리고 十二牧과 四岳을 합해 모두 22명으로 보고 있음. 그러나 四岳을 하나로 하여, 九官, 十二牧을 합하여 22명이라 함.

【時亮天功】'時'는 善, '亮'은 '영도하다'의 뜻. '天功'은 하늘아래 모든 큰 일.

【考績】여러 百官의 功績을 考核함. 업적의 考課를 계산함.

【三考】고적을 3번하였으므로 모두 9년의 기간을 가리킴.

【黜陟】昇級과 退出을 뜻하는 雙聲連綿語.

【幽明】昏暗한 자와 明哲한 자.

【咸熙】모두가 흥성함.

【分北】'北'는 '背'의 古字. '分北'는 '分別'의 뜻. "각기 위치를 정해주어 나누어 안치시키다"의 뜻임. '北'는 '別'의 뜻.

【三苗】고대 종족이름.《史記》五帝本紀에 의하면 江水, 淮水, 荊州 일대, 즉 지금의 河南 남부, 江西 서부, 湖南 북부 일대에 있던 민족.

011(2-7)
척방내사陟方乃死

순은 태어나서 30세가 되었을 때 요堯에게 불려갔으며, 30년을 관직에서 노력하였으며, 50년 동안 재위하다가 순수하는 도중에 생을 마쳤다.

舜生三十徵, 庸三十, 在位五十載, 陟方乃死.

【生三十徵】서른 살이 되었을 때 堯에게 불려가 조정의 관직 일을 시작함.
【庸】用과 같음. 쓰임. 노력함. '用功'과 같음.
【三十】이 숫자는 흔히 虛數로 보기도 하고 일부 학자들은 '二十'의 오류로 여기고 있음.
【陟方】다른 지역을 올라감. 여기서는 巡狩를 뜻함. 舜은 순수 중에 생을 마친 것으로 여김.

012(2-8)
〈골작汩作〉·〈구공九共〉·〈고어稾飫〉

〈서〉: 순임금은 사방 제후를 다스리면서 거방居方이라는 관직을 설치하여 성씨별로 나누었다. 이에 〈골작〉, 〈구공〉 구편과 〈고어〉편을 지었다.

<序>: 帝釐下土方, 設居方, 別生分類. 作<汩作>·<九共>九篇·<稾飫>.

【汩作】〈舜典〉의 편명. 孔安國 傳에 "言其治民之興功"이라 함.

【九共】역시 〈舜典〉의 편명. 모두 9편이었다고 함. '共'은 '供', '貢'과 같음. 공헌함.

【稾飫】역시 〈舜典〉의 편명. '稾'는 '犒'와 같으며 '飫'는 음식이나 잔치를 뜻함. 따라서 "노고를 위로하여 음식으로 대접하다"의 뜻. 한편 이상은 모두 지금은 전하지 않고 제목만 전함.

【釐】'理, 治, 茬, 菑'와 같음. 治理, '다스리다'의 뜻.

【下土方】사방의 제후국들.

【居方】관직 이름. 제후국들에 대한 업무를 관장한 듯함.

【生】'姓'과 같음.

⟨03⟩ 대우모大禹謨(013-016)

　　大禹는 일명 戎禹, 夏禹라고도 하며 夏后氏 부락의 영수였다. 성은 姒氏이며 鯀의 아들이다. 아울러 五帝의 마지막 임금이며 이때까지는 禪讓시대로 '公天下'의 시기였다. 그 뒤 禹가 천하를 이어받아 그 아들 啓가 이은 다음 世襲왕조가 시작되어 중국 최초의 王朝 國家가 형성되며, 그 이후를 '家天下'의 시대라 한다.

　　우는 아버지 곤이 治水 임무를 맡았을 때 물을 막는 방법으로 대처하다가 실패하여 순에게 죽임을 당한 뒤, 아버지의 업무를 이어받아 물을 소통시키는 방법으로 13년을 노력한 끝에 水患을 없애는 큰 공을 세우게 된다.

　　한편 ⟨虞書⟩에는 이미 ⟨堯典⟩과 ⟨舜典⟩이 있다. 그러나 이 두 '典'의 기록은 미비한 점이 있어 이 때문에 군신 사이의 嘉言과 善政을 주제로 하여 ⟨大禹謨⟩, ⟨皐陶謨⟩, ⟨益稷⟩ 등 3편을 기록하여 앞의 두 전을 보완한 것으로 보고 있다.

　　'謨'는 '謀'와 같으며,《說文》에서는 '議謀'로 해석하여 "의론을 거쳐 모책을 세우다"의 뜻이다. 따라서 ⟨대우모⟩란 禹를 중심으로 舜과 토론을 거쳐 세운 여러 모책을 기록한

⟨大禹⟩像(山東 嘉祥縣 武梁祠 石刻)

것이다.

〈대우모〉는 실제 순임금이 大臣 禹, 益, 皐陶와 더불어 政務를 토론한 내용이 주를 이루며, 이들은 堯임금의 文德과 敎化를 찬양함과 아울러 禍亂을 평정하고 나라를 안정시킨 공로, 그리고 세 사람의 치국에 대한 견해를 높이 여긴 것으로, 결국 우에게 천하가 주어지는 과정을 밝힌 것이다.

본 〈대우모〉는 今文에는 없으며 古文에만 있다.

＊蔡沈 《書傳》 〈大禹謨〉 注에 "謨, 謀也. 林氏曰:「虞史旣迹二典, 其所載有未備者, 於是又敍其群臣之間嘉言善政, 以爲〈大禹〉·〈皐陶謨〉·〈益稷〉三篇, 所以備二典之未備者.」 今文無, 古文有"라 함.

〈서〉: 고요皐陶는 그 모책을 설명하였고, 우禹는 그 공적을 이루었으며, 순舜임금은 이들의 건의를 펴서 시행하였다. 이에 〈대우모〉, 〈고요모〉, 〈익직〉을 지어 이를 기록하였다.

<序>: 皐陶矢厥謨, 禹成厥功, 帝舜申之. 作<大禹>·<皐陶謨>·<益稷>

【皐陶】'咎繇'로도 표기하며 偃姓. 舜의 신하로 刑獄을 담당하였던 대신.
【矢】陳述함.《爾雅》釋詁에 "矢, 陳也"라 함.
【厥】'其'와 같음. 雙聲互訓.
【申】'중시하다'의 뜻.《爾雅》釋詁에 "申, 重也"라 함. 그러나 혹 "펴다, 실행에 옮기다" 의 뜻으로도 봄.

013(3-1)
대우大禹

    옛 대우大禹를 상고하건대 문덕과 교화를 사해四海에 널리 폈으며 요와 순 두 임금의 덕과 공을 이어받았다.

    이렇게 말하였다.

    "임금은 능히 그 임금 됨을 어렵게 여기며, 신하는 능히 그 신하 됨을 어렵다 여긴다면, 정치는 이에 잘 다스려질 것이며 백성들은 그 덕에 빠르게 교화될 것이다."

    순舜임금이 말하였다.

    "그렇도다! 진실로 이와 같이 한다면 훌륭한 말이 숨을 곳이 없을 것이며, 재야에 버려진 현인이 없게 될 것이며, 모든 곳이 평안할 것이니라. 무리들의 뜻을 상고하여 자신을 버리고 남을 따르며, 홀아비, 과부, 고아, 독거노인을 학대함이 없을 것이며, 곤궁한 자를 버려두지 않게 될 터이니 이러한 일은 요순께서 능히 해내신 일이로다."

    익益이 말하였다.

    "아! 두 임금의 덕은 널리 운행되었으니 성명하시고 신묘하시며 무용이 있으시며 문덕이 있으셨습니다. 황천皇天을 돌아보아 그 명령을 받으시니 사해에 그 덕이 널리 덮이시어 천하의 군주가 되신 것입니다."

    우禹가 말하였다.

    "바른 도리를 따르면 길할 것이요, 거역을 좇으면 흉할 것이니, 이는 그림자나 메아리와 같은 것입니다."

    익益이 말하였다.

    "아! 경계하소서! 생각지 않았던 일을 경계하여 대비하며 법도를 잃지 말아야 하며, 일락에 빠져 놀이를 일삼지 말아야 하며, 즐거움에 지나치게 빠지지 말아야 하며, 어진 이를 임용함에는 두 마음을 갖지 말아야 하며, 사악함을 제거함에는 의심하지 말아야 합니다. 모책이란 의심하면 이룰 수 없고, 온갖 생각을 다해야 널리 성취되는 것입니다. 그릇된 도로써 백성으로부터 칭송 들을 생각을 하지 말 것이며, 백성의 뜻을 어기면서 자신의 욕심대로만 하려는 생각을 버려야 합니다. 태만히 굴지 말 것이며, 황폐히 굴지 말아야 사이四夷가 모두 왕께 다가올 것입니다."

우가 말하였다.

"아! 순임금이시여! 오직 덕으로서 선정을 베풀었으며 정치는 백성을 기르는 데 있었도다. 수水, 화火, 금金, 목木, 토土와 곡穀의 육부六府를 잘 다스리셨으며, 정덕正德, 이용利用, 후생厚生의 삼사三事를 조화롭게 하셨도다. 이 아홉 가지 구공九功을 순서대로 펴 보이시니 그 구서九敍는 백성들의 노래가 되었도다. 아름다운 덕정으로 백성을 경계시키시고, 위엄으로써 이를 면려하셨으며, 구가九歌로써 백성들의 권면하시어 허물 어짐이 없도록 하셨도다."

순임금이 말하였다.

"그렇다! 땅이 제자리를 찾아 평온하고 하늘이 만물을 이루고 있으며, 육부와 삼사가 진실로 잘 다스려져 만세萬世토록 길이 그 덕택을 입고 있으니 이것이 바로 그대의 공이니라."

曰若稽古大禹, 曰文命敷於四海, 祗承于帝.
曰:「后克艱厥后, 臣克艱厥臣, 政乃乂, 黎民敏德.」
帝曰:「兪! 允若茲, 嘉言罔攸伏, 野無遺賢, 萬邦咸寧. 稽于衆, 舍己從人, 不虐無告, 不廢困窮, 惟帝時克.」
益曰:「都! 帝德廣運, 乃聖乃神, 乃武乃文. 皇天眷命, 奄有四海, 爲天下君.」
禹曰:「惠迪吉, 從逆凶, 惟影響.」
益曰:「吁! 戒哉! 儆戒無虞, 罔失法度, 罔遊于逸, 罔淫于樂, 任

賢勿貳, 去邪勿疑. 疑謀勿成, 百志惟熙. 罔違道以干百姓之譽, 罔
咈百姓以從己之欲. 無怠無荒, 四夷來王.」

禹曰:「於! 帝念哉! 德惟善政, 政在養民. 水火金木土穀, 惟修;
正德利用厚生, 惟和. 九功惟敍, 九敍惟歌. 戒之用休, 董之用威,
勸之以九歌, 俾勿壞.」

帝曰:「俞! 地平天成, 六府三事允治, 萬世永賴, 時乃功.」

【文命】文德과 敎化.《史記》에는 禹의 이름이라 하였으나 그의 덕을 칭송한 말로
　보고 있음.

【敷】頒布함. 널리 폄.

【祗承于帝】'祗'는 恭敬의 뜻. 공경스럽게 요와 순 두 임금의 뜻을 이어받음.

【后克難厥后】'后'는 군왕. 지도자. '군왕이 그 군왕다운 군왕이 되는 것은 아주
　어렵다'의 뜻.

【政乃乂】정치가 이에 바르게 이루어지는 것임. '乂'는 治理의 뜻.

【黎民敏德】백성들이 덕을 부지런히 익힘. 백성들이 덕을 부지런히 실천하여 교
　화가 성취됨.

【允若玆】'允'은 '확실하다'의 뜻. "확실히 이와 같이 한다면"의 뜻.

【嘉言】善言. 좋은 말. 훌륭한 말.

【罔攸伏】'罔'은 否定詞. '無'와 같음. 雙聲互訓. '攸'는 '所'와 같음. '伏'은 '엎드려 숨다'
　의 뜻.

【舍己從人】자신을 버리고 남의 옳은 뜻을 따름. 자신의 의견만 고집하지 않음. '舍'
　는 '捨'와 같음.

【不虐無告】無告한 자를 학대하지 않음. '無告'는 어디에 하소연할 데가 없는 鰥寡
　孤獨을 가리킴.

【困窮】곤핍하고 궁벽한 사람들.

【惟帝時克】'帝'는 堯와 舜. '時'는 是와 같음. '克'은 能과 같음.

【都】歎美詞.

【帝德廣運】두 임금의 덕이 널리 퍼져나감.

【乃聖乃神】'乃'는 語氣助詞. '聖'은 聖明. '神'은 神妙.

【乃武乃文】'武'는 禍亂을 평정한 武勇. '文'은 經天緯地의 文德.

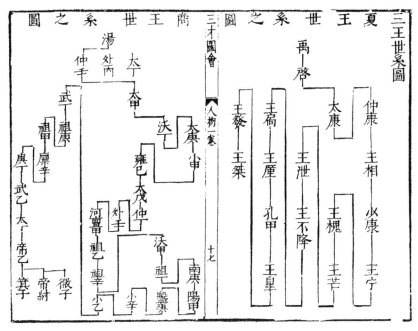

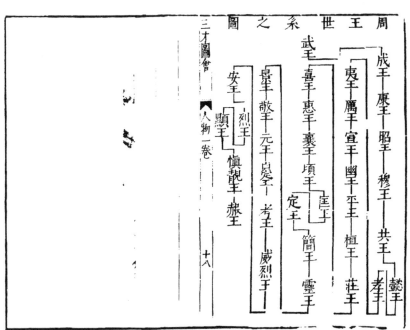

〈三王(夏, 商, 周)世系圖〉《三才圖會》

【皇天眷命】'皇天'은 하늘. '眷命'은 명령(천명)을 되돌아 봄.

【奄有四海】'奄'은 '덮어주다, 포괄하다'의 뜻.

【惠迪吉】'惠'는 '順'의 뜻.《詩》邶風 燕燕 "終溫且惠, 淑愼其身"의 毛傳에 "惠, 順也"라 함. '迪'은 도리, 正道를 뜻함. 孔安國 傳에 "迪, 道也"라 함.

【影響】그림자와 메아리. 실체가 있어야 함께 존재할 수 있음을 뜻함. 孔安國 傳에 "吉凶之報, 若影之隨形, 響之應聲"이라 함.

【儆戒】警戒와 같음. 조심하여 대비함.

【逸】방종함. 일탈함. 孔穎達 疏에 "逸謂縱體"라 함.

【任賢勿貳】'貳'는 "의심하다, 못마땅히 여기다, 두 마음을 갖다"의 뜻.

【百志惟熙】'百志'는 여러 가지 계책. '熙'는 廣의 뜻. 孔穎達 疏에 "百種志意惟益廣也"라 함.

【干】'요구하다, 찾다'의 뜻. '求'와 같음.

【來王】외부 이민족 군주가 來朝함을 뜻함.

【咈】'위배하다, 거스르다'의 뜻.

【帝念哉】'帝'는 舜임금을 가리킴.

【水, 火, 金, 木, 土, 穀】五物과 穀物. 사람이 살아가는데 필수불가결한 물건들. 이를 '六府'라 함.

【正德, 利用, 厚生】곧 三事. 나라 다스림에서의 세 가지 기본.

【九功】六府와 三事를 합친 것.

【九叙】'叙'는 질서를 뜻함. 九功의 질서를 확립함.

【用休】'休'는 '아름답다, 좋다, 자랑스럽다'의 뜻.

【董】잘 살피고 督勵함.

【勸】勸勉함. 勉勵함.

【俾勿壞】덕정이 파괴되지 않도록 함.

【地平天成】'地平'은 땅에서의 모든 것이 평온과 균형을 이룸. '天成'은 〈蔡傳〉에 "萬物得以成遂也"라 함.

【賴】依持. 혹은 '利'로 풀이함.

【時乃功】'時'는 '是'의 假借. 舜이 禹를 칭찬하여 그 공을 칭송한 것임.

014(3-2)
고요皋陶

순임금이 말하였다.

"다가오라, 그대 우禹여! 나는 33년을 제위에 있으면서 이제 여든, 아흔, 백 세가 되어가 업무에 싫증을 느끼고 있다. 너는 오직 태만히 굴지 말고 나의 무리들을 총괄하도록 하라."

우가 말하였다.

"저의 덕은 그러한 일을 해낼 수 없으며 백성들도 저를 의지하지 못하고 있습니다. 고요皋陶는 덕을 심기에 매진하고 있으며 그 덕이 나라로 퍼져 백성들이 귀부하고 있습니다. 임금께서는 잘 생각해 주십시오! 그 덕이 바로 고요에게 있으며 그 해석이 바로 고요에게 있으며 훌륭한 건의가 고요에게 있으며 미더움이 그로부터 나와서 그에게 있습니다. 오직 임금께서는 그의 공적을 생각해 주십시오."

순이 말하였다.

"고요여, 여기 여러 신하들과 많은 무리들은 누구도 감히 나의 정치에 대해 간섭하지 못한다. 너를 사士로 삼노니 오형五刑을 명확히 하고 이로써 오교五敎를 이룰 수 있도록 보필하라. 나의 다스림을 이로써 돕도록 하라. 형벌은 더는 벌을 받는 자가 없도록 함을 목표로 하고, 백성들을 중정의 도에 복종하도록 해야 하는 것이니, 이것이 해야 할 공적이니 힘쓸지어다!"

고요가 말하였다.

"임금께서는 덕에 허물이 없으며 아랫사람에게 임하되 쉽게 할 수 있도록 하며, 많은 무리를 다스림에는 관대히 하며, 벌은 이어갈 자손에게는 미치지 않도록 하며, 상賞은 대대로 이어가도록 하며, 과실로 인한 죄라면 아무리 커도 관용을 베풀되, 고의로 저지른 죄는 아무리 작더라도 형벌을 내리며, 죄는 그것이 가벼운 것이 아닌가 의심해 보고, 공적은 그것이 큰 것이 아닌가 의심하며, 무고한 자를 죽이기보다는 차라리 실수로 법도에 어긋난 일을 저지르는 것이 낫다고 여기며, 생명의 아름다움을 살리는 덕을 좋아하여 백성의 마음에 흡족하도록 하셨습니다. 이러한 방법을 쓰셨기에 누구도 그 일을 맡은 유사有司에게 대들지 못한 것입니다."

순이 말하였다.

"그대는 나로 하여금 능히 내 하고 싶은 대로 다스릴 수 있도록 하며, 사방으로 하여금 바람에 반응하듯 움직이게 하라. 이것이 바로 그대의 아름다운 공적이 되리라."

帝曰:「格, 汝禹! 朕宅帝位三十有三載, 耄期倦于勤. 汝惟不怠, 摠朕師.」

禹曰:「朕德罔克, 民不依. 皋陶邁種德, 德乃降, 黎民懷之. 帝念哉! 念茲在茲, 釋茲在茲, 名言茲在茲, 允出茲在茲, 惟帝念功.」

帝曰:「皋陶, 惟茲臣庶, 罔或干予正. 汝作士, 明于五刑, 以弼五敎. 期于予治. 刑期于無刑, 民協于中, 時乃功, 懋哉!」

皋陶曰:「帝德罔愆, 臨下以簡, 御衆以寬; 罰弗及嗣, 賞延于世, 宥過無大, 刑故無小; 罪疑惟輕, 功疑惟重; 與其殺不辜, 寧失不經; 好生之德, 洽于民心, 茲用不犯于有司.」

帝曰:「俾予從欲以治, 四方風動, 惟乃之休.」

【帝曰】여기서의 '帝'는 舜임금을 가리킴.
【格】'至', '來'의 뜻. '다가오라' 부르는 말.
【宅】'居', '處'와 같음. '자리에 있다'의 뜻.
【三十有三載】'有'는 '又'와 같음. '載'는 '年', '歲'와 같음.

【耄期】‘耄’는 80-90살의 나이를 일컫는 말. ‘期’는 1백 세의 나이.

【倦勤】피곤하고 지침. 싫증을 느낌. ‘勤’은 ‘辛勞’의 뜻.

【摠朕師】‘摠’은 ‘통괄하다, 총괄하다, 통어하다, 다스리다’의 뜻이며 ‘師’는 무리. ‘衆’과 같음.

【朕德罔克】朕은 禹를 가리킴. ‘罔’은 無와 같음. ‘克’은 能과 같음. “나의 덕으로는 이 일을 능히 해낼 수 없다”의 뜻.

【邁種德】덕을 널리 심기에 邁進하고 있음. ‘邁’는 ‘力行’과 같음.

【黎民懷之】‘懷’는 ‘백성들이 귀부해오다’의 뜻. 《爾雅》釋詁에 “懷, 至也”라 함.

【帝念哉】‘帝’는 舜임금을 가리킴.

【念玆在玆】‘玆’는 ‘此, 斯, 是’와 같음. 위의 ‘玆’는 덕을, 아래의 ‘玆’는 皐陶를 가리킴.

【允出】믿음이 여기에서 출발함.

【罔或干予正】‘或’은 혹자, ‘干’은 ‘干涉하다, 犯하다’의 뜻. ‘正’은 政과 같음.

【士】刑을 다스리는 벼슬 이름. 刑獄을 관장하는 우두머리. 士師之官.

【期于予治】‘그것으로 나의 다스림을 보필하라’의 뜻. 《孟子》萬章(上) “汝其于予治”의 趙岐 注에 “汝故助我治事”라 함.

【刑期于無刑】형벌을 시행하는 최종 목적은 형벌이 없도록 하는 것임. 〈蔡傳〉에 “其始雖不免於用刑, 而實所以期至於無刑之地”라 함.

【民協于中】‘協’은 ‘복종하다’의 뜻. 《爾雅》釋詁에 “協, 服也”라 함. ‘中’은 中正之道.

【懋】‘힘쓰다’의 뜻.

【愆】허물, 과실.

【臨下以簡】윗자리에 임한 자가 아랫사람을 간단하게 해줌. 일을 쉽도록 함을 뜻함.

【嗣】子孫.

【延】‘미치다, 뻗다’의 뜻.

【世】後世. 곧 嗣와 같은 뜻으로 쓰여서 子孫의 뜻.

【宥過無大】‘宥’는 ‘관용을 베풀다’의 뜻. 과실로 저지른 죄는 비록 크다 해도 모두 용서함.

【刑故無小】‘故’는 고의적인 것. 고의적으로 저지른 일은 비록 작은 것이라 해도 벌을 내림.

【與其-寧】“설령 ~할지언정 차라리 ~하겠다”의 뜻을 표현하는 構文.

【不辜】無辜, 無罪.

【失不經】'법도에 어긋난 일은 실패하고 말다'의 뜻.

【有司】벼슬아치, 官吏. 전문적으로 그 해당되는 일을 처리하는 직책. 집사.

【風動】바람이 불면 그에 따라 풀이 눕고 나무가 흔들리는 등 반응이 있게 됨.

【惟乃之休】'乃'는 인칭대명사 '너'. '休'는 '아름답다'의 뜻.

015(3-3)
대우大禹

순임금이 말하였다.

"우禹여! 홍수洚水가 나를 경고하고 있다. 마음을 이루며 공을 이루는 것은 오직 너의 현명함에 달려 있다. 나라 안에서는 근면함을 다하고 집에서는 검소함을 다하며, 스스로 만족한 듯 하지 않는 것도 오직 너의 현명함에 달려 있다. 네가 자랑하지 않으면 천하에 누구도 너와 능력을 다툴 자가 없을 것이며, 네가 뽐내지 않으면 천하 누구도 너의 공적을 다툴 자 없게 되리라. 나는 네가 너는 큰 덕을 가졌으며 너의 큰 공을 찬미하고 있으니, 하늘의 역수曆數가 너의 몸에 있으며 너는 마침내 제왕의 지위에 오르게 되리라. 사람의 마음이란 위태로운 것이며, 도심道心이란 희미하여 쉽게 드러낼 수 없는 것이다. 오직 정성을 다하고 하나에 전심하여 그 중도를 미덥게 꼭 잡고 있어야 하느니라. 검증되지 않은 말은 듣지 말 것이며, 물어보지 않은 모책은 실행하지 말라. 아끼고 사랑할 대상이 임금이 아니겠느냐? 두려워할 대상이 백성이 아니겠느냐? 무리들이 나라의 제왕이 아니면 누구를 추대하겠느냐? 임금이 백성이 아니라면 그 누구와도 나라를 지켜낼 수가 없느니라. 공경스럽게 할지니라! 삼가 그 자리를 지켜내며, 공경을 다하여 그 하고싶은 바를 실천에 옮겨야 한다. 사해四海가 곤궁에 빠지게 되면 너의 제위는 영원히 끝이 나고 말 것이니라. 오직 입이란 좋은 말을 내뱉을 수도 있지만 전쟁을 불러오기도 하는 것이니, 나는 두 번 다시 그러한 말은 하지 않겠노라."

우가 말하였다.

"공신들을 하나씩 차례대로 점을 쳐 보시어 그중 길吉하다는 자를 따르면 될 것입니다."

순이 말하였다.

"우여! 관점官占이란 먼저 자신의 뜻을 잘라 버리고 임금의 명령을 거북에게 물어보는 것이다. 나의 뜻은 먼저 결정되었으며 여러 사람에게 물어보았더니 모두 찬동하였으니 귀신도 이를 따라줄 것이며 거북점이나 시초점을 친다 해도 그대로 따라줄 것이다. 길한 점은 두 번 치는 것이 아니다."

그럼에도 우는 재배하고 머리를 조아리며 끝내 사양하였다.

순이 말하였다.

"안 된다! 너는 제위에 합당하다."

정월 초하루 아침, 신종神宗에서 명령을 수용하면서 백관을 거느리고, 순임금이 요로부터 선양을 받을 때처럼 의식을 거행하였다.

帝曰:「來, 禹! 洚水儆予, 成允成功, 惟汝賢. 克勤于邦, 克儉于家, 不自滿假, 惟汝賢. 汝惟不矜, 天下莫與汝爭能; 汝惟不伐, 天下莫與汝爭功. 予懋乃德, 嘉乃丕績, 天之歷數在汝躬, 汝終陟元后. 人心惟危, 道心惟微, 惟精惟一, 允執厥中. 無稽之言勿聽, 弗詢之謀勿庸. 可愛非君? 可畏非民? 衆非元后, 何戴? 后非衆, 罔與守邦. 欽哉! 愼乃有位, 敬修其可願. 四海困窮, 天祿永終. 惟口出好興戎, 朕言不再.」

禹曰:「枚卜功臣, 惟吉之從.」

帝曰:「禹! 官占惟先蔽志, 昆命于元龜. 朕志先定, 詢謀僉同, 鬼神其依, 龜筮協從. 卜不習吉.」

禹拜稽首固辭.

帝曰:「毋! 惟汝諧.」

正月朔旦, 受命于神宗, 率百官若帝之初.

【洚水儆予】'洚水'는 洪水와 같음. 큰 물. 물난리. 〈十三經〉본에는 '降'으로 되어 있음.

〈禹王治水圖〉

〈蔡傳〉에 "洚水, 洪水也. 古文作降.《孟子》曰:「水逆行謂之洚水.」蓋山崩水洚, 下流淤
塞, 故其逝者輒復反流而泛濫決溢, 洚同無涯也"라 함. 水災. '儆'은 '경고하다, 그 위
협을 경계시키다'의 뜻.

【成允成功】'允'은 '믿음, 미덥다'의 뜻. 〈蔡傳〉에 "允, 信也. 禹奏言而能踐其言"이라
함. '功'은 '工'과 같으며 治水를 위한 토목공사의 업적을 가리킴.

【不自滿假】스스로 만족하는 듯이 하는 행동을 하지 않음. '假'는 과대히 여김. 허
세를 부림.

【矜】교만함. 뽐냄. 자랑함.

【懋】훌륭히 봄. 대단하게 여김. 茂와 같음.

【嘉乃丕績】'嘉'는 찬미함. 아름다움, 기림. '丕'는 大와 같음. '績'은 공적, 실적, 업적.

【曆數】曆은 天時, 즉 사시의 운행을 뜻함. 數는 運數.

【元后】大君, 天子.

【人心惟危】'사람의 마음이란 위태롭다'의 뜻. 사람은 매우 이기적이며 자신만을 위
해 행동하므로 도에 어긋날 수 있음.

【道心惟微】〈蔡傳〉에 "心者, 人之知覺主於中而應於外者也. 指其發於形氣者而言, 則
謂之人心. 指其發於義理者而言, 則謂之道心"이라 하였고, 孔穎達 疏에는 "居位則治
民, 治民必須明道"라 함.《荀子》解蔽篇에도 "故《道經》曰:「人心之危, 道心之微.」"라
하여 인용하고 있음.

【惟精惟一】‘精’은 精心, ‘一’은 專一의 뜻.

【允執厥中】‘允’은 ‘확실히’의 뜻. ‘執’은 실천에 옮김. ‘厥’은 其와 같음.

【無稽】근거가 없음. 상고할 수 없음.

【愼乃有位】‘너의 그 지위를 신중히 하라’의 뜻.

【天祿】하늘이 내린 福祿. 王位를 가리킴.

【出好】좋은 말을 함. 孔穎達 疏에 “出好謂愛人而出好言”이라 함.

【興戎】전쟁을 일으킴. 孔穎達 疏에 “興戎謂疾人而動甲兵”이라 함.

【枚卜】일일이 모두 점침. 禹가 다른 신하들도 모두 점을 쳐서 누가 제위를 이어갈 것인가를 결정해 달라는 겸손의 말을 한 것.

【官占】占官의 점.

【先蔽志】먼저 자신의 뜻부터 잘라 없앰. ‘蔽’는 ‘斷’의 뜻.

【昆命于元龜】‘昆命’은 임금의 명령. ‘元龜’는 거북점을 칠 때 쓰는 거북.

【朕志先定】‘朕志’는 舜이 禹에게 제위를 선양하고자 하는 생각.

【鬼神】神靈.

【龜筮】‘龜’는 거북으로 치는 점. ‘筮’는 蓍草로 치는 침. ‘龜’는 ‘裂痕’으로 징조를 점 치는 것이며, ‘筮’는 蓍草의 奇偶와 줄기의 다소로서 吉凶을 예측하는 것.

【卜不習吉】‘習’은 重複의 뜻. 점을 칠 때 처음 길한 것으로 나오면 더 이상 치지 않음.

【惟汝諧】‘諧’는 ‘우 너는 임금의 지위에 합당하다’의 뜻.

【正月朔旦】正月 上日, 正月 元日. 정월 초하루.

【神宗】文祖(帝堯)의 宗廟. 神宗은 존경을 표시하는 이름임.

【若帝之初】‘帝’는 舜임금. 舜임금이 堯帝로부터 位을 받을 때와 같은 의식을 치름.

016(3-4)
유묘씨有苗氏

순임금이 말하였다.

"아, 우여! 오직 유묘씨有苗氏만이 통솔할 수 없으니 네가 가서 정벌하도록 하라."

우는 이에 여러 제후들을 모아 그들 군사들에게 이렇게 서약하였다.

"많고 많은 무리들이여, 모두가 나의 명령을 듣도록 하라. 준동蠢動하는 유묘씨들은 혼미하면서도 오만한 태도로 자신들이 현명한 줄로 여겨, 도에 거꾸로 가고 덕을 어그러뜨리고 있다. 그곳 군자들은 들에 묻힌 채 인정을 받지 못하며, 소인들이 조정의 자리를 차지하고 있고, 백성들은 버려진 채 보호받지 못하여 하늘이 장차 벌을 내릴 것이니, 그 때문에 내가 그대들 많은 무리로써 순임금의 말씀을 받들어 그 죄를 벌하려하는 것이다. 그대들은 한 마음으로 전력을 기울여 능히 그 공훈을 이룰지니라."

그럼에도 30일이 되도록 유묘씨들은 명령을 거역하고 있었다.

이에 익益이 우를 도와 이렇게 말하였다.

"오직 덕만이 하늘을 움직일 것이니 아무리 먼 곳이라도 귀순해 오지 않을 자가 없을 것입니다. 가득 찬 것은 손해를 불러오고 겸손한 것만이 이익을 받는 것이니, 이것이 바로 천도天道입니다. 순께서는 당초 역산歷山에 농사를 지을 때, 들에 나가서는 날마다 하늘을 향해 흐느꼈습니다. 자신이 죄를 뒤집어쓰고 사특함이 자신에게 있다고 여겼던 것이지요. 그러면서 공경을 다해 아버지 고수瞽叟를 섬기되 공경히 하면서도 두려워하자 고수 또한 이와 같은 모습을 믿게 되었지요. 지성至誠이 신을 감동시킨 것이니 하물며 이 유묘씨인들 어떻겠습니까!"

우가 익의 이 좋은 말에 절을 하면서 말하였다.

"그렇습니다!"

그리하여 군사들을 되돌려 귀환하여 정돈하자 순은 이에 더욱 광대하게 문덕文德을 베풀었으며 계단 양쪽에서 간干과 우羽의 춤을 추도록 하였다. 그러자 70일 만에 유묘씨들이 귀순해왔다.

帝曰:「咨, 禹! 惟時有苗弗率, 汝徂征.」

禹乃會羣后, 誓于師曰:「濟濟有衆, 咸聽朕命. 蠢兹有苗, 昏迷不恭, 侮慢自賢, 反道敗德. 君子在野, 小人在位, 民棄不保, 天降之咎, 肆予以爾衆士, 奉辭罰罪. 爾尚一乃心力, 其克有勳.」

三旬, 苗民逆命.

益贊于禹曰:「惟德動天, 無遠弗屆, 滿招損, 謙受益, 時乃天道. 帝初于歷山, 往于田, 日號泣于旻天, 于父母, 負罪引慝. 祗載見瞽叟, 夔夔齋栗, 瞽亦允若. 至誠感神, 矧兹有苗!」

禹拜昌言曰:「俞!」

班師振旅. 帝乃誕敷文德, 舞干羽于兩階, 七旬有苗格.

【咨】감탄사.

【有苗】三苗. 고대 部落(部族) 이름이 단칭일 경우 '有'자를 앞에 붙임.

【徂征】'徂'는 往의 뜻.

【誓于師】장수가 군사들 앞에서 싸움의 목적과 군령을 전달하는 훈시.

【濟濟】사람이 많이 모인 모양.

【蠢】어리석은 많은 사람들.

【侮慢自賢】'侮慢'은 雙聲連綿語. 오만함. '自賢'은 스스로 현명한 줄로 과대망상을 가짐.

【肆予以爾衆士】'肆'는 '故'의 뜻. '그러므로, 이 때문에'의 의미.

【乃尚一乃心力】'尚'은 기대함. '一'은 하나로 모음.

【弗屆】'屆'은 '到', '至'의 의미.

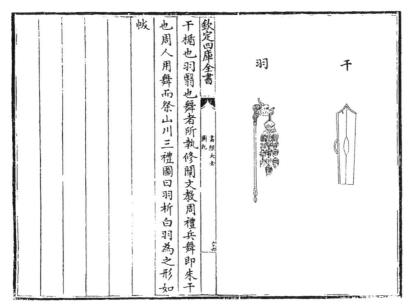

〈干과 羽〉《書經大全》

【時乃天道】'時'는 '是'와 같음.

【帝】순임금.

【帝初于歷山】'帝'는 舜을 가리킴. 舜이 王位에 오르기 歷山에서 농사를 지음. 歷山은 지금의 山東省 歷城縣 千佛山이라 함.

【于父母】舜은 부모에게 온 정성을 다함.《史記》五帝本紀에 "舜父瞽叟盲, 而舜母死, 瞽叟更娶妻而生象, 象傲. 瞽叟愛後妻子, 常欲殺舜, 舜避逃, 及有小過, 則受罪. …… 舜父瞽叟頑, 母嚚, 弟象傲, 皆欲殺舜. 舜順適不失子道, 兄弟孝慈"라 함.

【負罪引慝】스스로 그 죄를 짊어지고 차라리 사특하다는 말을 듣고자 함.

【祗載見瞽叟】'祗'는 '공경하다'의 뜻. '載'는 '事', 모시다의 뜻. '瞽叟'는 瞽瞍로도 표기하며 舜의 아버지. 장님이었다 함.

【夔夔齋栗】'夔夔'는 공경하면서도 두려워하는 모습. '齋栗'은 莊敬히 하면서도 戰慄을 느낌. '栗'은 '慄'과 같음.

【矧玆有苗】'矧'은 '하물며'의 뜻.

【昌言】善言.

【班師振旅】'班師'는 군대를 되돌려 본국으로 귀환함. '振旅'는 군사들을 정돈함.

【帝乃誕敷文德】'帝'는 舜임금. '誕'은 大, 廣의 뜻. '敷'는 布, 施의 뜻. 舜이 禹와 益의 건의를 듣고 더욱 文德을 베풀어 有苗氏를 감화시킨 것임.

【干·羽】'干'은 방패, '羽'는 羽毛로 장식한 춤추는 도구. 혹 '翳'라고도 함. 武器를 내려놓고 軍舞를 치면서 有苗氏들을 교화시킨 것임.

【兩】階는 섬돌. 主人이 오르는 섬돌과 손님이 오르는 섬돌이 구분되어 있는 宮庭을 말함.

【有苗格】'格'은 至와 같음. 찾아와 귀순함.

〈04〉 고요모 皐陶謨(017-019)

고요皐陶는 구요咎繇로도 표기하며 순舜의 대신으로 형벌을 관장하던 인물이다. 본편은 이 고요의 모책謀策, 謨策을 기록한 것으로, 고요가 우禹와 더불어 어떻게 덕정을 베풀 것인가에 대한 문답이 주를 이룬다. 고요는 신신愼身, 지인知人, 안민安民을 주장하며 위정자 스스로의 높은 품덕과 수양을 갖추어야 하며, 현인을 임용함과 아울러 백성의 뜻과 하늘의 명령을 살펴 이를 실행에 옮겨야 한다는 논리를 펴고 있다. 아울러 본편은 중국 최초이며 가장 완벽한 회의기록會議記錄으로 널리 알려져 있다.

서한西漢 때 복생伏生이 전한 《금문상서》에는 이 〈고요모〉편을 아래의 〈익직益稷〉편에 포함시키고 있으나, 《금문상서》에는 두 편으로 각각 독립시켜 나누고 있다.

＊蔡沈《書傳》〈皐陶謨〉注에 "今文·古文皆有"라 하였다.

〈猪紋陶〉(신석기) 1973 餘姚縣 河姆渡 유적지 출토. 浙江博物館 소장

017(4-1)

고요皐陶

옛 고요皐陶를 상고하건대 "미덥게 그 덕을 실천에 옮기셨고 그의 모 책은 명확하며 보필의 임무를 화목하게 이루었다" 하였다.

우禹가 말하였다.

"그렇다. 어떻게 하면 되겠소?"

고요가 말하였다.

"아! 그 자신을 신중히 하며, 그 생각을 변함없이 길게 하여야 합니다. 구족九族의 질서를 돈독하게 하고 많은 현명한 이를 격려하여 도움이 되도록 하며, 가까운 곳으로부터 먼 곳까지가 모두 이렇게 하는 데에 있지요."

우는 그의 좋은 말에 절을 하며 말하였다.

"그렇소!"

고요가 말하였다.

"아! 사람을 알아보는 데에 있으며, 백성을 안정되게 함에 있습니다."

우가 말하였다.

"아! 모두가 이와 같은 것이니 오직 순임금조차도 이를 어렵게 여겼도다. 사람을 알아본다면 명철한 것이요, 능히 관직에 맞는 사람을 임용하여 백성이 안정된다면 이는 혜택을 주는 것이니, 많은 백성들이 그러한 마음을 품고 있을 것이다. 능히 명철하면서 혜택을 베푼다면 어찌 환도 驩兜를 걱정하겠는가? 어찌 유묘씨有苗氏를 몰아버릴 필요가 있겠는가? 어찌 교묘한 말솜씨에 아첨의 얼굴을 꾸미며 심히 참녕한 자들을 두려워하겠는가?"

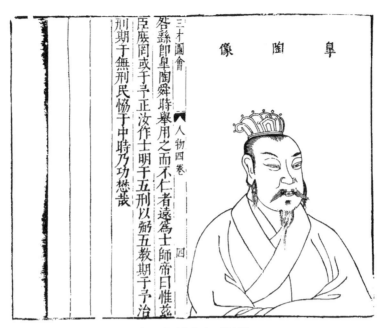

〈고요(皐陶)〉像《三才圖會》

曰若稽古, 皐陶曰:「允迪厥德, 謨明弼諧.」

禹曰:「兪, 如何?」

皐陶曰:「都! 愼厥身, 修思永. 惇敍九族, 庶明勵翼, 邇可遠, 在茲.」

禹拜昌言曰:「兪!」

皐陶曰:「都! 在知人, 在安民.」

禹曰:「吁! 咸若時, 惟帝其難之, 知人則哲, 能官人, 安民則惠, 黎民懷之. 能哲而惠, 何憂乎驩兜? 何遷乎有苗? 何畏乎巧言令色孔壬?」

【皐陶】舜의 賢臣. 형벌을 다스리는 士의 벼슬을 지냄. 禹는 고요를 재상으로 삼으려 하였으나 그가 일찍 죽어 그의 아들을 英六에 봉했다 함.

【允迪厥德】'允'은 信의 뜻. '迪'은 '履行하다'. '厥'은 其와 같음.

【謨明弼諧】‘謨’는 謀와 같으며《說文》에는 “議謀”라 하였음. ‘弼’은 ‘보필하다’의 뜻. ‘諧’는 和와 같음. 여기서는 和諧, 즉 同心協力의 의미임.

【都】歎美辭.

【思永】오래 두고 신중히 생각함.

【惇叙九族】‘惇’은 敦과 같으며 돈후함을 뜻함. ‘叙’는 순종함. ‘九族’은 高祖로부터 玄孫까지. 孔穎達 疏에 “上至高祖, 下及玄孫, 是謂九族”이라 함. 즉 高祖, 曾祖, 祖, 父, 자신, 子, 孫, 曾孫, 玄孫을 가리킴. 혹 父族 四, 母族 三, 妻族 二를 묶어서 지칭하는 말이라고도 함.

【庶明勵翼】‘庶’는 ‘많다’의 뜻. ‘明’은 현명한 인물. 현인. ‘勵’는 면려시킴. ‘翼’은 보필, 보조의 뜻.

【邇可遠】“가까운 곳으로부터 먼 곳까지”의 뜻.

【在玆】‘여기에 있다’, 즉 ‘이렇게 하는 데에 있다’의 뜻.

【昌言】훌륭한 말.

【在知人】사람을 알아보는 데에 있음.

【咸若時】모두가 이와 같음. ‘時’는 是와 같음.

【帝】舜임금.

【哲】명석함과 지혜로움.《爾雅》釋言에 “哲, 智也”라 함.

【驩兜】有苗(三苗), 共工, 鯀과 더불어 四凶으로 거론되는 인물.

【巧言令色】교묘한 말솜씨와 아첨하는 얼굴 표정.《論語》八佾篇에 “巧言令色, 鮮矣仁!”이라 함.

【孔壬】아주 讒佞한 인물. ‘孔’은 很, 大, 甚의 뜻. ‘壬’은《爾雅》釋詁에 “壬, 佞也”라 함.

018(4-2)
구덕九德

고요皐陶가 말하였다.

"아! 행동의 아홉 가지 덕을 점검하여야 하며, 그 사람이 덕을 갖추고 있는지를 알아보아야 합니다. 다시 말해 '그 맡은 일을 일답게 처리한다'라고 평가를 얻은 자여야 합니다."

우禹가 말하였다.

"무슨 뜻이오?"

고요가 말하였다.

"너그럽되 위엄이 있으며, 부드럽되 굳게 섬이 있으며, 후덕하면서도 공경함이 있어야 하고, 잘 다스리면서 경건해야 하며, 남을 잘 길들이되 강의함이 있어야 하고, 곧되 온화해야 하며, 간솔하되 구차스러움이 없어야 하며, 강건하되 실질이 있어야 하고, 강견하되 의로워야 하는 것이니, 그것을 드러내어 처리하면 상서로움과 길함이 있을 것입니다! 날마다 그중 세 가지 덕을 널리 펴며 이른 아침부터 밤늦도록 그 집안에 공경스럽게 힘을 다하며, 날마다 그중 여섯 가지 덕을 공경히 하여 그 다스리는 나라에 업무를 공경히 처리하여야 합니다. 모든 의견을 수합하고 널리 시행하여 아홉 가지 덕을 모두 일거리로 삼아, 뛰어난 인재들이 관직에 있도록 해야 합니다. 백료百僚가 서로를 배우고, 백공百工이 이를 깊이 생각하여 오신五辰을 무위하면 많은 실적들이 이루어질 것입니다."

皐陶曰:「都! 亦行有九德, 亦言其人有德, 乃言曰:『載采采.』」

禹曰:「何?」

皐陶曰:「寬而栗, 柔而立, 愿而恭, 亂而敬, 擾而毅, 直而溫, 簡

而廉, 剛而塞, 彊而義, 彰厥有常, 吉哉! 日宣三德, 夙夜浚明有家;
日嚴祗敬六德, 亮采有邦. 翕受敷施, 九德咸事, 俊乂在官. 百僚師
師, 百工惟時, 撫于五辰, 庶績其凝.」

【亦有行九德】'亦'은 '迹'과 같으며 '點檢하다, 檢驗하다'의 뜻.《尚書易解》에 "按亦:
當讀爲迹, 動詞, 猶檢驗也.《墨子》尙賢(中):「聖人聽其言, 迹其行.」《楚辭》惜誦:「言
與行其可迹兮.」此迹行·迹言連文之證.《論衡》說此二語曰:「以九德檢其行, 以事效考
其言.」然則亦字訓檢驗, 漢儒之舊詁也"라 함. '九德'은 아홉 가지 덕행. 아래에 자세
히 거론되어 있음.

【載采采】'載'는 語氣助詞. '采采'는 孔安國 傳에 "采, 事也"라 하여 일을 일답게 처리
함. 앞의 '采'는 動詞, 뒤의 '采'는 名詞임.

【愿而恭】'愿'은 '誠實하다, 厚德하다, 老實하다' 등의 뜻.

【亂而敬】'亂'은 '治'의 뜻. 나라를 다스릴 훌륭한 재능을 가진 자를 뜻함.《爾雅》釋
詁에 "亂, 治也"라 함.《論語》泰伯篇 "予有亂臣十人"의 集注에 "馬氏曰:「亂, 治也. 十
人, 謂周公旦、召公奭、太公望、畢公、榮公、太顚、閎夭、散宜生、南宮适, 其一人謂文母.」
라 함.《說文》에도 "亂, 治也"라 함. '敬'은 공경히 하는 것. 신중함.

【擾而毅】馴致시킴. 孔安國 傳에 "擾, 直也"라 함. '毅'는 剛毅를 뜻함.

【簡而廉】'簡'은 簡率. 관대하면서 率直함. 孔穎達 疏에 "簡者, 寬大率略之名. 志遠者
遺近, 務大者輕細"라 함. '廉'은 성격과 행동에 구차스러움이 없음.

【剛而塞】'剛'은 剛正함. '塞'는 성실함. 孔穎達 疏에 "塞, 訓實也. 剛而能斷失於空疎,
必性剛正而內充實, 乃爲德也"라 함.

【彊而義】'彊'은 '强'과 같음. 堅强함. 百折不屈의 의지.

【彰厥有常吉哉】그것을 드러내어 빛나게 하면 상서로움과 길함이 있음. '常'은《尚書
易解》에 "常, 祥也. 常吉, 祥善也, 指九德"이라 함.

【三德】九德 중에서 세 가지 덕.

【浚明有家】'浚'은 恭敬의 뜻. '明'은 勉勵함. 노력함. '家'는 大夫의 봉지, 卿大夫가 통
치하는 지역.

【亮采有邦】'亮'은 輔導함, 輔弼함, 輔助함. '采'는 사무. '邦'은 제후들이 다스리는 지역.

【翕受敷施】'翕受'는 널리 받아들임. '敷施'는 널리 폄.

【俊乂在官】'俊乂'는 馬融은 "才德過千人爲俊, 百人爲乂"라 하여 아주 뛰어난 인재

를 가리킴.

【百僚師師】모든 관리들이 서로 좋
은 점을 따라 배우고 영향을 받음.

【百工惟時】온갖 관리들이 훌륭하
게 일을 처리할 생각만 함. '惟'는
思와 같으며, '時'는 善과 같음.

【五辰】봄(歲星), 여름(熒惑), 늦은 여
름(塡星), 가을(太白), 겨울(辰星)을
다스리는 다섯 개의 별. 그러나 북
두철성의 다섯 별로 모두 군장이
나 임금을 상징하는 뜻으로도 봄.

【庶績其凝】'凝'은 성취함. 성공함.
많은 실적을 이룸.

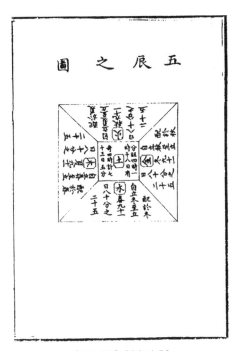

〈五辰之圖〉《書經大全》

019(4-3)
긍긍업업兢兢業業

"일탈과 욕심을 본받지 말아야 하며 나라를 가진 자는 긍긍업업兢兢業業하여 날마다 온갖 변화가 있음에랴! 많은 관직을 헛되이 설치하지 말아야 하는 것이니, 하늘이 내린 일들을 사람이 대신하는 것이기 때문입니다. 하늘의 질서는 상법이 있으니, 나의 오전五典과 오돈五惇을 삼가 지켜야 합니다! 하늘이 내린 등급에는 예禮가 있으니 우리 스스로 오례五禮를 잘 사용해야 합니다! 오전과 오례를 다 함께 공경히 여겨, 협력하여 조화를 이룰 수 있도록 하여야 합니다! 하늘의 명령에는 덕이 있어야 하는 것이니 오복五服으로 다섯 가지 문채가 나도록 해야 합니다! 죄 있는 자에게는 하늘이 징벌을 내리는 것이니 오형五刑을 잘 사용하여야 합니다! 정사政事에 힘쓰며 또한 힘써야 합니다! 하늘의 총명함이란 우리 백성들로부터 듣고 본 것으로부터 시작되는 것이며, 하늘의 밝음이 두렵다는 것은 우리 백성들 가운데 죄 있는 자에게 위엄을 내세우기 때문입니다. 위와 아래에 모두 통달하여 나라를 가진 자는 공경을 다해야 할 것입니다!"

고요가 말하였다.

"나의 말은 가히 실행에 옮길 만합니까?"

우가 말하였다.

"그렇소! 그대의 말은 실행에 옮겨야 하며 또한 실적을 이룰 수 있을 것입니다."

고요가 말하였다.

"나는 아직 아무것도 알지 못하고 있습니다. 날마다 깊이 생각하여 도움을 주는 보필이 되고자 합니다!"

「無教逸欲, 有邦兢兢業業, 一日二日萬幾! 無曠庶官, 天工, 人
其代之. 天敍有典, 勅我五典五惇哉! 天秩有禮, 自我五禮有庸哉!
同寅協恭和衷哉! 天命有德, 五服五章哉! 天討有罪, 五刑五用哉!
政事懋哉懋哉! 天聰明, 自我民聰明; 天明畏, 自我民明威. 達于上
下, 敬哉有土!」

　皐陶曰:「朕言惠, 可厎行?」

　禹曰:「俞! 乃言厎可績.」

　皐陶曰:「予未有知, 思曰贊贊襄哉!」

【無教逸欲】'無'는 '毋'와 같음. 禁止詞. '教'는《釋名》에 "教, 效也"라 함. '逸欲'은 逸脫
　과 貪欲. 본 장은 앞의 皐陶의 말이 계속되어 이어진 내용임.

【兢兢】조심하고 삼감.

【業業】두려워하며 신중히 여기는 것.

【一日二日】날마다. 매일. 馬融은 "猶日日也"라 함.

【萬幾】'幾'는 幾微. '幾'는 機와 같음. 온갖 사물의 發端이나 기틀.《周易》繫辭(下)에
　"幾者, 動之微"라 함.

【無曠庶官】'曠'은 空과 같음. 虛數로 設官함.

【天工】天功과 같음.《漢書》律曆志에는 '天功'으로 되어 있음. 하늘에서 명한 일. 하
　늘의 명을 받아 나라를 다스리는 일.

【天敍有典】'敍'는 사람과 사람 사이의 윤리와 질서. '典'은 常法.

【勅我五典五惇】'勅'은 勅, 敕과 같음. 告誡함. '五典'은 인륜의 다섯 가지 常法.《左
　傳》文公 18년에 父義, 母慈, 兄友, 弟恭, 子孝를 들고 있음. '五惇'은 돈독하게 해
　야 할 다섯 가지.

【秩】계급, 등급. 여기서는 尊卑의 등급을 말함.

【五禮】天子, 諸侯, 卿大夫, 士, 庶民 등 다섯 계급의 사람들이 지켜야 할 예절. 鄭玄
　은 "五禮, 天子也, 諸侯也, 卿大夫也, 士也, 庶民也"라 함.

【有庸】'庸'은 孔安國 傳에 "常也"라 함.

【同寅協恭】'寅'은 恭敬의 뜻. '協'은 和協의 뜻.

【衷】善의 뜻.

【五服】다섯 등급의 신분에 따른 服飾 規定. 여기서는 복식제도를 실행할 것을 건의한 것임.

【章】'彰'과 같음. 밝게 나타냄.

【五刑】죄의 輕重에 따른 다섯 종류의 형벌. 墨(黥), 劓, 刖(刵), 宮, 大辟을 가리킴. 五刑 제도를 실시할 것을 건의한 것.

【懋】'힘쓰다, 노력하다'의 뜻.

【聰明】귀 밝은 것을 聰, 눈 밝은 것을 明이라 함. 孔穎達의 疏에 "言聰明者, 據人近驗, 則聽遠爲聰, 見微爲明. ……以耳目之聞見, 喩聖人之智慧, 兼知天下之事"라 함.

【明畏】〈蔡傳〉에 "明者, 顯其善; 畏者, 威其惡"이라 함. 善人은 표창하고 惡人은 징벌함.

【有土】땅을 가진 자. 여기서는 君王을 지칭함.

【惠】語氣助詞. 뜻은 없음.

【底行】'底'는 致의 뜻. '실제 행동으로 하다'의 뜻.

【思曰贊贊襄哉】'曰'은 〈蔡傳〉에 "思曰之曰, 當作曰"이라 하여 '曰'자로 보아야 한다고 하였음. '贊贊'은 훌륭한 보필을 뜻함. '襄'은 輔佐의 의미를 나타냄.

〈05〉 익직益稷(020-024)

본편은 백익伯益과 후직后稷이 순舜 임금과 우禹를 섬기면서 정치에 대한 토론을 벌인 내용을 기록한 것이다. 공안국孔安國의 《고문상서古文尙書》〈익직益稷〉편의 "禹稱其人, 因以名篇"을 공영달孔穎達은 "禹言聖益·聖稷, 是禹稱其二人. 二人佐禹有功, 因以此二人名篇. 旣美大禹, 亦所以彰此二人之功也"라 하였다.

〈益稷〉의 '益'은 伯益이며 백예伯翳로도 표기한다. 순임금 때 동이東夷 부족의 영수였으며 우의 치수를 도와 공을 이루어, 우는 제위를 익에게 선양하려

〈商代亳都邑城遺址〉(河南 鄭州市 商城路)

하였지만 익은 기산箕山의 북쪽으로 피해버렸다 한다.

한편 직稷은 후직后稷을 가리키며 바로 주周나라 선조 희기姬棄이다. 《사기史記》 주본기周本紀에 따르면 그의 어머니 강원姜嫄이 거인巨人의 발자국을 따라갔다가 임신하여 출산하자 상서롭지 못하다고 여겨 낳은 아이를 버려, 그 때문에 이름을 기棄라 하였다. 기는 순임금을 도와 농직지관農稷之官이 되어 후직이라 불렸으며, 다시 우를 도와 농사법을 가르친 것으로 알려져 있다.

우는 먼저 자신이 백성을 이끌고 치수 사업을 벌여 공적을 이룬 것을 진술하면서 백성의 생존 문제를 강조하였고, 이어서 임금과 신하의 도리를 거론하고 있다. 이어서 삼묘三苗의 처리 문제에 대하여는 덕화를 주장하여 중국 특유의 덕치를 높이 사고 있다. 한편 앞서 말한 대로 《금문상서》에는 본

편이 〈皐陶謨〉와 합쳐져 있다.

＊蔡沈 《書傳》 〈益稷〉 注에 "今文·古文皆有. 但今文合於皐陶謨. '帝曰來禹, 汝亦昌言',
　正與上篇末. 文勢接續, 古者簡冊以竹爲之, 而所編之簡, 不可以多, 故釐. 而二之非
　有意於其間也. 以下文, 禹稱益稷二人佐其成功, 因以名篇"이라 하였다.

020(5-1)
창언昌言

제 순舜이 말하였다.

"오라 우禹여! 너 또한 좋은 건의를 하라."

우가 절하며 말하였다.

"아! 임금이시여. 내 무슨 말을 하겠습니까? 저는 날마다 부지런히 할 것만을 생각하고 있습니다."

고요皐陶가 말하였다.

"아! 어떻게 할까요?"

우가 말하였다.

"홍수가 하늘에 넘쳐 넘실넘실 산을 에워싸고 언덕에 넘쳐나 백성들이 가라앉고 있습니다. 저는 네 가지 기구를 타고, 산을 다닐 때는 나무를 잘라 표시를 하면서 익益과 함께 백성들에게 새로 잡은 조수의 고기를 주고 있습니다. 저는 아홉 개의 하천을 터서 그 물을 사해四海에 닿도록 하며 농토의 도랑은 파내어 냇물로 흘러가도록 하고 있습니다. 그리고 후직后稷과 함께 농사를 지어 백성들에게 뿌리를 가진 식물植物 곡식을 먹을 수 있도록 해 주고 있습니다. 그런가 하면 남은 재물을 없는 곳으로 교역시키며 비축해 두었던 재물을 소통시키고 있습니다. 그러자 백성들이 정착하게 되었고 많은 나라들이 다스려지기 시작하였습니다."

고요가 말하였다.

"그렇습니다! 그대는 이처럼 훌륭한 말을 하였소."

帝曰:「來, 禹! 汝亦昌言.」

禹拜曰:「都! 帝. 予何言? 予思日孜孜.」

阜陶曰:「吁! 如何?」

禹曰:「洪水滔天, 浩浩懷山襄陵, 下民昏墊. 予乘四載, 隨山刊木, 暨益奏庶鮮食. 予決九川, 距四海, 濬畎澮, 距川. 暨稷播, 奏庶艱食鮮食. 懋遷有無, 化居. 烝民乃粒, 萬邦作乂.」

阜陶曰:「俞! 師汝昌言.」

【帝曰】'帝'는 舜임금을 가리킴.

【昌言】훌륭한 말. 아주 좋은 말. 합당한 건의.

【都】찬동, 찬미를 뜻하는 감탄사.

【孜孜】게으름 없이 온갖 정성을 다해 일에 임함.

【浩浩】물의 기세가 넓고 큼.

【懷山】산이 물에 잠길 정도로 홍수가 대단함. '懷'는 '포위하다'의 뜻.

【襄陵】'襄'은 '漫'의 뜻. '陵'은 丘陵. 언덕. 높은 지대. 물이 언덕에까지 넘쳐 오름.

【下民】백성. 혹 구체적으로 낮은 곳에 거처하는 사람들을 뜻하기도 함.

【昏墊】'墊'은 '점'으로 읽으며, 沈沒(陷沒, 浸水)의 뜻. 鄭玄은 "昏, 沒也; 墊, 陷也. 禹言 洪水之時, 民有沒陷之害"라 함.

【四載】네 가지 교통수단.《史記》夏本紀에 "予陸行乘車, 水行乘舟, 泥行乘橇, 山行 乘檋, 行山栞木"이라 함. 橇(효)는 진흙 지대에 판자를 설치하고 통행하는 것. 檋 (국)은《史記》河渠書에는 '橋'로 되어 있으며 '輻'의 뜻. 가마의 일종.

【隨山刊木】산에 이르면 나무를 베어 표시를 해 두고 길을 내었음을 말함.《史記》 에는 "行山栞木"이라 하여 '刊'이 '栞'으로 되어 있음.《說文》에 "栞, 槎識也"라 하여 나무를 벤 다음 길을 잃지 않도록 하기 위해 표시를 해둠을 뜻함.

【暨】'與', '同' 등과 같은 뜻.

【奏庶鮮食】'奏'는 '進'과 같음. 앞으로 나서거나 물건을 내 놓음. '庶'는 무리, 여기서 는 백성을 가리킴. '鮮'은 새로 갓 잡은 鳥獸의 고기.

【決九川】'決'은 '물길을 트다'의 뜻. 九川은 弱水, 黑水, 河水, 瀁水, 江水, 沇水, 淮水, 渭水, 洛水를 가리킴.

【距四海】'距'는 '至'와 같음. 이르도록 함.

【濬畎澮】'濬'은 '浚'과 같음. 하천의 바닥을 浚渫함. '畎'은 '견'으로 읽으며 밭 사이의

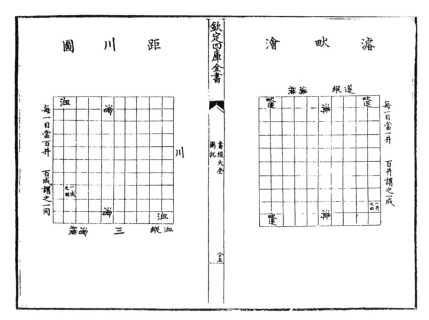

〈濬畎澮距川圖〉《書經大全》

　도랑 '澮' 역시 농토 사이의 물길로 전보다는 훨씬 큰 규모임.

【艱食】'艱'은 '根'과 같은 의미임. 나물, 뿌리, 곡물 등의 식품. 식물류의 식품을 통칭
　하는 말. 馬融은 "根生之食, 謂百穀"이라 함.

【懋遷有無】'懋'는 '貿'와 같음.《說文》에 "貿 易財也"라 함. 交易의 뜻.《史記》夏本紀
　에는 "調有餘補不足"이라 함.

【化居】비축해 두었던 물건을 옮겨 교역함.《史記》에는 徙居로 되어 있음.

【烝民乃粒】일반 백성들이 안심하고 定着함. '粒'은 '立'의 뜻으로 봄. 王引之는 '定'의
　뜻으로 보았고,《史記》에도 '定'으로 되어 있음.

【萬邦作乂】'萬邦'은 천하 각 나라. '作'은 '始'의 뜻. 王引之는 "作之言乍, 乍者始也. 作
　與乃相對成文"이라 함. '乂'는 '다스려지다'의 뜻.

【師】'斯'의 同音假借. '此'와 같음.《史記》夏本紀에는 "此而美也"라 함.

021(5-2)
고굉이목股肱耳目

우禹가 말하였다.

"아! 임금순이시여. 저는 지위에 있으면서 신중히 하였습니다."

순임금이 말하였다.

"그렇다!"

우가 말하였다.

"임금께서는 머물러 있는 곳을 편안하게 하십시오. 그 자리는 위험하기도 하고 평강한 곳이기도 하기에, 그 보필하는 신하가 곧으면 행동하는 것마다 큰 반응이 있을 것입니다. 덕 있는 자를 기다려 밝히 하느님의 뜻을 수용하면 하늘이 장차 거듭 아름다움으로 명을 내려주실 것입니다."

순임금이 말하였다.

"아! 신하여, 가까운 보필이여, 가까운 보필이여, 신하여!"

우가 말하였다.

"그렇습니다!"

순임금이 말하였다.

"신하는 나의 다리와 팔이요 귀와 눈이로다. 나는 좌우에 이러한 신하를 두고자 하니 너는 나의 보필이 되어라. 나는 사방에 힘을 펼치고자 하니 네가 그 일을 하라. 나는 옛사람의 의복 제도를 보고자 한다. 해와 달, 별들, 산과 용, 여러 조수의 도안과 무늬를 그려 넣고, 종묘의 이기彝器 형상과 마름모꼴 무늬, 불꽃무늬, 쌀알 모습, 보불의 도안, 수를 놓는 문양은 오채五采로서 오색에 드러나게 하도록 하여 복식제도를 만들되, 너는 이를 분명히 하여라. 나는 또한 육률六律과 오성五聲, 팔음八音의 음악 제도를 듣고 정치에서 태만함의 여부를 밝히며 이로써 오언五言의 진퇴를 결정하고자 하니 너는 그 음악을 잘 듣도록 하라. 내가 어긋남이 있거든 너는 나를 보필하되, 눈앞에서는 따르고 물러서서는 다른 말을 하는 일이 없도록 하여, 전후좌우의 신하들이 공경하여 나를 따를 수 있도록 하라! 완악한 많은 무리들과 남을 헐뜯는 말을 하는 자들이 만일 신하로서의 자신들 직무를 제대로 살피지 않는 자가 있다면 사후지례射侯之禮를 행할 때 이를 밝혀 매질을 하여 경계시킬 것이며, 글씨로 그 잘못을 써서 기록하거라. 이는 함께 앞으로 나아가고자 함이다! 관리로써는 백성의 말을 받아들여 훌륭한 말이면 이를 널리 선양하고, 정직한 말이라면 이를 이어받아 등용할 것이며, 그렇지 않은 경우라면 위협을 가해 징벌을 내리거라."

우가 말하였다.

"그렇게 하오리다! 임금이시여, 하늘 아래 넓은 곳, 저 바닷가 구석의 백성과 만방萬邦의 일반백성과 현자에게 이르기까지 오직 임금께서 훌륭한 자를 들어 쓰십시오. 널리 그들의 언론을 들으시고 그들의 공로를 밝게 살펴, 수레와 의복으로 그 공로를 치하하소서. 그렇게 하면 감히 현자에게 양보하지 않을 자 누가 있겠으며, 감히 공경하며 응해오지 않을 자 누가 있겠습니까? 임금께서 훌륭한 자를 구별하지 못한 채 똑같게 대우하시면, 날마다 사람을 추천해 올린다 해도 누구도 그 어떤 공적도 이루지 못하게 될 것입니다."

禹曰:「都! 帝. 愼乃在位.」

帝曰:「兪!」

禹曰:「安汝止. 惟幾惟康, 其弼直, 惟動丕應. 徯志以昭受上帝, 天其申命用休.」

帝曰:「吁! 臣哉鄰哉, 鄰哉臣哉!」

禹曰:「兪!」

帝曰:「臣作朕股肱耳目. 予欲左右有民, 汝翼. 予欲宣力四方, 汝爲. 予欲觀古人之象, 日月·星辰·山·龍·華蟲, 作會; 宗彝·藻·火·粉米·黼黻·絺繡, 以五采彰施于五色, 作服, 汝明. 予欲聞六律·五聲·八音, 在治忽, 以出納五言, 汝聽. 予違, 汝弼, 汝無面從, 退有後言, 欽四鄰! 庶頑讒說, 若不在時, 侯以明之, 撻以記之, 書用識哉, 欲並生哉! 工以納言, 時而颺之, 格則承之庸之, 否則威之.」

禹曰:「兪哉! 帝, 光天之下, 至于海隅蒼生, 萬邦黎獻, 共惟帝臣, 惟帝時擧. 敷納以言, 明庶以功, 車服以庸. 誰敢不讓, 敢不敬應? 帝不時敷, 同, 日奏, 罔功.」

【愼乃在位】舊注에는 "순임금이 재위 동안 신중히 한 것"으로 여겼으나 문장으로 볼 때 신하, 즉 순 자신이 지위에 있을 때 신중을 기하였다고 말한 것으로 판단됨.

【安汝止】鄭玄은 "安汝之所止, 無妄動, 動則擾民"이라 함. '止'는 '職責'을 뜻함.

【惟幾惟康】'惟'는 '思'와 같음. 思惟함. '幾'는 危險, '康'은 安康을 뜻함.

【其弼直】그 보필하는 臣下가 정직함.

【惟動丕應】'丕'는 大와 같음. 행동에 크게 호응함.

【徯志以昭受上帝】'徯'는 待의 뜻. 《爾雅》 釋詁에 "徯, 待也"라 함. '志'는 德을 뜻함. 여기서는 덕이 있는 사람. '昭'는 明白함. 덕 있는 자를 기다렸다는 듯이 上帝의 뜻이라 여겨 분명하게 받아들임.

【天其申命用休】'其'는 '將'과 같음. '申'은 '거듭'의 뜻. '休'는 '美'와 같음.

【臣哉鄰哉】'鄰'은 가장 측근의 신하. 아래 四鄰을 가리킴.

【股肱耳目】'股肱'은 다리와 팔처럼 중요한 대신을 뜻하는 말. '耳目'은 신체의 눈과 귀처럼 귀중한 신하를 가리킴.

【左右有民】左右에서 보필함.

【汝翼】'翼'은 보좌를 뜻함.

【宣力四方】'宣'은 用과 같음. 힘을 사방에 펼침.

【予欲觀】'觀'은 드러내어 보임. 顯示와 같음. 《周禮》 考工記 䕍氏 "嘉量旣成, 以觀四國"의 鄭玄 注에 "以觀示四方"이라 함.

【古人之象】'象'은 의복에 그려지거나 수를 놓은 圖象.

【華蟲】옷에 그려넣은 꿩, 해, 달, 별, 산, 용 등의 무늬나 장식 그림.《禮記》月令 "蟲 是鳥獸止總名也"의 鄭玄 注에 "所謂華蟲也, 在衣, 蟲之毛, 鱗有文采者"라 함.

【作會】'會'는 '繪'와 같음. 그림. 鄭玄은 "繪, 讀爲繢, 謂畫也"라 함.

【彝, 藻, 火, 粉米, 黼, 黻, 絺繡】'彝'는 宗廟에서 사용하는 靑銅의 祭器로서 虎形인 것. '藻'는 水草(마름풀)로 同心圓 圖案을 가리킴. '火'는 불꽃 형태의 도안. '粉米'는 白米 형상의 도안. '黼'는 禮服에서 흑백 사이 도끼 형태의 도안을 수놓은 것.《周 禮》考工記 畫繢에 "白與黑謂之黼"라 하였고,《爾雅》釋器에는 "斧, 謂之黼"라 함. '黻'은 역시 禮器에 '己'자 형태의 도안을 수로 놓은 것. 그러나 '黼黻'은 묶어 예복 의 무늬를 총칭하는 뜻의 雙聲連綿語로 더욱 널리 사용됨. 이상의 紋樣과 圖案, 刺繡, 색깔 등은 신분과 직책 등을 표시하는 服飾制度를 설명한 것임.

【絺繡】'絺'는 縫의 뜻. '繡'는《周禮》考工記 畫繢에 "五采備謂之繡"라 함. 여기서는 수를 놓아 의복의 장식을 꾸밈.

【五采彰施】'五采'(五彩)는 다섯 가지 채색. 즉 五色인 靑, 黃, 赤, 白, 黑으로 색깔을 냄. '彰'은 명확히 드러내어 보임. '施'는 실시함.

【于】'爲'와 같음. 王引之《經傳釋詞》에 "于, 猶爲也"라 함.

【五色】靑, 黃, 赤, 白, 黑의 다섯 가지 색깔. 이를 五行, 五常, 五事, 五爵, 五方, 五音, 五言 등 여러 가지 다섯 분류와 연관을 지어 상징적인 의미도 함께 표시함.

【作服】다섯 등급의 服飾制度를 만듦. 鄭玄은 "此十二章爲五服, 天子備有焉, 公自山 龍而下, 侯伯自華蟲而下, 子男自藻火而下, 卿大夫自粉米而下"라 함.

【六律】古代 十二樂律 陰六을 '呂', 陽六을 '律'이라 하였음. 그중 六律은 黃鐘, 太簇, 姑洗, 蕤賓, 夷則, 무역(無射)임.

【五聲】고대 다섯 音階. 宮, 商, 角, 徵, 羽의 五音.

【八音】여덟 가지 대표적인 악기. 흔히 악기 재질에 따라 金(鐘), 石(磬), 絲(琴瑟), 竹 (簫管), 匏(笙竽), 土(壎), 革(鼓), 木(柷敔)을 가리킴.

【在治忽】'在'는 察의 뜻.《爾雅》釋詁에 "在, 察也"라 함. '忽'은 怠慢의 뜻.

【出納】進退와 같음.

【五言】東西南北 中央 등 모든 곳의 의견이나 언론. 혹 仁, 義, 禮, 智, 信에 맞는 德 音으로 보기도 함.

【退有後言】물러나 등 뒤에서 비평하는 언론.

【欽四鄰】전후좌우에서 보좌하는 신하들. 鄭玄은 "左輔, 右弼, 前疑, 後丞"이라 함.

【庶頑讒說】'庶'는 衆, '頑'은 愚蠢, '讒說'은 악담하는 말.《莊子》漁父에 "好言人之惡,

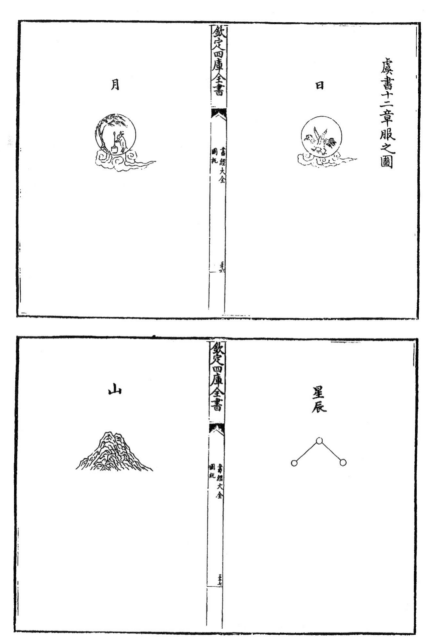

〈日月星辰〉등 紋樣圖《書經大全》

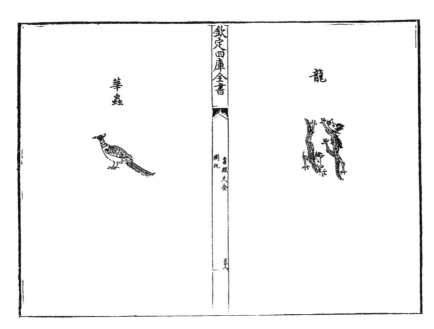

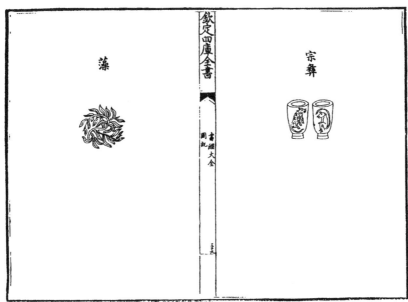

〈日月星辰〉등 紋樣圖《書經大全》

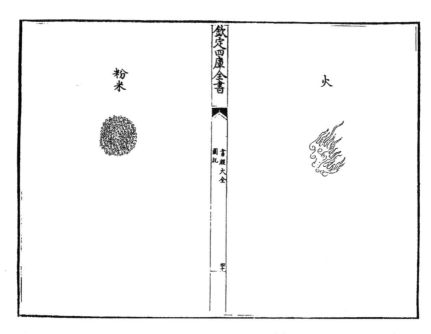

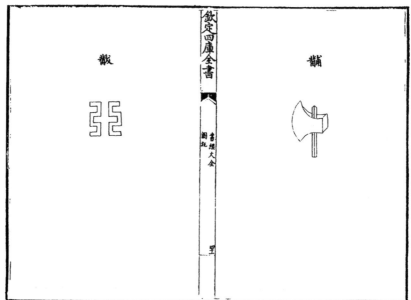

〈日月星辰〉등 紋樣圖《書經大全》

謂之讒"이라 함.

【若不在時】'在'는 察. '時'는 是와 같음. 여기서는 股肱耳目의 의견을 뜻함.

【侯以明之】'侯'는 화살을 담는 자루, 箭靶.《小爾雅》廣器에 "射有張布謂之侯"라 함. 고대 射侯之禮가 있었으며 賢者가 아니면 이 射侯의 예에 참여할 수 없었음.

【撻以記之】'撻'은 몽둥이나 채찍으로 때림. '記'는 '警誡시키다'의 뜻. 孫詒讓《尙書駢技》에 "記, 讀爲誋"라 함.《說文》에 "誋, 誡也"라 함.

【書用識哉】형벌의 하나로 죄인의 의관에 그려진 장식을 떼고 등에 그의 나쁜 짓을 기록하는 형벌이라 함. '用'은 以와 같으며 '識'(지)는 記와 같음.

【欲並生哉】함께 진달하고자 함. '生'은 '進'과 같음.《說文》에 "生, 進也"라 함.

【工以納言】'工'은 官을 뜻함. '納'은 採納함. 백성들의 뜻을 관원이 채납하여 임금에게 전함.

【時而颺之】'時'는 善의 뜻.《詩》小雅 頍弁 "爾酒旣旨, 爾殽旣時"의 毛傳에 "時, 善也"라 함. '颺'은 揚과 같음. 宣揚함.

【格則承之庸之】'格'은 正과 같음.《孟子》離屢(上) "惟大人爲能格君心之非"의 趙岐注에 "格, 正也"라 함. '承'은 進의 뜻. '庸'은 用과 같음.

【否則威之】'威'는 '징벌하다, 위협하다'의 뜻.

【光天之下】'光'은 廣과 같음. '넓다'의 뜻.

【海隅蒼生】바다 귀퉁이에 사는 백성까지 모두. '蒼生'은 백성을 뜻함.

【萬邦黎獻】'黎'는 衆의 뜻. 黎民을 가리킴. '獻'은 '賢'과 같음.

【惟帝時擧】'時'는 善의 뜻.

【敷納以言】'敷'는 遍과 같음. 두루. 널리. 말이나 의견을 널리 받아들임.

【明庶以功】'庶'는 考覈, 察課와 같은 뜻임.

【車服以庸】'庸'은 功勞. 수레, 옷을 모양, 무늬, 빛깔 등으로 그 공로를 치하함.

【敢不敬應】'應'은 뜻을 받아 처리함.

【帝不時敷】'時'는 善, '敷'는 分別, 區別의 뜻.

【罔功】'罔'은 無와 같음. 雙聲互訓. 그 어떤 성취나 공적을 이루지 못하게 됨을 뜻함.

022(5-3)
상형象刑

"단주丹朱처럼 오만함에 빠져 거만하게 놀이만 좋아하거나, 오만하게 희학戲謔에 젖지 말도록 하십시오. 단주는 밤낮도 없이 안정되지 못한 채 물도 없는데 배를 타고 놀겠다고 하였으며, 집안에서는 무리를 지어 옳지 못한 짓을 하여 결국 요임금도 그런 아들과는 부자관계를 끊어 세대가 이어지지 못하고 말았습니다. 저는 이와 같은 일을 안타깝게 여겨 도산塗山에서 아내를 취하고는 신일辛日부터 갑일甲日까지 나흘간 아내와 시간을 함께 하였을 뿐입니다. 계啓가 태어나 고고지성을 울리며 울 때에도 저는 그 아들을 제대로 보살필 시간도 없었습니다. 오직 치수를 위한 토목공사에 바빴을 뿐입니다. 오복五服을 안정시키는 일만 중시하여 5천 리나 돌아다녔습니다. 12주州에 2천 5백 명씩 모아 밖으로 사해四海 바닷가까지 접근하였으며 그곳까지 모두 다섯 우두머리를 세워 그 주마다 공사를 하도록 계도하였습니다. 그런데 삼묘三苗만이 완강하게 버티며 공사를 받지 않고 있으니 임금께서는 이를 염두에 두시기 바랍니다!"

순舜임금이 말하였다.

"나의 덕으로써 그들을 계도하도록 하라. 시의에 맞추어 하면 공적을 이루게 될 것이니 오직 순리대로 하라. 고요皐陶는 그러한 순리를 공경히 하여 상형象刑을 베풀어 이를 명확히 하도록 하라."

「無若丹朱傲, 惟慢遊是好, 傲虐是作. 罔晝夜頟頟, 罔水行舟, 朋淫于家, 用殄厥世. 予創若時, 娶于塗山, 辛壬癸甲, 啓呱呱而泣, 予弗子. 惟荒度土功. 弼成五服, 至于五千. 州十有二師, 外薄四海, 咸建五長, 各迪有功. 苗頑弗卽功, 帝其念哉!」
　帝曰:「迪朕德, 時乃功, 惟敍. 皋陶方祇厥敍, 方施象刑, 惟明.」

【無若丹朱傲】'丹朱'는 堯임금의 아들. 人品이 傲慢하고 不忠하여 아버지 堯의 뒤를
　이어받지 못하고 舜이 물려받았음.《史記》五帝本紀에 "堯知子丹朱之不肖, 不足授
　天下, 於是乃權授舜"이라 함.《漢書》律曆志에 의하면 그 뒤 堯는 아들 丹朱를 제
　후로 삼아 丹淵에 머물도록 하였다 함. 본장은 禹가 舜임금에게 한 말이 이어진
　것임.
【慢游是好】'慢'은 懶怠함. '是'는 結句助詞.
【傲虐是作】'虐'은 謔과 같음. 戲謔. 놀이에 빠져 옳은 修養을 닦지 못함.
【罔罔】안정되지 못한 모습을 뜻함.《尙書古今注疏》에 "罔罔者,《說文》有'舠'字, 云'船
　行不安也. 讀若兀.'"이라 하였고, 孔安國 傳에는 "罔罔, 肆惡無休息"이라 함.
【罔水行舟】'罔'은 無와 같음. 물이 없는데도 배 안에서 놀면서 사람들로 하여금 배
　를 밀도록 하는 놀이를 함. 鄭玄은 "丹朱見洪水時人乘舟, 今水已治, 猶居舟中罔罔
　使人推之"라 함.
【朋淫于家】집안에서는 무리를 지어 엉뚱한 짓을 놀이로 함. '朋'은 群과 같음. '淫'은
　正道에 어긋난 행동을 뜻함.
【用殄厥世】'用'은 以와 같음. '그러한 이유 때문에'의 뜻. '殄'은 멸절시킴. 끊음. 부자
　관계를 끊어 그 세대가 단절되었음을 말함.
【予創若時】'創'은 傷과 같음.《說文》에 "創, 傷也"라 함. '안타깝게 여기다'의 뜻. '時'
　는 是와 같음. 대명사. 丹朱의 불초함과 그로 인한 堯임금의 부자관계 단절을 두고
　禹가 안타깝게 여긴 것임.
【娶于塗山】'塗山'은 지명이며 고대 小國 이름. 구체적인 위치는 알 수 없으나 지금
　의 安徽 懷遠縣 동남쪽, 혹은 지금의 重慶市 巴縣, 혹은 浙江 紹興 등 여러 설이
　있음. 徐天祐는《會稽志》:「塗山在山陽縣西北四十五里.」蘇鶚《演義》:「塗山有四: 一
　會稽, 二渝州巴南舊江州, 三濠州, 四當塗縣.」按《左氏》昭公四年:「穆有塗山之會.」哀
　公七年傳:「禹合諸侯於塗山.」杜預解幷云:「在壽春東北.」說者曰:「今濠州也.」柳宗
　元〈塗山銘序〉曰:「周穆遐追遺法, 復會於是山.」然則禹與穆王皆嘗會諸侯於塗山矣.
　然非必皆壽春也. 若禹之所娶, 則未詳何地.《水經注》:「江州縣水北岸有塗山, 南有夏
　禹廟、塗君祠. 廟銘存焉.」常據, 庾仲雍幷言禹娶於此.《越絶》等書乃云:「禹娶于會稽

塗山」 應劭曰:「在永興北」 永興, 今蕭山縣也, 又與郡志所載不同. 蓋會稽實禹會侯計功之地, 非所娶之國, 下文兼載白狐九尾之異, 尤爲可疑"라 함. 禹가 그곳 塗山氏의 딸을 얻어 아내로 삼았으며 그 여인의 이름을 '女嬌'라 하였음. 《越絶書》(10)에 "塗山者, 禹所取妻之山也, 去縣五十里"라 하였고, 《吳越春秋》(6)에는 "禹三十未娶, 行到塗山, 恐時之暮, 失其度制, 乃辭云:「吾娶也, 必有應矣」 乃有白狐九尾造於禹, 禹曰:「白者, 吾之服也. 其九尾者, 王之證也. 塗山之歌曰:『綏綏白狐, 九尾厖厖. 我家嘉夷, 來賓爲王. 成家成室, 我造彼昌. 天人之際, 於玆則行』 明矣哉!」 禹因娶塗山女, 謂之女嬌, 取辛、壬、癸、甲. 禹行, 十月, 女嬌生子啓. 啓生不見父, 晝夕呱呱啼泣"이라 하였고, 《呂氏春秋》(音初篇)에도 "禹行功, 見塗山之女, 禹未之遇而巡省南土. 塗山氏之女乃命其妾候禹于塗山之陽, 女乃作歌, 歌曰「候人兮猗」, 實始作爲南音. 周公及召公取風焉, 以爲〈周南〉、〈召南〉"이라 함. 《列女傳》(母儀傳)에도 역시 "啓母者, 塗山氏長女也, 夏禹娶而爲妃. 旣生啓, 辛壬癸甲, 啓呱呱泣, 禹去而治水, 惟荒度土功, 三過其家, 不入其門. 塗山獨明敎訓, 而致其化焉. 及啓長, 化其德而從其敎, 卒致令名. 禹爲天子, 而啓爲嗣, 持禹之功而不殞. 君子謂:「塗山彊於敎誨」 詩云:『釐爾士女, 從而孫子』 此之謂也"라 함.

【辛壬癸甲】 辛日부터 甲日까지 모두 4일간. 禹가 아내를 취한 뒤 아내와 함께 한 나흘.

【啓呱呱而泣】 '啓'는 禹와 塗山氏 딸 사이에 난 아들. 《帝系》에 "禹娶塗山氏之子, 謂

〈大禹〉像

之女嬌, 是生啓"라 함. 啓가 태어나 呱呱之聲을 냄. '呱呱'는 아이가 막 태어나 우는 첫울음소리.

【予弗子】 '子'는 動詞. "귀여워하며 愛好하다"의 뜻. 아들을 그렇게 대해주지 못하였음을 토로한 것.

【荒度土功】 孫星衍은 '荒'은 '芒과 같으며 芒은 다시 忙과 같은 뜻'이라 하였음. '度'(탁)은 '忖度하다'의 뜻. '土功'은 土木工事, 즉 치수 사업을 가리킴.

【弼成五服】 '弼'은 《爾雅》釋詁에 "重也"라 하였음. '成'은 '定'의 뜻임. 《國語》吳語 "夫一人善射, 百夫決拾, 勝未可成也"의 韋昭 注에 "成, 定也"라 함. 五服은 왕궁으로부터 5백 리 거리의 먼 지역을 구별하여 나눈 것. 즉 甸服, 侯服, 綏服, 要服, 荒服.

【州十有二師】 州마다 열두 사람의 제후를 뽑아 군사를 조직함. '師'는 2500명의 군사.

夏王 〈禹〉와 〈啓〉

【外薄四海】 '薄'은 가까이 접근함. '近'과 같음.

【咸建五長】 '咸'은 '모두'의 뜻. '五長'은 《禮記》 王制에 "五國以爲屬, 屬有長"이라 함.
　다섯 나라마다 우두머리(方伯)를 둠.

【各迪有功】 '迪'은 '引導하다, 領導하다'의 뜻. '功'은 工事, 事業.

【苗頑弗卽功】 '苗'는 三苗. '頑'은 완악하게 항거함. '卽功'은 하는 사업을 접수함.

【帝其念哉】 '念'은 憂慮함.

【迪朕德】 '迪'은 열어서 인도함. 開導함.

【時乃功】 '時'는 時宜에 순응함. 시의를 따름. 三苗를 대처하는 방법을 당부한 것.

【惟敍】 마땅한 순서. 순리대로 일을 처리함.

【方祇厥敍】 '祇'는 敬의 뜻.

【方施象刑】 '象刑'은 肉刑의 상대어. 신체에 직접 손상을 가하지 않고 상징적인 표시
　만 하여 죄를 고치도록 함과 아울러 다른 사람을 警戒시키는 형벌. 《尙書大傳》에
　의하면 堯임금 때에는 上刑은 붉은색 옷에 단을 치지 않은 것을 입히고, 中刑은
　색깔 나는 신을 신도록 하였으며, 下刑은 검은 수건을 쓰게 하였다 함. 혹 象刑이
　란 이러한 형벌의 내용을 그림으로 그려 널리 알린 것이라는 설도 있음.

023(5-4)
알격명구夔擊鳴球

　기夔가 말하였다.

　"명구鳴球를 두드려 치며 박부搏拊와 금슬琴瑟을 연주하도록 하십시오."

　그러자 조상신들이 강림하였으며, 유우씨有虞氏 순임금의 빈객으로서 전대 후손들이 자리를 잡았고, 제후들의 우두머리들이 덕을 보이며 사양하였다.

　당堂 아래로 내려와 작은 북과 큰 북을 치며 합악合樂과 지악止樂에는 축柷과 어敔를 치며 생笙와 용鏞을 그 중간에 울렸다.

　그러자 새와 짐승들도 펄쩍펄쩍 뛰면서 춤을 추었고 〈소소簫韶〉를 아홉 번 연주하며 무인舞人들은 봉황새의 분장을 하여 춤을 추었다.

　기가 말하였다.

　"오! 제가 석경石磬을 세게 치고, 석경을 가볍게 치면 온갖 짐승들이 모두 나서서 춤을 추며, 많은 관리의 우두머리들도 나서서 함께 즐거워합니다."

　　夔曰:「戛擊鳴球, 搏拊·琴瑟, 以詠.」
　　祖考來格, 虞賓在位, 羣后德讓.
　　下管鼗鼓, 合止柷敔, 笙鏞以間.
　　鳥獸蹌蹌, 〈簫韶〉九成, 鳳皇來儀.
　　夔曰:「於! 予擊石拊石, 百獸率舞, 庶尹允諧.」

【夔】舜임금 때의 음악을 담당하였던 樂官이며 舜의 大臣. '虁'로도 표기하며 본 장

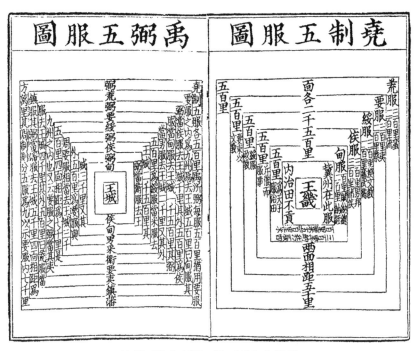

〈堯制五服〉과 〈禹弼五服〉 사부총간《尙書》

畵像磚〈鳳凰圖〉

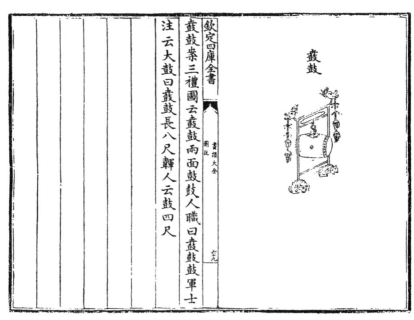

鼖鼓柴三禮圖云鼖鼓兩面鼓鼓人職曰鼖鼓鼓軍士

注云大鼓曰鼖鼓長八尺韗人云鼓四尺

〈鼖鼓〉《書經大全》

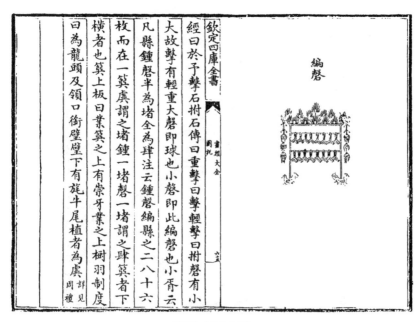

經曰於予擊石拊石傳曰重擊曰擊輕擊曰拊磬有小

大故擊有輕重大磬即球也小磬即此編磬也小胥云

凡縣鍾磬半為堵全為肆注云鍾磬編縣之二八十六

枚而在一簴謂之堵鍾一堵磬一堵謂之肆簨者

橫者也簴上板曰業簨之上有崇牙業之上樹羽制度

曰為龍頭及領口銜璧璧下有旋牛尾植者為虡 詳見周禮

〈編磬〉《書經大全》

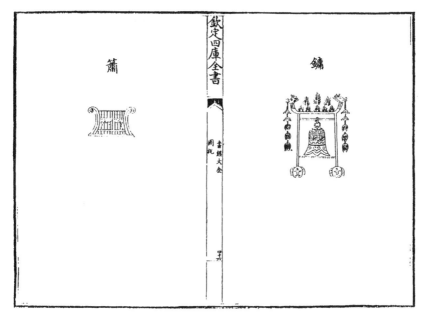

〈鏞〉과 〈簫〉《書經大全》

은 夔가 음악을 만들어 연주할 때의 모습을 표현함과 아울러 자신이 만든 음악의
효용에 대해 설명한 것임.

【戛擊鳴球】'戛'은 '두드리다, 연주하다'의 뜻. '鳴球'는 악기의 일종으로 玉磬을 가리
킴.

【搏拊】악기의 일종. 밖은 皮革으로 하고 내부에는 겨(糠)을 넣어 쳐서 소리가 나도
록 하는 타악기.

【琴瑟以詠】'琴瑟'은 다섯 줄, 혹은 일곱 줄로 만든 絃樂器. '詠'은 咏과 같으며 노래
로 읊음.

【祖考來格】'祖'는 돌아간 할아버지, '考'는 돌아간 아버지. 祖上을 가리킴. '來格'은
降臨해 옴. '格'은 至와 같음.

【虞賓】'虞'는 舜을 가리킴, 有虞氏 출신이어서 虞舜으로 부름. '賓'은 前代 帝王의
후예들이 빈객이 되어 찾아온 것임.

【群后德讓】'群后'는 각 제후국들의 우두머리.

【下管鼗鼓】'下'는 堂下. 鄭玄은 "已上皆宗廟堂上之樂所感也. 下官以下言舜廟堂下之
樂, 故言下也"라 함. '管'은 管樂器. '鼗鼓'는 달아놓고 치는 북의 일종.

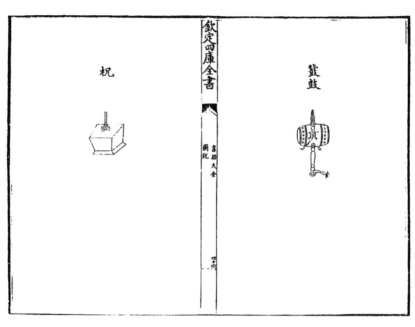

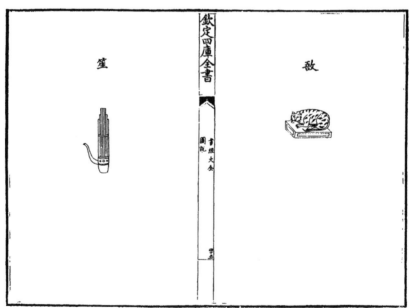

〈鼗鼓〉, 〈柷〉, 〈敔〉, 〈笙〉《書經大全》

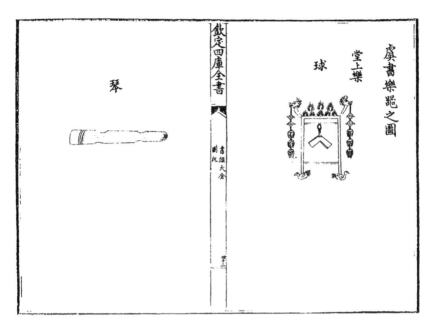

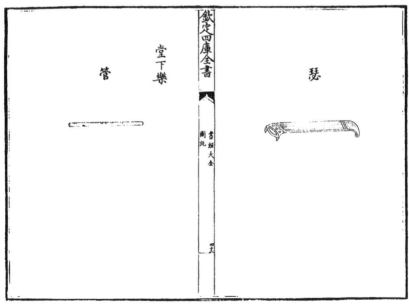

〈樂器類〉《書經大全》

【合止柷敔】‘合止’는 合樂과 止樂. ‘柷敔’는 나무로 만든 打樂器로 合樂이 시작할 때 침. ‘敔’는 伏虎 모습의 악기로 止樂(음악을 끝낼 때)에 침.

【笙鏞以間】‘笙’은 管樂器의 일종. 大笙은 19簧, 小笙은 13簧이라 함. ‘鏞’은 打樂器의 일종으로 큰 종.

【鳥獸蹌蹌】‘蹌蹌’은 새와 짐승들이 펄쩍펄쩍 뛰면서 춤추는 모습을 표현한 것.《爾雅》釋訓에 “蹌, 動也”라 함.

【簫韶九成】‘簫韶’는 舜임금 때 만든 樂曲 이름. ‘九成’은 아홉 번 다른 音調로 연주하는 것. 鄭玄은 “成, 猶終也. 每曲一終, 必變更奏. 若樂九變, 人鬼可得而禮”라 함.

【鳳皇來儀】‘鳳皇’은 鳳凰으로도 표기하며 봉황의 모습으로 분장하여 舞人들이 무리를 이루어 춤을 추는 것.

【於】감탄사. ‘오’로 읽음.

【擊石拊石】‘石’은 石磬. ‘擊’은 세게, ‘拊’는 가볍게 치는 것.

【庶尹允諧】‘庶’는 衆, ‘尹’은 正, 長官. ‘允’은 進, ‘諧’는 偕와 같음.

024(5-5)
천지명 天之命

순舜임금은 이를 바탕으로 노래를 지으면서 이렇게 말하였다.

"하늘의 명을 힘써 노력하여 이와 가깝게 되도록 하리라."

그리고 이렇게 노래하였다.

"보필들이 기꺼워하면, 군왕은 분발할 것이며, 백관들은 흥기하리라!"

고요皐陶가 배수拜手하고 계수稽首하며 큰 소리로 말하였다.

"염두에 두소서! 무리를 통솔하여 사업을 일으키시고, 그대의 법을 신중히 하여 공경히 하소서! 자주 살피셔야 공을 이룰 수 있으니 공경히 하소서!"

이에 이어서 노래를 지어 불렀다.

"군왕이 명철하시면 신하들은 선량하게 될 것이요, 그렇게 되면 많은 사안들이 평강하리라!"

그리고 다시 노래를 불렀다.

"군왕이 자질구레하고 옹졸하면 보필들은 게을러질 것이요, 온갖 일들은 실패하고 말리라!"

순임금은 절하며 이렇게 말하였다.

"그렇다! 가서 공경을 다하도록 하자!"

帝庸作歌, 曰:「勅天之命, 惟時惟幾.」

乃歌曰:「股肱喜哉, 元首起哉, 百工熙哉!」

皐陶拜手稽首, 颺言曰:「念哉! 率作興事, 愼乃憲, 欽哉! 屢省乃成, 欽哉!」

乃賡載歌曰:「元首明哉, 股肱良哉, 庶事康哉!」

又歌曰:「元首叢脞哉, 股肱惰哉, 萬事墮哉!」

帝拜曰:「兪! 往欽哉!」

【帝庸作歌】'庸'은 '因', '用'과 같음.

【勅】'勅', '敕'과 같음.《爾雅》釋詁에 "勅, 勞也"라 함.

【惟時惟幾】'時'는 '是'와 같음. 대명사. '幾'는 '거의, 어떠한 상황에 가까이 접근함'의 뜻.

【元首起哉】'元首'는 우두머리, 즉 군왕. '起'는 '興起하다, 奮發하다'의 뜻.

【百工熙哉】'百工'은 百官. 모든 관료. '熙'는 興盛함.

【拜手稽首】둘 모두 고대 跪拜의 禮節. '拜手'는 두 무릎을 꿇고 두 손을 펴서 땅에 대고 머리를 손에 닿도록 숙이는 것. '稽首'는 이마에 손을 대고 머리를 땅에 닿도록 숙이는 것.

【颺言】큰소리. '颺'은 '揚'과 같음.《史記》에는 '揚'으로 되어 있음.

【率作興事】'率'은 '統率하다'의 뜻.

【愼乃憲】'乃'는 '爾(你)와 같음. '憲'은 法度.

【屢省乃成】여러 차례 살펴야 이에 이룰 수 있음.

【賡載歌】'賡'(갱)은 '계속하다'의 뜻. '載'는 '爲'의 뜻.

【庶事康哉】'康'은 安康, 平康의 뜻.

【叢脞哉】'脞'는 자질구레함. 번잡함. '叢脞'는 '번잡하고 옹졸하다'의 뜻.

【萬事墮】'墮'는 '失敗하다, 그르치다'의 뜻.

Ⅱ 하서夏書

夏나라는 禹가 舜으로부터 천하를 선양 받아 다스리다가 禹 역시 선양의 방법으로 '益'에게 천하를 넘겼으나 우의 아들 啓와 그를 보좌하던 무리들이 익을 몰아내고 父子繼承의 세습제도로 이어가게 되었다. 따라서 우 이전은 '公天下', 禪讓時代였으며 夏나라로부터는 '家天下', 世襲時代가 된 것이다. 이로써 하나라는 중국 최초의 세습왕조가 된 것이며 중국 역사에서 淸代까지 어이지는 통치제도가 시작된 것이다.

여기의 〈夏書〉는 우의 자손들이 다스리던 夏나라의 治績을 하나라 史官들이 기록하여 모은 것이며, 대체적인 내용은 禹의 治水와 王道에 대한 철학, 그리고 禹의 아들 啓와 초창기의 太康, 仲康 등 군주들의 행적과 각 제후국과의 갈등, 그로 인한 전쟁 및 실패에 관한 내용들이다.

夏나라는 대체로 430여 년 간 지속되다가 말왕 桀에 이르러 殷商의 탕湯에게 망하고 말았다. 이에 대해서는 司馬遷의 《史記》夏本紀에 자세히 실려 있다.

한편 첫 세습왕조 하나라의 세계世系는 다음과 같다.

夏朝世系圖
(約公元前2100 - 前1600年)

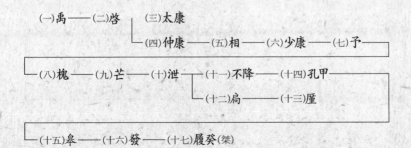

한편 본 《夏書》에는 〈禹貢〉, 〈甘誓〉, 〈五子之歌〉, 〈胤征〉 등 4편이 실려 있다.

*蔡沈 《書傳》에는 "夏禹有天下之號也. 書凡四篇. 〈禹貢〉作於虞時, 而繫之〈夏書〉 者, 禹之王以是功也"라 함.

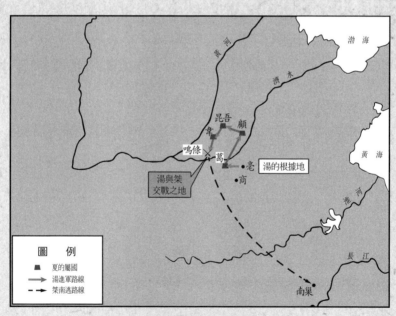

〈湯이 夏桀을 滅한 개념도〉

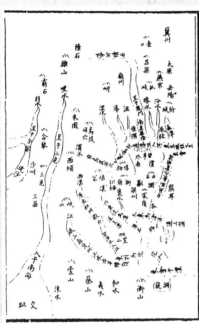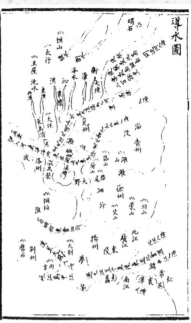

〈導水圖〉《禹貢會箋》

任土作貢之圖

冀　田中中　賦上上錯　土白壤
貢無
篚無

兖　田中下　賦貞　土黑墳
貢漆絲
篚織文

青　田上下　賦中上　土白墳
貢鹽絺海物綵
厥篚檿絲
松怪石鉛松
貢岱畎絲枲

嵎夷萊夷
厥篚檿絲

島夷皮服

徐　田上中　賦中中　土赤埴墳
貢五色土夏翟羽孤桐浮磬嬪珠魚
篚玄纖縞

豫　田中中　賦錯上中　土壤下土墳壚
貢漆枲絺紵
篚纖纊錫貢磬錯

揚　田下下　賦下上錯　土塗泥
貢金三品瑤琨篠簜齒革羽毛木
篚織貝橘柚

荆　田下中　賦上下　土塗泥
貢羽毛齒革金三品杶榦栝柏礪砥砮丹箘簵楛菁茅包匭
篚玄纁璣組

欽定四庫全書
禹貢會箋
圖

淮夷

島夷卉服

雍　田上上　賦中下　土黃壤
貢琳琅玕球
篚無

梁　田下上　賦下中三錯　土青黎
貢璆鐵銀鏤砮磬熊羆狐狸織皮
篚無

昆侖析支渠搜西戎織皮

九州冀無貢無篚雍梁有貢無篚他州貢篚皆有

豫梁無夷冀有島夷揚亦有島夷青有嵎夷萊夷

徐有淮夷雍有西戎

〈禹別九州〉《禹貢會箋》

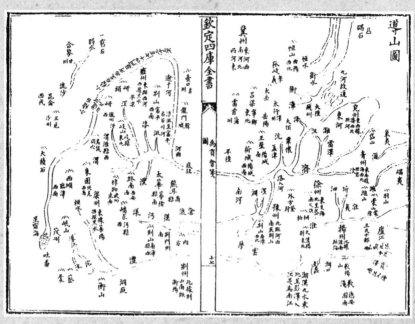

〈導山圖〉《禹貢會箋》

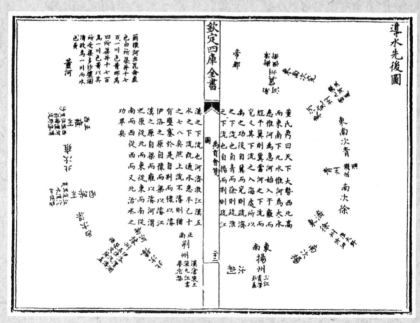

〈導水先後圖〉《禹貢會箋》

⟨06⟩ 우공禹貢(025-036)

우禹는 대우大禹, 융우戎禹로도 불리며 夏王朝의 개국군주이다. 우공禹貢의 '貢'은 《廣雅》釋詁에 "稅也"라 하였고, 釋言에는 "獻也"라 하였으며, 공영달孔穎達은 "貢者, 從下獻上之稱. 謂以所出之穀, 市其土地所生異物, 獻其所有, 謂之厥貢"이라 하여 稅貢, 貢獻, 貢物 등

⟨人面魚紋彩陶盆⟩ 半坡문화 1955 서안 반파 출토

의 뜻이 있으며 "각 지역의 方物을 조정에 바치다"의 의미를 담고 있다.

본편은 禹가 九山을 열고 九澤을 소통시키며, 九河를 터서 九州를 정한 과정 등을 기록하고 있으며, 이로 인해 治水와 방물의 貢賦, 행정구역의 결정, 산천분포, 물산의 교통 등에 대한 우의 공로를 극찬하고 있다.

아울러 이러한 기록은 중국 최초의 地理書이며 그 뒤 각 史書의 ⟨地理志⟩, 《水經注》 등은 모두 이 ⟨禹貢⟩의 내용을 근거로 하고 있다. 다만 이 기록은 夏나라 때가 아닌 戰國시대 이루어진 것으로 보는 견해가 일반적이다. 본편은 ⟨금문상서⟩와 ⟨고문상서⟩에 모두 들어 있다.

＊蔡沈 《書傳》 ⟨禹貢⟩ 注에 "上之所取, 謂之賦;下之所供, 謂之貢. 是篇有貢有賦, 而獨以貢名篇者. 孟子曰:「夏后氏五十而貢.」 貢者, 較數歲之中以爲常則貢. 又夏后氏田賦之總名. 今文·古文皆有"라 하였다.

〈서〉: 우禹는 구주九州를 구별하여 획정 짓고 산길을 가면서 표시를 하고, 냇물을 준설하여 소통시키며 토지에 맞추어 공물을 바칠 수 있도록 하고자 〈우공〉을 지었다.

〈序〉: 禹別九州, 隨山浚川, 任土作〈貢〉.

【序】각 편 앞의 서문에 해당함.

【別】구분함. 강계를 나누어 행정구역을 확정함.

【九州】堯임금 때의 九州는 冀州, 兗州, 青州, 徐州, 荊州, 揚洲, 豫州, 梁州, 雍州였으며, 舜이 다시 幷州, 幽州, 營州의 三州를 開設하여 모두 十二州였음. 禹가 다시 이를 九州로 확정함.

【隨山】'隨山刊木'의 줄인 말. 산지를 오갈 때는 나무를 베어 표지를 하면서 길을 개척함.

【浚川】'浚'은 '濬'으로도 표기하며 냇물을 소통시켜 흘러 빠지도록 함.

【任土】토지의 형세, 肥沃하고 瘠薄한 정도 등을 살펴 그에 맞춤.

【作貢】'貢'은 두 가지 의미를 함께 가지고 있음. "각 지역 토지에 맞는 토산물을 공물로 바칠 수 있도록 정하다"의 뜻과 "이에 따라 본편 〈우공〉을 지었다"의 뜻임.

夏나라 都邑地로 추정되는 河南 偃師縣 二里頭

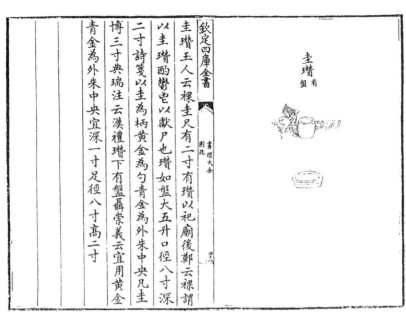

圭瓚王人云裸圭尺有二寸有瓚以祀廟後鄭云裸謂
以圭瓚酌鬱鬯以獻尸也瓚如盤大五升口徑八寸深
二寸詩箋以圭為柄黃金為勺青金為外朱中央凡圭
博三寸詩瑞注云漢禮瓚下有盤聶崇義云宜用黃金
青金為外朱中央宜深一寸足徑八寸高二寸

〈圭瓚〉《書經大全》

任土作貢之圖

合沙鄭氏曰名公曰明王慎德四夷咸賓無有遠邇畢
獻方物惟服食器罷用于觀禹貢九州之貢篚雖非四夷
之獻而亦以服食器罷用為要而冀州獨不言貢篚者蓋
畿甸之內賦其總鉎秸粟米也總鉎秸粟米者倉廩之
儲也粢糧之濟也是食為土貢之要也兗州之貢篚蠶絲
豫州之貢絺紵其地則密邇於畿甸焉是衣服之用亦
為土貢之要也自服食之外則罷用次之罷用之外則
不過寶玉玩好而已不足為國家慮也帝王之建都必

〈任土作貢之圖〉《書經大全》

025(6-1)

기주冀州

우禹가 땅을 구획하면서 산을 다닐 때는 나무를 베어 표시를 하고 높은 산과 큰물을 안정시켰다.

기주冀州에서는 이윽고 호구산壺口山에서 공사를 하고 양산梁山을 다스리고 기岐에 이르렀다.

이윽고 태원太原에서의 공사를 마치고 악양岳陽에 이르렀다.

담회覃懷에서 공적을 이룬 다음, 장수漳水가 가로로 흐르는 지역에 이르렀다.

그 지역의 땅은 흰색 토양이며 그곳에서 부담할 공부貢賦는 상상上上의 가장 높은 등급이기는 하나 그 사이사이 그렇지 않은 토지도 섞여있고, 그곳의 농지는 중중中中 등급이다.

항(恒, 滾水)과 위(衛, 溥沱河)를 순리대로 흐르도록 하고 대륙大陸에서의 호수 공사도 이윽고 마쳤다.

도이島夷들은 가죽 옷을 공물로 바쳐오면서 오른쪽으로 갈석산碣石山을 끼고 하수河水로 들어오도록 길을 마련해 주었다.

禹敷土, 隨山刊木, 奠高山大川.
冀州:
既載壺口, 治梁及岐.
既修太原, 至于岳陽.
覃懷底績, 至于衡漳.
厥土惟白壤, 厥賦惟上上, 錯.
厥田惟中中.

恒·衛旣從, 大陸旣作.
島夷皮服, 夾右碣石, 入于河.

【敷土】'敷'는 馬融은 "敷, 分也"라 하여 禹가 땅을 區分劃定하여 행정구역을 정하
였음을 말함.

【隨山刊木】산을 지날 때는 나무를 베어 표시를 한 다음 길을 내었음을 말함.

【奠高山大川】'奠'은 '奠定', 즉 安定시키는 것.

【冀州】地名. 堯임금 때의 도읍지가 있던 곳. 지금의 山西와 河北 서부 접경 지역. 九
州의 하나. 鄭玄은 "兩河間曰冀州"라 함.

【旣載壺口】'旣'는 '이미, 이윽고'의 뜻. '載'는 工事를 施行함.《詩》大雅 文王 "上天之
載, 無聲無臭"의 〈毛傳〉에 "載, 事"라 함. '壺口'는 산 이름. 지금의 山西 吉縣 남쪽.
王鳴盛의《尙書後案》에 "壺口山在連孟門, 下控龍門, 當路束流, 爲河之扼要處, 故禹
首辟之"라 함.

【治梁及岐】'梁'은 梁山. 呂梁山이라고도 하며 지금의 陝西 韓城縣 서쪽에 있음.《水
經注》河水 注에《魏土地記》를 인용하여 "梁山北有龍門山, 大禹所鑿"이라 함. '岐'
는 岐山. 抓岐山. 지금의 山西省 介休縣에 있음. 그러나 혹은 '歧'자의 假借로 보아

二里頭〈扁鵲閣〉碑文

산의 分歧 지역으로 보기도 함.

【旣修太原】'太原'은 지금의 山西 太原市. 汾河의 상류에 있으며 山西省 省會가 있음.

【岳陽】'岳'는 太岳山, 霍山, 霍太山이라고도 하며, 지금의 山西省 霍縣 동쪽에 있음. 분하가 경유하는 산. 《水經注》 汾水 注에 "〈禹貢〉所謂岳陽, 卽霍太山"이라 함. '陽'은 산의 남쪽 기슭을 뜻함.

【覃懷底績】'覃懷'는 지명. 지금의 河南 武陟縣과 沁陽縣 일대. '底績'의 底(지)는 '이르다, 획득하다'의 뜻. '績'은 功績, 成績을 뜻함.

【衡漳】'衡'은 橫과 같음. 가로로 흘러 黃河로 들어감. '漳'은 漳水. 覃懷의 북쪽을 흐르는 물. 孔安國 傳에 "漳水橫流入河"라 함.

【白壤】흰색의 부드러운 토양. 顔師古는 "柔土曰壤"이라 함.

【厥賦惟上上】'厥'은 其와 같음. '賦'는 孔安國 傳에 "賦, 謂土地所生以供天子"라 하였고, 〈蔡傳〉에는 "上之所取謂之賦"라 함. '上上'은 土地를 9等級(上上, 上中, 上下, 中上, 中中, 中下, 下上, 下中, 下下)으로 나눈 중에서 가장 높은 등급.

【錯】錯雜, 夾雜, 間雜의 뜻. 사이사이 다른 등급의 토지도 섞여 있음.

二里頭〈華夏第一王都〉碑

【中中】9등급 중 5등급에 해당함.

【恒衛既從】胡渭는《禹貢錐指》에서 '恒'은 '滱水'로, '衛'는 '滹沱河'로 여겼음. '從'는 '橫'의 상대어로 순리대로 흐르도록 함을 뜻함.

【大陸既作】'大陸'은 沼澤의 이름. 지금의 河北 鉅縣 서북쪽에 있음. '作'은《史記》夏本紀에는 '爲'로 되어 있으며 鄭玄은 "作, 爲也"라 함.

【島夷皮服】'島夷'는 동방 바다 멀리 있는 異民族. 지금의 滿洲 해안, 沿海洲 일대의 소수민족. 흔히 日本을 지칭하는 것으로도 봄. '皮服'은 짐승 가죽으로 옷을 해 입으며 그것을 공물로 바쳐옴. 蔡沈은 "海島之夷以皮服來貢也"라 함.

【夾右碣石入于河】'夾'은《尙書易解》에 "夾, 近也, 此謂接近"이라 함. '끼고돌다'의 뜻. '碣石'은 산 이름으로 지금의 河北省 撫寧縣과 昌黎縣 사이에 있음. 島夷들이 貢物을 바쳐오는 路程을 설명한 것. 이의 표현은 禹가 치수 공사를 하여 공물을 바치러 다니는 길을 만들어 주어, 그로 인해 사람의 내왕, 물자의 교역, 공물의 헌납 등의 일들이 이루어졌음을 설명한 것임.

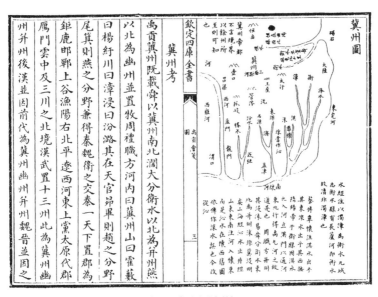

〈冀州圖〉《禹貢會箋》

026(6-2)
연주兗州

제수濟水와 하수河水의 연주兗州이다.

하수의 아홉 물갈래가 이윽고 소통되고, 뇌하택雷夏澤도 이미 못으로 만들었으며, 옹수灉水와 저수沮水를 모두 모아 함께 하수로 흘러들게 하였다.

상토桑土에서 이윽고 누에치기를 할 수 있도록 하자 백성들은 낮은 언덕으로 내려와 집과 농토를 만들었다.

그곳 땅은 검고 기름진 옥토이며 그곳의 풀은 무성하였고, 그곳의 나무는 높게 잘 자랐다.

그곳 농지는 중하中下 등급이며 공부貢賦는 하하下下로 하였다.

이렇게 13년을 나머지 곳들도 이와 똑같이 하였다.

그곳의 공물은 옻나무 즙과 비단이었으며 그 공물을 바치는 광주리에는 무늬를 넣은 비단으로 하였다.

그들에게는 제수와 탑수漯水에서 배를 띄워 하수에 이르도록 길을 마련해 주었다.

濟·河惟兗州:
九河旣道, 雷夏旣澤, 灉·沮會同.
桑土旣蠶, 是降丘宅土.
厥土黑墳, 厥草惟繇, 厥木惟條.
厥田惟中下, 厥賦貞.
作十有三載, 乃同.
厥貢漆絲, 厥篚織文. 浮于濟·漯, 達于河.

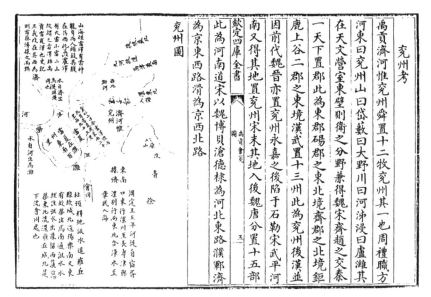

〈兗州考〉《禹貢會箋》

【濟河惟兗州】'濟'는 물 이름. 지금의 河南 濟源縣에서 발원하며, 漢代에는 河南 武陟縣을 거쳐 黃河로 합류하여 남쪽으로 내려갔다가 다시 山東을 거쳐 바다로 들어갔음. '河'는 河水, 黃河. '兗州'는 지금의 河北과 山東 북부 일대.

【九河】黃河의 아홉 갈래의 支流. 鄭玄은 "河水自上至此, 流盛而地平無岸, 故能分爲九以殺其勢, 壅塞故通利之也. 九河之名: 徒駭, 太史, 馬頰, 覆釜, 胡蘇, 簡, 潔, 鉤盤, 鬲津"이라 함.

【旣道】'道'는 導와 같음. 물길을 인도하여 흘러 빠져나가도록 소통시킴.

【雷夏】못 이름. 雷澤. 지금의 山東 荷澤縣 동북쪽.

【灉沮會同】'灉'은 河水의 지류였으나 지금은 메워져 없음. '沮'는 灉水의 지류였으며 역시 메워져 없음. '會同'은 모두가 모여 함께 雷夏澤으로 흘러 들어감.

【桑土旣蠶】'桑土'는 지명. 鄭玄은 "其地尤宜蠶桑, 因以名之, 今濮水之上, 地有桑間者"라 함. '蠶'은 養蠶을 뜻함.

【是降丘宅土】'降'은 아래쪽으로 내려와 거주함.《史記》夏本紀에는 "於是民得下丘居土"라 함.

【厥土黑墳】'黑墳'은 검은색의 기름진 土質을 뜻함. 馬融은 "墳, 有膏肥也"라 함.

【厥草惟繇】'繇'는 '茂盛하다'의 의미.

【厥木惟條】'條'는 '길게 자라다'의 뜻.

【中下】9등급 중의 중간 아래.

【賦貞】'貞'은 가장 낮은 下下등급. 孔穎達 疏에 "諸州賦無下下, 貞卽下下, 爲第九也"라 하였고, 金履祥《尙書表注》에는 "貞字本下下字. 古篆凡重字者, 或於上字下添=. 兗州賦下下, 篆從下=, 或誤作正, 通爲貞"이라 하여 貞은 正과 같으며 이는 '='의 표기 오류라 하였음.

【作十有三載乃同】13년 동안 치수 사업이 다른 8州도 모두 이와 같음.

【厥貢漆絲】'漆絲'는 孔安國 傳에 "地宜漆林, 又宜桑蠶"이라 하여 옻나무와 누에고치를 공물로 바침.

【厥篚織文】'篚'는 공물을 담는 圓形의 광주리. '織文'은 무늬를 넣어 짠 비단. 孔安國 傳에 "織文, 錦綺之屬, 盛之筐篚而貢焉"이라 함.

【浮于濟漯】'漯'(탑)은 물 이름. 黃河의 分流. 옛날 漯水는 지금의 河南 浚縣에서 黃河와 분리되어 山東 朝城縣에서 동북으로 흘러, 高宛縣에 이르러 직접 바다로 흘러들어갔음.

027(6-3)
청주靑州

발해渤海와 대악岱岳이 있는 청주靑州이다.

우이嵎夷에서 이미 공사를 마치고 유수濰水와 치수淄水를 인도하여 흐르게 하였다.

그곳의 토질은 희고 기름졌으며 바닷가는 개펄과 염전이었다.

그 농토는 상하上下의 등급이었고 그 공부貢賦는 중상中上으로 하였다.

그곳의 공물은 소금과 세갈포로 하였으며, 바다에서 나는 수산물은 여러 가지였다.

대악의 골짜기에서 나는 것은 비단과 삼, 납, 소나무 괴석怪石이었다.

내이萊夷에서는 방목을 할 만하였으며 그들 공물 광주리에는 산뽕나무로 기른 고치실이었다.

이들에게는 문수汶水에 배를 띄워 제수濟水에 이르도록 길을 마련해 주었다.

海·岱惟靑州:
嵎夷旣略, 濰·淄其道.
厥土白墳, 海濱廣斥.
厥田惟上下, 厥賦中上.
厥貢鹽絺, 海物惟錯. 岱畎絲枲·鉛·松·怪石. 萊夷作牧, 厥篚
檿絲. 浮于汶, 達于濟.

【海岱】'海'는 지금의 渤海, '岱'는 岱岳, 즉 泰山. 五嶽의 東岳은 한 글자로 '岱'로 표기함. 지금의 山東 泰安市 동쪽.

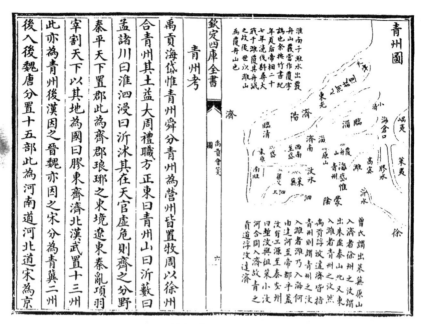

〈靑州圖〉《禹貢會箋》

【靑州】지금의 山東半島 일대. 九州의 하나.

【嵎夷旣略】'嵎夷'는 '堣夷'로도 표기하며 東海(黃海) 沿岸에 위치한 地名.《史記》〈索隱〉에 孔安國의 설을 인용하여 "東表之地稱堣夷"라 함. 현재 위치는 알 수 없음. '略'은 처리함, 다스림.《廣雅》釋詁에 "略, 治也"라 함.

【濰淄其道】'濰'는 濰水, 淄는 淄水. 지금 모두 山東을 흐르는 물. 濰水는 山東 莒縣에서 발원하여 昌邑으로 흘러들어가며, 淄水는 萊蕪縣에서 발원하여 壽光縣을 거쳐 흐름. '道'는 導와 같으며 유도하여 흘러 빠지도록 소통시킴.

【厥土白墳】'白墳'은 흰색의 기름진 토질. '墳'은 馬融은 "墳, 有膏肥也"라 함.

【海濱廣斥】鹽分이 많은 鹹地(碱地). '廣'은 廣潟, '斥'은 斥鹵. 바닷가의 넓은 개펄이나 염전이 들어설 수 있는 지형을 말함.《史記》夏本紀에 "海濱廣潟, 厥田斥鹵"라 하였고, 鄭玄은 "斥謂地碱鹵"라 하였으며,《說文》에는 "鹵, 碱地. 東方謂之斥, 西方謂之鹵"라 함.

【鹽絺】'鹽'은 소금. '絺'는 고운 칡으로 짠 천. 細葛布.

【海物惟錯】바다에서 나는 물건은 여러 가지임. '錯'은 한 종류만 아님을 뜻함. 孔安國 傳에 "錯, 雜也. 非一種"이라 함.

【畎絲枲鈆松怪石】 '畎'은 산골짜기. '枲'는 모시풀. 씨앗을 맺지 않는 大麻. 《玉篇》에 "麻, 有子曰苴, 無子曰枲"라 함. '鈆'은 '鉛'의 異體字. 납. 주석 등 靑銅器를 만들 수 있는 광물. 孔穎達 疏에 "鉛, 錫也"라 함.

【萊夷作牧】 '萊夷'는 지금의 山東 萊州, 登州 일대 夷族이 살던 지역. 顔師古는 "萊山 之夷"라 하였고, 胡渭의 《禹貢錐指》에는 "今萊州·登州二府, 皆禹貢萊夷之地"라 함. '作牧'은 放牧을 뜻함. 《史記》夏本紀에는 '爲牧'으로 되어 있으며, 孔安國 傳에는 "萊夷, 地名, 可以放牧"이라 함.

【厥篚檿絲】 '檿'은 산뽕나무. 柞樹. 이로써 養蠶을 하여 얻은 고치실이나 비단.

【浮于汶】 '汶'은 汶水. 지금의 山東 萊蕪縣에서 발원하여 泰安, 肥城, 寧陽을 거쳐 東平에서 濟水로 흘러드는 물.

028(6-4)

서주徐州

황해와 대악岱岳 및 회수淮水의 서주徐州이다.

회수와 기수沂水가 이미 다스려지고 몽산蒙山과 우산羽山은 농사를 지을 수 있도록 했고, 대야大野에 이윽고 물을 가두어 못을 만들었으며 동원東原 지역도 공사가 잘 이루어졌다.

그곳의 토질은 붉고 고운 흙의 기름진 곳이어서 초목은 점차 다발을 이루어 잘 자라도록 하였다.

그곳의 농토는 상중上中 등급이며 그곳의 공부貢賦는 중중中中 등급으로 하였다.

그곳의 공물은 오색의 흙과 우산 골짜기에서 나는 큰 꿩 깃털, 그리고 역산嶧山 남쪽에서 나는 고동孤桐이라는 오동나무이다.

사수泗水 가에서는 석경石磬을 만드는 좋은 재질의 돌이 나오며 회이淮夷 지역에서는 빈주蠙珠와 물고기가 난다.

그들의 광주리에는 가는 실로 짠 흰 비단을 검게 물들인 것을 담아, 뱃길로 회수와 사수를 거쳐 하택荷澤에 이르도록 길을 마련해 주었다.

海·岱及淮惟徐州:
淮·沂其乂, 蒙·羽其藝, 大野旣豬, 東原底平.
厥土赤埴墳, 草木漸包.
厥田惟上中, 厥賦中中.
厥貢惟土五色, 羽畎夏翟, 嶧陽孤桐.
泗濱浮磬, 淮夷蠙珠曁魚.
厥篚玄纖縞, 浮于淮·泗, 達于河.

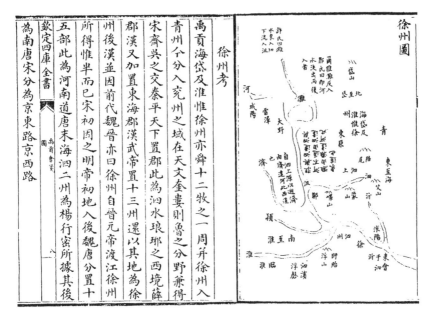

〈徐州圖〉《禹貢會箋》

【海岱】여기서의 '海'는 黃海. '岱'는 岱岳, 泰山.

【淮惟徐州】'淮'는 淮水(淮河). 河南 桐柏山에서 발원하여 安徽, 江蘇의 경계지역을 흘러 북쪽을 거쳐 바다로 들어가는 江. 흔히 중국 南北의 구분을 짓는 경계를 이루는 강으로 알려짐.

【淮沂其乂】'沂'는 물 이름. 沂水. 山東 沂水縣 서북쪽에서 발원하며 大沂河로도 불림. '乂'는 治의 뜻.

【蒙羽其藝】'蒙'은 蒙山. 지금의 山東 費縣에 있는 山. '羽'는 羽山. 역시 산 이름으로 지금의 江蘇 贛楡縣 서남쪽에 있음. '藝'는 '작물을 가꾸다, 심다'의 뜻.

【大野其豬】'大野'는 巨野澤으로 지금의 山東 巨野縣에 있던 못. '豬'는 물이 모여 고여 있는 곳. 馬融은 "水所停止, 深者曰豬"라 함. '豬'는 '瀦'와 같으며 '瀦'의 假借字.

【東原底平】'東原'은 지금의 山東 東平縣 지역이며 汶水와 濟水 사이임. '底'는 '이르다 얻다, 성취하다'의 의미. '平'은 '治'와 같음.《詩》小雅 黍苗 "原隰旣平, 泉流旣淸"의 毛傳에 "土治曰平, 水治曰淸"이라 함.

【厥土赤埴墳】그곳 흙은 붉은 색이며 粘土質에 기름짐. '埴'은 孔安國 傳에 "土粘曰埴"이라 함. '墳'은 馬融은 "墳, 有膏肥也"라 함.

【草木漸包】'包'는 '苞'와 같음. 차츰 다발을 이루면서 叢生으로 자라남. 孫炎은 "物叢生曰苞"라 하였고, 郭璞은 "漸苞謂長進叢生, 言其美也"라 함.

【上中, 中中】땅의 九等級에 해당하는 것.

【惟土五色】五色의 흙은 다섯 가지 색깔의 흙. 《釋名》에 "徐州貢土五色, 靑黃赤白黑也"라 하였고, 孔安國 傳에 "王者封五色土爲社, 建諸侯則各割其方色土與之, 使立社"라 하여 社를 세울 때 사용하며 제후를 分封할 때 해당 방위의 색깔을 가진 흙을 주어 사를 세우도록 하였다 함.

【羽畎夏翟】'羽'는 羽山. '畎'은 골짜기. '夏'는 大의 뜻. '翟'은 꿩(雉). 깃대에 꽂아 장식하는데에 사용함.

【嶧陽孤桐】'嶧'은 嶧山. 지금의 江蘇 邳縣에 있음. '陽'은 산의 남쪽. '孤桐'은 오동나무의 일종으로 樂器를 만드는 材料로 쓰임.

【泗濱浮磬】'泗'는 泗水. 지금의 山東 泗水縣에서 발원하여 江蘇 淸河縣에서 淮水에 합류함. '浮磬'은 磬을 만드는 데 쓰이는 돌로 물속에서 비칠 때 마치 떠 있는 듯 보인다 함. 孔穎達 疏에 "石在水旁, 水中見石, 似若水中浮然, 此石可以爲磬, 故謂之浮磬"이라 함.

【淮夷】東方 九夷의 하나로 淮水 지역 일대에 분포하였던 夷族.

【蠙珠暨魚】'蠙珠'는 조개에서 나오는 眞珠. 孔穎達 疏에 "蠙是蚌之別名, 此蚌出珠, 遂以蠙爲珠名"이라 함. '暨'는 '與', '及' 등과 같음.

【玄纖縞】'玄'은 '黑'. '纖縞'는 가는 실로 짠 흰색 비단.

【河】'河'는 '菏'의 오류. 菏澤. 〈古文尙書〉와 《漢書》 地理志 등에 '菏'로 되어 있어 河水(黃河)가 아니며 菏澤일 것으로 보고 있음. 金履祥은 《尙書表注》에서 "達于河, 〈古文尙書〉作達于菏. 《說文》引《書》亦作菏, 今俗本誤作河耳. 菏澤與濟水相通. 徐州浮淮入泗, 自泗達菏也, 書達于河, 則達濟可知"라 함. 菏澤은 지금의 山東 定陶縣에 있는 못 이름.

029(6-5)

양주揚州

회수淮水와 바다를 앞에 두고 있는 곳이 양주揚州이다.

팽려호彭蠡湖를 잘 막아 물을 가두어 놓으니 철새들이 사는 곳이 되었다.

삼강三江은 이윽고 바다로 잘 흘러가게 되었고, 진택震澤은 안정을 이루게 되었다.

작은 대나무, 큰 대나무가 분포되어 자라고 그곳의 풀은 무성하였으며, 그곳의 나무는 교목으로서 자라게 되었다.

그곳의 토질은 낮은 지역의 고운 진흙으로 그곳의 농토는 하하下下 등급이며, 그곳의 공부는 하상下上 등급으로 혹 상등급도 섞여 있다.

그곳의 공물은 금, 은, 동 삼품三品과 미옥, 미석, 크고 작은 대나무, 상아, 무소가죽, 새깃털, 모우旄牛 꼬리와 나무이다.

도이島夷들은 풀로 옷을 해 입으며, 그들의 광주리에는 직패織貝를 담고, 귤과 유자를 포장해 담아 공물로 바친다.

그들이 강수江水와 바다 연안을 따라 회수와 사수泗水에 이르도록 길을 마련해주었다.

淮·海惟揚州:
彭蠡其豬, 陽鳥攸居.
三江旣入, 震澤底定.
篠簜旣敷, 厥草惟夭, 厥木惟喬.
厥土惟塗泥, 厥田惟下下, 厥賦下上, 上錯.
厥貢惟金三品, 瑤·琨·篠·簜·齒·革·羽·毛惟木.

島夷卉服, 厥篚織貝, 厥包橘柚, 錫貢.
沿于江·海, 達于淮·泗.

【淮海】 '淮'는 淮水, '海'는 지금의 江蘇, 浙江 앞의 바다. 東中國海.

【揚州】 지금의 江蘇, 江西 일대이며 九州의 하나.

【彭蠡其豬】 '彭蠡'는 지금의 江西 鄱陽湖. 고대 彭蠡澤, 彭蠡湖라 불렀음. '豬'는 瀦의 가차자. 못, 호수, 큰 저수지. 물이 모여 있는 곳.

【陽鳥攸居】 '陽鳥'는 남방(陽)쪽으로 날아드는 鴻雁 등의 철새를 뜻함. 철새들이 모두 이곳에 모여 겨울을 나는 것으로 여겼음. 그러나 《尙書正讀》에는 "鄭云: 爲鴻雁之屬, 隨陽氣南北. 今按: 〈禹貢〉全文無以禽獸表地者. 又經文先序州界, 次言山原川澤, 次言夷服, 亦無舍地望而先言鳥獸者. 鳥當讀爲島. 《說文》所謂'海中往往有山, 可依止, 曰島是也. 本經皆假島爲之. 島夷皮服, 島夷卉服, 古今文本皆作鳥. ……陽鳥, 卽揚州附海岸各島, 大者則臺灣, 海南是也. 云陽島者, 南方陽位也"라 하여 '鳥'는 '島'의 假借이며 구체적으로 臺灣이나 海南島를 가리키는 것이라 하였음.

【三江旣入】 '三江'은 岷江, 漢水, 彭蠡湖를 가리킴. 鄭玄은 "三江, 左合漢爲北江, 會彭蠡爲南江, 岷江居其中則爲中江"이라 함. '入'은 入海의 뜻. 그러나 震澤(太湖)으로부

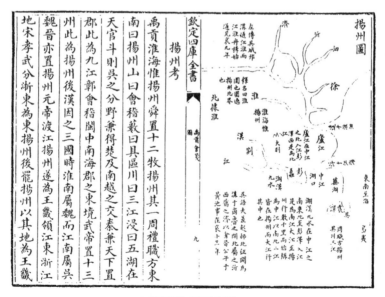

〈揚州圖〉《禹貢會箋》

터 바다로 흘러드는 松江과 婁江으로 보기도 함.

【震澤底定】'震澤'은 지금의 江蘇 太湖. '底定'은 안정을 얻음.

【篠簜旣敷】'篠'(소)는 가는 대나무. '簜'(탕)은 굵은 대나무. 《爾雅》釋草 "簜竹"의 郭璞 注에 "簜, 竹別名"이라 함. '敷'는 布의 뜻. 분포되어 있음.

【厥草惟夭】'夭'는 茂盛하게 자라는 모습을 말함. 《漢書》地理志 "篠簜旣敷, 中夭木喬"의 顏師古 注에 "夭, 盛貌也"라 함.

【厥木惟喬】'喬'는 키가 큰 喬木. 灌木의 상대되는 큰 나무.

【塗泥】저습한 진흙 지역. 《史記》集解에 馬融의 설을 인용하여 "塗泥, 漸洳也"라 하였고, 《詩》魏風 汾沮洳 "彼汾沮洳, 言采其莫"의 孔穎達 疏에 "沮洳, 潤澤之處, 故謂漸洳"라 함.

【上錯】'錯'은 섞여 있음. 上等級에 해당하는 곳도 있음.

【金三品】금, 은, 동의 세 가지. 王肅은 "金, 銀, 銅也"라 함. '品'은 등급. 금은 上等, 은은 中等, 동은 下等에 해당함.

【瑤琨齒革羽毛惟木】'瑤'는 美玉. '琨'은 美石. '齒'는 象牙. 革은 犀皮. 羽는 鳥羽. 毛는 旄牛尾. '惟木'의 '惟'는 '與', '及'과 같음. '木'은 목재. 《經傳釋詞》에 "惟, 猶與也, 及也"라 함.

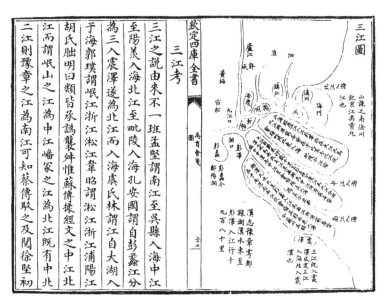

〈三江圖〉《禹貢會箋》

【島夷卉服】'島夷'는 동남 해안 지역 섬에 사는 민족들. '卉服'은 풀로 만든 옷.《爾雅》釋草 "卉, 草"라 하였으며, 鄭玄은 "此州下濕, 故衣草服"이라 함.

【厥篚織貝】'織貝'는 작은 조개를 꿰어 만든 장식 옷. 屈萬里의《尙書今註今譯》에는 "今臺灣山胞, 有以極小之貝, 以線串連之, 織以爲巾者, 蓋卽織貝也"라 함.

【厥包橘柚】'包'는 포장함. 묶음. '橘柚'은 귤과 유자.

【錫貢】納貢.《尙書核詁》에 "錫與貢, 古義略同"이라 함.

【沿】물가를 따라 길을 삼음.

030(6-6)
형주荊州

형산荊山에서 형산衡山 남쪽까지가 형주荊州이다.

장강長江과 한수漢水가 바다를 조종으로 여겨 흘러가도록 하니 구강九江이 크게 안정되었으며, 타수沱水와 잠수潛水를 잘 소통되도록 하여, 운몽택雲夢澤 일대는 농사를 지을 수 있게 되었다.

그곳 토질은 저습한 지역의 고운 진흙이며, 그 농지는 하중下中 등급으로 공부는 상하上下 등급으로 하였다.

그곳의 공물은 새의 깃털, 짐승 털, 상아, 물소가죽이며 금, 은, 동 삼품, 그리고 참죽나무, 산뽕나무, 괄목栝木, 잣나무이며, 그리고 다시 숫돌을 만드는 여석礪石과 지석砥石, 화살촉을 만드는 노석砮石 및 단사丹砂이다.

그리고 화살대를 만드는 균로箘簵와 호목楛木은 그곳 삼방三邦에서 공물로 바치는 이름난 명품이다.

그곳에서는 양매楊梅와 청모菁茅를 묶고 그 광주리에는 검붉은 비단에 끈으로 꿴 구슬을 담아 바치며, 구강 일대에서는 큰 거북을 바친다.

이들이 배로 강수와 타수, 잠수, 한수를 거쳐 다시 낙수洛水를 넘어 남하南河에 이르도록 길을 마련해 주었다.

荊及衡陽惟荊州:
江·漢朝宗于海, 九江孔殷, 沱·潛旣道, 雲土·夢作乂.
厥土惟塗泥, 厥田惟下中, 厥賦上下.
厥貢羽·毛·齒·革, 惟金三品, 杶·榦·栝·柏, 礪·砥·砮·丹.
惟箘簵·楛, 三邦底貢厥名.

包匭菁茅, 厥篚玄纁璣組, 九江納錫大龜.
浮于江·沱·潛·漢, 逾于洛, 至于南河.

【荊及衡陽惟荊州】'荊'은 荊山. 지금의 湖北 南漳縣에 있음. '衡'은 衡山. 五嶽 중의
南岳. 지금의 湖南 衡山縣에 있음. '陽'은 산의 남쪽.

【江漢朝宗于海】'江'은 長江. '漢'은 漢水. 陝西省 寧羌縣에서 발원하여 漢陽縣에 이
르러 長江과 합류함. '朝宗'은 원래 제후들이 봄에 天子를 찾아보는 것을 朝, 여름
에 보는 것을 宗이라 함. 여기서는 비유하여 長江과 漢水가 바다를 천자로 여기듯
이 그곳을 향해 흘러감을 뜻함.

【九江孔殷】'九江'은 〈蔡傳〉에 "九江, 卽今之洞庭也"라 함. 그러나 洞庭湖로 흘러드
는 沅, 漸, 元, 辰, 敍, 酉, 澧, 資, 湘의 아홉 줄기의 강을 뜻하는 것이라 함. '孔殷'의
'孔'은 '大'의 뜻. '殷'은 《尙書核詁》에 "殷, 猶定也. 〈堯典〉'以殷仲春', 《史記》殷作正. 古
正定通用. 〈堯典〉'以閏月定四時', 《史記》定作正, 卽其證也"라 하여 '定, 正'의 뜻이라
하였음.

【沱潛其道】'沱水'는 長江의 支流이며 지금의 湖北 枝江縣에서 江水와 합수함. 《爾
雅》釋水에 "水自江出爲沱, 漢別爲潛"이라 함. '潛'은 潛水. 지금의 湖北 潛江縣을
흐름.

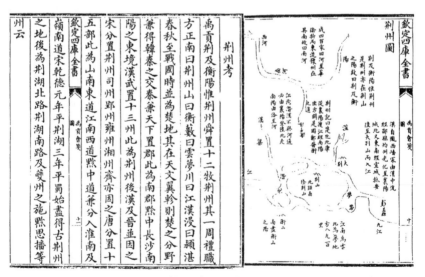

〈荊州圖〉《禹貢會箋》

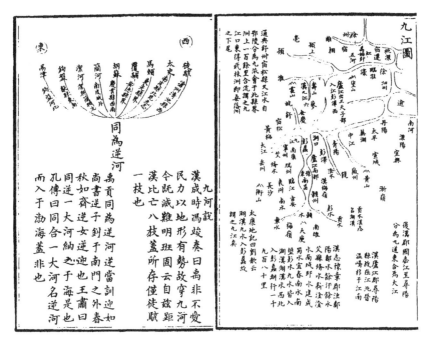

〈九江圖〉《禹貢會箋》

【雲土夢作乂】 '雲土夢'은 雲澤과 夢澤. 지금은 雲夢澤으로 합쳐 부름. 고대에는 江의
남쪽에서는 雲이라 하며 강의 북쪽에서는 夢이라 하였음.《左傳》杜預 注에 "江南
爲雲, 江北爲夢"이라 함. '作'은 耕作, '乂'는 '다스리다'의 뜻.

【杶榦栝柏】 '杶'은 椿樹. 수레를 만드는 참죽나무. '榦'은 柘木. 활을 만드는 데 쓰이
는 산뽕나무의 일종. '栝'은 檜樹, 향료를 채취하는 나무. '柏'은 栢으로도 쓰며 잣
나무.

【礪砥砮丹】 '礪'는 거칠게 갈 때 쓰는 숫돌. '砥'과 세밀하게 가는 고운 숫돌. '砮'는
화살촉을 만드는 돌. '丹'은 丹砂, 朱砂, 붉은 물감의 원료로 쓰임.

【箘, 簬, 楛】 모두 가는 대나무의 일종으로 화살대나 광주리를 짜는데 쓰임. 劉逵는
"射簡, 竹細小通長, 長丈餘, 無節, 可以爲矢笱"라 함.

【三邦底貢厥名】 '三邦'은 雲澤과 夢澤에 인접한 작은 제후국 세 나라. '名'은 名品, 名
産品.

【包匭菁茅】 '包'는 포장. 묶음. '匭'는 '杬'의 借字. 과일의 일종인 楊梅.《說文》에 "匭, 古
文簋或從軌. 杬, 亦古文簋"라 하였고,《異物志》에는 "楊梅, 一名杬, 子如彈丸正赤, 五

月中熟, 味甘酸"이라 함. '菁茅'는 가시가 달린 띠풀의 일종으로 鬱鬯酒를 거르거나 짤 때 사용함. 王鳴盛은 《管子》輕重篇: 江淮之間, 一茅三脊, 名曰菁茅"라 함.

【玄纁璣組】'玄'은 赤黑色의 비단. '纁'은 붉은 비단. 둘 모두 문채가 나는 비단을 가리킴. '璣'는 원형이 아닌 구슬. '組'는 이를 꿴 끈.

【納錫大龜】'納'은 入. '錫'은 《爾雅》釋詁에 "錫, 賜也"라 함. '貢, 獻'의 뜻. '大龜'는 점 치는 데에 사용하는 큰 거북. 《白虎通》蓍龜篇에 의하면 天子는 1尺 2寸, 諸侯는 1 척, 大夫는 8촌, 士는 6촌 짜리를 사용하였다 함.

【逾于洛】'逾'는 '넘다, 넘어가다'의 뜻. '洛'은 洛水. 지금의 陝西에서 발원하여 河南 鞏縣에서 河水와 合水하는 강.

【南河】顔師古는 "在冀州南"이라 하여 지금의 洛陽 鞏縣 일대의 河水를 가리키는 것이라 하였음.

羑里城 안의 〈시초(蓍草)〉

031(6-7)
예주豫州

형산荊山과 하수河水가 있는 곳이 예주豫州이다.

이수伊水와 낙수洛水, 그리고 전수瀍水와 간수澗水를 이미 하수로 흘러 들어가게 하였으며 형파滎波의 못에 물이 고이도록 하였다.

하택菏澤의 물을 터서 소통시켰으며, 맹저孟豬에 둑을 쌓았다.

그곳 토질은 부드러운 흙이며, 아래쪽의 흙은 기름지나 검고 딱딱하다.

그곳 농지는 중상中上 등급이며, 그곳의 공부는 상중上中 등급이 섞여 있다.

그곳의 공물은 옻즙, 시枲, 갈포, 모시이며, 그곳의 광주리에는 가는 목화실이며, 옥경이나 석경을 가는 데 쓰이는 돌을 공물로 바치기도 한다.

배를 띄워 낙수를 거쳐 하수에 이르도록 길을 만들어 주었다.

荊·河惟豫州:
伊·洛·瀍·澗, 旣入于河, 滎波旣豬.
導菏澤, 被孟豬.
厥土惟壤, 下土墳壚.
厥田惟中上, 厥賦錯上中.
厥貢漆·枲·絺·紵, 厥篚纖·纊, 錫貢磬錯.
浮于洛, 達于河.

【荊河豫州】'荊'은 荊山. 지금의 湖北 南漳縣 서북쪽에 있음. '豫州'는 지금의 河南省

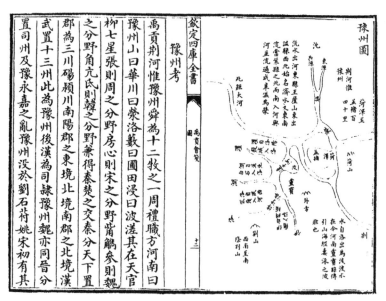

〈豫州圖〉《禹貢會箋》

과 湖北省 북쪽 일부를 포괄하는 九州의 하나. 도읍에 가장 가까운 곳임.

【伊洛】'伊'는 伊水, 伊川. 지금의 河南 盧氏縣에서 발원하여 洛水로 합수하여 河水로 흘러듦. '洛'은 洛水. 지금의 陝西 洛南縣에서 발원하여 洛陽 근처로 흘러듦.

【瀍澗】'瀍'은 瀍水. 지금의 河南 孟縣에서 발원하여 偃師에서 洛水와 합수함. '澗'은 澗水. 지금의 河南 澠池縣에서 발원하여 洛陽에서 洛水와 합수함.

【滎波旣豬】'滎波'는 못 이름. 滎播澤. 지금의 하남 滎陽縣에 있음. '豬'는 瀦의 가차.

【導菏澤】'導'는 유도함. 인도함. 물길을 터서 소통시킴.《史記》夏本紀와《漢書》地理志에는 모두 '道'로 되어 있음. '菏澤'은 지금의 山東 定陶縣에 있는 못 이름.

【被孟豬】'被'는 陂의 가차. 堤防.《墨子》兼愛(中)에 "古者, 禹治天下, 防孟諸之澤"이라 함. '孟豬'는 '孟諸'로도 표기하며 못 이름. 지금의 河南 商邱縣 동쪽에 있음.

【下土墳壚】'墳'은 馬融은 "墳, 有膏肥也"라 함. '壚'는 검고 딱딱한 토질.《說文》에 "壚, 黑剛土也"라 함.

【錯上中】上中의 등급이 섞여 있음.

【絺紵】'絺'는 葛布. '紵'는 모시. 紵麻.

【纖纊】가는 木綿絲. 가늘고 곱게 자은 솜 실.

【磬錯】石磬, 玉磬을 만드는 돌, 혹은 이들 악기를 가는 데 쓰이는 돌.《詩》小雅 鶴鳴 "他山之石, 可以爲錯"의 〈毛傳〉에 "錯, 石也. 可以琢玉"이라 함.

032(6-8)

양주梁州

화산華山 남쪽과 흑수黑水는 양주梁州이다.

민산岷山과 파총산嶓冢山의 공사를 이미 처리하고, 타수沱水와 잠수潛水를 터서 소통시켰다.

채산蔡山과 몽산蒙山에서 공사를 하여 안정시키고, 화이和夷들에게 그 실적을 이룰 수 있도록 하였다.

그곳의 토질은 검푸르며 푸석푸석하여, 그곳 농토는 하상下上 등급으로 하였으며, 그곳의 공부貢賦는 중하中下로 하되 세 등급이 섞여 있도록 하였다.

그곳의 공물은 둥근 돌, 철, 은, 강철, 화살촉을 만드는 돌, 옥경을 만드는 돌, 곰, 큰 곰, 여우, 삵으로 하였다.

그곳의 직피織皮와 서경산西傾山의 공물은 환수桓水를 거쳐 올 수 있도록 하였다.

이들은 잠수에 배를 띄워 면수沔水를 넘어 위수渭水로 들어와서는 하수河水를 가로질러 오도록 길을 터주었다.

華陽·黑水惟梁州:
岷·嶓旣藝, 沱·潛旣道.
蔡·蒙旅平, 和夷底績.
厥土青黎, 厥田惟下上, 厥賦下中, 三錯.
厥貢璆·鐵·銀·鏤·砮·磬·熊·羆·狐·貍.
織皮·西傾因桓是來.
浮于潛, 逾于沔, 入于渭, 亂于河.

【華陽】'華'는 華山. 太華山. 五嶽 중의 西嶽. 지금의 陝西 華陰縣 남쪽에 있음. '陽'은 남쪽 기슭.

【黑水】지금의 雲南을 흐르는 金沙江. 陳澧는 怒江이라 함.

【梁州】九州의 하나로 지금의 四川을 중심으로 그 남쪽 雲南, 貴州, 북쪽은 甘肅, 陝西, 靑海 등 중국의 서쪽 일대를 포괄하였음.

【岷嶓旣藝】'岷'은 岷山. 지금의 四川 북부와 甘肅 접경 지역에 있으며 岷江이 발원함. '嶓'는 嶓冢山. 지금의 陝西 寧强縣 서북, 漢水의 발원지. '藝'는 '다스리다, 처리하다'의 뜻.《廣雅》釋詁에 "藝, 治也"라 함.

【沱潛旣道】沱水와 潛水 모두 岷江의 支流. 荊州의 沱水와 潛水와는 이름은 같으나 다른 물임. 여기서의 '沱水'는 지금의 四川 灌縣에서 분류하여 瀘縣에서 江水와 합류함. '潛水'는 嘉陵江의 북쪽 支流.

【蔡蒙旅平】'蔡'는 산 이름. 지금의 四川 峨嵋山이라 함. '蒙'은 蒙山. 지금의 四川 雅安縣 북쪽에 있음. '旅平'의 '旅'는《尙書正讀》에 "旅, 猶治也"라 함. '平'은 安定시킴.

【和夷底績】和水 근방의 소수민족. '和'는 물 이름으로 胡渭는 '渼水'로 보았음.《說文》에는 "渼水出蜀汶江徼外, 東南入江"이라 하였으며 지금의 大渡河를 가리킴.

【靑黎】'靑'은 검푸른 빛깔. '黎'는 잘 부서져 흩어지는 토질. 段玉裁는 "黎之言離也"라 함.

【三錯】孔安國 傳에 "三錯, 雜出第七第九三等"이라 하여 세 등급이 섞여 있음을 뜻함.

【璆·鐵·銀·鏤·砮·磬·熊·羆·狐·貍】'璆'(구)는 球와 같으며, 동그란 미옥. '鏤'는 강철. '砮'는 화살촉을 만드는 돌. '熊'은 곰. '羆'(비)는 큰 곰, 馬熊. '貍'는 삵, 山貓.

【織皮】짐승의 가죽으로 짠 의복. 王鳴盛은 "雍州之織皮昆侖云云, 知織皮謂西戎之國, 卽崑崙等是也"라 함.

【西傾因桓是來】'西傾'은 山이름. 甘肅과 靑海의 경계지역에 있음. '桓'은 桓水. 즉 白水.《水經注》에 "白水, 自西傾山, 流注漢水"라 하였으며 지금의 白龍江이라 함.

【逾于沔】'沔'은 漢水의 상류. 孔穎達 疏에 "泉始出山爲漾水, 東南流爲沔水, 至漢中東行爲漢水, 是漢上曰沔"이라 함.

【渭】渭水. 지금의 甘肅 渭源縣 鳥鼠山에서 발원하여 흐르는 물.

【亂于河】물살을 가로질러 건넘.《詩》大雅 公劉에 "涉渭爲亂"이라 하였고,《爾雅》釋水에는 "正絕流曰亂"이라 함. 孔穎達 疏에는 "水以流爲順, 橫渡則絕其流, 故謂亂"이라 함.

033(6-9)

옹주雍州

흑수黑水와 서하西河 지역의 옹주雍州이다.

약수弱水를 이미 서쪽으로 흐르도록 하고, 경수涇水를 위수渭水의 물굽이 있는 곳으로 터서 흐르도록 하였으며, 칠수漆水와 저수沮水를 이윽고 순리대로 흐르도록 하였고, 풍수灃水를 그 물들과 합류하도록 하였다.

형산荊山과 기산岐山을 이미 다스리고 종남산終南山과 돈물산惇物山을 거쳐 조서산鳥鼠山까지 이르렀다.

원습原隰에서 실적을 내고 저야豬野 못에 이르렀다.

삼위산三危山을 사람이 살 수 있도록 하자, 삼묘三苗가 크게 복종해 왔다.

그곳의 토질은 누런 토양이며, 그 농지는 상상上上 등급으로, 그곳의 공부는 중하中下 등급으로 하였다.

그곳 공물은 둥근 미옥과 미석, 그리고 낭간琅玕으로 하였다.

적석산積石山 부근의 하수에서 배를 띄워 용문산龍門山 근처의 서하西河에 이르러 위수의 합수 지점에 모이도록 길을 마련해 주었다.

직피織皮를 입는 곳은 곤륜崑崙, 석지析支, 거수渠搜 지역이며, 그곳의 서융西戎들이 이에 모두 복종하게 되었다.

黑水·西河惟雍州:

弱水旣西, 涇屬渭汭, 漆沮旣從, 灃水攸同.

荊·岐旣旅, 終南·惇物, 至于鳥鼠.

原隰底績, 至于豬野.

三危旣宅, 三苗丕敍.

厥土惟黃壤, 厥田惟上上, 厥賦中下.

厥貢惟球·琳·琅玕.

浮于積石, 至于龍門·西河. 會于渭汭.

織皮崑崙·析支·渠搜, 西戎卽敍.

【黑水】구체적으로는 알 수 없음. 혹 張鷄山에서 발원하여 三危山기슭을 흐르는 물이라 함.

【西河惟雍州】'西河'는 陝西 경계선을 남북으로 흐르는 河水. 孔安國 傳에 "西距黑水, 東據河, 龍門之河, 在冀州西"라 함.

【雍州】동쪽 西河로부터 서북쪽 黑水에 이르는 땅. 九州의 하나.

【弱水】지금의 甘肅 張掖縣의 張掖河. 張掖, 高臺, 毛目을 경유하여 북쪽으로 居延海에 이름.

【涇屬渭汭】'涇'은 涇水. 지금의 甘肅 平涼縣 서쪽에서 발원하여 동남쪽으로 흘러 陝西 高陵縣에서 渭水와 합수함. '屬'은 馬融은 "入也"라 함. '渭'는 渭水. 甘肅 渭源縣에서 발원하여 동쪽으로 흘러 陝西 華陰縣에서 黃河로 합수함. '汭'는 물굽이가 서로 합수하는 지역을 일컫는 말.

【漆沮旣從】'漆'은 漆水. 지금의 陝西 동북쪽 大神山에서 발원하여 서남쪽으로 흘러 耀縣에서 沮水와 합수함. '沮'는 沮水. 耀縣 북쪽에서 발원하여 동남쪽으로 흘러 漆水와 합수함. '從'은 '종사하다, 처리하다, 다스리다'의 뜻.

【灃水攸同】'灃水'는 지금의 陝西 盧縣 동북 秦嶺에서 발원하여 咸陽에 이르러 渭水와 합수함. '同'은 '會合, 會同'의 의미. 朝貢路를 의미함.

【荆岐旣旅】'荆'은 荆山. 지금의 陝西 富平縣에 서남쪽에 있음. 荆州의 荆山과는 다름. '岐'는 岐山. 지금의 陝西 岐山縣 동북쪽에 있음. '旅'는 '治', '理'와 같음. '처리하다, 공사를 하다'의 뜻.

【終南惇物至于鳥鼠】'終南山'은 지금의 陝西 長安 남쪽에 있는 山. 秦嶺으로도 부름. '惇物'도 산 이름. 太白山으로도 부름. 지금의 陝西 郿縣 남쪽에 있음. '鳥鼠' 역시 산 이름으로 지금의 甘肅 渭源縣에 서남쪽에 있음.

【原隰底績】'原隰'은 지명. 고대 豳(邠)으로 불리던 곳. 지금의 陝西 旬邑縣.

【豬野】호수 이름. 都野로도 부르며 지금의 甘肅 民勤縣 동북에 있음.

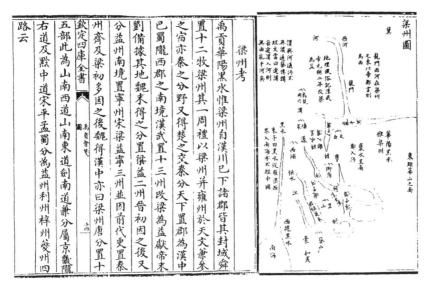

〈梁州圖〉《禹貢會箋》

【三危旣宅】‘三危’는 산 이름. 鄭玄은 “三危山在鳥鼠西, 南當岷山”이라 함. ‘宅’은 ‘거주하다’의 뜻.

【三苗丕敍】‘三苗’는 苗族의 한 무리로 원래 강수, 회수, 형주 근처에 살았으나 中原에 굴복하지 않아 舜이 이 三危山으로 이주시켰음.《史記》五帝本紀에 “三苗在江淮荊州, 舜遷三苗於三危”라 함. ‘丕’는 ‘大’의 뜻. ‘敍’는 順服함을 뜻함.

【球琳琅玕】‘球’는 璆와 같으며 美玉. ‘琳’은 美石. 石磬, 玉磬을 만드는 재료로 쓰임. ‘琅玕’은 구슬과 같은 美玉의 일종.

【積石】산 이름. 大積山, 大雪山이라고도 부름. 지금의 靑海 西寧 서남쪽에 있음.

【龍門西河】‘龍門’은 龍門山. 지금의 陝西 韓城縣 동북. ‘西河’는 龍門이 있는 黃河의 서쪽.

【崐崘, 析支, 渠搜】‘崐崘’은 昆侖, 崑崘, 崐崘 등 여러 표기가 있으며 원래 지금의 카라코룸을 漢語의 疊韻連綿語 식으로 音寫한 것. 西域에 있는 산이며 동시에 지명, 부족 국가 이름. ‘析支’ 역시 산 이름이며 동시에 西戎 여러 이민족 거주의 지명. 지금의 靑海 西寧 서남쪽이었다 함. ‘渠搜’ 역시 산 이름이며 西戎의 한 지파가 거주하고 있던 지명. 應劭는 “〈禹貢〉渠搜在金城河關之西, 西戎也”라 함.

【西戎卽敍】‘西戎’은 고대 중국 서북 지역에 살던 소수민족의 총칭. ‘卽’은 就와 같으며 ‘敍’는 ‘順服함, 복종해옴’을 뜻함.

034(6-10)
형산荊山

견산岍山에서 기산岐山의 길을 터서 형산荊山에 이르러 하수河水를 넘었다.

호구산壺口山과 뇌수산雷首山을 거쳐 태악太岳에 이르렀다.

다시 지주산厎柱山과 석성산析城山을 지나 왕옥산王屋山에 이르렀다.

그리고 태항산太行山과 항산恒山을 거쳐 갈석산碣石山에 이르러 발해渤海로 들어갔다.

서경산西傾山과 주어산朱圉山, 조서산鳥鼠山을 거쳐 태화산太華山에 이르렀다.

웅이산熊耳山과 외방산外方山, 동백산桐柏山을 지나 배미산陪尾山에 이르렀다.

파총산嶓冢山에 길을 내어 형산荊山에 이르렀다.

내방산內方山을 거쳐 대별산大別山에 이르렀다.

민산岷山의 남쪽 기슭을 거쳐 형산衡山에 이르러 구강九江을 지나 부천원敷淺原에 이르렀다.

導岍及岐, 至于荊山, 逾于河.
壺口·雷首, 至于太岳.
厎柱·析城, 至于王屋.
太行·恒山, 至于碣石, 入于海.
西傾·朱圉·鳥鼠, 至于太華.
熊耳·外方·桐柏, 至于陪尾.
導嶓冢, 至于荊山.

內方, 至于大別.
岷山之陽, 至于衡山, 過九江, 至于敷淺原.

【導岍及岐】'導'는 段玉裁는 "當作道"라 하여 "도로를 개통하다"의 뜻으로 보아야
한다고 하였음. '岍'은 산 이름. 지금의 陝西 隴縣에 있음. '岐' 역시 산 이름. 지금의
陝西 岐山縣 동북에 있음.

【荊山】산 이름. 지금의 陝西 富平縣 서남쪽에 있음.

【壺口】산 이름. 지금의 山西 吉縣 남쪽에 있음.

【雷首至于太岳】'雷首'는 산 이름. 지금의 山西 永濟縣에 동남쪽에 있음. '太岳' 역시
산 이름이며 일명 霍太山이라 함.

【底柱析城至于王屋】'底柱'는 산 이름. 지금의 山西 平陸縣 동쪽에 있으며 물 가운
데에 있음. 일명 三門山이라고도 함. '析城' 역시 산 이름으로 지금의 山西 陽城縣
서남쪽에 있음. '王屋' 역시 산 이름으로 지금의 山西 垣曲縣 동쪽에 있음.

【太行恒山至于碣石】'太行'은 산 이름으로 지금의 山西, 河南, 河北 三省의 경계를 이
루고 있음. '恒山' 역시 산 이름으로 지금의 河南 曲陽縣 서북쪽에 있으며 五嶽 중
의 北嶽. '碣石' 역시 산 이름으로 지금의 河北 昌黎縣과 撫寧縣 사이에 있음.

【入于海】'海'는 지금의 渤海를 가리킴.

【西傾朱圉鳥鼠至于太華】'西傾'은 산 이름으로 구체적으로는 알 수 없음. '朱圉' 역
시 산 이름으로 지금의 甘肅 甘谷縣 서남쪽에 있음. '鳥鼠' 역시 산 이름으로 지금
의 甘肅 渭源縣에 서남쪽에 있음. '太華' 역시 산 이름으로 지금의 陝西 華陰縣 남
쪽에 있음. 일명 華山으로 부르며 五嶽 중의 西嶽.

【熊耳外方桐柏至于陪尾】'熊耳'는 산 이름으로 지금의 河南 盧氏縣에 동쪽에 있음.
'外方'은 지금의 嵩山이며 五嶽 중의 中嶽. 지금의 河南 登封縣 북쪽에 있음. '桐柏'
역시 산 이름으로 지금의 河南 桐柏縣 서남쪽에 있음. '陪尾' 역시 산 이름으로 지
금의 湖北 安陸縣에 있음.

【嶓冢至于荊山】'嶓冢'은 산 이름으로 지금의 陝西 寧强縣 서북쪽에 있음. '荊山'은
남쪽의 荊山으로 지금의 湖北 南漳縣 서남쪽에 있음.

【內方至于大別】'內方'은 산 이름으로 章山, 혹은 馬良山이라고도 하며 지금의 湖
北 鐘祥縣 서남쪽에 있음. '大別' 역시 산 이름으로 湖北과 安徽의 경계를 이루고
있음.

【岷山之陽】'岷山'은 지금의 四川 松潘縣 북쪽에 있으며 岷江의 발원지.

【衡山】南嶽 衡山. 지금의 湖南 衡山縣에 있음.

【九江】〈蔡傳〉에 "九江, 卽今之洞庭也"라 함. 그러나 洞庭湖로 흘러드는 沅, 漸, 元, 辰, 敍, 酉, 澧, 資, 湘의 아홉 줄기의 강을 뜻하는 것이라 함. 여기서는 洞庭湖를 가리킴.

【敷淺原】지금의 江西 九江縣에 있는 廬山을 가리킴.

035(6-11)
산하山河

   약수弱水를 소통시켜 합려산合黎山에 이르러, 그 하류의 물이 유사流沙로 흘러들어가도록 하였다.

   흑수黑水를 소통시켜 삼위산三危山에 이르러 그 물이 남해南海로 흘러들어가도록 하였다.

   하수河水를 소통시켜 적석산積石山을 거쳐 용문龍門에 이르며, 남쪽으로 화음華山에 이르렀다가 동쪽으로 지주厎柱에 이르며, 다시 동쪽으로 맹진孟津에 이르며, 동쪽으로 낙수洛水의 물굽이를 지나 대비산大伾山에 이른 다음, 북쪽으로 강수降水를 통과하여 대륙택大陸澤에 이르며, 다시 북쪽으로 아홉 줄기의 강으로 나뉘었다가 하류에서 거꾸로 합수하여 바다로 들어가도록 하였다.

   파총산嶓冢山에서 양수漾水를 소통시켜 동쪽으로 한수漢水로 흐르게 하였으며, 이 물은 다시 동쪽으로 흘러 창랑지수滄浪之水가 되며 삼서三澨를 통과하여 대별산大別山에 이르러 남쪽으로 강수江水로 흘러들도록 하였으며, 동쪽으로 흘러 이 물이 모여 팽려호彭蠡湖가 되며, 동쪽으로 흘러 북강北江이 되었다가 바다로 흘러들게 하였다.

   민산岷山에서 강수를 소통시켜 동쪽으로 나뉘어 타수沱水가 되었다가, 다시 동쪽으로 예수澧水에 이르며, 구강九江을 통과하여 동릉東陵에 이르며, 동쪽으로 느리게 비스듬히 북쪽으로 흘러 회수淮水에 모여 동쪽으로 중강中江이 되어 바다로 흘러들게 하였다.

   연수沇水를 소통시켜 동쪽으로 흘러 제수濟水가 되어 이 물이 하수로 흘러들어 물이 요동치며 흘러 형택滎澤이 되고, 동쪽으로 도구陶丘의 북쪽에서 나와 다시 동쪽으로 하택菏澤에 이르며, 다시 동북쪽으로 흘러

문수汶水에서 모였다가 다시 북동쪽으로 흘러 바다로 흘러들게 하였다.

회수를 동백산桐柏山으로부터 소통시켜 동쪽으로 흘러 사수泗水와 기수沂水에 모여 동쪽으로 바다로 흘러들게 하였다.

위수渭水를 조서동혈산鳥鼠同穴山으로부터 소통시켜 동쪽으로 풍수灃水에서 모였다가 다시 동쪽으로 경수涇水에 모인 다음, 다시 동쪽으로 칠수漆水와 저수沮水를 지나 하수로 들어가도록 하였다.

웅이산熊耳山으로부터 낙수洛水를 소통시켜 동북으로 간수澗水와 전수瀍水에서 모였다가, 다시 동쪽으로 흘러 이수伊水에서 모인 다음 다시 동북으로 흘러 하수로 흘러들어가도록 하였다.

　導弱水, 至于合黎, 餘波入于流沙.
　導黑水, 至于三危, 入于南海.
　導河, 積石, 至于龍門, 南至于華陰, 東至于厎柱, 又東至于孟津;
東過洛汭, 至于大伾; 北過降水, 至于大陸; 又北, 播爲九河, 同爲
逆河, 入于海.
　嶓冢導漾, 東流爲漢; 又東, 爲滄浪之水; 過三澨, 至于大別, 南
入于江; 東, 匯澤爲彭蠡; 東, 爲北江, 入于海.
　岷山導江, 東別爲沱; 又東至于澧; 過九江, 至于東陵; 東迆北,
會于匯; 東爲中江, 入于海.
　導沇水, 東流爲濟; 入于河, 溢爲滎; 東出于陶丘北, 又東至于
菏; 又東北, 會于汶; 又北東, 入于海.
　導淮自桐柏, 東會于泗·沂, 東入于海.
　導渭自鳥鼠同穴, 東會于灃, 又東會于涇; 又東過漆·沮, 入于河.
　導洛自熊耳, 東北, 會于澗·瀍; 又東, 會于伊; 又東北, 入于河.

【導弱水至于合黎】'導'는 물이 흐르도록 소통시켜 인도함. '弱水'는 지금의 甘肅 張
　掖縣의 張掖河. 張掖, 高臺, 毛目을 경유하여 북쪽으로 居延海에 이름. '合黎'는 산

이름으로 지금의 甘肅 山丹, 張掖, 高臺 酒泉 네 현의 서북쪽에 있음.

【餘波入于流沙】‘餘波’는 물의 하류를 뜻하는 말. ‘流沙’는 鄭玄은 《漢書》 地理志를 인용하여 “流沙在居延西北, 名居延澤”이라 함. 居延澤은 지금의 內蒙古 額濟納旗 嘎順諾爾湖와 蘇古諾爾湖 두 호수를 함께 지칭하며 流沙는 居延澤 부근의 사막 지대를 가리킴.

【黑水】지금의 雲南을 흐르는 金沙江. 陳澧는 怒江이라 함. 그러나 지리적으로 보아 확실하지는 않음.

【三危】鄭玄은 “三危山在鳥鼠西, 南當岷山”이라 함. 三苗를 이주시켰던 곳.

【華陰】지금의 陝西 華陰縣. 華山의 북쪽 기슭.

【孟津】河水의 나루터. 지금의 河南 孟縣.

【洛汭】洛水의 물굽이가 있는 곳.

【大伾】산 이름. 지금의 河南 浚縣 서남쪽에 있음.

【降水】漳水. 지금의 河北 曲周縣과 肥鄕縣 사이를 흐르는 黃河.

【播爲九河】黃河 상류의 아홉 分流로 흐르는 물. ‘播’는 분류를 뜻함.

【同爲逆河】鄭玄은 “同, 合也. 下尾合名曰逆河, 言相逆受也”라 함.

【嶓冢導漾】‘嶓冢’은 산 이름. ‘漾’은 漾水. 漢水의 상류.

【滄浪之水】물 이름. 漢水를 가리킴.

【三澨】물 이름. 三參水. 지금의 湖北 京山縣에서 발원하여 동쪽으로 흘러 漢川縣에서 漢水와 합수함.

【北江】漢水를 가리킴. 漢水를 北江, 彭蠡를 南江, 岷江을 中江이라 불렀으며 이를 三江이라 함.

【沱】물 이름. 長江의 지류. 지금의 沱江과 嘉陵江, 涪江 등을 가리킴.

【至于東陵】‘東陵’은 지명. 《漢書》 地理志와 《水經》 決水 注에 漢代 廬江郡 金蘭縣 서쪽에 東陵鄕이 있었던 것으로 되어 있음.

【澧】지금의 湖南 桑縣에서 洞庭湖로 흐르는 江.

【迆】비스듬히 흘러감. ‘迤’와 같음.

【會于滙】《尙書正讀》에 “會爲淮之假借字. 兩大水相合曰會, 江淮勢均力敵, 故云會. 故 江淮本通, 孟子言禹決汝漢, 排淮泗而注之江, 是也”라 함.

【東爲中江】‘中江’은 岷江을 가리킴. 鄭玄은 “左合漢爲北江, 右合彭蠡爲南江, 岷江居 其中, 則爲中江”이라 함.

【沇水】물 이름. 《水經注》 濟水에 “濟水出河東垣縣東王屋山爲沇水”라 함. 沇水와 濟

水는 같은 물로서 그 上流를 沇水라 하며 下流를 濟水라 함.

【溢爲滎】'溢'은 《史記》에는 '泆'로 되어 있으며, 물이 심하게 요동치며 흐르는 모습을 뜻함. '滎'은 滎澤으로 지금의 河南 滎陽縣. 漢나라 때 이미 메워졌음.

【陶丘】지명. 지금의 山東 定陶縣.

【菏】菏澤. 지금의 山東 定陶縣에 있는 못 이름.

【東會于泗沂】'泗'는 泗水. '沂'는 沂水. 沂水는 泗水로 흘러들며 泗水는 淮河로 흘러드는 물. 두 물은 모두 지금의 江蘇 邳縣에서 합수하며 泗水와 淮水는 지금의 江蘇 淮陰縣에서 합수함. 한편 淮河는 江蘇 阜寧縣에서 바다로 흘러들어감.

【鳥鼠同穴】鳥鼠山의 다른 이름.

036(6-12)

구주九州

　이리하여 구주九州는 같은 바가 되었고, 사방의 사람들이 살 만한 곳은 이윽고 주거지가 되었으며, 구산九山의 나무가 베어져 다스려졌고, 구천九川이 물길에 맞게 소통되었으며, 구택九澤에 제방을 쌓아 사해四海가 회동會同할 수 있는 길이 열리게 되었다.

　생활에 필요한 육부六府의 재료가 크게 다스려졌고, 많은 토지에서 나는 재물들이 함께 세금을 매길 수 있게 되었으며, 이에 따라 신중히 재물과 부역에 대해 규정을 마련하게 되었고, 모두가 토지의 비옥한 정도에 따라 기준을 정해 세 등급으로 하였으며, 중원지역으로부터 토지와 성씨를 제후들에게 하사하되, 그들의 공경과 덕이 있는 자를 우선으로 하면서 천자의 일에 거역함이 없도록 하였다.

　5백 리까지는 전복甸服으로, 그중 1백 리는 곡물을 수확하여 총總으로 부세賦稅를 수납하고, 2백 리 지역은 질銍로 수납하며, 3백 리 지역은 갈복秸服으로 수납하고, 4백 리 지역은 속粟으로 수납하며, 5백 리 지역은 미米로 수납하도록 하였다.

　다시 5백 리까지는 후복侯服으로, 그중 1백 리는 채采의 의무를 지고, 2백 리는 남방男邦의 의무를 지며, 3백 리는 제후諸侯로서의 의무를 지도록 하였다.

　다시 5백 리까지는 수복綏服으로, 그중 3백 리까지는 문교文敎로써 헤아리며, 그 바깥 2백 리 지역은 무위武衛를 분격하여 위압할 지역으로 하였다.

　다시 5백 리까지는 요복要服으로, 그중 3백 리까지는 화평을 우선으로 할 지역으로 여기며, 그 바깥 2백 리는 형법으로 다스릴 지역으로 하였다.

다시 5백 리는 황복荒服으로, 그중 3백 리까지는 만蠻으로 여겼으며, 그 바깥 2백 리는 유류의 지역으로 삼았다.

동쪽으로는 바다에 다다르며, 서쪽으로는 유사流沙에 이르기까지는 물론, 먼 북쪽과 남쪽도 이윽고 소문과 교화가 퍼져 나가 사해에 이르게 되었다.

이렇게 하여 우禹는 현규玄圭를 순임금에게 바치며 자신이 임무를 다하여 공을 이루었음을 보고하였다.

九州攸同, 四隩既宅; 九山刊旅, 九川滌源, 九澤既陂, 四海會同.
六府孔修, 庶土交正, 底愼財賦, 咸則三壤成賦, 中邦錫土姓, 祗台德先, 不距朕行.
五百里甸服: 百里賦納總, 二百里納銍, 三百里納秸服, 四百里粟, 五百里米.
五百里侯服: 百里采, 二百里男邦, 三百里諸侯.
五百里綏服: 三百里揆文教, 二百里奮武衛.
五百里要服: 三百里夷, 二百里蔡.
五百里荒服: 三百里蠻, 二百里流.
東漸于海, 西被于流沙, 朔南暨聲教訖于四海.
禹錫玄圭, 告厥成功.

【攸】'所'와 같음. '~하는 바'의 뜻.
【四隩既宅】'隩'는 '墺'와 같음. 편히 정착하여 살 수 있는 곳. '宅'은 '거주하다'의 뜻.
【九山刊旅】'九山'은 앞에 설명한 九州의 산들. 즉 (1)岍及岐至于荆山 (2)壺口·雷首至于太岳 (3)底柱·析城至于王屋 (4)太行·恒山至于碣石 (5)西傾·朱圉·鳥鼠至于太華 (6)熊耳·外方·桐柏至于陪尾 (7)嶓冢至于荊山 (8)內方至于大別 (9)岷山之陽至于衡山. '刊'은 削, 除와 같음. '旅'는 治의 뜻.
【九川滌源】'九川'은 앞에 든 9개의 강이나 하천. 즉 弱水, 黑水, 黃河, 漾水, 長江,

沈水, 淮水, 渭水, 洛水. '滌源'은 물이 잘 흐르도록 터서 소통시킴. 《尙書古今文注疏》에 "滌源者, 謂疏達其水原也"라 함.

【九澤旣陂】'九澤'은 앞에 든 9개의 湖水, 沼澤. 즉 雷夏, 大野, 彭蠡, 震澤, 雲夢, 滎波, 菏澤, 孟豬, 豬野를 가리킴. '陂'는 《說文》에 "陂, 阪野" "阪, 坡者曰阪, 一曰澤障"이라 하여 堤防을 뜻함.

【四海會同】'四海'는 《爾雅》 釋地에 "九夷八狄七戎六蠻, 謂之四海"라 하여 中原 밖을 일컫는 말. '會同'은 원래 제후들이 모두 천자를 뵙기 위해 도읍에 모이는 것을 뜻함. 여기서는 각지의 進貢品과 사람들이 도읍으로 올 수 있도록 교통로를 확보하였음을 말함.

【六府孔修】사람이 일상생활에 필요한 물, 불, 쇠, 나무, 흙, 곡식 등 여섯 가지 물자를 가리킴. '孔'은 大의 뜻, '修'는 治의 뜻.

【庶土交正】'庶'는 衆. '交'는 孔安國 傳에 "俱也"라 하여 '다 같이, 함께'의 뜻. '正'은 征, 徵과 같음. 세금을 징수함.

【底愼財賦】'底'는 '정하다, 규정을 마련하다'의 뜻.

【咸則三壤成賦】'則'은 基準, 準則. '三壤'은 토양의 肥瘠 정도에 따라 上中下 세 등급으로 부세를 구분함을 뜻함. 孔穎達 疏에 "土壤各有肥瘠, 貢賦從地而出, 故分其土壤爲上中下計其肥瘠, 等級甚多, 但擧其大較, 定爲三品"이라 함. '成'은 定과 같음.

【中邦錫土】'中邦'은 中原, 中國, 中華. '錫'는 '賜'와 같음.

【姓】賜姓, 姓氏를 내려줌.

【祇台德先】'祇'는 恭敬의 뜻. '台'는 '이'로 읽으며 '以'의 古字.

【不距朕行】"내가 하는 일을 거역하지 말 것"을 당부한 것. '距'는 '拒'와 같음.

【五百里甸服】고대 천자의 직할지 밖을 사방 5백 리씩으로 거리를 계산하여 구획을 정하였으며 그 멀기에 따라 甸服, 侯服, 綏服, 要服, 荒服으로 나누었음. 그중 '甸服'은 천자가 사용할 곡물을 직접 생산하기 위해 直轄하는 지역임. 胡渭의 《禹貢錐指》에 "五千里內皆供王事, 故通謂之服, 而甸服則主爲天子治田出穀者也"라 함.

【百里賦納總】'百里'는 王城에서 사방 백 리 이내의 땅. '總'은 '總'과 같으며 벤 곡물을 묶은 상태를 뜻하며, 여기서는 모든 곡물을 총칭하는 말. 鄭玄은 "總, 謂入所刈禾也"라 함.

【二百里納銍】王城으로부터 2백 리 안, 즉 앞서 백 리 밖의 다시 백 리. '銍'은 원래는 '낫'(短鎌)을 뜻하는 말이지만 여기서는 곡식을 베어 수확한 이삭을 가리킴. 孔穎達 疏에 "銍謂禾穗也. 禾穗用銍以刈, 故以銍表禾穗"라 함.

〈禹貢所載隨山濬川之圖〉《書經大全》

【納秸服】 '秸'(갈)은 벼나 보리 따위의 까끄라기(穎)를 제거한 상태의 穀物을 가리킴. 鄭玄은 "又去穎也"라 하였고, 段玉裁는 "又去穎者, 又去穗之穎而入穀實也"라 함. '服'은 겉껍질을 그대로 둔 상태의 곡물을 뜻함.

【粟】 찧지 않은 모든 곡물을 일컫는 말.

【米】 찧은 곡물. 精米. 王城으로부터 멀수록 잘 精製한 곡물을 바쳐야 함을 뜻함.

【侯服】 제후들의 지역. 그러나 '侯'는 '候'와 같으며 "왕성에 일이나 부름이 있으면 언제라도 응할 준비를 기다리고 있어야 하는 지역"이라는 뜻이라 함. 江聲은 "侯之言候, 候順逆, 兼司候王命"이라 함.

【百里采】 '采'는 采邑. 諸侯 다음 등급인 卿大夫들에게 준 땅. 그러나 馬融은 "采, 事也. 各受王事者"라 하여 천자를 위해 差役을 담당하는 지역이라 함.

【男邦】 작은 규모의 諸侯 나라. 그러나 《史記》 夏本紀에는 '任國'으로 되어 있으며 邦國(諸侯國)의 差役을 담당하는 지역의 뜻으로 볼 수 있음.

【五百里諸侯】 '諸侯'는 孔安國 傳에 "同爲王者斥候"라 하였고, 孔穎達 疏에는 "斥候, 謂檢行險阻, 伺候盜賊"이라 하여 변경 정찰의 임무를 맡은 지역으로 여겨짐.

【綏服】 '綏'는 '먼 곳을 위무하여 안정시키다'의 뜻. 《爾雅》 釋詁에 "綏, 安也"라 함.

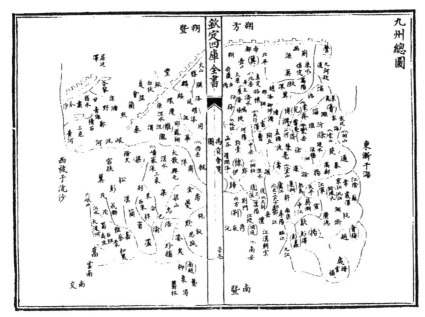

〈九州總圖〉《禹貢會箋》

孔安國 傳에는 "安服王者之政敎"라 함.

【揆文敎】'揆'는 '헤아리다'의 뜻. 孔安國 傳에 "揆, 度也. 度王者文敎而行之"라 함.

【備武衛】《尙書易解》에 "備武衛者, 備揚武衛爲王者藩衛也"라 함. 무력을 갖추어 보여주어 위압, 그들로 하여금 반기를 들거나 침략해 오지 못하도록 함을 뜻함.

【要服】천자의 약속을 받고 복종하는 지역.《尙書易解》에 "受王者約束而服事之, 謂之要服"이라 함.

【夷】화평하게 서로 安靜을 취하는 관계.《周書》諡法에 "安心好靜曰夷"라 함.

【蔡】서로 형법을 준수함을 뜻함. 馬融은 "蔡, 法也. 受王者刑法而已"라 하여 오직 형법에 의해 관계를 맺은 상태를 뜻함.

【荒服】아주 멀어 영향력이 미치지 않는 지역.《爾雅》釋詁에 "荒, 遠也"라 함.

【蠻】그들의 풍속을 그대로 인정하고 존중하여 간섭을 하지 않음. 鄭玄은 "蠻者, 聽從其俗, 羈縻其人耳, 故云蠻. 蠻之言緡也"라 함.

【流】夷狄의 조공 여부에 대해 그대로 방치함. 鄭玄은 "流謂夷狄流移, 或貢或不"이라 함.

【東漸于海】'漸'은 入의 뜻.

【西被于流沙】 '被'는 及, 到의 뜻. '流沙'는 지금의 신장위구르 지역. 아주 먼 곳이라
   여겼음.

【朔南暨聲敎訖于四海】《尙書易解》에 "朔南暨聲敎訖于四海, 九字一句, 謂北方南方和
   聲敎皆止于夷狄之區"라 함.

【禹錫玄圭】 '錫'는 賜와 같음. 여기서는 도리어 신하가 임금에게 되돌려 바침을 뜻
   하는 말로 쓰였음. '玄圭'는 검푸른 색의 瑞玉. 《說文》에 "圭, 瑞玉也"라 함. 禹가 舜
   으로부터 권한을 부여 받은 증거로 가지고 있던 玄圭를 임무가 끝나 다시 바쳤음
   을 말함.

〈07〉 감서甘誓(037-038)

'甘'은 유호씨有扈氏의 국도 남쪽 교외의 지명이며, '誓'는 군사들에 계고戒告하는 말을 뜻한다. 《周禮》秋官 師士에 "五戒 : 一曰誓, 用之於軍旅"라 하였다. 《史記》夏本紀에 의하면 대우大禹가 동쪽으로 순수하다가 회계會稽에서 생을 마치면서 정권을 익益에게 선양하였다. 그러나 3년 뒤 익이 정권을 다시 우禹의 아들 계啓에게 넘겼는데, 계는 대단히 총명하고 주위로부터 인심까지 얻고 있어 익이 그에게 넘긴 것이다. 실제로는 계를 둘러싸고 있던 대신들이 익을 위협하여 제위를 빼앗은 것이다. 이로써 禪

〈白陶鬶〉大汶口 문화 1959 山東 泰安 大汶口 출토

讓公天下의 미덕이 끝이 나고 世襲家天下의 왕조가 설립된 것이다. 이처럼 중국의 최초 왕조는 夏나라이며 이러한 세습왕조는 그 뒤 청나라까지 이어지게 된다. 계가 전자세습傳子世襲으로 제위에 오르자 그들과 동성 제후였던 유호씨가 복종하기를 거부하였다. 이에 계는 군사를 일으켜 감에서 전투에 나서기 전 장병과 사졸들에게 포고한 말이 바로 이 〈감서〉이다. 이리하여 유호씨를 소멸시키고 왕권을 강화하기에 이르렀으며, 《淮南子》齊俗訓 高誘 注와 孔穎達의 〈尙書正義〉에는 모두 "堯舜受禪, 啓獨繼父"라 하여 선양을 버리고 세습에 나선 계를 유호씨가 반대하여 불복한 것이라 하였으며, 그 때문에 최초의 큰 전투가 벌어지게 된 것이라 하였다.

이 글은 〈금문상서〉와 〈고문상서〉에 모두 실려 있다.

*蔡沈《書傳》〈甘誓〉注에 "甘, 地名. 有扈氏國之南郊也. 在扶風鄠縣. 誓, 與禹征苗
之誓同義. 言其討叛伐罪之意. 嚴其坐作進退之節, 所以一衆志而起其怠也. 誓師于
甘, 故以〈甘誓〉名篇.《書》有六體, 誓其一也. 今文·古文皆有"라 함.

〈서〉: 계啓가 유호씨有扈氏와 감甘의 들에서 전투를 벌였으며, 이를 기록한 것이 〈감서甘誓〉이다.

〈序〉: 啓與有扈戰于甘之野, 作〈甘誓〉.

【啓】禹의 아들. 중국 역사상 최초로 繼父傳子의 世襲王朝 夏나라를 일으킨 인물. 아버지 禹가 前代의 예에 따라 禪讓의 방법으로 益에게 천하를 물려주자 啓를 따르던 이들이 益을 위협하여 물러나도록 한 다음 啓를 다시 세움. 따라서 夏의 제 2대 임금이면서 동시에 세습왕도로서의 夏나라 첫 임금이 됨.

【有扈氏】有虞氏 夏나라와 同姓. 지금의 陝西 扈縣 근처에 근거지를 두었던 씨족. 《地理志》에 "扶風鄠縣是扈國. 鄠縣, 古扈國, 有扈亭"이라 함. 鄠, 扈, 戶는 모두 같은 음의 古今字. 蔡沈《書傳》注에 "按: 有扈, 夏同姓之國. 《史記》曰:「啓立, 有扈不服, 遂滅之.」唐孔氏因謂'堯舜受禪, 啓獨繼父, 以是不服', 亦臆度之耳. 《左傳》昭公元年趙孟曰:「虞有三苗.」夏有觀扈, 商有姺邳, 周有徐奄, 則有扈亦三苗徐奄之類也"라 함.

【甘】有扈氏 남쪽 교외에 있던 지명으로 啓가 有扈氏와 전투를 벌였던 곳. 지금의 鄠縣 남쪽에 甘亭이 있음.

037(7-1)
대전우감大戰于甘

감甘에서 큰 전투를 벌이면서 이에 육경六卿을 소집하였다.

계왕啓王이 말하였다.

"아! 육사六事의 일을 하는 이들이여, 나는 서誓로서 그대들에게 고하노라. 유호씨有扈氏는 오행五行을 가볍게 여겨 모멸하며, 삼정三正을 태만히 여겨 버리고 있어, 하늘이 그 명을 끊어 없애려 한다. 지금 나는 오직 하늘이 그들에게 내리는 벌을 받들어 실행하고자 하노라."

大戰于甘, 乃召六卿.

王曰:「嗟! 六事之人, 予誓告汝: 有扈氏威侮五行, 怠棄三正, 天用勦絶其命. 今予惟恭行天之罰.」

〈大禹陵〉浙江 紹興 會稽山

【六卿】六軍의 장수. 夏殷周 시대 天子는 六軍을 두었으며 육군의 장수를 六卿으로 불렀음. 鄭玄은 "六軍之將.《周禮》六軍皆命卿, 則三代同矣"라 함.

【六事之人】六軍에 종사하는 모든 將令과 軍吏, 士兵 등 모두를 지칭하는 말. 鄭玄은 "變六卿言六事之人者, 言軍吏以下及士卒也"라 함.

【威侮五行】'威'는 '滅'의 오류.《經義述聞》에 "威乃滅之訛, 滅者蔑之借. 蔑, 輕也. 蔑侮五行, 言輕慢五行也"라 함. '五行'은 金, 木, 水, 火, 土. 여기서는 〈洪範〉에

지정한 것을 제대로 준수하지 않음을 뜻함. 夏曾佑는 "卽言有扈氏不遵洪範之道" 라 함.

【怠棄三正】'怠'는 태만함. '三正'은 《尙書易解》에 "正德, 利用, 厚生" 세 가지 政治 大要을 가리키는 것이라 하였음.

【勦絶】끊어서 잘라버림.

【恭行】《墨子》明鬼篇,《史記》夏本紀,《漢書》王莽傳에 모두 '共行'으로 되어 있으며, '奉行'과 같은 뜻임.

038(7-2)
전사戰士

"왼쪽 수레가 왼쪽 수레의 할 일을 제대로 잘 해내지 못하면 이는 그대가 명령을 공경히 수행하지 않는 것이요, 오른쪽 수레가 오른쪽 수레의 할 일을 제대로 잘 해내지 못하면 이는 그대가 명령을 공경히 수행하지 않는 것이요, 수레를 모는 자가 그 말을 바르게 다루지 못한다면 이는 그대가 명령을 바르게 수행하지 못하는 것이다. 명령을 잘 준수하면 조상 위패 앞에서 상을 내릴 것이요, 명령을 잘 수행하지 못하면 사주社主 앞에서 죽음을 내리게 될 것이며, 나는 그러한 자는 노예로 삼거나 죽여버릴 것이다."

「左不攻于左, 汝不恭命; 右不攻于右, 汝不恭命; 御非其馬之正, 汝不恭命. 用命, 賞于祖; 弗用命, 戮于社, 予則孥戮汝.」

【左不攻于左】'左'는 左車. 孔安國 傳에 "左方主射"라 함. 射手가 타는 戰車. '攻'은 精善과 같음. '功'과 같은 뜻.

【右不攻于右】'右'는 右車. 孔安國 傳에 "右用力之士執戈矛以退敵"이라 함. 戈矛를 잡은 병사가 타는 수레.

【御非其馬之正】'御'는 戰車를 모는 사람. 金履祥은 "左主射, 右主擊刺, 御主馬, 各守其職"이라 함.

【賞于祖】孔安國 傳에 "天子親征, 必載遷廟之祖主行, 有功, 則賞祖主前, 示不專"이라 하여, 천자가 전투에 나갈 때 祖廟의 위패를 모시고 나가서 승리한 다음 그 위패 앞에서 施賞함.

【戮于社】孔安國 傳에 "天子親征, 又載社主, 謂之社事, 不用命奔北者, 則戮之於社主前"이라 하여, 土地神의 位牌를 실은 수레를 몰고 나가며 도망하는 자는 그 社主

앞에서 처단함.

【孥戮】'孥'는 원래 처와 자식을 함께 일컫는 말이나 여기서는 '奴'와 같음. 노예로 삼거나 죽여버림. 顔師古《匡謬正俗》에 "案孥戮者, 或以爲奴, 或加刑戮, 無有所赦耳. 此非孥子之孥, 猶〈泰誓〉稱囚孥正士, 亦謂或囚或孥也. 豈得復言幷子俱囚也?"라 함.

〈08〉 오자지가五子之歌(039-044)

〈陶塑孕婦像〉紅山문화 1982 遼
寧 朝陽 출토

啓王의 뒤를 이은 임금 太康은 유락과 사냥에 탐닉하여 정치를 돌보지 아니하고 백성을 제대로 다스리지 못하였으며, 이 때문에 백성들은 더 이상 견딜 수 없는 지경에 빠지고 말았다. 그러자 유궁씨有窮氏의 군주 예羿가 무리를 이끌고 황하 북쪽에서 태강을 막고 귀국하지 못하도록 하였다. 이리하여 태강은 결국 제위를 잃게 되었다. 한편 그때 태강의 다섯 아우가 어머니와 함께 낙수洛水의 북쪽에서 1백여 일을 기다렸으나 태강이 돌아오지 않자, 다섯 편의 이 시를 지어 태강에 대한 원망과 질책을 표현하였다. 다섯 아들의 이름은 기록으로 남아있지 않으나 나중에 유궁 후예后羿를 몰아내고 다시 제위에 오른 중강仲康도 그중 하나였을 것으로 보기도 한다. 내용은 우의 훈계를 싣고 망국의 한과 宗祀의 멸절을 탄식한 것들이다. 본편은 〈今文尚書〉에는 실려 있지 않으며 〈古文尚書〉에만 실려 있고, 《離騷》, 《墨子》非子篇, 《逸周書》, 《左傳》昭公元年 등 다른 기록에는 이들 오형제의 악행을 들고 있어, 그 때문에 본편을 僞作일 것으로 추측하기도 한다.

＊蔡沈《書傳》〈五子之歌〉注에 "五子, 太康之弟也. 歌與帝舜作歌之歌同義. 今文無, 古文有"라 하였다.

〈서〉: 태강太康이 나라를 잃자 형제 다섯이 낙수洛水 물머리에서 기다리며 이 〈오자지가五子之歌〉를 지었다.

〈序〉: 太康失邦, 昆弟五人須于洛汭, 作〈五子之歌〉.

【太康】啓王의 여섯 아들 중에서 첫째 아들. 啓를 이어 夏나라 3대 군주가 되었으나 사냥과 유락에 빠져 국도로 돌아오지 아니한 채 1백여 일 동안 장기간 외유하다가 有窮氏의 后羿에게 나라를 잃음. 한편 五子는 어머니의 입장에서 아들이며 임금 태강에게는 아우임.

【昆弟】兄弟와 같음.

【須】'기다리다'의 뜻.

【洛汭】洛水의 물이 黃河로 들어서는 入水地點. '汭'는 물이 합치는 合水地點 물머리를 일컫는 말. 지금의 河南 鞏縣 근처.

039(8-1)
태강太康

태강太康이 시동尸童처럼 자리만 차지하며 편안함과 즐거움에 빠져 그 덕을 멸하자 백성들은 모두가 두 마음을 가지게 되었는데도, 이에 어슬 렁거리며 놀기에 한도가 없었고, 낙수洛水 남쪽으로 사냥을 가서는 1백 여 일이 되도록 돌아오지 않고 있었다.

그러자 유궁有窮의 군주 예羿가 백성이 참지 못하는 정서를 이용하여 하수河水에서 그를 막고 말았다.

태강의 아우 다섯 명이 어머니를 모시고 따라 나서서 낙수의 물머리 에서 그를 기다리다가, 다섯 아들은 모두가 태강을 원망하며 대우大禹 의 훈계를 따라 노래를 지었다.

太康尸位, 以逸豫滅厥德, 黎民咸貳, 乃盤遊無度, 畋于有洛之 表, 十旬弗反.

有窮后羿, 因民弗忍, 距于河.

厥弟五人, 御其母以從, 俟于洛之汭, 五子咸怨, 述大禹之戒以 作歌.

【尸位】'尸'는 고대 제사를 지낼 때 神主를 대신하여 아이를 그 자리에 앉히며 이 를 尸童이라 함. 여기서는 신주처럼 임금의 자리만 지킬 뿐 政事를 돌보지 않음 을 말함.

【逸豫】안일과 즐거움을 뜻하는 雙聲連綿語. '逸'은 '佾', '佚' 등 여러 표기가 있음. '豫'는 〈蔡傳〉에 "樂也"라 함.

【黎民咸貳】'黎民'은 일반 백성을 지칭함. '咸'은 모두의 뜻. '貳'는 싫증을 냄. 혹은 '두 마음을 가지다'의 뜻.

【盤遊無度】'盤遊'는 '盤桓遊逸'의 줄인 말. 떠돌며 놀기만 함. '無度' 한도가 없음.

【畋于有洛之表】'畋'은 사냥. '表'는 남쪽을 지칭하는 말.

【有窮后羿洛】'有窮'은 有窮氏, 窮나라. '有'는 나라나 부족, 부락, 씨족 이름 앞에 붙이는 詞頭語. '后'는 임금. 군주, 우두머리. 《爾雅》釋詁에 "后, 君也"라 함. '羿'는 그의 이름. 帝嚳 때 활의 명수로 羿가 있었으며 하늘에 10개의 해가 나타나자 그중 9개를 활로 쏘아 없앴던 인물임. 그 뒤 활의 명수를 '羿'라 불렀음. 따라서 유궁씨의 后도 활의 명수로 이름이 높아 이름을 羿라 한 것이라 함.

【距于河】'距'는 '拒'와 같음. 河水(黃河)에서 太康이 돌아오는 것을 막아 들어오지 못하도록 함.

【御其母以從】'御'는 '모시다, 시봉하다'의 뜻.

【徯于洛之汭】'徯'는 '須'와 같음. '기다리다'의 뜻.

【述大禹之戒】孔安國 傳에 "述, 循也"라 하여 '서술하다'의 뜻이 아니라 '준수하여 따르다'의 의미임.

040(8-2)
황조유훈皇祖有訓

　그 첫 번째 노래에 말하였다.

　"황조皇祖께서 훈계가 있으셨지. '백성은 가히 가까이 여길 대상이지 비하해서는 안 되느니라. 백성은 나라의 근본이니 근본이 견고해야 나라가 편안한 법. 어리석은 지아비나 어리석은 지어미라도 한결같이 나보다 나으니, 한 사람이 자주 실수를 하고서 그 원망이 밝히 드러났는데도 어찌 이러한 의도가 아니었다고 하겠는가? 내 억조창생 앞에 임하면서 마치 썩은 줄로 여섯 필 말을 몰 듯이 걱정을 하였노라. 남의 윗사람이 되어 어찌 공경스럽게 하지 않을 수 있겠는가?'"

　其一曰:「皇祖有訓:『民可近, 不可下. 民惟邦本, 本固邦寧. 予視天下, 愚夫愚婦, 一能勝予, 一人三失, 怨豈在明, 不見是圖? 予臨兆民, 懍乎若朽索之馭六馬, 爲人上者, 柰何不敬?』」

【其一】그중의 하나가 지은 노래. 실제로는 禹의 훈계를 그대로 인용한 것으로 볼 수 있음.
【皇祖】'皇'은 '크다'의 뜻. 《說文》에 "皇, 大也"라 함. '皇祖'는 자신들 夏나라 개국 군주 禹를 지칭함.
【一】一切, 모두, 한결같이.
【勝】'낫다'의 뜻.
【三失】실수가 여러 번 되풀이됨을 뜻함.
【不見是圖】'圖不見'과 같음. 하는 일(圖)이 너무 細微하여 그 과실이 드러나지 않음. '見'은 '현'으로 읽음. 孔穎達 疏에 "大過皆由小事而起, 言小事不防, 易致大過, 故於不見細微之時, 當於是豫圖謀之, 使人不怨也"라 함.

【予臨兆民】'予'는 禹임금의 훈계의 말로서 禹 자신을 가리킴. '臨'은 蒞, 莅와 같음. '兆民'은 아주 수가 많은 백성. 孔安國 傳에 "十萬曰億, 十億曰兆, 言多"라 함.

【懍】두려워함. 겁을 냄.

【朽索】썩은 줄의 말고삐.

【六馬】임금의 수레를 끄는 여섯 마리 말.

【爲人上者】사람들의 위에 있는 사람. 군주.

041(8-3)
감주기음甘酒嗜音

그 두 번째 노래에 말하였다.

"훈계가 있으셨지. '안으로 여색의 황폐함에 빠지거나 밖으로 사냥의 황폐함에 빠지거나, 술을 달게 여기거나 음악에 빠지거나, 궁궐을 높이 짓고 담장을 조각하는 일. 이중 한 가지만 있어도 망하지 않은 자는 있지 않았다'라고."

其二曰:「訓有之:『內作色荒, 外作禽荒. 甘酒嗜音, 峻宇彫牆, 有一于此, 未或不亡.』」

【訓】역시 우임금의 훈계를 그대로 인용한 것임.

【內作色荒】안으로는 女色의 황폐함에서 헤어나지 못함.

【外作禽荒】밖으로는 짐승을 잡는 사냥의 황폐함에서 헤어나지 못함. '禽'은 禽獸, 여기서는 사냥을 뜻함.

【甘酒嗜音】술의 달콤함에 빠지고 음악의 즐거움에 빠짐.

【峻宇彫牆】'宇'는 궁궐. '彫牆'은 雕墻과 같음. 궁궐을 높이 짓고 담장을 조각하여 화려하게 꾸밈. 화려한 궁궐을 꾸미기에 여념이 없음을 말함.

【未或不亡】그렇게 하고도 혹 망하지 않은 자는 없음. 반드시 망함.

042(8-4)
난기기강亂其紀綱

그 세 번째 노래는 이러하였다.

"오직 저 도당씨陶唐氏로부터 이곳 기주冀州 지역이 나라가 되었네. 그런데 지금 그 바른 도를 잃고 그 기강을 어지럽히니, 이에 멸망의 지경에 이르고 말았네."

其三曰:「惟彼陶唐, 有此冀方. 今失厥道, 亂其紀綱, 乃底滅亡.」

【陶唐】五帝의 하나. 陶唐氏. 堯임금의 氏族. 堯는 陶丘의 제후로 있다가 뒤에 唐으로 옮겨 살아 그를 陶唐氏, 唐堯라고도 부름. 〈蔡傳〉에 "堯初爲唐侯, 後爲天子; 都陶, 故曰陶唐"이라 함.

【冀方】冀州 지방. 堯가 도읍으로 삼은 平陽, 舜의 도읍은 蒲坂, 禹의 도읍은 安邑이며 이는 모두 고대 冀州에 속함. 따라서 여기서는 나라 전체를 이르는 뜻으로 쓰였음.

【厥道】堯임금이 나라를 다스리던 올바른 그 도리.

【紀綱】나라의 벼리. 근본. 법제.

【底】'致'와 같음. 그러한 상황에 이름. 招來함.

043(8-5)
복종절사覆宗絶祀

그 네 번째에 말하였다.

"명철하신 우리 조상이시어, 만방의 군주이셨다. 전장典章을 만들고 법칙을 만들어 우리 자손들에게 넘겨주셨도다. 생산되는 일용품을 여시어 조화와 균형을 이루셨으니 왕의 창고가 넉넉하셨다. 그런데 그 서업緖業을 황폐하게 추락시켜 종족을 복멸하고 제사를 끊었도다!"

其四曰:「明明我祖, 萬邦之君. 有典有則, 貽厥子孫. 關石和鈞, 王府則有. 荒墜厥緒, 覆宗絶祀!」

【明明】明哲하고 明哲하며 英明하고 聖明스러움.

【有典有則】'典'은 典章. 法典. '則'은 法則.

【貽】'끼치다, 물려주다, 남겨주다, 넘겨주다'의 뜻. 孔安國 傳에 "遺也"라 함.

【關】孔穎達 疏에 "關, 通也"라 함. 여기서는 有無相通의 뜻.

【石】무게의 단위. 고대 120근을 1석으로 하였음. 여기서는 民生에 꼭 필요한 생필품을 가리킴.

【和鈞】'和'는 平, '鈞'은 均과 같음. 有無를 고르게 하여 백성들이 결핍이 없도록 함.

【王府則有】'王府'는 王의 府庫. '有'는 '넉넉함, 풍족함'의 뜻.

【荒墜厥緒】'厥'은 其와 같음. '緖'는 '이어가다'의 뜻. 조상으로부터 해오던 사업으로 계속 이어가야 할 業務.

【覆宗絶祀】宗族을 복멸시키고 제사를 끊음. 太康이 한 짓을 비판한 말임.

044(8-6)

안후뉵니 顔厚忸怩

그 다섯 번째는 이렇게 말하였다.

"아, 어디로 돌아갈꼬? 내 가슴에 품은 이 슬픔이여. 만백성이 우리를 원망하여 원수로 여기게 되었으니, 우리는 장차 누구를 의지할꼬? 답답하고 안타깝도다, 내 마음이여. 낮이 두꺼워지듯 부끄러워 말도 꺼내지 못하겠노라. 그 덕을 신중히 하지 못하였으니, 비록 뉘우친들 어찌 가히 좇을 수 있겠는가?"

其五曰:「嗚呼曷歸? 予懷之悲. 萬姓仇予, 予將疇依? 鬱陶乎予心. 顔厚有忸怩. 弗愼厥德, 雖悔可追?」

【曷歸】'曷'은 '何'와 같음. '어느 곳으로 귀의할까'의 뜻.

【萬姓仇予】만백성이 나를 원망하여 원수로 여김. '仇'는 怨과 같음. 孔安國 傳에 "仇, 怨也"라 함.

【疇依】'疇'는 誰와 같음.

【鬱陶】마음이 답답하고 안타까움. 근심에 빠져 있음. 孔穎達 疏에 "鬱陶, 精神憤結積聚之意, 故謂哀思也"라 함.

【顔厚】얼굴에 부끄러움을 띠고 있음. 孔穎達 疏에 "羞愧之情見於面貌, 似如面皮厚然, 故以顔厚爲色愧"라 함.

【忸怩】'뉵니'로 읽으며 부끄러워 말도 하지 못하는 상태를 뜻하는 雙聲連綿語.

〈09〉 윤정胤征(045-050)

〈鴞鼎〉 1958 陝西 華縣 출토

啓王의 아들 太康이 유궁후예有窮后羿에 의해 제위를 잃은 뒤 그 뒤를 이은 이가 태강의 아우 仲康이었다. 이때 천시와 사시, 역수를 담당하던 희씨羲氏와 화씨和氏가 있었는데 이들은 술과 놀이에 빠져 자신의 직무를 다하지 않았다. 이에 중강은 윤후胤侯로 하여금 이들을 토벌하도록 명을 내렸다. 따라서 윤정이란 윤후가 정벌에 나섰을 때의 기록이다. 즉 윤후가 출정 전에 군사들에게 발표한 서사誓詞이다.

내용은 임금과 신하, 그리고 백성은 모두가 자신의 직무에 충실해야 하며, 본연의 임무를 태만히 한 자는 반드시 처벌받아야 함을 주장한 것이다. 아울러 사사로운 정에 얽매이지 않아야 질서가 바르게 설 수 있음을 강조하고 있다. 본편은 〈금문상서〉에는 실려 있지 않으며, 〈고문상서〉에만 실려 있다.

＊蔡沈《書傳》〈胤征〉注에 "胤, 國名. 孟子曰:「征者, 上伐下也.」此以征名, 實卽誓也. 仲康丁有夏中衰之運, 羿執國政, 社稷安危在其掌握, 而仲康能命胤侯, 以掌六師. 胤侯能承仲康以討有罪, 是雖未能行羿不道之誅明羲和黨惡之罪, 然當國命中絶之際, 而能擧師伐罪, 猶爲禮樂征伐之自天子出也. 夫子所以錄其書者以是歟! 今文無, 古文有"라 하였다.

〈서〉: 희씨義氏와 화씨和氏가 지나치게 술에 빠져 사시를 폐기하고 일월을 어지럽게 하자 윤후胤侯가 이를 정벌하러 나섰으며 이에 〈윤정胤征〉을 지었다.

〈序〉: 義和湎淫, 廢時亂日, 胤往征之, 作〈胤征〉.

【義和】天地와 四時, 曆數 등 자연 현상을 살펴 이를 농사에 적용하며 아울러 吉凶의 징조 등까지 담당하던 고대의 직책. 馬融은 "義氏掌天官, 和氏掌地官, 四子掌四時"라 함. 義氏와 和氏로 분리하여 불렀으며, 원래는 이름이었으나 뒤에 직책 이름으로 轉化됨. 모두 重黎의 후손으로 堯임금 때 義仲, 義叔, 和仲, 和叔이 있었으며 仲康 때의 義和는 이들의 후손으로 같은 직책을 이어받은 것임.
【湎淫】'湎'은 술에 빠져 미혹해짐을 뜻하며, '淫'은 정도가 지나친 경우를 뜻하는 말.
【廢時亂日】'時'는 四時, 日은 日月. 義和가 정리하여 日曆을 만들고 때를 살펴 백성들이 그에 맞추어 산업에 종사하며 일상생활을 영위하도록 해 주어야 함에도 이를 제대로 하지 않았음을 말함.
【胤】나라 이름. 胤侯는 그 나라의 군주.

045(9-1)
윤후胤侯

　중강仲康이 사해四海에 처음 임하면서 윤후胤侯가 명에 의해 육사六師를 맡게 되었다.

　그때 희씨羲氏와 화씨和氏가 자신의 직무를 폐기한 채 그 자신의 봉지에서 술에 절어 황폐한 짓을 하자, 윤나라 군주가 왕명을 받들고 그리로 가서 이들을 정벌하였다.

　惟仲康肇位四海, 胤侯命掌六師. 羲和廢厥職, 酒荒于厥邑, 胤后承王命徂征.

【仲康】夏나라 제 3대 군주. 太康의 아우. 유궁(有窮)의 예(羿)가 太康을 폐위한 후 仲康을 왕위에 올림. 그는 즉위 뒤 권력 장악 측면에서 胤侯에게 명하여 羲和를 征伐토록 한 것임.《史記》夏本紀에 "太康崩, 弟中康立, 是爲帝中康"이라 하였으며 '中'은 '仲'과 같음.
【肇位】'肇'는 '시작하다, 열다'의 뜻. '位'는 '涖'와 같음. '臨', '視'의 뜻.《爾雅》釋詁에 "涖, 視也"라 함.
【六師】六軍. 천자의 군사를 일컫는 말. 大司馬가 이를 관장하였음.
【厥邑】羲和가 다스리고 있던 봉지.
【胤后】胤나라의 군주. 胤侯의 경우 '侯'는 작위가 公侯伯子男의 '侯'였음을 밝힌 것.
【徂征】'徂'는 '그곳으로 가다'의 뜻.

046(9-2)
희화실덕羲和失德

윤후胤侯가 여러 장병들에게 이렇게 고하였다.

"아, 여러 무리들이여! 성인이신 우임금의 모훈謨訓이 있으니 명확한 증거이며 안정의 보책이다. 선왕先王께서는 능히 천계天戒를 신중히 하시며 신하들은 능히 떳떳한 법으로써 하며, 백관들은 보필의 의무를 다함으로써 그 임금이 성명聖明하게 되는 것이니라. 매해 맹춘孟春에는 주인遒人이 목탁木鐸을 치며 거리를 순행하여 모든 관리들이 서로 규제하며, 공인들은 자신의 일을 들어 간언을 하는 것이니, 그중 혹 임금에게 바른 간언을 하지 않는 자가 있으면 나라에서 법으로 다스렸느니라. 그런데 지금 희씨羲氏와 화씨和氏는 그 덕을 엎고 뒤집으며, 술에 빠져 혼란을 일삼으며, 관질을 배반하고 직무를 이탈하여 천기天紀를 뒤흔들기 시작하였으며, 자신이 맡은 일을 멀리 팽개친 채, 계추季秋의 월삭月朔이건만 해와 달이 방수房宿에서 만나지 않아 악관은 북을 울리고, 색부嗇夫는 이리저리 뛰고 있으며, 서민은 달아나고 있다. 희화가 그 관직을 주관하건만 듣고 알아볼 수도 없어 천상天象을 혼미하게 하였으니, 이는 선왕이 제정한 주벌을 당할 조항을 범한 것이다.《정전政典》에 '시령時令이 앞서 오도록 한 자의 죄는 죽이되 용서함이 없도록 하라. 시령이 늦게 오도록 한 자도 역시 죽이되 용서함이 없도록 하라'라 하였다."

告于衆曰:「嗟予有衆! 聖有謨訓, 明徵定保. 先王克謹天戒, 臣人克有常憲, 百官修輔, 厥后惟明明. 每歲孟春, 遒人以木鐸徇于路, 官師相規, 工執藝事以諫, 其或不恭, 邦有常刑. 惟時羲和, 顚覆厥德, 沈亂于酒, 畔官離次, 俶擾天紀, 遐棄厥司, 乃季秋月朔,

辰弗集于房, 瞽奏鼓, 嗇夫馳, 庶人走. 羲和尸厥官罔聞知, 昏迷于
天象, 以干先王之誅.《政典》曰:『先時者殺無赦, 不及時者殺無
赦.』」

【聖】禹임금을 지칭함.
【謨訓】'謨'는 謨策. '謨'는 '謀'와 같음. '訓'은 訓戒. 敎訓.
【明徵定保】명확한 증험과 확정적인 국가 안정책. '保'는 孔安國 傳에 "安也"라 함.
【克謹】'克'은 '能'과 같은 뜻이며 흔히 强調法으로도 쓰임.
【天戒】하늘의 경계. 日蝕, 月蝕 등 기이한 자연 현상에 대해 하늘이 재앙을 내릴
　징조라 여겼음.
【常憲】常理에 합당한 법.
【修輔】'修'는 자신의 직무에 충실함을 뜻함. '輔'는 임금의 보필. 보좌.
【孟春】이른 봄. 구체적으로 음력 正月.
【遒人】관직 이름. 임금의 명령을 널리 전달하고 선전하는 임무를 맡았을 것으로 여
　겨짐. 孔穎達 疏에 "遒人, 不知其意. 蓋訓遒爲聚, 聚人而令之, 故以爲名也"라 함.

〈吊人銅矛〉(西漢) 1956 雲南 晉寧縣 滇王墓 출토

【木鐸】나무로 만든 방울. 敎令을 전달
하는 것으로 木鐸과 金鐸의 두 종류가
있었음. 木鐸은 속의 추가 나무로 되어
있으며 文事를 알릴 때 사용하며, 金鐸
은 추가 쇠로 되어 있으며 이는 武事를
알릴 때 사용하였다 함.《周禮》天官 小
宰의 "徇以木鐸" 注에 "古者將有新令, 必
備木鐸以警衆, 使明聽也. 文事備木鐸,
武事備金鐸"이라 함.
【官師】'官'은 百官. '師'는 관원. 모든 관
리를 뜻함.
【工執藝事以諫】'工'은 百工. 각종 물건
을 만들어내는 工人, 匠人. 모든 技能을
생업으로 하는 사람들은 각기 자신의
일에서 얻은 경험을 예로 들어 간언함.

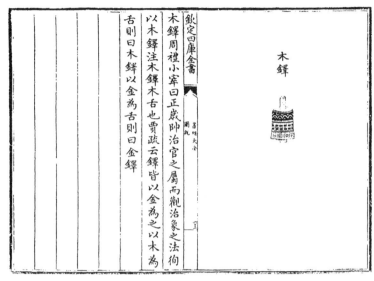

〈木鐸〉《書經大全》

《禮記》月令에 "毋或作爲淫巧, 以蕩上心"이라 함.

【不恭】'不恭'은 임금에게 책임을 묻지 않음을 말함.《孟子》離婁(上)에 "責難於君謂
之恭"이라 함.

【畔官離次】'畔'은 叛과 같음. '次'는 職位.

【俶擾天紀】'俶'은《爾雅》釋詁에 "始也"라 하였으며, '天紀'는〈洪範〉에 말한 五紀와
같음. 즉 歲, 月. 日, 星辰, 曆數를 가리킴.

【退棄厥司】그 맡은 바 직분을 멀리 팽개침.

【季秋】늦은 가을. 가을의 끝달인 음력 9월.

【朔】음력으로 매월 초하루를 가리킴.

【辰】해와 달이 운행하다 만나는 것.《左傳》昭公 7년에 "公曰:「多語寡人辰而莫同.
何謂辰?」對曰:「日月之會是謂辰, 故以配月.」"이라 함.

【房】별자리 이름. 房宿. 해와 달이 서로 운행하다가 만나는 지역. 해와 달이 房宿를
지나가면 아무 일이 없으나 그곳이 아닌 길로 운행하면 일식이 생긴다고 여긴 것.
따라서 여기서는 일식이 일어났음을 뜻함.

【瞽】樂官. 고대 악관은 주로 盲人이 담당하였음.《左傳》文公 15年에 의하면 "日蝕이
생기면 천자는 성찬을 먹지 아니하며 社에서 북을 친다"라 하였음.

【社】土地神을 모신 사당.

【嗇夫】布帛을 갈무리 하는 낮은 관리.

【尸】주관함. 관리함. 그 일을 맡아 처리함.

【天象】天文現像.

【干先王之誅】'干'은 '犯하다'의 뜻. '先王之誅'는 선왕들이 제정한 주벌을 받을 죄목.

【先時】時令과 節氣가 너무 일찍 찾아옴. 즉 羲和가 이를 조절하여 시령과 절기를 맞추어 알려주어야 함에도 그 임무를 다하지 아니하여 계절을 알 수 없도록 한 죄를 말함. '不及時'는 이에 상대되는 뜻.

【政典】先王의 治道에 관한 法典.

047(9-3)
옥석구분玉石俱焚

"이제 나는 그대들 무리로써 장차 하늘이 내릴 그들에 대한 벌을 받들어 수행할 것이니, 많은 병사들은 왕실의 뜻에 함께 힘을 모아, 천자의 위엄 있는 명령을 받들어 나를 도와 보필해 주기를 바란다. 불꽃이 곤강昆岡에 타오를 것이니 옥이나 돌이나 모두 타고 없어질 것이다. 천자의 명을 받은 관리가 그 덕을 일탈하면 불꽃이 맹렬하게 번질 것이다. 그러나 그 괴수를 섬멸할 뿐, 위협 때문에 그들을 따르던 자들은 치죄하지 아니할 것이며, 그 나머지 사람들은 그 더러운 풍속에 옛날부터 물들었을 뿐이니 함께 새롭게 바뀌어 나가도록 하면 된다. 오호라! 만약 위엄이 사사로운 은혜를 이겨낸다면 틀림없이 성공할 것이지만, 사사로운 은혜가 위엄을 앞선다면 그 공을 이루지 못할 것이다. 여러 무리들이여, 삼가 힘쓸지어다!"

「今予以爾有衆, 奉將天罰, 爾衆士同力王室, 尚弼予欽承天子威命. 火炎昆岡, 玉石俱焚. 天吏逸德, 烈于猛火. 殲厥渠魁, 脅從罔治, 舊染汙俗, 咸與惟新. 嗚呼! 威克厥愛, 允濟; 愛克厥威, 允罔功. 其爾衆士, 懋戒哉!」

【奉將天罰】"하늘이 장차 희화에게 내릴 천벌을 그대들이 잘 받들어 수행하라"의 뜻.
【尚弼】'尙'은 '庶幾'와 같음. 희망함. 원함. 바람.
【昆岡】'昆'은 崐, 崑과 같음. 崑山. 고대 옥의 산지로 유명하던 곳. '岡'은 산의 능선. 즉 산맥. 《爾雅》釋山에 "山脊, 岡"이라 하였고, 《千字文》에는 "金生麗水, 玉出崑岡"이라 함.

【玉石俱焚】옥이나 돌이나 모두 다 탐. 귀중한 것과 천한 것이 함께 재앙을 입음.

【天吏逸德】'天吏'는 천자의 명령을 받고 임무를 수행하는 관리. '逸'은 지나침, 과실을 저지름.

【殲厥渠魁】'殲'은 모두 죽여 없앰. 殲滅함. 孔穎達 疏에 "殲, 盡也. 〈釋詁〉文, 舍人曰:「殲, 衆之盡也.」衆皆死盡爲殲也"라 함. '渠魁'는 魁首, 큰 우두머리. 孔安國 傳에 "渠, 大; 魁, 帥也"라 함.

【脅從罔治】'脅從'은 義和의 위협 때문에 어쩔 수 없이 동조했던 이들을 가리킴. '罔'은 毋, 勿, 無와 같음. '治'는 治罪.

【咸與維新】'與'는 '許與하다'의 뜻. '維新'은 새롭게 펼침. 革命의 상대어. 여기서는 희화를 따르던 일반 백성들은 새롭게 고쳐 바꾸어줄 뿐 징벌은 하지 않을 것임을 천명한 것.

【威克厥愛】'愛'는 사사로운 감정, 동정심.

【允濟】'允'은 강조하는 말. '확실히, 틀림없이, 진실로'의 뜻. '濟'는 '성공하다'의 의미.

【懋戒】'懋'는 '힘쓰다'의 뜻. '務'와 같음. '戒'는 삼감. 신중히 여김.

048
〈제고帝告〉·〈이옥釐沃〉

〈서〉: 설契로부터 성탕成湯에 이르기까지 도읍을 여덟 번 옮겼는데, 탕이 비로소 박亳에 자리를 잡게 되었으며, 이는 선왕先王이 살던 곳에 온 것이었다. 이에 〈제고帝告〉와 〈이옥釐沃〉을 지었다.

<序>: 自契至于成湯八遷, 湯始居亳, 從先王居, 作<帝告>·<釐沃>

【帝告, 釐沃】이 두 편은 제목만 전하며 본문은 실전되었음. 孔安國 傳에 "告來居, 治沃土二篇皆亡"이라 함. '帝告'는 '先王에게 보고함'이란 뜻으로 先王이 거하던 곳으로 湯이 옮겨와서 조상신에게 고한 내용일 것으로 보고 있음. '釐沃'은 '沃土를 다스리다'의 뜻으로 '釐'는 治와 같음. 한편《史記》殷本紀에 인용된 문장에는 〈釐沃〉이 없어 〈帝告釐沃〉이 2편이 아니라 하나의 편명이었을 것으로 여김. 아울러 이 5편은 '序'만 있고 '正文'이 없어 앞머리에 두는 것이 마땅치 않을 것으로 여겨 전례에 따라 〈虞夏書〉의 말미에 둔 것임.

【契】湯의 조상. 舜임금 때 司徒 벼슬을 지냈던 인물. '契'은 高辛氏의 아들로 그 후손이 뒤에 商나라를 세움.《孟子》滕文公(上)에 "人之有道也, 飽食煖衣, 逸居而無敎, 則近於禽獸. 聖人有憂之; 使契爲司徒, 敎以人倫: 父子有親, 君臣有義, 夫婦有別, 長幼有序, 朋友有信"이라 하여 五倫을 제정한 인물.

【成湯】'成'은 郕으로도 표기하며 지명. 그러나 혹 謚號라고도 함. 有湯

商나라 亳의 土城 遺址(河南 鄭州市 商城路)

으로도 불림. 商(殷)나라 시조 湯王. 子姓. 이름은 履. 武湯, 成湯, 天乙로도 불림. '湯'은 원래 夏나라 때의 諸侯. 亳을 근거로 발전하여 夏나라 末王 桀의 무도함을 제거하고 伊尹을 등용하여 殷(商)을 세운 개국군주. 儒家에서 聖人으로 받듦. 《史記》殷本紀를 참조할 것. 《十八史略》(1)에는 "殷王成湯: 子姓, 名履, 其先曰契, 帝嚳子也. 母簡狄, 有娀氏女, 見玄鳥墮卵吞之, 生契. 爲唐虞司徒, 封於商, 賜姓"이라 함.

【八遷】여덟 번 도읍을 옮김. 孔安國 傳에 "十四世凡八徙國都"라 함. 《史記》殷本紀를 참조할 것.

【亳】지명. 殷나라가 도읍으로 삼았던 곳. 南亳과 西亳이 있음. 《韓詩外傳》등에는 '薄'으로 표기되어 있음. 《括地志》에 "宋州穀熟縣庶男三十五里南亳故城, 卽南亳, 湯都也. 宋州北五十里大蒙城爲景亳, 湯所盟地, 因景山爲名. 河南偃師爲西亳, 帝嚳及湯所都, 盤庚亦徙都之"라 하였으며, 여기서는 南亳을 가리킴.

【從先王居】孔安國 傳에 "契父帝嚳都亳, 湯自商丘遷焉, 故曰「從先王居」"라 하였고, 《史記正義》에는 "湯卽位, 都南亳, 後徙西亳也"라 함.

商나라 시조 설(契)의 「玄鳥賜喜」 故事圖

049
〈탕정湯征〉

〈서〉: 탕湯이 제후를 정벌할 때 갈백葛伯은 자신들의 제사를 제대로 지
내지 않아 탕이 첫 정벌 대상으로 삼았으며 이에 〈탕정〉을 지었다.

\<序\>: 湯征諸侯, 葛伯不祀, 湯始征之, 作\<湯征\>.

【湯征】商(殷)의 시조 湯이 처음 정벌의 대상으로 삼았던 나라가 葛나라였으며 이
에 대한 기록일 것으로 보이나 正文은 실전됨.

【葛伯】'葛'은 나라 이름. 嬴姓. 지금의 河南 寧陵縣 북쪽에 있던 작은 나라. '伯'은 작
위. 葛伯이 제사를 제대로 지내지 않은 사건은 〈仲虺之誥〉를 볼 것. 한편 《孟子》
滕文公(下)에 "湯居亳, 與葛爲鄰; 葛伯放而不祀. 湯使人問之曰:「何爲不祀?」曰:「無
以供犧牲也.」湯使遺之牛羊. 葛伯食之, 又不以祀. 湯又使人問之曰:「何爲不祀?」曰:
「無以供粢盛也.」湯使亳衆往爲之耕, 老弱饋食. 葛伯率其民, 要其有酒食黍稻者奪之,
不授者殺之. 有童子以黍肉餉, 殺而奪之.《書》曰:『葛伯仇餉.』此之謂也"라 함. 湯은
이를 명분으로 삼아 葛나라를 정벌한 것임.

【湯始征之】湯이 葛伯을 제후 정벌의 시작으로 삼음.

〈商都亳邑城遺址〉의 碑(河南 鄭州市 商城路)

050
〈여구汝鳩〉·〈여방汝方〉

〈서〉: 이윤伊尹이 박亳을 떠나 하夏나라 걸桀에게 갔으나 이윽고 걸의
악행을 보고 하나라를 추악하게 여기고는 다시 박으로 돌아왔다. 그가
북문北門으로 들어서다가 이에 여구汝鳩와 여방汝方을 만나 〈여구〉·〈여
방〉편을 지었다.

**<序>: 伊尹去亳適夏, 旣醜有夏, 復歸于亳. 入自北門, 乃遇汝
鳩·汝方, 作<汝鳩>·<汝方>.**

【汝鳩·汝方】湯의 신하 두 사람 이름. 夏桀에게서 다시 돌아온 伊尹을 만나 湯을 도
와 夏나라를 없애야 할 것을 토론한 내용일 것으로 여겨지나 正文은 이미 실전됨.
【伊尹】殷나라 湯王의 재상. 이름은 摯. 湯이 有莘氏의 딸을 아내로 맞을 때 媵臣으
로 따라가면서 조리 기구를 짊어지고 가서 주방장이 되어 湯에게 접근하였음. 뒤
에 탕에게 발탁되어 재상에 올랐으며 夏의 末王 桀을 쳐서 殷왕조를 일으키는 데
에 큰 공을 세웠음. 그 아들 伊陟 역시 역사 기록에 보일 정도로 父子가 모두 은왕
조를 위해 공헌하였음.《史記》殷本紀 및《墨子》尙賢篇을 볼 것.
【亳】지명. 殷나라가 도읍으로 삼았던 곳. 南亳과 西亳이 있음.《韓詩外傳》등에는
'薄'으로 표기되어 있음.《括地志》에 "宋州穀熟縣庶男三十五里南亳故城, 卽南亳, 湯
都也. 宋州北五十里大蒙城爲景亳, 湯所盟地, 因景山爲名. 河南偃師爲西亳, 帝嚳及
湯所都, 盤庚亦徙都之"라 하였으며, 여기서는 南亳을 가리킴.
【適夏】'適'은 '가다'의 實辭. 湯이 伊尹을 夏나라 末王 桀에게 추천하여 桀을 보필토
록 하고자 보낸 것임.
【旣醜有夏】'醜'는 伊尹이 桀의 악행을 보고 '염오(厭惡)를 느끼다, 추악하게 여기다'
의 뜻. '有夏'의 '有'는 氏族, 部族, 部落, 나라 이름 등 名詞 語頭에 붙이는 語頭詞.
뜻은 없음.

Ⅲ 상서商書

앞서 하夏나라는 17대 이계履癸 즉 걸桀에 이르러 폭정을 일삼다가 탕湯에게 망하고 말았다. 탕의 조상은 설契로서 순舜의 신하가 되어 우禹의 치수사업을 도와 공을 세웠으며 순에 의해 사도司徒가 되어 상(商: 지금의 河南 商邱) 땅을 봉지로 받고 자성子姓을 하사받았다. 그로부터 14대에 이르러 후손 탕이 걸의 제후로서 걸을 명조(鳴條: 지금의 河南 開封 근처)에서 몰아내고 제위에 오른 것이며, 이는 중국 최초의 귀족혁명貴族革命이었다. 그리하여 선조의 봉지였던 '상'을 국호로 삼고 박(亳, 지금의 山東 曹縣, 혹 西亳, 즉 지금의 河南 偃師)을 도읍으로 하였다. 그리고 이윤伊尹을 등용하여 새로운 왕조를 열어나가게 된 것이며, 특히 이윤은 상나라 초기의 개국공신으로 정치제도를 확립하고, 태갑太甲을 방축했다가 다시 불러오는 등 상나라 초기 국가 기반을 다진 인물로 널리 알려져 있다. 상나라는 東夷族이었으며 아직 완전한 정착시대가 아니었고, 게다가 황하의 범람이 잦아 5차례나 도읍을 옮겨다녔다. 그중 마지막 도읍을 정한 것이 반경盤庚 때이며 이때 黃河의 北岸 은(殷: 지금의 하남 安陽 小屯村)으로 옮겨 농업발전을 통해 비교적 안정된 상태로 270여 년을 이어오게 된다. 그 때문에 상을 흔히 은殷이라고도 부른다. 그 뒤 제 30대 제신(帝辛: 桀)에 이르러 주周 무왕(武王: 姬發)에게 나라를 빼앗김으로써 역사에서 막을 내리게 된다. 이 상(은)나라에 대한 기록은 司馬遷의 《사기史記》 은본기殷本紀에 자세히 실려 있다.

참고로 商(殷)왕조의 세계는 다음과 같다.

商朝世系圖
(約公元前1600 - 前1028年)

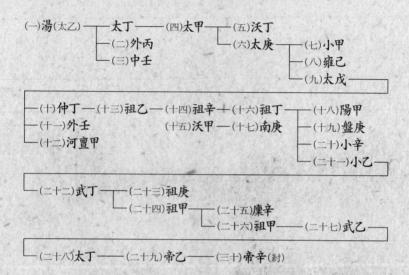

본《상서商書》는 상나라 사관史官이 당시 왕의 치적을 기록한 것이며, 〈금문상서〉와 〈고문상서〉에 모두 17편이 전하고 있다.

〈商代 主要 都城과 外族分布圖〉

*蔡沈《書傳》注에 "契始封商, 湯因以爲有天下之號.《書》凡十七篇"이라 하였다.

⟨10⟩ 탕서湯誓(051-054)

본편은 탕湯이 군사를 일으켜 하夏의 말왕 걸桀을 치러 나서면서 한 서사誓辭이다. 탕은 이름은 이履, 혹은 천을天乙이라고도 부른다. 그는 인자함과 덕이 금수에게까지 미쳤던 것으로 미화되고 있다. 이는 걸을 치기 위한 명분으로 유가들이 꾸며낸 것이며, 거기에 맞추어 걸은 천하의 폭군으로 폄하함으로써 탕의 정벌을 정당화하기 위한 것이다. 당시 분위기로는 걸에 대해 이미 곤오씨昆吾氏가 반란을 일으켰으나 탕은 제후를 거느리고 이윤伊尹의 보필을 받아 우

〈乳釘紋方鼎〉(商) 1974 河南 鄭州 출토

선 곤오씨를 멸하고 그 승세를 이용하여 걸을 멸망시킨 것이다. 실제로 탕이 걸을 벌하기 전 탕의 백성들이 자신들 생업에 대한 피해를 들어 선뜻 나서려 하지 않자, 탕은 걸의 죄악을 폭로함과 아울러 자신들이 하늘의 치죄治罪를 대신해야 한다는 논리, 그리고 자신을 따르지 않으면 용서하지 않을 것이라는 위협으로 이들을 행동에 옮기도록 하고 있다.

＊蔡沈《書傳》〈湯誓〉注에 "湯, 號也. 或曰諡. 湯名履, 姓子氏. 夏桀暴虐, 湯往征之 亳, 衆憚於征役, 故湯諭以吊伐之意. 蓋師興之時, 而誓于亳都者也. 今文·古文皆有" 라 하였다.

〈서〉: 이윤伊尹이 탕湯을 도와 걸桀을 벌하면서 이陑 땅으로부터 올라가 드디어 명조鳴條의 들에서 걸과 전투를 벌였으며, 이에 〈탕서湯誓〉를 지었다.

〈序〉: 伊尹相湯伐桀, 升自陑, 遂與桀戰于鳴條之野, 作〈湯誓〉.

【伊尹】殷나라 湯王의 재상. 이름은 摯. 湯이 有莘氏의 딸을 아내로 맞을 때 媵臣으로 따라가면서 조리 기구를 짊어지고 가서 주방장이 되어 湯에게 접근하였음. 뒤에 탕에게 발탁되어 재상에 올랐으며 夏의 末王 桀을 쳐서 殷왕조를 일으키는 데에 큰 공을 세웠음. 《史記》殷本紀 및 《墨子》尙賢篇을 볼 것.

【相】'돕다, 보필하다, 보좌하다'의 뜻.

【桀】夏의 末王. 湯에게 나라를 빼앗김. 姒姓이며 이름은 履癸. 禹의 14대손. 妹喜에게 빠져 온갖 악행을 저지른 왕으로 폄하됨. 商의 末王 紂와 함께 桀紂라 하여 모든 폭군의 악행을 뒤집어씀.

【升自陑】'陑'는 지명. 河曲의 남쪽. 지금의 潼關 부근.

【鳴條】지명. 桀이 湯과 싸워 패한 곳. 지금의 安邑의 서쪽.

051(10-1)
시일갈상時日曷喪

탕왕湯王이 말하였다.

"그대 여러분은 가까이 와서 모두가 나의 말을 들으시오. 나 이 소자 小子가 감히 난을 발동하는 것이 아니라 하夏나라에 많은 죄가 있어 천 명天命이 그를 죽이는 것이오! 지금 그대 많은 무리들이 있으며 그대들 은 이렇게 말하고 있소. '우리 군주께서는 우리 백성들을 불쌍히 여기지 아니하고, 우리의 농사일까지 황폐하게 하면서, 어찌 하나라를 바로잡으 려 하오?'라고 말이오. 나는 비록 그대 무리들의 말을 듣고 있지만 하나 라는 죄가 있으며, 나는 상제上帝께서 내가 그 임무를 다하지 않으면 나 에게 죄를 내릴까 두려워 감히 바로잡지 아니할 수 없소. 지금 그대들은 '하나라 죄가 그 어떠하냐?'라고 말하고 있소. 하나라 왕 걸桀은 백성의 힘을 다 소진시키고 하나라 국도의 백성을 모조리 없애 나가고 있소. 그 러나 그 백성들은 모두가 태만히 굴며 그에게 협조하지 아니하면서 '이 해가 그 언제 사라질꼬? 나와 그 모두 함께 망하자' 하고 있소. 하나라 의 악덕이 이와 같으니 지금 나는 기필코 토벌하러 가야겠소."

王曰:「格爾衆庶, 悉聽朕言. 非台小子, 敢行稱亂, 有夏多罪, 天 命殛之! 今爾有衆, 汝曰:『我后不恤我衆, 舍我穡事, 而割正夏?』 予惟聞汝衆言, 夏氏有罪, 予畏上帝, 不敢不正. 今汝其曰:『夏罪其 如台?』夏王率遏衆力, 率割夏邑. 有衆率怠弗協, 曰:『時日曷喪? 予 及汝皆亡.』夏德若茲, 今朕必往.」

【王】湯을 가리킴. 제후였으나 商나라 사관이 기록한 것이므로 '王'이라 칭한 것.

【格爾衆庶】'格'은 來와 같음. '다가오라'의 뜻. '衆庶'는 많은 이들. 여기서는 桀의 토벌을 위해 모인 많은 사람들과 병사들. 이들은 夏나라 백성이 아니라 湯의 백성이었음.

【台小子】'台'는 '이'로 읽으며 '我, 予, 吾, 余'와 같음. 나. '小子'는 湯이 자신을 낮추어 한 말.

【稱亂】'稱'은 '擧'와 같음. 행동에 옮김.

【有夏】夏나라 桀王을 가리킴. '有'는 部落, 部族, 氏族, 나라 이름 앞에 붙이는 語頭辭.

【天命殛之】'殛'은 誅殺함. 天命이 그를 주살하는 것임을 뜻함.

【舍我穡事】'舍'는 捨와 같음. 여기서는 탕이 농사철을 빼앗으면서까지 夏나라 桀을 치고자 하는 것을 반대하여 이른 말임. '穡事'는 백성의 생업인 농사.

【而割正夏】'而'는 '너, 그대'. 湯을 가리킴. '割'은《廣雅》에 "害也"라 함. 본《尙書》大誥 "天降割于我家"의 '割' 역시 '害'의 뜻. 그러나 여기서의 '割'은 '曷'의 뜻. '어찌'의 뜻.

【予惟聞汝衆言】'惟'는 楊樹達은 "惟, 同雖"라 하여 '비록'의 뜻.

【予畏上帝】'畏'는 "湯이 죄를 지은 자를 보고도 행동을 취하지 않으면 하느님이 가

〈商都亳邑城遺址〉의 碑(河南 鄭州市 商城路)

만히 있지 않을 것임이 두렵다"의 뜻.

【如台】'台'는 '이'로 읽으며 여기서는 '如何'의 뜻.

【率遏衆力】'率'은 語氣辭. 뜻은 없음. '遏'은 《尙書核詁》에 "遏, 當讀爲竭. 《詩》文王
〈釋文〉: 「遏或作竭.」 是遏竭可通也. 竭, 盡也. 此文率遏衆力, 謂盡竭民之力也"라 함.

【率割夏邑】여기서의 '割'은 본의대로 '깎다'의 뜻.

【率怠弗協】'率'은 語氣辭. '協'은 和協. 和諧.

【時日曷喪】'時'는 是와 같음. '日'은 천자를 상징하며 桀을 비유함. '曷'은 '何'의 뜻.
《孟子》梁惠王(上)에는 "〈湯誓〉曰:「時日害喪, 予及女偕亡.」 民欲與之偕亡"이라 하여
'害'(갈)로 되어 있음. '喪'은 '失'과 같음. '사라지다, 없어지다'의 뜻.

【皆亡】함께 망함. 함께 사라짐. 《孟子》에는 '偕亡'으로 되어 있음.

【夏德若玆】夏나라의 惡德이 이와 같음.

〈商湯像〉

052(10-2)
보여일인輔予一人

"바라건대 그대들은 나 한 사람을 도와 하늘이 그에게 내리는 벌을 실행하게 하시오. 나는 그대들에게 큰 상을 내릴 것이오! 그대들은 믿어주시오. 나는 식언食言을 하지 않을 것이오. 그대들이 나의 이 서언誓言을 따르지 않으면 나는 그대들을 노예로 만들거나 죽여 없앨 것이며, 용서란 없을 것이오!"

「爾尚輔予一人, 致天之罰, 予其大賚汝! 爾無不信, 朕不食言. 爾不從誓言, 予則孥戮汝, 罔有攸赦!」

【尙】《爾雅》釋言에 "尙, 庶幾也"라 하여 '바라다, 원하다, 거의 ~에 이르기를 바라다'의 뜻.

【致天之罰】'致'는 '用, 以'와 같음. '하늘의 벌로써 하다'의 뜻.

【賚汝】'賚'는 賞, 賞賜.

【爾無不信】'그대들은 불신함이 없도록 하시오'의 뜻으로 믿어주기를 강조한 표현.

【食言】믿음을 지키지 않은 말.

【則孥戮汝】'孥'는 奴와 같음. 노예로 삼거나 죽여 없앨 것임. 강하게 위협을 주는 말.

【罔有攸赦】'罔'은 無와 같음. '攸'는 所와 같음. '용서하는 바가 없을 것이다'의 뜻.

053

〈하사夏社〉·〈의지疑至〉·〈신호臣扈〉

〈서〉: 탕湯이 이윽고 하夏를 이긴 다음 그들의 사묘社廟를 옮기려다가 그렇게 할 수 없어 이에 〈하사夏社〉, 〈의지疑至〉, 〈신호臣扈〉편을 지었다.

<序>: 湯旣勝夏, 欲遷其社, 不可, 作<夏社>·<疑至>·<臣扈>

【夏社, 疑至, 臣扈】'夏社'는 夏나라의 土地神을 모신 사당. '疑至'와 '臣扈'는 구체적으로 알 수 없음. 이 3편은 序文만 있고 正文은 없음.

【社】社神, 后土를 모신 사당. 社廟. 고대 共工氏의 아들 句龍이 처음 社神이 되었다함.《左傳》昭公 29년에 "共工氏有子曰句龍, 爲后土, 后土爲社"라 함. 土地神. 穀神(稷)과 함께 社稷은 나라를 상징하는 말.

【不可】'后土는 능히 九州를 평온히 하였으므로 土神이 되어 제사를 받는 것이며, 고래로 后土만큼 治水에 뛰어난 공로를 세운 자가 없기 때문에 누구도 그를 대신할 수 없다'의 뜻.

054
〈보전典寶〉

〈서〉: 하夏나라 군사들이 크게 패하자 탕湯이 드디어 그들을 뒤쫓아 삼종三朡까지 가서 그들의 보옥寶玉을 획득하였으며, 의백誼伯과 중백仲伯이 〈전보典寶〉를 지었다.

<序>: 夏師敗績, 湯遂從之, 遂伐三朡, 俘厥寶玉, 誼伯·仲伯作<典寶>

【典寶】도망간 桀을 따라가 획득한 보옥의 내용을 誼伯과 仲伯이 기록한 것으로 여겨지며, 이 편 역시 序文만 있고 正文은 없음.

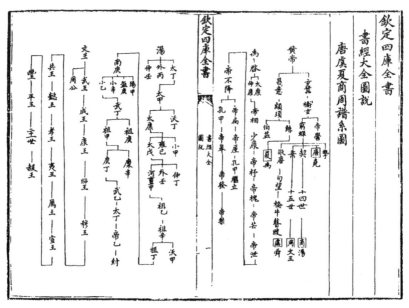

〈唐虞夏商周譜系圖〉《書經大全》

【敗績】크게 패배함. 潰滅함. 全軍이 대패하였을 때 쓰는 말. 《左傳》莊公 11년 傳에 "凡師, 敵未陳曰敗某師, 皆陳曰戰, 大崩曰敗績"이라 함. 孔安國 傳에도 "大崩曰敗績" 이라 함.

【三朡】'三朡'은 '三㺇'으로도 표기하며 나라 이름. 지금의 山東 定陶에 있었음. 孔安 國 傳에 "三朡, 國名, 桀走保之, 今定陶也"라 하였고, 《括地志》에는 "曹州濟陰縣, 卽 古定陶也, 東有三朡亭是也"라 함. 걸이 보옥을 가지고 도망가서 피했던 나라.

【俘厥寶玉】'俘'는 획득함. '寶玉'은 제사에 쓰이던 옥으로 만든 중요한 祭器.

【誼伯, 仲伯】湯의 두 신하. '誼伯'은 《史記》 殷本紀에는 '乂伯'으로 되어 있음.

〈11〉 중훼지고仲虺之誥(055-057)

〈銅爵〉(商) 1976 河南 安陽 婦好墓 출토

중훼仲虺는 하夏나라 때 거정 車正을 지낸 설薛 땅의 제후 해 중奚仲의 후손으로서 탕湯의 신 하가 되어 좌상左相을 지낸 자이 며 주요 보필 중의 하나이다. 고 誥는 '告'와 같다. 다만 '誓'는 군 사들에게 당부하거나 약속하는 말이며, '誥'는 관민들에게 설득 하는 말로서 그 대상이 다를 뿐 이다. 본편은 중훼가 탕에게 덕 을 쌓아 임금으로서의 책무를 다할 것을 면려勉勵한 말들이다.

堯, 舜, 禹는 모두 禪讓(公天下) 의 방법으로 제위를 계승하였지만 탕은 무력으로써 제위를 탈취한 첫 사 례이다. 중훼는 이에 임금이 된 이상 화란禍亂을 적극적으로 다스려야 함을 강조하고 있다. 특히 걸桀은 천명天命을 거역한 것이며, 탕은 천의天意에 순 응한 것이라는 명분을 내세워 탕으로 하여금 찬탈에 대한 죄의식을 버리 도록 일러주면서 탕의 덕을 미화하고 후세에 복을 이어갈 것임을 설득하고 있다.

특히 표현에서 대구對句와 인용引用 등 수사법이 발달하여 성숙한 문장 기교를 보이고 있기도 하다.

한편 본 편은 〈금문상서〉에는 들어 있지 않으며 〈고문상서〉에만 실려 있다.

＊蔡沈《書傳》〈仲虺之誥〉注에 "仲虺, 臣名. 奚仲之後, 爲湯佐相. 誥, 告也.《周禮》士
師以五戒, 先後刑罰. 一曰誓, 用之於軍旅; 二曰誥, 用之於會同, 以喩衆也. 此但告湯
而亦謂之誥者. 唐孔氏謂仲虺亦必對衆而言, 蓋非特釋湯之慙, 而且以曉其臣民衆庶
也. 古文有, 今文無"라 하였다.

〈서〉: 탕湯이 하夏나라로부터 귀환하여 대경大坰에 이르자 중훼仲虺가 〈고誥〉를 지었다.

<序>: 湯歸自夏, 至于大坰, 仲虺作<誥>.

【湯歸自夏】湯이 夏나라 도읍으로 들어가 桀을 정벌하고 귀환함. '自'는 '從'과 같음.
【大坰】지명. 구체적인 위치는 알 수 없음.

055(11-1)
중훼仲虺

  성탕成湯이 걸桀을 남소南巢로 방축하고 덕을 훼손한 죄스러운 마음이 들어 이렇게 말하였다.

  "나는 후세에 나를 두고 이러쿵저러쿵 말이 많을까 걱정스럽소."

  그러자 중훼仲虺가 이에 고誥를 지어 이렇게 말하였다.

  "오호라! 하늘이 백성을 내리심에는 하고자 하는 바가 있으니 군주가 없으면 혼란스럽게 됩니다. 그 때문에 하늘이 총명한 분을 내려 이렇게 다스리게 하는 것입니다. 유하有夏의 걸桀이 덕에 어두워 백성들이 도탄塗炭에 추락하자, 하늘이 왕께 용기와 지혜를 주셔서 만방萬邦을 바로잡을 의표로 삼으신 것이니, 우禹의 옛날 하신 일을 이어받아 이에 그 법식을 준행하시어 이와 같이 천명天命을 받드시면 됩니다."

  成湯放桀于南巢, 惟有慙德, 曰:「予恐來世以台爲口實.」

  仲虺乃作誥, 曰:「嗚呼! 惟天生民有欲, 無主乃亂. 惟天生聰明時乂. 有夏昏德, 民墜塗炭, 天乃錫王勇智, 表正萬邦, 纘禹舊服, 玆率厥典, 奉若天命.」

【成湯】'成'은 郕으로도 표기하며 지명, 그러나 혹 諡號라고도 함. 有湯으로도 불림. 商(殷)나라 시조 湯王. 子姓. 이름은 履. 武湯, 成湯, 天乙로도 불림. '湯'은 원래 夏나라 때의 諸侯. 亳을 근거로 발전하여 夏나라 末王 桀의 무도함을 제거하고 伊尹을 등용하여 殷(商)을 세운 개국군주. 儒家에서 聖人으로 받듦.《史記》殷本紀를 참조할 것.《十八史略》(1)에는 "殷王成湯: 子姓, 名履. 其先曰契, 帝嚳子也. 母簡狄, 有娀氏女, 見玄鳥墮卵吞之, 生契. 爲唐虞司徒, 封於商, 賜姓"이라 함.

【放】추방함. 그러나 여기서는 도망간 자를 되돌아오지 못하도록 한 정도를 말함.

갑골문 : 〈宰豐骨〉 河南 安陽 殷墟 출토

湯은 桀이 南巢로 도망가자 더 추격하지 아니하고 단지 그곳으로부터 돌아오지 못하도록 하였음.

【南巢】지명. 지금의 安徽 巢縣. 桀이 도망하여 최후를 마친 곳.

【慙德】湯은 신하 신분이었으며 桀은 군주였는데 그 군주의 지위를 찬탈한 것에 대해 탕 스스로가 죄의식을 느낌.

【以台爲口實】'台'는 我와 같음. '이'로 읽음. '口實'은 구설수. 이러쿵저러쿵 입방아를 찧음. 부정적인 비평이나 비판의 말이 생기게 됨. 湯은 실제로 聖王이기는 하나 중국 역사상 첫 帝位를 簒奪한 신하였음.

【聰明時乂】'聰明'은 원래 귀 밝은 것을 聰, 눈 밝은 것을 明이라 함. 孔穎達 疏에 "言聰明者, 據人近驗, 則聽遠爲聰, 見微爲明. ……以耳目之聞見, 喩聖人之智慧, 兼知天下之事"라 함. '時乂'의 '時'는 是와 같음. '乂'는 治와 같음.

【塗炭】진흙과 숯불. 여기서는 몹시 困苦한 처지에 빠짐을 비유한 말. 그러나 실제 '塗炭'은 雙聲連綿語로 정치의 잘못으로 백성들이 고통을 당할 때 흔히 쓰이는 말임.

【錫王勇智】'錫'는 賜와 같음. 왕에게 용맹과 지혜를 내려주었음.

【表正萬邦】'表'는 儀表, 師表, 法式, 標準.

【纘禹舊服】'纘'은 '이어나가다, 繼承하다'의 뜻. '服'은 '실천하다, 사용하다'의 뜻.

【效率厥典】'率'은 '遵行하다, 遵守하다'의 뜻.

【奉若天命】이처럼 천명을 받들고 따름.

056(11-2)
갈백葛伯

"하왕夏王 걸桀은 죄가 있으니 하늘을 속여 거짓말로 아랫사람들에게 명령을 선포하였습니다. 상제께서 그 때문에 이를 옳지 못하다고 여겨 상商나라로 하여금 천명을 받도록 한 것이며, 걸로 하여금 자신의 무리들을 상실토록 한 것입니다. 현자賢者에게 거만하게 하며 세력에 아부하게 되면 그에 따르는 무리는 실제 많게 마련입니다. 우리 상나라가 처음 하나라에서 나라를 열자, 그들은 우리를 마치 곡식 싹 중에 강아지풀로 여겼으며, 곡식 낟알 중에 쭉정이가 있는 것처럼 여겼습니다. 그리하여 사람들은 작은 일이나 큰일에 두려워하고 조심하면서 죄가 없음에도 해를 당하지나 않을까 겁을 내지 않는 이가 없었습니다. 그런데 하물며 우리의 덕이 능히 소문이 들리고 있음에야 어떠했겠습니까? 그러니 왕께서는 오직 성색聲色을 가까이 하지 마시고 재물이나 이익을 늘리려 하지 마십시오. 덕으로 힘쓰는 자에게는 관직을 주고, 공을 세우느라 힘쓴 자에게는 상을 주십시오. 그리고 사람을 부려 쓸 때는 자기 몸처럼 여기고, 자신의 잘못을 고칠 때에는 인색하게 하지 마십시오. 능히 관대히 하고 능히 어짊으로 하여 미더움을 모든 백성들에게 드러내 보이십시오. 이에 갈백葛伯이 들일을 하는 이에게 밥을 날라다 주는 이를 원수로 여기자 우리가 우선 갈나라 정벌부터 나섰더니, 동쪽으로 정벌에 나서면 서이西夷들이 원망하였고, 남쪽으로 정벌에 나서면 북적北狄들이 원망을 하였지요. 그러면서 '어찌 우리를 뒤로 미루는가?'라 하였고 정벌에 나서는 곳마다 그곳 백성들은 집안까지 다 일어나 경사스러운 일로 여기면서 '우리 군주를 기다렸는데 군주께서 오셨으니 이제 다시 살아날 수 있으리라'고 하였지요. 백성들이 우리 상나라를 받들어 추대한 것이 아주 오래되었던 것입니다!"

「夏王有罪, 矯誣上天, 以布命于下. 帝用不臧, 式商受命, 用爽厥師. 簡賢附勢, 寔繁有徒, 肇我邦予有夏, 若苗之有莠, 若粟之有秕. 小大戰戰, 罔不懼于非辜. 矧予之德, 言足聽聞! 惟王不邇聲色, 不殖貨利. 德懋懋官, 功懋懋賞. 用人惟己, 改過不吝. 克寬克仁, 彰信兆民. 乃葛伯仇餉, 初征自葛, 東征西夷怨, 南征北狄怨. 曰:『奚獨後予?』攸徂之民, 室家相慶, 曰:『徯予后, 后來其蘇.』民之戴商, 厥惟舊哉!」

【矯誣上天】'矯誣'는 '속임수를 쓰다, 속이다'의 뜻.

【以布命于下】'布命'은 명령을 널리 폄.

【帝用不臧】'用'은 因과 같음. 이유를 나타냄. '臧'은 善, 好의 뜻.

【式商受命】'式'은 用과 같음.

【用爽厥師】'爽'은 喪의 假借. '잃다, 喪失하다'의 뜻.《墨子》非命(上)에 인용된 문장은 '喪'으로 되어 있음. '師'는 많은 무리를 뜻함.

【簡賢附勢】'簡'은 倨와 같음. '簡慢, 倨慢, 簡約'의 뜻. '附勢'는 세력 있는 자에게 阿附함.

【寔繁有徒】'寔'은 實과 같음. '繁'은 '번다하다, 번잡하다'의 뜻. '徒'는 무리.

【肇我邦予有夏】'肇'는 '개시하다, 처음 열다'의 뜻.

【莠】강아지풀. 잡초.

【秕】쭉정이.

【小大戰戰】'戰戰'은 두려워 떨며 조심하는 모습.

【罔不懼于非辜】'罔'은 無와 같음. '非辜'는 無辜함, 죄가 없음.

【矧予之德】'矧'은 況과 같음. '하물며'의 뜻.

【言足聽聞】'足'은 能과 같음.《史記》夏本紀에 桀은 湯의 信望이 두려워 그러한 소문을 듣고 湯을 夏臺에 가두었음.

【不邇聲色】'邇'는 '가까이 하다'의 뜻. '聲色'은 音樂과 女色.

【不殖貨利】'殖'은 增殖시킴. 引伸하여 상업을 뜻하며, 여기서는 더 구체적으로 이익

이 되는 것을 聚斂함을 뜻함. '貨'는 재물, '利'는 이익.

【德懋懋官, 功懋懋賞】'懋'는 '힘쓰다'의 뜻. 務와 같음. 孔穎達 疏에 "於德能勉力行之
者, 王則勸勉之以官; 於功能勉力爲之者, 王則勸勉之以賞"이라 함.

【用人惟己】사람들을 등용함에 있어서 남을 믿고 재능을 인정하였음을 말함.

【葛伯仇餉】'葛'은 地名이며 작은 제후국. 지금의 河南 寧陵縣 북쪽이었다 함. '伯'은
爵位. '餉'은 들에서 일하는 이들에게 날라다 주는 참이나 식사. '仇餉'은 참을 날
라다 주는 이를 원수로 여김. 즉 湯이 商의 제후로 있을 때 양식이 없어 제사를 지
내지 못한다는 葛伯의 말을 듣고 亳 땅의 백성들을 葛 땅으로 보내어 농사를 돕
도록 하였음. 갈 땅 노인과 아이들이 이들을 위해 먹을 것을 날라다 주자 갈백이
이들의 밥을 빼앗아 먹었으며 주지 않는 자는 죽이기까지 하였음. 이에 탕은 갈백
의 不德을 더는 용인하지 않고 정벌에 나선 것임.《孟子》滕文公(上)에 "孟子曰:「湯
居亳, 與葛爲鄰; 葛伯放而不祀. 湯使人問之曰:『何爲不祀?』曰:『無以供犧牲也.』湯
使遺之牛羊. 葛伯食之, 又不以祀. 湯又使人問之曰:『何爲不祀?』曰:『無以供粢盛也.』
湯使亳衆往爲之耕, 老弱饋食. 葛伯率其民, 要其有酒食黍稻者奪之, 不授者殺之. 有
童子以黍肉餉, 殺而奪之. 書曰:『葛伯仇餉.』此之謂也. 太誓曰:『我武惟揚, 侵于之疆,
則取于殘, 殺伐用張, 于湯有光.』不行王政云爾, 苟行王政, 四海之內, 皆擧首而望之,
欲以爲君. 齊楚雖大, 何畏焉?」이라 함.

【奚獨後予】'奚'는 '어찌하여'의 뜻. '어찌 우리를 뒤로 미루는가?'의 원망을 말함.《孟
子》滕文公(上)에 "爲其殺是童子而征之, 四海之內皆曰:『非富天下也, 爲匹夫匹婦復
讎也.』『湯始征, 自葛載.』十一征而無敵於天下. 東面而征, 西夷怨; 南面而征, 北狄怨,
曰:『奚爲後我?』民之望之, 若大旱之望雨也. 歸市者弗止, 芸者不變, 誅其君, 弔其民,
如時雨降. 民大悅. 書曰:『徯我后, 后來其無罰.』『有攸不惟臣, 東征, 綏厥士女, 匪厥
玄黃, 紹我周王見休, 惟臣附于大邑周.』其君子實玄黃于匪, 以迎其君子, 其小人簞食
壺漿, 以迎其小人, 救民於水火之中, 取其殘而已矣"라 함.

【攸徂之民】'攸'는 所와 같음. 結句助詞. '徂'는 往의 뜻. 湯이 정벌하러 가는 바.

【徯予后, 后來其蘇】'徯'는 '기다리다'의 뜻. '蘇'는 蘇生의 뜻. 다시 살아남.

【民之戴商】'戴'는 '추대하다, 옹호하다'의 뜻.

【厥惟舊哉】'舊'는 久와 같음.

057(11-3)
덕일신德日新

"어진 자를 도우며, 덕 있는 자를 인도하며, 충성스러운 자를 드러내며 현량한 자를 등용해 쓰십시오. 약한 자는 아우르고, 우매한 자는 공격하며, 혼란을 짓는 자는 취하고, 망할 짓을 하는 자는 모멸하며, 멸망의 짓을 하는 자는 밀어서 망하게 하며 존속할 도를 가진 자는 견고하게 해 주십시오. 이렇게 하면 나라가 창성해질 것입니다. 덕을 날마다 새롭게 펴시면 만방萬邦이 품으로 여겨 다가올 것이나 뜻을 스스로 가득 차도록 하면 구족九族이 떠날 것입니다. 왕께서는 큰 덕을 밝히시기에 힘쓰시고 중정의 도를 백성들에게 세우십시오. 의義로써 일을 제압하고, 예禮로써 마음을 통제하시어 그 넉넉함을 후손들에게 내려뜨려주십시오. 제가 듣기로 '스스로 스승을 얻는 자는 왕이 될 수 있고, 남을 자신만 못하다고 말하는 자는 망한다. 묻기를 좋아하면 넉넉하게 되지만 자신만을 위해 쓰는 자는 작아진다' 하더이다. 오호라! 그 끝맺음을 삼가는 자는 그 시작부터 잘하는 법입니다. 예가 있는 이는 세워주고, 혼암하고 포악한 자는 엎어버려야 합니다. 천도天道를 공경하고 숭앙하면 천명天命을 길이 보전할 수 있습니다."

「佑賢輔德, 顯忠遂良. 兼弱攻昧, 取亂侮亡, 推亡固存, 邦乃其昌. 德日新, 萬邦惟懷; 志自滿, 九族乃離. 王懋昭大德, 建中于民. 以義制事, 以禮制心, 垂裕後昆. 予聞曰:『能自得師者王, 謂人莫己若者亡. 好問則裕, 自用則小.』嗚呼! 愼厥終, 惟其始. 殖有禮, 覆昏暴. 欽崇天道, 永保天命.」

【遂良】'遂'는 '완수하다, 이루게 해 주
다, 擧用하다'의 뜻.

【兼弱攻昧】'兼'은 '겸병하다, 아우르다'
의 뜻. '昧'는 事理에 밝지 못한 愚昧
한 사람.

【取亂侮亡】'亂'은 혼란을 일삼는 자.
'亡'은 망할 짓만 하는 자.

【推亡固存】孔安國 傳에 "有亡道則推
而亡之, 有存道則輔而固之"라 함.

【九族】高祖부터 玄孫에 이르는 집안.

【建中于民】백성들에게 中正의 도리를
세움.

【垂裕後昆】'垂'는 늘여뜨려줌. 垂範
이 됨. '後昆'은 후손, 자손을 뜻함.

갑골문 : 〈衆人協田〉 牛骨刻辭 河南 安陽 출토
"王大令衆人曰協田, 其受年, 十一月"

【愼厥終】마지막을 삼가 훌륭히 끝맺음을 함.

【殖有禮】'殖'은 '세우다'의 뜻. 《國語》 周語(下)에 "上得民心, 以殖義方"이라 함.

【覆昏暴】昏暗하고 暴惡한 자는 엎어버림.

【天道】하늘이 주관하여 사람을 바른 길로 살도록 하는 하늘의 의지와 도리.

【天命】하늘이 내리는 명령이나 임무.

〈12〉 탕고湯誥(058-061)

〈鴞尊〉(商) 1976 河南 安陽 婦好墓 출토

탕湯이 제후들의 군사를 인솔하여 안읍安邑의 서쪽 명조鳴條에서 하걸夏桀을 쳐서 대패시켰으며, 그 승세를 타고 삼종三㚇까지 멸하자 천하가 모두 탕에게 귀의하였고 탕은 드디어 제위에 오르게 된다. 탕은 도성 박毫에 이른 다음 제후들을 조견하면서 하걸을 쳐서 없앤 이유를 선포하며 정당성을 인정받게 된 것이다. 사관은 이를 기록하여 〈탕고湯誥〉라 한 것이다.

특히 그는 천도天道를 그르친 걸은 하늘이 자신에게 천명天命을 내렸기에 치게 되었다는 '천명설'을 강하게 주장하고 있다. 아울러 제후들로 하여금 공법公法을 준수하여 덕을 닦고 선을 행하여 천도를 거역하지 말 것을 밝힘으로써 고대 천명설과 禍福說 등을 초보적으로 수립하였다. 《史記》에도 본 내용이 인용되어 있으며, 〈고문상서〉에만 있고 〈금문상서〉에는 들어 있지 않다.

＊蔡沈《書傳》〈湯誥〉注에 "湯伐夏歸毫, 諸侯率職來朝, 湯作誥以與天下更始. 今文無, 古文有"라 하였다.

〈서〉: 탕이 이윽고 하나라 명령을 폐기하고, 다시 박毫으로 돌아왔으며 이를 기록한 것이 〈탕고湯誥〉이다.

〈序〉: 湯旣黜夏命, 復歸于毫, 作〈湯誥〉.

【黜夏命】'黜'은 퇴출시킴. 폐기함. 여기서는 夏桀의 명령을 없앴음을 말함. '夏命'은 夏나라가 천사의 종주국으로서 천하를 넝넝하였음을 뜻함.

【毫】殷나라 초기 湯의 근거지이며 도읍지. 南毫과 西毫이 있음.《韓詩外傳》등에는 '薄'으로 표기되어 있음.《括地志》에 "宋州穀熟縣庶男三十五里南毫故城, 卽南毫, 湯都也. 宋州北五十里大蒙城爲景毫, 湯所盟地, 因景山爲名. 河南偃師爲西毫, 帝嚳及湯所都, 盤庚亦徙都之"라 하였으며, 여기서는 南毫을 가리킴.

058(12-1)
복선화음福善禍淫

왕王, 湯이 하夏 걸桀을 이기고 돌아와 박亳에 이르러 만방萬方에 크게 고하였다.

"아! 너희 만방의 많은 무리들이여. 나 한 사람의 고誥를 명확히 듣도록 하라. 위대한 상제上帝께서 아래 백성들에게 충심衷心을 내려주셨다. 이러한 항성恒性에 순종하여 능히 그러한 도道에 편안히 살도록 하는 것이 임금이 하는 일이다. 그런데 하왕 걸은 덕德을 멸하고 위세만 내세워 너희 만방의 백성들에게 학정을 폈다. 너희 만방의 백성들은 그러한 흉해凶害에 걸려들어 도독荼毒을 참을 수 없어, 함께 천지신명께 그 무고無辜함을 호소하였다. 천도는 선한 일을 하는 자에게 복을 내리고 못된 짓을 하는 자에게는 화를 내리는 법이니, 이에 하나라에게 재앙을 내려 그 죄를 밝히신 것이다."

王歸自克夏, 至于亳, 誕告萬方.
王曰:「嗟! 爾萬方有衆. 明聽予一人誥. 惟皇上帝, 降衷于下民. 若有恒性, 克綏厥猷惟后. 夏王滅德作威, 以敷虐于爾萬方百姓. 爾萬方百姓, 罹其凶害, 弗忍荼毒, 幷告無辜于上下神祇. 天道福善禍淫, 降災于夏, 以彰厥罪.」

【誕告萬方】'誕'은 '크다'의 뜻. 孔安國 傳에 "誕, 大也"라 함. '萬方'은 천하 각지 모든 이들.
【予一人】萬民 위의 유일한 사람. 고대 天子가 자신을 일컫는 칭호.
【皇上帝】大天帝의 뜻. '皇'은 '크다, 위대하다'의 뜻. 《爾雅》 釋詁에 "皇, 大也"라 함.

【夷】中正의 道. 올바른 마음. 마음속에서 우러난 진실. 孔安國 傳에 "夷, 善也"라 함.

【若有恒性】'若'은 '순종하다'의 뜻. '恒性'은 常性, 通性과 같으며, 누구나 가지고 있는 일반적인 性品, 性向, 情緒 등을 말함.

【克綏厥猷惟后】'克'은 '능히 해내다'의 뜻. '綏'는 '안온하다'의 뜻. '猷'는 도, 법칙. 《詩》小雅 巧言 "秩秩大猷, 聖人莫之"에 대해 鄭玄은 "猷, 道也. 大道, 治國之禮法"이라 함. '后'는 '임금 노릇을 하다'의 뜻.

【滅德】덕을 없앰. 敗德한 짓을 함.

【作威】함부로 위세를 믿고 남을 억누름.

【以敷虐于爾萬方百姓】'敷'는 '布行하다, 시행하다, 널리 펴다'의 뜻.

【罹其凶害】'罹'는 '걸려들다, 遭遇하다, 당하다' 등의 뜻.

【荼毒】원의는 '씀바귀의 독'. 그러나 '정치 등에 의해 심하게 고통을 당하다'의 뜻임. 孔穎達은 "荼, 苦菜, 毒者, 螫蟲. 荼毒皆惡物"이라 함. 《詩》大雅 桑柔에 "民之貪亂, 寧爲荼毒"이라 함.

【上下神祇】天神地祇, 天地神明. 하늘의 신과 땅의 신.

【禍淫】악인에게 재앙을 내림. '淫'은 邪惡함을 뜻함. 《商君書》內外篇에 "淫道必塞"이라 함.

【以彰厥罪】'彰'은 훤히 알 수 있도록 드러내어 밝힘.

059(12-2)
천명불참天命弗僭

"그러므로 나 이 소자小子는 천명의 밝은 위엄을 받들어 감히 걸桀을 용서할 수 없었던 것이다. 이에 감히 검은 수컷 소를 희생으로 하여 상천上天과 신후神后에게 밝혀 고하여, 하나라에게 죄를 내려줄 것을 청하였다. 이에 원성元聖(伊尹)을 찾아 그와 더불어 온 힘을 다하고, 너희 무리들과 함께 우리의 목숨을 보전해 줄 것을 청하였던 것이다. 상천께서는 진실로 아래 백성들을 보우하시어, 그 죄인은 쫓겨나니 우리에게 굴복하고 말았다. 천명이 조금도 착오가 없음은, 꾸며서 말하건대 마치 초목이 무성하여 수많은 백성들이 이로써 불어나는 것과 같다. 나 한 사람으로 하여금 너희 방가邦家를 화목하고 편안하도록 하는 사명을 주셨으나, 나는 이 일을 마치고 내가 상하上下에 죄를 진 것일지도 모른다는 생각에 벌벌 떨며 두려워하기는 마치 장차 깊은 못에 떨어질 듯한 느낌이로다."

「肆台小子, 將天命明威, 不敢赦. 敢用玄牡, 敢昭告于上天神后, 請罪有夏. 聿求元聖, 與之戮力, 以與爾有衆請命. 上天孚佑下民, 罪人黜伏. 天命弗僭, 賁若草木, 兆民允殖. 俾予一人, 輯寧爾邦家, 茲朕未知獲戾于上下, 慄慄危懼, 若將隕于深淵.」

【肆台小子】 '肆'는 '故'와 같음. 〈蔡傳〉에 "肆, 故也"라 함. '台'는 '이'로 읽으며 '我, 吾, 予, 余와 같음. 雙聲假借.

【將天命明威】 '將'은 '받들어 행하다'의 뜻. 《詩》大雅 烝民 "肅肅王命, 仲山甫將之"에 대해 鄭玄은 "仲山甫則能奉行之"라 함. '明威'는 '하늘의 위엄을 밝혀 보이다'의 뜻.

【不敢赦】감히 桀의 죄악을 용서할
　수 없음.

【玄牡】검은색의 수컷 소.《禮記》檀
　弓에 “夏后氏尙黑, 大事斂用昏, 戎
　事乘驪, 牲用玄；殷人尙白, 大事斂
　用日中, 戎事乘翰, 牲用白”이라 하
　여 夏나라는 黑色을 숭상하였고,
　商나라는 白色을 숭상하였으나 탕
　이 검은 수컷 소를 희생으로 사용
　한 것은 탕이 막 건국하고 나서는
　여전히 하나라의 예법을 따른 것임
　을 말함.

【上天】하느님. 天帝.

【神后】‘后’는 后土, 땅의 신.《左傳》
　昭公 29년에 “共工氏有子曰句龍,
　爲后土, 后土爲社”라 함. 土地神. 穀
　神(稷)과 함께 社稷은 나라를 상징
　하는 말.

〈商王 成湯〉《三才圖會》

【請罪有夏】夏나라 桀에게 죄를 내려줄 것을 청함.

【聿求元聖】‘聿’은 ‘遂’, ‘於是’와 같음. ‘마침내, 드디어, 이에’의 뜻. ‘元聖’은 大聖과 같
　음. 伊尹을 가리킴.

【戮力】죽을 힘을 다함. 매우 힘씀. ‘戮’은 ‘勠’과 같음.

【請命】목숨을 보전할 수 있도록 해 줄 것을 청함.

【孚佑下民】‘孚’는 ‘信’, ‘미덥다, 진실로’의 뜻. ‘佑’는 ‘保佑하다’의 뜻.

【黜伏】도망하여 굴복함.

【天命弗僭】‘僭’은 ‘착오를 일으키다, 잘못되다’의 뜻.

【賁若椒目】‘賁’는 ‘비’로 읽으며, ‘飾’의 뜻. ‘아름답게 꾸미다, 문식하다’의 뜻. 孔安國
　傳에 “賁, 飾也”라 하였고,《廣雅》釋詁에는 “賁, 美也”라 함.

【允殖】‘允’은 ‘이로써’(以此)의 뜻.《經傳釋詞》에 “允, 以也”라 함. ‘殖’은 ‘불어나게 하
　다’의 뜻.

【俾予一人輯寧爾邦家】‘俾’는 使役形 助動詞. 使, 令, 敎와 같음. ‘輯’은 和平, 和平의

뜻. 《詩》大雅 板 "辭之輯矣, 民之洽矣"의 〈毛傳〉에 "輯, 和洽"이라 함.

【邦家】'邦'은 國과 같으며 '家'는 卿大夫의 집안. 邦家는 國家의 다른 말. 漢代 이후 劉邦의 '邦'자를 피하여 邦은 모두 國으로 바꾸어 썼음.

【獲戾】죄를 얻게 됨. '戾'는 罪와 같음. 湯이 桀의 신하로서 그 군주를 친 하극상에 대한 죄의식을 뜻함.

【慄慄】두려워 떠는 모습. 戰慄을 느낌. 일부 판본에는 '栗栗'로 되어 있음.

【隕于深淵】깊은 못으로 떨어짐. '隕'은 '떨어지다, 추락하다'의 뜻.

060(12-3)
각수이전各守爾典

"무릇 내가 세워주는 제후들은 떳떳한 법이 아니면 좇지 말 것이며, 도음惛淫의 죄 있는 곳으로 다가가지 말 것이며, 저마다 자신의 법도를 준수하여 하늘이 내려준 아름다움을 받도록 하라. 너희에게 훌륭한 일이 있으면 나는 감히 덮어두지 않을 것이며, 나에게 죄가 있을 경우 마땅히 내 자신이 책임지되 내 스스로를 용서하는 일은 없을 것이요, 오직 상제의 마음을 살펴 그에 맞게 할 것이다. 너희 만방에 죄가 있을 경우 그 죄는 나 한 사람에게 있는 것이요, 내 한 사람이 저지른 죄가 있다면 이는 너희 만방 때문에 그런 것이 아니다. 오호라! 능히 이러한 정성과 믿음을 가지고 이로써 끝맺음이 있기를 바라노라."

「凡我造邦, 無從匪彝, 無卽惛淫, 各守爾典, 以承天休. 爾有善,
朕弗敢蔽; 罪當朕躬, 弗敢自赦, 惟簡在上帝之心. 其爾萬方有罪,
在予一人; 予一人有罪, 無以爾萬方. 嗚呼! 尚克時忱, 乃亦有終.」

【造邦】새로 나라를 세움. 商은 원래 夏나라 제후국이었으나 天子國이 됨으로써 다른 제후국들을 세워 새롭게 관계를 설정함. '邦'은 國과 같으며 國은 諸侯國을 가리킴.

【無從匪彝】'無'는 毋와 같음. '匪'는 非와 같음. '彝'는 常道, 法度, 떳떳한 표준. 《詩》大雅 烝民 "民之秉彝"의 〈毛傳〉에 "彝, 常也"라 하였고, 鄭玄은 "民所執持有常道"라 함.

【無卽惛淫】'卽'은 '나가다, 가까이하다'의 뜻. '惛淫'은 '향락에 지나치게 탐닉함'을 뜻함.

【各守爾典】'爾'는 너(你). '典'은 法度, 常法, 法則.

【以承天休】'天休'는 하늘이 내려준 아름다운 吉祥을 뜻함. '休'는 '아름답다, 훌륭하다'의 뜻.

【惟簡在上帝之心】'簡'은 '簡擇하다, 簡閱하다, 考察하다, 살피다'의 뜻. '잘 살피어 上帝의 마음에 맞도록 하다'의 뜻.

【其爾萬方有罪】'其'는 若, 如 등과 같으며 '만약 ~이면'의 假定節을 나타내는 構文에 쓰임.

【無以爾萬方】'無'는 毋와 같음. '以'는 用과 같음.

【尙克時忱】'尙'은 庶幾와 같음. '가깝게 되기를 바라다'의 뜻. '時'는 是와 같음. '忱'은 精誠과 信義를 뜻함.

【有終】끝을 잘 마무리함. 유종의 미를 거둠. 끝까지 모든 일을 잘 이어나감.

061

〈명거明居〉

〈서〉: 구선咎單이 〈명거明居〉를 지었다.

<序>: 咎單作<明居>.

【明居】序文만 있고 正文은 전하지 않음. '明居'는 '거주민이 지켜야 할 법을 명확히 밝힘'의 뜻일 것으로 추측하여 왔음.

【咎單】'구선'으로 읽으며 湯의 신하로 司空을 지낸 자라 함. '單'은 姓氏, 人名, 地名일 경우 '선'으로 읽음. 裴駰의 《史記集解》에 馬融의 설을 인용하여 "咎單, 湯司空也. 明居民之法也"라 하였고, 孔安國 傳에는 "主土地之官"이라 함.

〈13〉이훈伊訓(062-065)

〈玉龍〉(商) 1976 河南 安陽 婦好墓 출토

상탕商湯의 죽고 나서 몇 단계를 거쳐 탕의 적장손嫡長孫 태갑太甲이 제위에 오르게 된다. 그동안 개국공신이며 탕의 훌륭한 보좌였던 이윤伊尹이 나라를 보살피다가 태갑이 제위에 올라 옳지 못한 짓을 하자 이에 훈계한 내용을 기록한 것이 이 〈伊訓〉편이다.

탕이 죽은 뒤 누가 그 제위를 이었는가 하는 문제는 두 가지 설이 있다. 《史記》殷本紀에는 "湯崩, 太子太丁未立而卒, 於是乃立太丁之弟外丙, 是爲帝外丙. 帝外丙卽位三年, 崩; 立外丙之弟中壬, 是爲帝中壬. 帝中壬卽位四年, 崩; 伊尹乃立太丁之子太甲. 太甲, 成湯嫡長孫也, 是爲帝太甲"이라 하여 태자 태정太丁이 즉위 전에 죽어 태정의 아우 외병外丙이 제위에 올랐으나 외병은 3년만에 죽고 다시 그 아우 중임中壬이 이었으나, 중임 또한 4년만에 죽어 이윤이 태정의 아들, 즉 탕의 적장손 태갑을 제위에 앉힌 것이라 하였다. 이렇게 보면 상나라 초기 세계世系는 湯→外丙→中壬→太甲으로 이어지는 것이다. 그러나 공안국孔安國 〈傳〉에는 "太甲, 太丁子, 湯孫也. 太丁未立而卒, 及湯沒而太甲立, 稱元年"이라 하여 탕이 죽고 태자 태정이 제위에 오르기 전에 죽어 탕의 손자 태갑이 곧바로 제위에 오른 것으로 되어 있다. 《상서정의尙書正義》에는 〈이훈〉의 서序와 〈태갑太甲〉편의 기년紀年을 근거로 "太甲必繼湯後"라 하여 태갑이 곧바로 탕을 이은 것으로 단정하였다. 그러나 〈이훈〉편과 〈태갑〉편은 모두 《위고문상서僞古文尙書》로 근거를 삼기에 충분치 않아 많은 이들은 《사기》의 기록을 따르고 있다.

태갑이 제위에 오른 이후 이윤은 이 〈이훈〉 외에도 〈사명肆命〉편과 〈조후徂后〉 2편을 지어 태갑을 훈계하였다. 〈이훈〉편의 내용은 탕의 덕을 거론하며 걸이 멸망한 원인을 들고 탕의 미덕을 발양할 것을 권고한 것으로써 흔히 '삼풍십건三風十愆'이 주된 내용이다. 이로써 천자는 물론 邦君과 경사들도 모두 함께 자신의 품덕을 수양하되 작은 선이라 하여 행하지 않거나, 작은 불선不善이라 하여 거리낌이 없이 행한다면 이것이 곧 멸망의 단초가 될 것임을 경계하고 있다. 이처럼 이윤은 상나라가 아직 굳건하지 못할 때 윤리 기준을 세우고 통치 규율에 대한 기초를 다짐으로써 고대 왕조의 기틀을 마련하는 업적을 마련한 셈이다.

〈금문상서〉에는 실려 있지 않으며, 〈고문상서〉에만 있다. 아울러 그가 함께 지었다는 〈사명〉과 〈조후〉 2편은 모두 실전되고 없다.

＊蔡沈《書傳》〈伊訓〉注에 "訓, 導也. 太甲嗣位, 伊尹作書訓導之. 史錄爲篇. 今文無, 古文有"라 하였다.

〈서〉: 성탕成湯이 이미 죽고 태갑太甲 원년, 이윤伊尹이 〈이훈伊訓〉, 〈사명肆命〉, 〈조후徂后〉를 지었다.

〈序〉: 成湯旣沒, 太甲元年, 伊尹作〈伊訓〉·〈肆命〉·〈徂后〉.

【成湯】'成'은 郕으로도 표기하며 지명, 그러나 혹 諡號라고도 함. 有湯으로도 불림.
商(殷)나라 시조 湯王. 子姓. 이름은 履. 武湯, 成湯, 天乙로도 불림. '湯'은 원래 夏
나라 때의 諸侯. 亳을 근거로 발전하여 夏나라 末王 桀의 무도함을 제거하고 伊尹
을 등용하여 殷(商)을 세운 개국군주. 儒家에서 聖人으로 받듦. 《史記》 殷本紀를
참조할 것. 《十八史略》(1)에는 "殷王成湯: 子姓, 名履. 其先曰契, 帝嚳子也. 母簡狄,
有娀氏女, 見玄鳥墮卵吞之, 生契. 爲唐虞司徒, 封於商, 賜姓"이라 함.

【沒】'歿'과 같음. 생을 마침. 죽음. 天子의 죽음은 崩으로 써야 하나 은나라 기록은
이를 구분하지 않음.

【太甲】湯의 嫡長孫이며 太丁의 아들. 제위에 올랐으나 바른 행동을 하지 않아 한
때 伊尹에 의해 桐宮으로 안치되어 悔改와 改悛의 정을 보이자 이윤이 다시 복귀
시키기도 하였음. 《史記》 殷本紀에 "帝太甲旣立三年, 不明, 暴虐, 不遵湯法, 亂德,
於是伊尹放之於桐宮. 三年, 伊尹攝行政當國, 以朝諸侯. 帝太甲居桐宮三年, 悔過自
責, 反善, 於是伊尹迺迎帝太甲而授之政. 帝太甲修德, 諸侯咸歸殷, 百姓以寧. 伊尹
嘉之, 迺作太甲訓三篇, 褒帝太甲, 稱太宗"이라 하여 '太宗'으로 칭해졌음.

【伊尹】殷나라 湯王의 재상. 이름은 摯. 湯이 有莘氏의 딸을 아내로 맞을 때 媵臣으
로 따라가면서 조리 기구를 짊어지고 가서 주방장이 되어 湯에게 접근하였음. 뒤
에 탕에게 발탁되어 재상에 올랐으며 夏의 末王 桀을 쳐서 殷왕조를 일으키는 데
에 큰 공을 세웠음. 《史記》 殷本紀 및 《墨子》 尙賢篇을 볼 것.

【元年】즉위 첫 해.

【肆命】伊尹이 太甲을 훈도하기 위해 쓴 것으로 지금은 전하지 않음. 《尙書正義》에
"陳天命以戒太甲"이라 하였고, 鄭玄은 "肆命者, 陳政敎所當爲也"라 함.

【徂后】역시 伊尹이 지은 것으로 지금은 전하지 않음. 《尙書正義》에 "陳往古明君以
戒"라 하였고, 鄭玄은 "徂后者, 言湯之法度也"라 함.

062(13-1)
이윤伊尹

태갑太甲 원년 12월 을축乙丑에 이윤伊尹이 선왕先王 탕에게 제사를 올렸다.

뒤를 이은 왕 태갑을 받들어 공경을 다해 그 조상 탕에게 보였는데 후복侯服과 전복甸服의 군주들도 모두 그 자리에 있었으며, 백관百官들도 자신의 관원들을 모두 통솔하여 총재冢宰 이윤의 말을 듣고 있었다.

이윤은 이에 공을 세운 선조들이 덕德을 이룬 내용을 밝혀 말하면서 왕에게 훈계하였다.

> 惟元祀, 十有二月, 乙丑, 伊尹祠于先王.
> 奉嗣王祗見厥祖, 侯甸羣后咸在, 百官總己以聽冢宰.
> 伊尹乃明言烈祖之成德, 以訓于王.

【元祀】元年과 같음. '祀'는 年과 같음. 孔安國 傳에 "祀, 年也. 夏曰歲, 商曰祀, 周曰年, 唐虞曰載"라 함.

【乙丑】六十甲子의 하나로 고대에는 날짜를 연속하여 육십갑자로 세어갔음.

【祠】제위에 올랐음을 조상신에게 고하는 제사.

【先王】湯을 지칭함. 湯은 제위에 오르고도 조상을 추존하지 않아 자신이 선왕으로 불린 것임. 《尙書正義》에 "湯之父祖不追爲王, 所言先王, 惟有湯耳"라 함.

【嗣王】王位를 계승한 임금. 즉 太甲을 가리킴.

【厥祖】'祖'는 탕임금을 가리킴.

【侯甸】侯服과 甸服. 천자가 거주하는 곳 사방 천리는 王畿(畿內)라 하였으며 궁궐로부터 5백 리씩 멀리하면서 九服으로 나눔. 따라서 궁궐 가까이 5백 리는 侯服, 그로부터 5백 리는 甸服임. 〈禹貢〉편을 참조할 것.

伊尹躬耕莘野德蹟元聖湯三使往聘學焉而後臣之嘗
薦于夏醜夏復歸因說湯以伐夏湯立遂相之湯崩太甲
不明于德遷居桐宮三年悔過自艾乃具冕奉歸還政
修德諸侯歸之

〈伊尹〉《三才圖會》

【總己】자신이 거느린 官員과 職務를 統領하여 管掌함.

【冢宰】宰相의 뜻. 伊尹을 가리킴. 冢宰는 六卿의 우두머리이며 太宰로도 불렀음.
　왕 다음의 최고 지위. 당시 伊尹은 冢宰의 지위에 있었음.

【烈祖】熱烈한 공을 세운 先祖. '烈'은 事業, 功績을 의미함.

063(13-2)
여인불구비與人不求備

이윤이 말하였다.

"오호라! 옛날 하夏나라 선후先后, 禹는 바야흐로 그 덕을 부지런히 힘쓰셔서 하늘의 재앙이 없었습니다. 산천의 귀신도 편안하지 않음이 없었고 조수鳥獸와 어별魚鱉들조차 모두가 이와 같았습니다. 그런데 그 자손에 이르러 이를 따르지 않아 황천皇天이 그들에게 재앙을 내리시고, 우리 탕湯의 손을 빌려 그 천명을 수행하도록 하여, 명조鳴條로부터 공격을 시작하였으며 박毫으로부터 덕을 펴기 시작한 것입니다. 우리 상왕商王 탕께서 성무聖武를 밝혀 널리 펴 학정虐政을 관용寬容으로 대신하시자, 수많은 백성들이 미더워하며 추대하였습니다. 지금 왕께서 그 덕을 이으셨으니 처음 그랬던 것과 같지 않아서는 안 될 것이니, 사랑을 세우심에는 가까운 친척으로부터 하시고, 공경을 세우심에는 연장자로부터 하시어 제후국과 가문으로부터 이를 시작하셔서, 사해四海에까지 퍼지게 함을 끝으로 삼으소서. 오호라! 선왕께서는 사람의 도리를 닦는 데 노력하셨으며 간언을 듣고 거부하지 않으셨으니 그 무렵 백성들도 모두가 이와 같았습니다. 윗자리에 있는 자는 능히 명철함을 다하였고 아래에 있는 자들은 능히 충성을 다하였습니다. 남에게 임무를 주었을 때는 그에게 모든 것을 갖추고 있기를 요구하지 않되, 자신을 점검할 때는 못 미친 듯이 하여, 만방萬邦을 소유하는 지위에 이르렀던 것이니 이 얼마나 어려운 일이었겠습니까!"

曰:「嗚呼! 古有夏先后, 方懋厥德, 罔有天災. 山川鬼神, 亦莫不寧, 暨鳥獸魚鱉咸若. 于其子孫弗率, 皇天降災, 假手于我有命, 造攻自鳴條, 朕哉自亳. 惟我商王, 布昭聖武, 代虐以寬, 兆民允懷.
今王嗣厥德, 罔不在初, 立愛惟親, 立敬惟長, 始于家邦, 終于四海.
嗚呼! 先王肇修人紀, 從諫弗咈, 先民時若. 居上克明. 爲下克忠,
與人不求備, 檢身若不及, 以至于有萬邦, 茲惟艱哉!」

【先后方懋厥德】'先后'는 선대의 군주, 즉 夏나라 시조 禹임금을 가리킴. 《爾雅》釋
詰에 "后, 君也"라 함. '懋'는 務와 같음. '힘쓰다, 노력하다'의 뜻.

【罔有天災】'罔'은 無와 같음. 雙聲假借. '災'는 일부 판본에는 '灾'로 되어 있음.

【曁】'及'과 같음.

【鼇】鼈과 같음. 자라.

【弗率】'弗'은 '不'과 같음. '率'은 '준수하다, 따르다'의 뜻.

【造攻自鳴條】'造'는 '이르다, 시작하다'의 뜻. '鳴條'는 지명. 湯이 桀과 싸워 걸을 패
배시킨 곳. 지금의 河南 安邑 서쪽.

【朕哉自亳】'哉'는 始, 初와 같음. '亳'은 지명. 殷나라가 도읍으로 삼았던 곳. 南亳과
西亳이 있음. 《韓詩外傳》 등에는 '薄'으로 표기되어 있음. 《括地志》에 "宋州穀熟縣
庶男三十五里南亳故城, 卽南亳, 湯都也. 宋州北五十里大蒙城爲景亳, 湯所盟地, 因
景山爲名. 河南偃師爲西亳, 帝嚳及湯所都, 盤庚亦徙都之"라 하였으며, 여기서는 南
亳을 가리킴.

【布昭】널리 펴서 훤히 알 수 있도록 밝힘.

【聖武】성스러운 武力 행사.

【代虐以寬】桀王의 학정을 대신하여 탕은 관대함을 가지고 처리함.

【兆民允懷】'兆民'은 천하 모든 백성을 일컫는 말. '允'은 '진실로, 미덥다, 확실히' 등
의 강조하는 말. '懷'는 품에 안기듯 그리워하고 지지함.

【罔不在初】'初'는 제위를 이어 통치를 시작하는 처음.

【立愛惟親】사랑을 세우는 일은 가까이 친한 자나 親屬으로부터 시작함.

【立敬惟長】공경을 세우는 일은 연장자에게 하는 것으로 시작함.

【家邦】邦家(國家)와 같음. '邦'은 國과 같음. '邦'(國)은 諸侯國, '家'는 卿大夫 가문을
뜻함.

【肇修人紀】'肇'는 '노력하다, 민첩하게 실천하다'의 뜻. 《爾雅》釋言에 "肇, 敏也"라
함. '人紀'는 사람으로서 지켜야 할 인륜과 紀綱.

【弗咈】‘咈’은 ‘괴리시키다, 위배하다, 거역하다’의 뜻.

【先民時若】‘先民’은 앞서 살았던 사람들. ‘時’는 是와 같음. ‘若’은 순종함. 그들과 똑같이 함.

【克明】‘克’은 강조하는 말. 能과 같음. ‘明’은 아랫사람의 실정을 명확히 살핌.

【與人不求備】‘與’는 ‘사귀다’, 혹 ‘임무를 부여하다, 함께하다, 더불다, 주다’ 등의 뜻. ‘求’는 ‘요구하다, 바라다’의 뜻. ‘비’는 온전하게 모든 것을 갖추고 있음. 湯의 남에 대한 덕을 말한 것.

【檢身若不及】자신의 언행을 點檢하기에는 마치 그 정도로는 미치지 못한 듯이 엄격하고 혹독하게 함. 이 두 구절은 탕의 덕을 칭송한 말임.

【有萬邦】‘邦’은 제후국. 천하 모든 제후국을 소유함. 즉 탕이 천자의 지위에 오르게 되었음을 말한 것.

064(13-3)
삼풍십건三風十愆

"명철한 사람을 널리 찾으셔서, 후사로서 제위에 오른 그대를 보필토록 하시고, 관형官刑을 제정하여 지위를 가진 자에게 경계를 시키십시오. 탕께서는 이렇게 말하였지요. '감히 그 궁실에서 춤으로 즐기는 일이 있거나 집안에서 술과 노래에 빠지는 짓이라면 이를 일러 무풍巫風이라 한다. 감히 재물과 여색에 탐닉하거나, 사냥놀이에 빠지는 짓이라면 이를 음풍淫風이라 한다, 감히 성인의 말을 모욕하거나, 충직한 자를 거역하거나 노인의 덕을 멀리하거나 완악한 어린 부류들과 작당하거나 하는 짓이라면 이를 일러 난풍亂風이라 한다. 이러한 삼풍三風과 십건十愆 중에 경사卿士의 신분이면서 그 자신에게 한 가지라도 있게 되면 그 집안은 틀림없이 망할 것이요, 방군邦君이면서 그 자신에게 한 가지라도 있게 되면 그 나라가 망할 것이다. 그들의 신하로서 이를 바로잡아주지 않는 자에게는 그 형벌은 묵형墨刑이니, 이를 몽사蒙士들에게 갖추어 가르치도록 하라'라고 말입니다."

「敷求哲人, 俾輔于爾後嗣, 制官刑, 儆于有位. 曰:『敢有恒舞于宮, 酣歌于室, 時謂巫風; 敢有殉于貨色, 恒于遊畋, 時謂淫風; 敢有侮聖言, 逆忠直, 遠耆德, 比頑童, 時謂亂風. 惟茲三風十愆. 卿士有一于身, 家必喪; 邦君有一于身, 國必亡. 臣下不匡, 其刑墨, 具訓于蒙士.』」

【敷求哲人】'敷'는 普와 같음. '널리, 광범위하게'의 뜻. '求'는 '찾다, 구하다'의 뜻. '哲人'은 명철하고 능력 있는 인재.

【俾輔】'俾'는 使, 令 등과 같은 使役形 助動詞. '輔'는 '보필하다'의 뜻.

【爾後嗣】'너 後嗣' 즉 太甲을 지칭하여 부른 말.

【官刑】官에서 내리는 형벌.

【儆于有位】'儆'은 '警告하다, 告誡하다'의 뜻. '有位'는 벼슬자리에 있는 자들을 가리킴.

【恒舞于宮】늘 궁에서 춤을 추며 유락을 즐김.

【酣歌于室】집안에서 술과 노래로 즐김.

【時謂巫風】'時'는 是와 같음. '巫'는 巫覡. 남녀가 귀신의 복장을 하고 기도하면서 노래와 춤으로 사람을 현혹함을 뜻함.

【殉于貨色】'殉'은 耽溺함. 貪慾을 부림. 목숨처럼 여기다가 죽임을 당함. '貨'는 財物, '色'은 女色.

【恒于遊畋】'遊'는 游와 같음. '畋'은 사냥, 畋獵.

【侮聖言】성인의 말을 모독함. 《論語》季氏篇에 "孔子曰:「君子有三畏: 畏天命, 畏大人, 畏聖人之言. 小人不知天命而不畏也, 狎大人, 侮聖人之言.」"이라 함.

【遠耆德】'耆'는 耆老. 나이 많은 노인을 가리킴. 그들의 덕을 멀리 함.

【比頑童】'比'는 派黨을 만들어 친밀하게 뭉침. 《論語》爲政篇에 "子曰:「君子周而不比, 小人比而不周.」"라 함. '頑童'은 頑惡한 아이들과 같은 부류의 사람들.

【三風十愆】'三風'은 巫風, 淫風, 亂風. '十愆'은 三風을 조성하는 열 가지 허물. 즉 舞, 酣, 歌, 貨, 色, 畋, 侮聖言, 逆忠直, 遠耆德, 比頑童을 가리킴.

【卿士】신분상 卿이나 士에 해당하는 부류. 고대 신분은 王, 公侯伯子男, 卿大夫, 士, 庶人의 다섯 단계였음.

【喪】'亡'과 같음(疊韻). 혹 '失'과 같음(雙聲). 그 집안이 망하거나 실추될 것임을 말한 것.

【邦君】諸侯國의 군주. '邦'은 國과 같으며 제후국을 일컬음. 천자는 천하를 통치하므로 國에 해당하지 않음.

【臣下不匡】'匡'은 匡正의 뜻. '바로잡아주다'의 뜻. 제후국 신하가 그 나라의 군주를 바르게 하도록 보필함.

【墨】墨刑. 얼굴에 먹칠을 새기어 지워지지 않도록 하는 형벌. 五刑의 하나이며 黥刑이라고도 함.

【蒙士】'蒙'은 蒙稚, 童蒙의 뜻. '下士'와 같음. 士의 신분으로서 아직 어리거나 공부를 마치지 않아 벼슬에는 오르지 못한 부류들. 孔穎達 疏에 "蒙謂蒙稚, 卑小之稱, 故蒙士例謂下士也"라 함.

065(13-4)
백상백앙百祥百殃

"오호라! 사왕嗣王께서는 자신을 경계하시어 늘 염두에 두소서! 성스러운 모책은 위대한 것이니, 탕께서 남겨주신 아름다운 말씀은 널리 드러내셔야 합니다. 상제上帝는 언제나 고정된 것이 아니어서 선善을 지으면 온갖 상서로움을 내려주시고, 불선不善을 지으면 온갖 재앙을 내리는 법입니다. 그대는 덕德이 작은 것이라 여기지 말 것이니 그것으로 말미암아 만방萬邦이 경사로운 일이 생기는 것이며, 부덕不德은 큰 것이 아닐지라도 그것으로 말미암아 그 종묘가 무너지는 것입니다."

「嗚呼! 嗣王祗厥身, 念哉! 聖謨洋洋, 嘉言孔彰. 惟上帝不常, 作善降之百祥, 作不善降之百殃. 爾惟德罔小, 萬邦惟慶; 爾惟不德罔大, 墜厥宗.」

【嗣王】太甲을 가리킴.
【祗厥身】'祗'는 '언행에 공경을 다하다, 자신을 경계시키다'의 뜻.
【念哉】늘 염두에 두어 잊지 않도록 함.
【聖謨洋洋】'聖謨'는 성스러운 모책, 즉 아주 훌륭한 모책이나 교훈을 뜻함. '謨'는 謀와 같음.《說文》에 "謨, 議謀也"라 함. '洋洋'은 드넓은 모습. 여기서는 偉大함을 뜻함.
【嘉言孔彰】'嘉言'은 아름다운 말. 여기서는 탕이 교훈과 훈계로 남겨준 말. '孔'은 大, 甚의 뜻.
【上帝不常】'不常'은 일정하거나 고정되어 있는 것이 아님을 말함. 즉 降福과 降災는 常規가 있는 것이 아님.
【德罔小】德은 작다고 여겨서는 안 됨. 즉 아무리 작은 덕일지라도 반드시 실행에

옮겨야 함. '罔'은 無, 勿, 毋와 같음.

【不德罔大】'不德은 크지 않더라도'의 뜻. 不德 역시 아무리 작더라도 그 결과는 엄청난 재앙을 초래함.

【墜厥宗】'宗'은 宗廟. 天子나 諸侯들이 자신들의 조상 위패를 모신 사당으로 國家를 대신하는 말.

066

〈사명肆命〉·〈조후徂后〉

〈十三經注疏本〉에 "〈肆命〉: 陳天命以戒太甲亡. 〈徂后〉: 陳往古明君以戒亡"이라 함.

이 2편은 伊尹이 지은 것으로 되어 있으나 지금은 序文도 正文도 실전됨. 앞의 전체 서문 해설을 참조할 것.

⟨14⟩ 태갑太甲(上, 中, 下)(067-075)

⟨太甲⟩편 또한 이윤伊尹이 태갑太甲을 훈도한 훈사訓辭이다. 《사기史記》은본기殷本紀에 "帝太甲旣立三年, 不明, 暴虐, 不遵湯法, 亂德, 於是伊尹放之於桐宮. 三年, 伊尹攝行政當國, 以朝諸侯. 帝太甲居桐宮三年, 悔過自責, 反善, 於是伊尹迺迎帝太甲而授之政. 帝太甲修德, 諸侯咸歸殷, 百姓以寧. 伊尹嘉之, 迺作太甲訓三篇, 襃帝太甲, 稱太宗"이라 하여, 태갑은 제위에 오른 지 3년 동안

⟨玉人⟩(商) 1976 河南 安陽 婦好墓 출토

흉악하고 잔혹한 짓을 저지르며 탕의 덕과 법을 준수하지 않은 채 혼란을 조성하였다. 이에 이윤이 그를 동궁桐宮으로 추방하고 아직 끝나지 않은 탕의 상사喪事는 중임中壬이 처리하도록 하였다. 그러면서 이윤은 자신이 총재로서 국사를 대리하며 제후들의 조견도 받았다. 태갑은 동궁에서 3년을 견디면서 회개하고 개전하여 새 사람이 되자 이윤은 그를 도읍 박亳으로 다시 불러 그에게 권한을 돌려주었다. 이로부터 태갑은 덕을 닦고 수양하여 제 몫을 다하게 되었고 제후들 역시 큰 반발 없이 그를 인정하게 되었으며, 백성들도 생업에 안정을 찾을 수 있었다. 이윤은 태갑의 그러한 개과천선을 가상히 여겨 이 글을 짓고 그를 태종太宗으로 칭하였다는 것이다.

한편은 태갑이 동궁으로 쫓겨나는 상황을 上篇으로 하였고, 동궁으로부터 도읍 박으로 돌아와 다시 제위에 오르는 과정과 그 결과를 엮어 中篇과

下篇으로 삼은 것이다.

본편은 〈今文尙書〉에는 들어 있지 않으며 〈古文尙書〉에만 실려 있다.

＊蔡沈 《書傳》 〈太甲〉 注에 "商史錄伊尹告戒節次及太甲往復之辭, 故三篇相屬成文, 其間或附史臣之語, 以貫篇意. 若史家紀傳之所載也. 唐孔氏曰:「〈伊訓〉, 〈肆命〉, 〈徂后〉, 〈太甲〉, 〈咸有一德〉皆是, 告戒太甲, 不可皆名〈伊訓〉, 故隨事立稱也.」 林氏曰: 「此篇亦訓體.」 今文無, 古文有"라 하였다.

〈서〉: 태갑太甲이 이윽고 제위에 올랐으나 명석하지 못하여 이윤伊尹이 그를 동궁桐宮으로 추방하였다. 3년이 되어 다시 그를 박毫으로 복귀시켰으며 태갑이 상도常道를 깊이 생각하자, 이윤이 이에 〈태갑〉 3편을 지었다.

<序>: 太甲旣立, 不明, 伊尹放諸桐. 三年, 復歸于毫, 思庸, 伊尹作<太甲>三篇.

【不明】明哲하지 못함.

【伊尹】殷나라 湯王의 재상. 이름은 摯. 湯이 有莘氏의 딸을 아내로 맞을 때 媵臣으로 따라가면서 조리 기구를 짊어지고 가서 주방장이 되어 湯에게 접근하였음. 뒤에 탕에게 발탁되어 재상에 올랐으며 夏의 末王 桀을 쳐서 殷왕조를 일으키는 데에 큰 공을 세웠음. 《史記》殷本紀 및 《墨子》尙賢篇을 볼 것.

【放諸桐】'放'은 '放逐하다, 逐出하다, 내쫓다'의 뜻. '諸'는 '저'로 읽으며 '之於, 之乎'의 合音字. '桐'은 桐宮. 湯의 葬地였음. 《晉太康地記》에 "尸鄕南有毫阪, 東有城, 太甲所放處也"라 함. 의도적으로 할아버지 탕의 무덤 곁으로 추방함으로써 절실히 회개하도록 한 것임.

【三年】帝位를 계승한 지 3년. 桐宮으로 방축된 뒤 3년이 아닌 것으로 봄. 따라서 太甲이 동궁으로 추방되어 머물렀던 기간은 그리 길지 않았을 것으로 여김.

【毫】지명. 殷나라가 도읍으로 삼았던 곳. 南毫과 西毫이 있음. 《韓詩外傳》등에는 '薄'으로 표기되어 있음. 《括地志》에 "宋州穀熟縣庶男三十五里南毫故城, 卽南毫, 湯都也. 宋州北五十里大蒙城爲景毫, 湯所盟地, 因景山爲名. 河南偃師爲西毫, 帝嚳及湯所都, 盤庚亦徙都之"라 하였으며, 여기서는 南毫을 가리킴.

【思庸】'思'는 깊이 생각함. '庸'은 常道.

太甲(上)
067(14-1)
태갑太甲

"사왕嗣王 태갑太甲이 아형阿衡 이윤伊尹에게 순종하지 아니하자 이윤은 글을 지어 이렇게 말하였다.

"선왕先王 탕께서 이렇게 하늘이 내려주신 명확한 사명을 돌아보시고 천신지기天神地祇가 뜻을 이어받아, 사직과 종묘에서 공경과 엄숙함을 다하지 않음이 없었습니다. 하늘이 그 덕을 살펴보시고 이로써 큰 사명을 모아 주셔서, 만방을 위무하고 따르게 하였던 것입니다. 저 이윤은 온몸으로 그 임금으로 하여금 무리를 안정시킬 수 있도록 보좌하였습니다. 그러므로 사왕께서는 그 큰 기본 서업緖業을 이어받으실 수 있게 된 것입니다. 저 이윤은 직접 서쪽 하나라 옛 도읍으로 가서 하왕夏王, 禹의 업적을 살펴보았더니 그들은 충성과 신의로써 임무를 잘 마쳤으며, 그 우禹를 도왔던 사람들 또한 끝을 잘 맺을 수 있었습니다. 그런데 그 뒤를 이은 왕(桀)에 이르러 그 끝을 잘 맺지 못하였고, 그를 도왔던 이들 또한 끝을 제대로 마치지 못하였으니 사왕(태갑)께서는 이를 경계하시기 바랍니다! 공경을 다하여 그 임금 자리를 지켜내어야 합니다. 임금이 임금답지 못하면 그 조상에게 치욕을 안겨주게 됩니다."

惟嗣王不惠于阿衡, 伊尹作書曰:「先王顧諟天之明命, 以承上下神祇, 社稷宗廟, 罔不祇肅. 天監厥德, 用集大命, 撫綏萬方. 惟尹躬克左右厥辟宅師. 肆嗣王丕承基緒. 惟尹躬先見于西邑夏, 自周有終, 相亦惟終; 其後嗣王, 罔克有終, 相亦罔終, 嗣王戒哉! 祇爾厥辟, 辟不辟, 忝厥祖.」

【嗣王】뒤를 이은 왕. 太甲을 가리킴.

【惠】順從함. 恭順함.《詩》邶風 燕燕 "終溫且惠, 淑愼其愼"의〈毛傳〉에 "惠, 順也"라 하였고, 孔穎達은 "又終當顏色溫和, 且能恭順, 善自勤愼其身"이라 함.

【阿衡】商나라 때 관직 이름. 伊尹을 가리킴. 鄭玄은 "阿, 倚; 衡, 平也. 伊尹, 湯倚而取平, 故以爲官名"이라 하였고,《詩》商頌 長發에 "實維阿衡, 實左右商王"이라 하였음. 孔穎達은 "伊尹名摯, 湯以爲阿衡, 至太甲改曰保衡. 阿衡·保衡皆公官"이라 함.

【先王】湯을 가리킴.

【顧諟天之明命】'顧'는 '돌아보다, 注目하다, 重視하다'의 뜻.《說文》에 "顧, 還視也"라 함. '諟'는 是의 古字. '明命'은 분명한 사명.

【上下神祇】하늘과 땅의 신. 天神地祇.

【社稷】'社'는 上神, '稷'은 穀神을 뜻함. 나라를 대신하여 쓰임.

【罔不祇肅】'罔'은 無와 같음. '祇'는 '공경하다'의 뜻. '肅'은 엄숙함.

【用集大命】'用'은 以의 뜻. '集'은 '몰아서 내려주다'의 뜻. '大命'은 하늘의 큰 사명.

【撫綏萬方】'撫綏'는 '어루만지고 按慰하여 따르게 하다'의 뜻. '萬方'은 萬邦과 같으며 천하 모든 곳.

【躬克左右】능히 자신의 몸을 직접 내세워 임금을 輔佐함. '左右'는 '보좌하다'의 뜻.

【厥辟宅師】'辟'은 군주. '宅'은 居와 같음. '師'는 衆의 뜻.

【肆】'故'와 같음. '이 때문에, 그러므로'의 뜻.

【丕承基緒】'丕'는 大의 뜻. '基緒'는 기본이 되는 緒業.

【西邑夏】서쪽에 도읍했던 夏나라. 禹가 夏나라를 세우고 도읍으로 삼았던 安邑이며 이는 商나라의 도읍 亳에서 서쪽이었음. 伊尹은 처음에는 夏나라 桀에게 추천되어 하나라 사정을 밝게 알고 있었음을 예로 들어 太甲을 훈계한 것임.

【自周有終】'自'는 用, 以와 같음. '周'는 孔安國 傳에 "周, 忠信也"라 하였고,《詩》小雅 都人士 "行歸于周, 萬民所望"의〈毛傳〉에도 "周, 忠信也"라 하였으며, 鄭玄은 "都人之士所行, 要歸于忠信"이라 함. 이는 하나라 우임금 시절에는 정치가 잘 되었으나 桀에 이르러 조상의 덕을 제대로 지키지 못하여 망하게 되었음을 설명한 것임.

【其後嗣王】'嗣王'은 夏나라 末王 桀을 가리킴.

【嗣王戒哉】여기서의 '嗣王'은 太甲을 가리킴. 伊尹이 太甲에게 桀의 罪行을 警戒할 것을 훈시한 것.

【祇爾厥辟】'祇'는 '공경히, 신중히'의 뜻. '辟'은 임금노릇. 임금 지위를 뜻함.

【忝厥祖】'忝'은 '모욕을 주다, 치욕을 안겨주다'의 뜻. '祖'는 태갑의 조상, 즉 湯을 가리킴.

068(14-2)
좌이대단坐以待旦

그런데도 왕 태갑太甲이 평소 용렬하여 이윤이 들려준 내용을 염두에 두지 않는 것이었다.

이윤은 이에 이렇게 말하였다.

"선왕 탕께서는 아직 날이 밝기 전에 덕을 크게 밝히시고자 앉은 채로 아침을 기다렸습니다. 널리 뛰어난 인재를 찾아 뒷사람들이 그 선례를 따라 들어올 수 있도록 길을 열어주었으며, 선조들이 남겨준 사명을 추락시켜 스스로 엎어지는 일이 없도록 하셨습니다. 검소함과 덕을 삼가야 할 일로 삼으셨고, 영구히 나라를 이끌 계책을 생각하셨습니다. 이는 마치 사냥터를 지키는 관원이 쇠뇌 장치에서 쏠 준비를 할 때 활시위에 화살이 척도에 맞게 매겨졌는가를 가서 살펴본 다음 발사를 하는 것과 같습니다. 공경을 다하여 그 뜻하는 바를 염려하시어, 선조들이 행한 바를 준수하신다면 저도 이로써 기껍게 여길 것이며, 만세萬世를 두고 찬사를 듣게 될 것입니다."

王惟庸罔念聞.

伊尹乃言曰:「先王昧爽丕顯, 坐以待旦. 旁求俊彦, 啓迪後人, 無越厥命以自覆. 愼乃儉德, 惟懷永圖. 若虞機張, 往省括于度則釋. 欽厥止, 率乃祖攸行, 惟朕以懌, 萬世有辭.」

【王】太甲을 가리킴.

【庸罔念聞】'庸'은 常과 같음. 平時, 平常時. 그러나 '庸劣하다'의 뜻으로 풀이하기도 함. '罔念聞'은 '들려주었던 내용을 염두에 두지 않음.'

【伊尹】殷나라 湯王의 재상. 이름은 摯. 湯이 有莘氏의 딸을 아내로 맞을 때 媵臣으로 따라가면서 조리 기구를 짊어지고 가서 주방장이 되어 湯에게 접근하였음. 뒤에 탕에게 발탁되어 재상에 올랐으며 夏의 末王 桀을 쳐서 殷왕조를 일으키는 데에 큰 공을 세웠음. 《史記》殷本紀 및 《墨子》尙賢篇을 볼 것.

【昧爽】'昧'는 昏, '爽'은 亮의 뜻. 여기서는 아직 채 밝지 않은 이른 새벽을 뜻함.

【丕顯】'丕'는 大의 뜻. 크게 밝힘. 자신의 덕을 크게 밝히고자 고심함.

【坐以待旦】앉은 채로 아침이 오기를 기다림. 어떤 생각에 깊이 빠져 밤을 지새움을 뜻함.

【旁求俊彦】'旁求'는 두루 살펴 찾고자 함. 널리 찾음. 孔安國 傳에 "旁, 非一方"이라 함. '俊彦'은 자질이 뛰어나고 덕이 높은 인재.

【啓迪】開導, 啓發. 열어서 길을 만듦.

【無越厥命以自覆】'越'은 추락함. '厥命'은 선조들이 넘겨준 권력과 사명. '覆'은 滅亡, 顚覆, 覆滅.

【惟懷永圖】'懷'는 생각함. '永圖'는 長久한 圖謀와 策略.

【若虞機張】'虞'는 虞人. 임금의 사냥터를 관장하는 사람. '機'는 弩機, 樞機. 화살을 쏘는 쇠뇌. 큰 활을 자동으로 쏘는 장치. 《鬼谷子》飛箝 "爲之樞機"의 皇甫謐 注에 "機, 所以主弩之放發"이라 함. '張'은 활시위를 당겨 쏠 준비를 함.

【往省括于度則釋】'省'은 '살피다'의 뜻. '括'은 화살의 끝 시위에 얹는 부분. 孔穎達 疏에 "括, 謂矢末"이라 함. '度'는 정도를 맞춤. '釋'은 放과 같음. 발사함.

【欽厥止】'欽'은 '공경을 다함, 사려 깊게 판단함'의 뜻. '止'는 '뜻하는 바, 지향하는 일, 의도' 등의 뜻을 나타냄.

【率乃祖攸行】'率'은 '준수하다, 따르다'의 뜻. '祖'는 太甲의 선조, 즉 탕을 가리킴. '攸'는 所와 같음. '行'은 탕의 행동.

【惟朕以懌】'朕'은 伊尹 자신을 지칭함. '懌'은 '즐겁게 여기다, 기꺼워하다'의 뜻.

【萬世有辭】'萬世'는 '먼 후대까지'의 뜻. '世'는 30년. '惟辭'는 칭송을 받음. 명성을 얻음. 찬사를 들음.

동궁거우桐宮居憂

왕 태갑이 능히 달라지지 않았다.

이윤은 이렇게 말하였다.

"이는 옳지 못한 것입니다. 습관이 오래되면 성품이 되는 것입니다. 나는 순종하지 아니하는 자에게는 가까이 할 수 없으니, 동궁桐宮에 집을 지어 선왕 가까이에서 그 가르침을 친밀히 여기시어 일생 미혹함이 없도록 해 드릴 것입니다. 왕께서는 동궁으로 가셔서 거상居喪하시면서 능히 그의 큰 덕을 행하시기 바랍니다."

王未克變.

伊尹曰:「茲乃不義, 習與性成. 予弗狎于弗順, 營于桐宮, 密邇先王其訓, 無俾世迷. 王徂桐宮居憂, 克終允德.」

【未克變】'克'은 能과 같음. '變'은 '變化, 改悛, 달라짐'의 뜻.

【習與性成】習慣이 오래되면 그것이 性品이 됨.《論語》陽貨篇에 "子曰:「性相近也, 習相遠也.」"라 함.

【狎】親昵함. 허물없이 친히 여김. 너무 가볍게 친히 여김.

【弗順】義에 순종하지 아니하는 자.

【營】建營, 造營. 건축물이나 큰 구조물을 짓는 공사를 營이라 함.

【桐宮】湯의 무덤 곁에 지은 行宮.《晉太康地記》에 "尸鄕南有亳阪, 東有城, 太甲所放處也"라 함. 의도적으로 할아버지 탕의 무덤 곁으로 추방함으로써 절실히 회개하도록 한 것임.

【密邇先王其訓】'密'은 친밀히 여김. '邇'는 아주 가까이 하도록 함.

【世迷】'世'는 一世, 즉 30년. 여기서는 太甲의 一生, 一代를 말함. '迷'는 미혹함에 빠

져 제대로 깨닫지 못함.

【徂往】'徂' 역시 '가다'(往)의 뜻.

【居憂】'居喪'과 같음. 伊尹이 太甲으로 하여금 喪服을 입고 湯의 무덤 옆에서 三年 喪을 치르며 반성하도록 한 것임.

太甲(中)
070(14-4)
봉사왕귀 奉嗣王歸

태갑 즉위 3년 12월 초하루, 이윤伊尹이 면류관과 예복을 가지고 사왕
嗣王 태갑을 받들어 박亳으로 돌아와 이렇게 글을 지어 올렸다.

"백성이 임금이 없으면 능히 삶에서 서로 바르게 이끌어주지 못하며,
군주가 백성이 없으면 임금으로서 사방을 통치할 수 없습니다. 황천皇
天은 우리 상商나라를 사랑하고 보우하시어 사왕嗣王으로 하여금 능히
그 덕을 마무리하도록 하셨으니, 이는 진실로 만세萬世를 두고 끝이 없
는 복을 내려주신 것입니다."

惟三祀, 十有二月朔, 伊尹以冕服, 奉嗣王歸于亳, 作書曰:「民非
后, 罔克胥匡以生; 后非民, 罔以辟四方. 皇天眷佑有商, 俾嗣王克
終厥德, 實萬世無疆之休.」

【三祀】太甲 3年. '祀'는 年과 같음. 孔安國 傳에 "祀, 年也. 夏曰歲, 商曰祀, 周曰年,
  唐虞曰載"라 함.
【朔】음력 초하루. 그믐날은 晦라 하였음. 고대 월별 날짜는 數字로 세지 않고 60甲
  子로 이어갔으므로 초하루와 그믐을 별도로 晦朔을 정해 지정하였음.
【伊尹】殷나라 湯王의 재상. 이름은 摯. 湯이 有莘氏의 딸을 아내로 맞을 때 媵臣으
  로 따라가면서 조리 기구를 짊어지고 가서 주방장이 되어 湯에게 접근하였음. 뒤
  에 탕에게 발탁되어 재상에 올랐으며 夏의 末王 桀을 쳐서 殷왕조를 일으키는 데
  에 큰 공을 세웠음. 《史記》 殷本紀 및 《墨子》 尙賢篇을 볼 것.
【冕服】임금이 禮服(正裝)에 쓰고 입는 冕旒冠과 正服.
【亳】지명. 殷나라가 도읍으로 삼았던 곳. 南亳과 西亳이 있음. 《韓詩外傳》 등에는

'薄'으로 표기되어 있음. 《括地志》에 "宋州穀熟縣庶男三十五里南亳故城, 卽南亳, 湯
都也. 宋州北五十里大蒙城爲景亳, 湯所盟地, 因景山爲名. 河南偃師爲西亳, 帝嚳及
湯所都, 盤庚亦徙都之"라 하였으며, 여기서는 南亳을 가리킴.

【民非后】'非'는 無와 같음.《詞詮》에 "非, 無也"라 함. '后'는 군주.

【胥匡】'胥'는 相互의 뜻. '匡'은 救助, 扶助의 뜻.

【辟】'다스리다, 통치하다'의 뜻. 動詞로 쓰였음.

【眷佑】사랑하고 보우함.

【有商】'有'는 나라, 부족, 부락, 씨족 등의 이름 앞에 붙이는 名詞 詞頭語.

【萬世無疆之休】'無疆'은 끝이 없음. '疆'은 '한계, 끝, 가장자리'의 뜻. '休'는 '아름답다,
복되다, 기쁘다, 慶賀스럽다, 자랑하다, 자랑스럽다' 등의 뜻.

천작얼天作孽

왕 태갑이 배수拜手하고 계수稽首하며 이렇게 말하였다.

"나 이 소자는 덕에 명석하지 못하여 선하지 못한 일을 스스로 불러 들였습니다. 법도를 어그러뜨리려 하였고 예禮를 방종하게 무너뜨려 내 몸에 죄를 불러들였습니다. 하늘이 내린 재앙은 그래도 피할 수는 있지 만 스스로 지은 죄는 피할 길이 없는 것입니다. 지난날 사보師保의 가르 침을 위배하여 그 초심을 완수하지 못하였는데, 그래도 바르게 고쳐 구 해 주시는 덕에 힘입어 그 마침을 잘 이룩하고자 합니다."

王拜手稽首, 曰:「予小子不明于德, 自底不類. 欲敗度, 縱敗禮, 以速戾于厥躬. 天作孽, 猶可違; 自作孽, 不可逭. 旣往背師保之訓, 弗克于厥初, 尙賴匡救之德, 圖惟厥終.」

【拜手稽首】'拜手'는 고대 拜禮의 하나로 무릎을 꿇고 두 손을 땅에 대어 머리를 손 까지 내리는 것. '稽首'는 역시 배례의 하나로 무릎을 꿇고 머리를 땅에 닿도록 내 리는 것.

【自底不類】'底'는 致와 같음. '不類'는 善하지 못함. 孔安國 傳에 "類, 善也"라 함.

【敗度】法度를 어그러뜨림.

【以速戾于厥躬】'速'은 불러들임. 초래함.《爾雅》釋言에 "速, 征也. 征, 召也"라 함. '戾'는 죄, 허물, 과실.

【天作孽, 猶可違; 自作孽, 不可逭】'孽'은 災殃, 災禍. '違'는 피함, 벗어남.《左傳》成公 16년 "有淖于前, 乃皆左右相違于淖"의 杜預 注에 "違, 辟也"라 하였고, '辟'는 避의 古字임. '逭'은 역시 '피하다, 벗어나다'의 뜻. 그러나 이 구절은《孟子》公孫丑(上)과 離婁(上)에 "〈太甲〉曰:「天作孽, 猶可違; 自作孽, 不可活.」此之謂也"라 하여 '逭'은 모

두 '活'로 되어 있음. 《明心寶鑑》에도 역시 "〈太甲〉曰:「天作孽猶可違, 自作孽不可活.」此之謂也"로 되어 있음.

【師保】고대 제왕을 일러주며 스승 노릇을 하는 자. 여기서는 伊尹을 가리킴.

【匡救】바로잡아 고쳐주고 救助해줌.

【圖惟厥終】그 끝맺음을 잘하고자 도모함.

072(14-6)
수궐신修厥身

이윤伊尹이 배수하고 계수하며 이렇게 말하였다.

"그 자신을 수양하며 진실한 덕으로 아랫사람과 화합하는 사람은 명철한 군주입니다. 선왕先王께서는 곤궁한 이들을 아들처럼 여겨 은혜를 베풀어 백성들이 그의 명령에 복종한 것이며, 기꺼워하지 않음이 없었습니다. 그리하여 제후들을 아우르자 그 이웃들이 이렇게 말하였지요. '우리의 군주가 될 사람을 기다린다. 군주가 오면 우리는 어떤 벌도 받지 않게 될 것이다'라고 말입니다. 그러니 왕께서 힘쓰실 일은 바로 덕이며 조상들의 빛나는 업적을 살펴보시어, 안일에 빠져 게으름을 피우는 경우가 없도록 하십시오. 선조를 받들어 효를 생각하시고 아랫사람을 접촉함에는 공손함을 생각하십시오. 멀리 내다볼 수 있어야 명석한 것이며, 덕 있는 좋은 말을 들어야 총명해지는 것입니다. 왕께서 그러한 아름다움을 이어받기만 한다면 저로서는 더 이상 괴로울 일이 없게 될 것입니다."

伊尹拜手稽首, 曰:「修厥身, 允德協于下, 惟明后. 先王子惠困窮, 民服厥命, 罔有不悅. 幷其有邦, 厥鄰乃曰:『徯我后, 后來無罰.』王懋乃德, 視乃厥祖, 無時豫怠. 奉先思孝, 接下思恭. 視遠惟明, 聽德惟聰. 朕承王之休無斁.」

【伊尹】殷나라 湯王의 재상. 이름은 摯. 湯이 有莘氏의 딸을 아내로 맞을 때 滕臣으로 따라가면서 조리 기구를 짊어지고 가서 주방장이 되어 湯에게 접근하였음. 뒤에 탕에게 발탁되어 재상에 올랐으며 夏의 末王 桀을 쳐서 殷왕조를 일으키는 데

에 큰 공을 세웠음.《史記》殷本紀 및《墨子》尚賢篇을 볼 것.

【允德協于下】‘允’은 ‘진실로’의 뜻. ‘協’은 和洽의 뜻.

【明后】英明한 군주.

【先王子惠困窮】‘先王’은 湯을 가리킴. ‘子’는 아들처럼 여기며 사랑함. ‘惠’는 은혜를 베풂. ‘困窮’의 貧窮하고 困苦함.

【幷其有邦厥鄰】‘有邦’은 諸侯國. ‘厥鄰’은 그 이웃들.

【徯我后】‘徯’는 ‘기다리다’의 뜻. ‘后’는 湯임금을 가리킴.

【無罰】‘罰’은 걸에게 받았던 억울한 형벌. 그러한 고통이 더는 없게 됨. 혹 ‘근심이나 괴로움이 없어지다’의 뜻으로도 봄.

【王懋乃德】‘懋’는 務와 같음. ‘힘쓰다’의 뜻.

【視乃烈祖】‘視’는 본받음. 섬기어 따름. 烈祖는 큰 업적을 세운 선조.

【無時豫怠】‘豫’는 ‘안락하다, 안일에 빠지다’의 뜻. ‘怠’는 ‘게으르다, 소홀히 여기다’의 뜻.

【奉先思孝】‘先’은 先祖.

【下接思恭】‘接’은 ‘접근하다, 接觸하다, 待接하다’의 뜻.《儀禮》聘禮 “公揖入, 立於中庭, 賓立接西塾”에 대해 鄭玄은 “接, 猶近也”라 함.

【朕承王之休無斁】‘休’는 ‘아름답다’의 뜻. ‘斁’은 ‘싫어하여 포기하다, 괴롭게 여기다’의 뜻.《詩》周南 葛覃 “爲絺爲綌, 服之無斁”의〈毛傳〉에 “斁, 厭也”라 함.

太甲(下)
073(14-7)
유천무친惟天無親

이윤이 거듭 신신당부하며 일러주었다.

"오호라! 하늘은 달리 친히 여기는 것이 없으며 능히 공경을 다하는
자를 친히 여기는 것이며, 백성은 항상 귀의하는 것이 아니라 인을 베푸
는 자에게 귀의하는 것이며, 귀신은 항상 제사를 흠향하는 것이 아니라
정성을 다하는 자의 제사를 흠향하는 것이니, 천자의 자리란 참으로 어
려운 것이외다! 덕으로 하면 다스려지지만 덕을 실행하지 않으면 혼란
이 오는 것입니다. 다스려지는 도와 더불어 하면 흥성하지 않음이 없을
것이요, 환란을 불러오는 사례와 더불어 그와 같이 하면 망하지 않음이
없을 것입니다. 끝과 처음을 그 어느 쪽을 인정하느냐를 신중히 하시면
명석하고도 명석한 군주가 될 것입니다."

伊尹申誥于王曰:「嗚呼! 惟天無親, 克敬惟親; 民罔常懷, 懷于
有仁; 鬼神無常享, 享于克誠, 天位艱哉! 德惟治, 否德亂. 與治同
道, 罔不興; 與亂同事, 罔不亡. 終始愼厥與, 惟明明后.」

【申誥】신신당부하며 일러줌.
【無親】고정적으로 지정하여 누구를 친히 여기는 것은 없음.《老子》79장에 "天道無
　親, 常與善人"이라 함.
【民罔常懷】'罔'은 無와 같음. '懷'는 귀의함. 歸托함. 의지함.《左傳》成公 8년 "小國所
　望而懷也"의 杜預 注에 "懷, 歸也"라 함.
【鬼神無常享】'享'은 귀신이 그 제사를 흠향하여 그 소원을 들어줌. 아무나 제사
　를 올린다고 해서 귀신이 무조건 그의 제사를 흠향하고 그 소원을 들어주는 것

은 아님.

【天位艱哉】'天位'는 天子의 地位.

【與治同道】다스려지는 도와 더불어 그러한 방법으로 다스림. '與'는 '그러한 것을 인정하고 그와 더불어'의 뜻.

【與亂同事】난을 일으키는 사례와 더불어 그러한 방법으로 함. 난을 조성하는 사례는 伊尹이 설명한 〈伊訓〉편의 '三風十愆'이 있음.

【終始愼厥與】'與'는 앞에 설명한 '與治同道'와 '與亂同事'의 '與'를 가리킴. 즉 '그중 어느 것과 더불어 하는가'의 문제.

074(14-8)
신종우시愼終于始

"선왕先王께서는 오직 이처럼 그 덕을 경건히 하기에 힘써 상제上帝와 짝을 이루게 된 것입니다. 그런데 지금 왕께서는 그 훌륭한 서업緖業을 이어받았으니 이를 살펴 덕을 닦기를 희망합니다. 만약 높은 곳에 오르려면 반드시 낮은 곳으로부터 시작하여야 하고, 멀리 가려면 반드시 가까운 곳에서 시작하여야 합니다. 백성들을 부려 일을 시키는 것을 가볍게 보지 마시고 그 어려움을 생각하시며, 그 자리를 편안하다 여기지 마시고 오직 위험한 것이라 생각하소서. 끝맺음은 시작할 때처럼 신중히 하십시오. 그대의 마음에 거슬리는 말이 있으면 반드시 도道에서 그 원인을 찾아볼 것이며, 그대 뜻에 공손히 해주는 말이 있더라도 반드시 이를 옳은 도가 아닐 수도 있음에서 찾아보아야 합니다."

「先王惟時懋敬厥德, 克配上帝. 今王嗣有令緒, 尚監茲哉. 若升高, 必自下; 若陟遐, 必自邇. 無輕民事, 惟難; 無安厥位, 惟危. 愼終于始. 有言逆于汝心, 必求諸道; 有言遜于汝志, 必求諸非道.」

【惟時懋敬厥德】'時'는 是와 같음. '懋'는 務와 같음. '厥'은 其와 같음.

【配】부합함. 짝을 이룸.

【令緒】'令'은 '아름답다, 훌륭하다'의 뜻. 《詩》大雅 卷阿 "如圭如璋, 令聞令望"에 대해 鄭玄은 "令, 善也"라 함. '緒'는 緒業. 基業.

【尚監茲哉】'尚'은 庶幾와 같음. '바라다, 희망하다'의 뜻. '茲'는 此와 같음. 先王 湯이 덕을 닦기에 힘쓴 것을 말함.

【若升高, 必自下】'若'은 假定節(假定句)을 만드는 助詞. '升'은 登과 같음.

【陟遐】'陟'은 升과 같음. 여기서는 '가다'의 뜻. '遐'는 遠과 같음. '邇'의 相對語.

【民事】백성들이 종사하여 노역하는 일.

【惟難】'惟'는 思와 같음. 일부 판본에는 '惟艱'으로 되어 있음.

【愼終于始】끝맺음과 시작을 똑같이 신중히 함. '于'는 與와 같음. 《經傳釋詞》에 "于, 與也, 連及之詞"라 함.

【必求諸道】'諸'는 '저'로 읽으며 '之於'의 合音字.

075(14-9)
일인원량一人元良

"오호라! 깊이 생각하지 아니하고 무엇을 얻겠습니까? 아무것도 하지 아니하고 무엇을 이루겠습니까? 한 사람이 크게 선량하면 만방萬邦이 그로써 바르게 되는 것입니다. 임금은 말솜씨만 자랑하면서 옛 정치를 어지럽히는 일이 없으며, 신하로서는 총애와 이록利祿으로 자신이 이룬 공을 차지한 채 버티는 일이 없으면, 나라는 길이 그 훌륭함을 보장받을 수 있을 것입니다."

「嗚呼! 弗慮胡獲? 弗爲胡成? 一人元良, 萬邦以貞. 君罔以辯言亂舊政, 臣罔以寵利居成功, 邦其永孚于休.」

【弗慮胡獲】'慮'는 '사려 깊게 생각하다'의 뜻. '胡'는 何와 같음.
【一人元良】'一人'은 천자를 가리킴. 천자가 자신을 낮추어 말할 때와 신하가 높여서 칭할 때 두 경우가 있음. '元'은 大의 뜻. '良'은 善의 뜻.
【貞】'正'과 같음. 곧음, 바름.
【君罔以辯言亂舊政】'罔'은 無와 같음. '辯言'은 巧言, 詭辯과 같음. 뛰어난 말솜씨. '舊政'은 先祖들이 남겨준 훌륭한 옛 정치.
【以寵利居成功】'寵利'는 恩寵과 利祿을 뜻함. '居成功'은 功을 이루어 놓은 곳에 머물러 미적거리며 녹이나 얻는 것. 신하가 자신이 세운 공을 차지하고 버티며 이록만 탐하여 그 자리에 머묾.
【永孚于休】'孚'는 保, 安 등의 뜻. 여기서는 '보장을 받다'의 의미. 《說文解字注》에 "古文以孚位保也"라 함. '休'는 '아름답다, 훌륭하다'의 뜻.

⟨15⟩ 함유일덕咸有一德(076-085)

이 역시 이윤伊尹이 태갑太甲을 훈도한 내용을 기록한 것이다. 이윤은 태갑을 동궁桐宮에서 맞이하여 박亳으로 귀환시킨 다음 그에게 모든 권한을 되돌려 주고, 자신은 봉지로 돌아가 은퇴하고자 하였으나 그래도 태갑이 걱정이 되어 이 ⟨咸有一德⟩을 지어 당부한 것이다. 뜻은 "모든 것을 순일純一한 덕으로 할 것"이라는 의미이다.

그러나 《사기史記》은본기殷本紀에는 "旣紐夏命, 還亳, 作⟨湯誥⟩. ⋯⋯ 伊尹作⟨咸有一德⟩, 咎單作⟨明居⟩"라 하여 성탕成湯이 아직 박에 있을 때

종정문 : ⟨大盂鼎⟩(西周) 陝西 郿縣 출토

지은 것으로 여겼으나, 사마정司馬貞의 《史記索隱》에는 "尙書伊尹作⟨咸有一德⟩在太甲時, 太史公記之於斯, 謂成湯之日, 其言又失次序"라 하여 사마천司馬遷이 오류를 범한 것이라 하였다.

본편은 ⟨今文尙書⟩에는 없으며, ⟨古文尙書⟩에만 실려 있다.

＊蔡沈《書傳》⟨咸有一德⟩注에 "伊尹致仕而去, 恐太甲德不純一及任用非人, 故作此篇. 亦訓體也. 史氏取其篇中'咸有一德'四字以爲篇目. 今文無, 古文有"라 하였다.

〈서〉: 이윤伊尹이 〈함유일덕咸有一德〉을 지었다.

<序>: 伊尹作<咸有一德>.

【伊尹】殷나라 湯王의 재상. 이름은 摯. 湯이 有莘氏의 딸을 아내로 맞을 때 媵臣으로 따라가면서 조리 기구를 짊어지고 가서 주방장이 되어 湯에게 접근하였음. 뒤에 탕에게 발탁되어 재상에 올랐으며 夏의 末王 桀을 쳐서 殷왕조를 일으키는 데에 큰 공을 세웠음.《史記》殷本紀 및《墨子》尙賢篇을 볼 것.
【一德】하나의 純一한 덕.

076(15-1)
이윤고귀伊尹告歸

이윤伊尹이 이윽고 정치를 그 임금에게 되돌려 주고 장차 돌아가 은퇴할 것을 청하여 알리면서, 이에 덕으로써 경계 삼아야 할 일들을 진술하였다.

伊尹旣復政厥辟, 將告歸, 乃陳戒于德.

【厥辟】'辟'은 군주. 여기서는 太甲을 가리킴.
【告歸】자신의 封地로 돌아가 隱退할 것임을 太甲에게 청하여 알림.《國語》魯語 (上) "國有饑饉, 卿出告糴. 古之制也"의 韋昭 注에 "古, 請也"라 함.
【陳戒于德】'陳'은 진술함. '于'는 以와 같음.

077(15-2)
함유일덕 咸有一德

이윤이 말하였다.

"오호라! 하늘은 믿기 어려우며 천명이란 일정한 것이 아닙니다. 그 덕이 늘 지켜지면 그 지위도 보전되는 것이려니와, 그 덕이 늘 지켜지지 않으면 구주九州도 그 때문에 잃게 되는 것입니다. 하왕夏王 걸桀은 그 떳떳한 덕을 능히 지켜내지 못한 채 신에게 거만하게 굴고 백성을 학대하여 황천皇天이 보위해주지 않고, 천하를 두루 살펴 천명을 받을 자에게 길을 열어 인도해 주면서 순일한 덕을 두루 찾아, 그로 하여금 백신百神의 우두머리가 되도록 한 것입니다. 그리하여 저 이윤 자신 및 탕湯이 함께 하나의 덕을 가지고 능히 하늘의 뜻에 합당하게 하여 하늘의 밝은 사명을 받아, 구주의 많은 무리를 얻어 하정夏正을 바꾸었던 것입니다. 결코 하늘이 우리 상商나라를 사사롭게 여겨서 그런 것이 아니며 오직 하늘이 순일한 덕을 가진 자를 도운 것일 뿐이며, 상나라가 아래 백성들에게 귀속되기를 요구한 것이 아니라 백성들이 순일한 덕을 가진 자에게 귀의한 것일 뿐입니다. 덕이 오직 순일하기만 하면 어떤 행동을 해도 길吉하지 않을 것이 없으나, 덕이 두셋으로 순일하지 않으면 어떤 행동을 해도 흉凶하지 않을 것이 없습니다. 이처럼 길흉이란 어떤 한 사람에게 차이가 나게 있는 것이 아니며, 오직 하늘은 덕의 유무에 따라 재앙과 상서로움을 내려줄 뿐입니다."

曰:「嗚呼! 天難諶, 命靡常. 常厥德, 保厥位; 厥德匪常, 九有以亡. 夏王弗克庸德, 慢神虐民. 皇天弗保, 監于萬方, 啓迪有命, 眷求一德, 俾作神主. 惟尹躬曁湯, 咸有一德, 克享天心, 受天明命. 以

有九有之師, 爰革夏正. 非天私我有商, 惟天佑于一德; 非商求于下
民, 惟民歸于一德. 德惟一, 動罔不吉; 德二三, 動罔不凶. 惟吉凶不
僭在人, 惟天降災祥在德.」

【天難諶】'諶'은 信의 뜻. '하늘은 믿기 어렵다'의 뜻. '天命을 받은 사람일지라도 덕
　을 잃으면 하늘의 도움을 얻기 어렵다'의 뜻.
【靡常】늘 같지 않음. 일정하지 않음. '靡'는 未, 無, 弗, 非 등의 뜻.
【九有以亡】'九有'는 九州와 같은 뜻임. 《詩》商頌 長發 "莫遂莫達, 九有九截"의 鄭玄
　注에 "無有能以德自遂達於天者, 故天下歸向湯, 九州齊一截然"이라 함. '亡'은 喪과
　같음. 잃음.
【夏王弗克庸德】'夏王'은 夏나라 末王 桀을 가리킴. '克'은 能과 같음. '庸'은 常과 같
　음.
【慢神虐民】'慢'은 거만히 여김. 신에게 거만히 하고 백성을 학대함.
【監于萬方】'監'은 감독함, 살펴봄, 둘러봄. '萬方'은 天下.
【啓迪有命】'啓迪'은 열어 이끌어 줌. '有命'은 天命을 받은 사람.
【眷求一德】'眷'은 '살펴보다'의 뜻.
【神主】百神의 우두머리. 여기서는 '모든 신에게 제사를 올릴 제사장, 즉 천자'를 상
　징함. 더욱 구체적으로는 황천이 탕을 그러한 자로 삼았음을 뜻함.
【克享天心】'享'은 적응함. 그에 맞추어 행동함. '天心'은 백성을 보살피라는 하늘의
　뜻.
【九有之師】'師'는 衆의 뜻. 무리를 뜻함.
【爰革夏正】'爰'은 於是와 같음. '革'은 개혁함, 바꿈. '夏正'은 夏나라의 正朔. 고대 朝
　代가 바뀌면 새로 건국한 왕조는 반드시 正朔을 바꾸었음. 夏나라는 寅을, 商(殷)
　나라는 丑을 정삭으로 삼았음.
【動罔不吉】'罔'은 無와 같음. 행동에 길하지 않음이 없음. 모든 것이 길함.
【二三】덕이 하나로 純一하지 못함.
【吉凶不僭在人】'僭'은 어긋남, 차이가 남, 치우침.
【災祥】災殃과 祥瑞. '災'는 일부 판본에는 '灾'로 되어 있음.
【在德】德의 有無에 달려 있음.

078(15-3)
종시유일 終始惟一

"지금 사왕嗣王께서는 새롭게 그 사명을 실천하시되, 오직 그 덕을 새롭게 하셔야 합니다. 시종 한결같이 하기만 하면, 이것이 바로 날마다 새로워지는 것입니다. 현능한 인재를 관리로 임명하시며 좌우에는 그러한 사람이 있어야 합니다. 신하란 임금으로 하여금 위로는 덕을 실천하도록 해 주어야 하며, 아래로는 백성을 위하도록 해 주어야 합니다. 그러한 것을 어렵게 여기시며 신중히 여기셔서 오직 화합으로 한결같이 하셔야 합니다. 덕이란 일정한 스승이 있는 것이 아니며 선善을 옳은 것이라 여겨 스승으로 삼아야 하는 것이며, 선이란 늘 옳은 것이 있는 것이 아니라 순일함을 바탕으로 화합을 이루는 것일 뿐입니다. 그리하여 만백성들로 하여금 모두가 '크도다! 왕의 말씀이여'라고 하며, 또한 '한결 같도다! 왕의 마음이여'라고 말하도록 해야 합니다. 그렇게 하여 선왕先王께서 주신 복록을 실천해 내시고, 백성들의 삶이 길이 만족함에 이르도록 해내셔야 합니다."

「今嗣王新服厥命, 惟新厥德. 終始惟一, 時乃日新. 任官惟賢材, 左右惟其人. 臣爲上爲德, 爲下爲民. 其難其愼, 惟和惟一. 德無常師, 主善爲師; 善無常主, 協于克一. 俾萬姓咸曰:『大哉! 王言.』又曰:『一哉! 王心.』克綏先王之祿, 永底烝民之生.」

【嗣王新服厥命】'嗣王'은 太甲을 가리킴. '服'은 服務함, 擔當함, 遂行함. 《爾雅》釋詁에 "服, 事也"라 함. '厥命'은 천자로서의 임무와 사명.
【時乃日新】'時'는 是와 같음. '日新'은 날마다 새롭게 해 나감.

【賢材】賢明하고 能力 있는 인재.

【左右】좌우에서 보필하는 臣下. 충량한 인물이어야 함을 강조한 것. 본《尙書》冏命에 "小大之臣, 咸懷忠良"이라 함.

【臣爲上爲德】신하의 책무란 임금으로 하여금 위로는 덕을 실행하도록 하는 것이어야 함. '上爲德'의 '爲'는 使의 뜻.《經傳釋詞》에 "爲, 猶使也"라 함.

【爲下爲民】아래로는 백성을 위하도록 해 주어야 함.

【其難其愼】그러한 신하를 얻기 어렵다고 여기고 그러한 일을 신중히 해야 함.

【惟和惟一】'和'는 同心協力을 뜻하며 '一'은 한결같이 始終如一하게 함을 뜻함.

【德無常師】德이란 일정하게 師表나 스승으로 삼을 일이 무엇 하나에 고정되어 있는 것은 아님.

【主善】善을 위주로 함. 선을 가장 정당한 것으로 삼음.《國語》周語 韋昭 注에 "主, 正也"라 함.

【協于克一】'協'은 和와 같음 '克一'은 오로지 하나의 순정함을 가지고 실천함을 뜻함.

【萬姓】萬百姓, 천하 모든 사람.

【克綏先王之祿】'綏'는 보전함, 실천해냄. '祿'은 福祿.

【永底烝民之生】'底'는 致와 같음. 이룩함, 이루어냄. '烝'은 蒸과 같으며 '아름답다, 훌륭하다, 원만하다, 만족하다' 등의 뜻.《廣雅》釋詁에 "蒸, 美也"라 함. 따라서 '烝民之生'은 '백성들의 생활이 원만하고 만족함에 이르도록 해주다'의 뜻.

079(15-4)
칠세지묘七世之廟

"오호라! 7대의 사당을 통해 가히 덕을 볼 수 있으며, 만부萬夫의 우두머리가 되어서는 정치를 볼 수 있는 것입니다. 군주는 백성이 없으면 부릴 사람이 없게 되며, 백성은 임금이 없으면 모실 대상이 없게 되는 것입니다. 그러니 자신이 넓다고 하여 남을 좁다고 여기지 말 것이니, 필부필부匹夫匹婦가 그 스스로 극진함을 해내지 못하면 백성의 주인 된 자도 그 공을 성취함에 도움을 받을 수 없는 것입니다."

「嗚呼! 七世之廟, 可以觀德; 萬夫之長, 可以觀政. 后非民罔使, 民非后罔事. 無自廣以狹人, 匹夫匹婦, 不獲自盡, 民主罔與成厥功.」

【七世之廟】고대 帝王들은 宗法으로 통치를 위해 七廟를 만들어 七代의 선조들을 모셨음.《禮記》王制에 "天子七廟, 三昭三穆, 與太祖之廟而七"이라 하였음. 이에 昭穆의 방법으로 신위를 모셨으며 太祖를 중앙에, 짝수(2, 4, 6) 세대를 왼쪽에 배치하며 이를 '昭'라 하고, 홀수 세대를 오른쪽에 배치하여 이를 '穆'이라 하였음.

【可以觀德】七廟 이전의 조상은 규정에 의거하여 옮기되 그 중 始祖廟를 遠廟라 하며 그 외에도 특히 덕이 있었던 조상의 사당은 옮기지 않고 따로 둔 채 제사를 올렸음. 이를 두고 '觀德'이라 한 것임.

【萬夫之長】만인의 우두머리, 즉 天子의 지위를 뜻함.

【無自廣以狹人】'無'는 毋와 같음. 禁止詞. '자신의 재능이나 덕은 넓다고 여기고 남들은 협소하다고 여기는 일이 없도록 하라'를 뜻함.

【匹夫匹婦】일반 백성.

【不獲自盡】자신의 心力을 다하지 않음. '獲'은 能과 같음.

【民主罔與成厥功】 '民主'는 백성의 주인, 즉 천자, 군주. '罔'은 無와 같음. '與'는 '도움을 주다, 도움을 받다'의 뜻. 《戰國策》 秦策 "楚攻魏, 張儀謂秦王曰:「不如與魏以勁之.」"라 함.

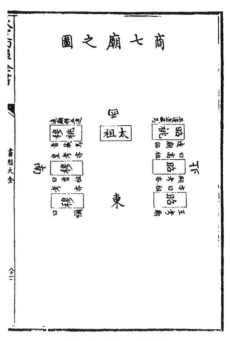

〈商七廟之圖〉《書經大全》

080
〈옥정沃丁〉

〈서〉: 옥정沃丁이 이윽고 이윤伊尹을 박毫에 장례를 치르고 나자, 구선咎單이 이윤의 사적을 말해주었으며 이를 기록한 것이 〈옥정〉편이다.

<序>: 沃丁旣葬伊尹于亳, 咎單遂訓伊尹事, 作<沃丁>.

【沃丁】商나라 제 5대 임금. 太甲의 아들이며 太甲이 죽은 뒤, 그 뒤를 이어 帝位에 오름. 한편 이 〈沃丁〉편은 이윤이 죽고 구선(咎單)이 伊尹의 사적을 들어 沃丁에게 말해준 내용이었을 것으로 보이며 지금 正文은 사라지고 없음.

【葬伊尹于亳】皇甫謐의 《帝王世紀》에 "伊尹名摯, 爲湯相, 號阿衡, 年百歲卒. 大霧三日, 沃丁以天子禮葬之"라 하였고, 《括地志》에는 "河南偃師爲西亳, 帝嚳及湯所都, 盤庚亦徙都之. ……伊尹墓在洛州偃師縣西北八里"라 伊尹은 무려 백여 세를 살았으며, 죽고 나서 沃丁이 西亳에 장례를 치러준 것임.

【咎單】'구선'으로 읽으며 湯의 신하로 司空을 지낸 자라 함. '單'은 姓氏, 人名, 地名일 경우 '선'으로 읽음. 裴駰의 《史記集解》에 馬融의 설을 인용하여 "咎單, 湯司空也. 明居民之法也"라 하였고, 孔安國 傳에는 "主土地之官"이라 함.

【訓】'말해주다, 말하다'의 뜻. 《詩》 大雅 烝民 "古訓是式, 威儀是力"의 〈毛傳〉에 "訓, 道"라 함.

081
〈함예咸乂〉

〈서〉: 이척伊陟이 태무大戊의 재상이 되었을 때 박亳에 상서롭지 못한 뽕나무와 닥나무가 함께 조정의 뜰에 자라나자, 이척이 무함巫咸에게 고하여 〈함예〉 4편을 지었다.

〈序〉: 伊陟相大戊, 亳有祥桑穀共生于朝, 伊陟贊于巫咸, 作〈咸乂〉四篇.

【咸乂】 '乂'는 致의 뜻. 본 〈함예〉편은 모두 4편으로 되어 있으며, 大戊(中宗) 때 桑穀이 궁중 뜰에 자라자 伊陟이 巫咸을 불러 흉조를 제거하도록 하면서 태무에게 덕을 닦도록 일러준 내용이거나, 혹 태무가 이를 듣고 잘 실천하여 善政을 베푼 사실을 기록한 것으로 여겨지며 지금 正文은 사라지고 없음. 《尚書大傳》(1)에는 "戊丁之時, 桑穀俱生於朝, 七日而大拱. 戊丁召其相而問焉. 其相曰:「吾雖知之, 吾不能言也.」問諸祖己, 曰:「桑穀, 野草也. 野草生於朝, 亡乎!」戊丁懼, 側身脩行, 思昔先王之政, 興滅國, 繼絶世, 擧逸民, 明養老之禮. 重譯來朝者六國"이라 하였고, 《呂氏春秋》(制樂篇)에는 "成湯之時, 有穀生於庭, 昏而生, 比旦而大拱. 其吏請卜其故. 湯退卜者曰:「吾聞祥者福之先者也, 見祥而爲不善, 則福不至; 妖者禍之先者也, 見妖而爲善, 則禍不至.」於是早朝晏退, 問疾弔喪, 務鎭撫百姓, 三日而穀亡"이라 하였으며, 《韓詩外傳》(3)에는 "有殷之時, 穀生湯之廷, 三日一大拱. 湯問伊尹曰:「何物也?」對曰:「穀樹也.」湯問:「何爲而生於此?」伊尹曰:「穀之出澤, 野物也, 今生天子之庭, 殆不吉也.」湯曰:「奈何?」伊尹曰:「臣聞: 妖者, 禍之先; 祥者, 福之先. 見妖而爲善, 則禍不至; 見祥而爲不善, 則福不臻.」湯乃齋戒靜處, 夙興夜寐, 弔死問疾, 赦過賑窮, 七日而穀亡, 妖孽不見, 國家昌. 詩曰:『畏天之威, 于時保之.』"라 함. 그리고 《孔子家語》(五義解)에는 "先世殷王太戊之時, 道缺法圮, 以致夭蘗, 桑穀于朝, 七日大拱. 占之者曰:「桑穀野木, 而不合生朝, 意者國亡乎!」太戊恐駭, 側身修行, 思先王之政, 明養民

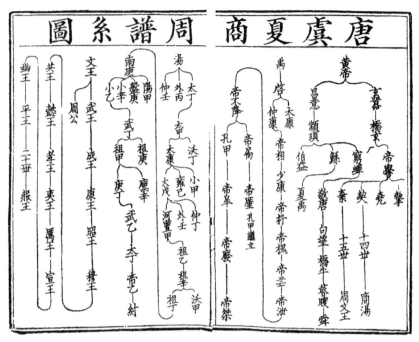

〈唐虞夏商周譜系圖〉四部叢刊《尙書》

之道, 三年之後, 遠方慕義. 重譯至者, 十有六國, 此卽以己逆天時, 得禍爲福者也"라
하였고, 《史記》(殷本紀)에도 "帝太戊立, 伊陟爲相. 亳有祥桑穀共生於朝, 一暮大拱.
帝太戊懼, 問伊陟. 伊陟曰:「臣聞妖不勝德, 帝之政其有闕與? 帝其修德.」太戊從之,
而祥桑枯死而去"라 함. 그 외에도 《論衡》(感類篇)에는 "太戊之時, 桑穀生朝, 七日大
拱. 太戊思政, 桑穀消亡"이라 하였고, 〈無形篇〉에는 "傳稱高宗有桑穀之異, 悔過反
政, 享福百年, 是虛也"라 하였으며, 〈異虛篇〉에는 "殷高宗之時, 桑穀俱生於朝, 七日
而大拱. 高宗召其相而問之, 相曰:「吾雖知之, 弗能言也.」問祖己. 祖己曰:「夫桑穀者,
野草也, 而生於朝, 意朝亡乎?」高宗恐駭, 側身而行道, 思索先王之政, 明養老之義,
興滅國, 繼絶世, 擧佚民, 桑穀亡. 三年之後, 諸侯以譯來朝者六國, 遂享百年之福"이
라 함. 그리고 《漢書》(郊祀志)에는 "後八世, 帝太戊有桑穀生於廷, 一暮大拱, 懼, 伊
陟曰:「妖不勝德」, 太戊脩德, 桑穀死"라 하였고, 같은 《漢書》(五行志, 下)에는 "書序
曰: 伊陟相太戊, 亳有祥桑穀共生. 傳曰: 俱生乎朝, 七日而大拱, 伊陟戒而修德, 而木
枯"라 하였으며, 《說苑》(君道)에는 "殷太戊時, 有桑穀生於庭, 昏而生, 比旦而拱, 史
請卜之湯廟, 太戊從之, 卜者曰:「吾聞之, 祥者, 福之先者也, 見祥而爲不善, 則福不

生; 殃者, 禍之先者也, 見殃而能爲善, 則禍不至.」於是乃早朝而晏退, 問疾弔喪, 三日而桑穀自亡"이라 하는 등 아주 널리 알려진 고사임.

【伊陟】伊尹의 아들. 太戊(中宗)의 재상이 됨.

【大戊】'태무'로 읽으며 '大'는 太와 같음. 아래에는 '太戊'로 표기되어 있음. 商(殷)나라 제 9대 임금. 中宗. 沃丁의 아우 太庚의 아들. 太庚이 죽은 뒤 7대 小甲, 8대 옹기(雍己) 등 두 형의 뒤를 이어 제위에 올라 伊陟·巫咸·臣扈 등을 차례로 등용하여 은나라 왕실을 부흥시켰음. 75년간 재위함.

【祥桑穀】'祥'은 吉凶을 상징하는 조짐. 여기서는 불길한 豫兆를 뜻함. '桑穀'은 뽕나무와 닥나무. 穀은 楮樹, 構樹, 穀樹 등 여러 가지로 불리며 그 잎이 뽕나무 잎과 비슷하며 종이를 만드는 재료가 됨.

【贊】告와 같음. 알림. 《史記》魏公子列傳 "公子引侯生坐上坐, 遍贊賓客"의 〈索隱〉에 "謂以侯生遍告賓客"이라 함.

【巫咸】고대 神巫. 아주 신통력이 있던 무당. 屈原 〈離騷〉 "巫咸將夕降兮, 懷椒糈而要之"의 王逸 注에 "巫咸, 古神巫也. 當殷中宗之世"라 함.

082
〈이척伊陟〉·〈원명原命〉

〈서〉: 태무太戊가 이척伊陟에게 한 말이 있어 이에 〈이척〉과 〈원명原命〉
을 지었다.

<序>: 太戊贊于伊陟, 作<伊陟>·<原命>.

【伊陟, 原命】이 2편 역시 序文만 있고 正文은 전하지 않음. 太戊가 제위에 오르자
桑穀이 합하여 조정에 자라는 불길한 징조가 나타났음은 결국 태무가 덕을 닦지
않고 있었음을 암시하는 것이며, 이에 太戊가 伊陟과 原에게 改過遷善한 자신의
결심이나 의지를 말해준 내용이었을 것으로 보임.
【伊陟】伊尹의 아들이며 태무의 재상. 殷나라의 중흥을 가져옴.
【贊】말해줌. 일러줌.
【原命】'原'은 인명. 太戊의 신하. 馬融은 "原, 臣名也"라 함. '命'은 사명에 대해 말로
설명해 준 내용을 뜻함.

083
〈중정仲丁〉

〈서〉: 중정仲丁이 도읍을 효囂로 옮겼으며 이 사실을 기록하여 〈중정〉
편을 지었다.

〈序〉: 仲丁遷于囂, 作〈仲丁〉.

【仲丁】商나라 제 10대 군주. 太戊의 아들로 太戊를 이어 왕위에 오름. 본 〈仲丁〉편
은 중정이 제위에 올라 도읍을 囂로 옮기는 과정을 기록한 것이 아닌가 하며 正文
은 실전됨.
【遷】遷都함. 도읍을 亳에서 囂로 옮김.
【囂】《史記》殷本紀에는 '隞(오)로 되어 있으며 이에 따라 '囂'를 '오'로도 읽음. 皇甫
謐은 "或云河南 敖倉是也"라 하여 혹 지금의 河南 敖倉이 아닌가 함.

084
〈하단갑河亶甲〉

〈서〉: 하단갑河亶甲이 상相 땅에 거하였으며 이에 대해 〈하단갑〉편을 지었다.

<序>: 河亶甲居相, 作<河亶甲>.

【河亶甲】 仲丁의 아우이며 商나라 12대 임금. 仲丁의 뒤를 아우 外壬(11대)이 이었으며 그 다음이 다시 그 아우 河亶甲임.

【相】 지명. 殷城이라고도 부르며 河亶甲이 축성한 都城. 《括地志》에 "故殷城在相州內黃縣東南三十里, 卽河亶甲所築都之所, 名殷城也"라 함.

085

〈조을祖乙〉

〈서〉: 조을祖乙이 경耿에서 하수가 범람하여 도성이 물에 휩쓸려 무너지자 이에 〈조을〉편을 지었다.

<序>: 祖乙圮于耿, 作<祖乙>.

【祖乙】商나라 13대 군주. 仲丁의 아들이며 河亶甲의 조카. 그러나 혹 河亶甲의 아들이라고도 함. 한편 〈조을〉편은 조을이 耿으로 도읍을 옮겼으나 河水의 氾濫으로 도성이 무너지자 이에 대한 내용을 기록한 것으로 여겨지나 正文은 지금 전하지 않음.
【圮】'圮'(비)의 誤謬일 것으로 여김. 글자가 비슷하여 오류를 범한 것. '圮'는 물에 휩쓸려 허물어짐.
【耿】지명.《史記》殷本紀에는 '邢'으로 되어 있으며 〈索隱〉에 "邢, 音耿"이라 하였고,《括地志》에는 "絳州龍門縣東南十二里耿城, 故耿國也"라 함.

〈16〉 반경盤庚(上, 中, 下)(086-094)

〈鴨尊〉(西周) 遼寧省 출토

반경盤庚은 상탕商湯의 10세손이며 조정祖丁의 아들로 형 양갑陽甲을 이어 19대 제위에 올랐다. 그는 황하의 범람을 피하고 나라를 다시 중흥시키고자 백성을 이끌고 엄奄, 지금의 山東 曲阜에서 은殷으로 도읍을 옮기고자 하였다. 그러자 많은 대신과 일부 백성들이 이를 반대하고 나섰다. 이에 반경은 여러 차례 천도의 필요성과 현재 위치에서의 불편함을 알리면서 천도의 의지를 강하게 추진하였다. 사관史官은 이를 낱낱이 기록하여 이 〈반경〉 3편을 남겼다. 이는 《상서》 중에 사료적 가치가 가장 높은 기록으로 여기고 있다.

《史記》 殷本紀에는 "帝盤庚崩, 帝小辛立, 是爲帝小辛. 帝小辛立, 殷復衰. 百姓思盤庚, 乃作〈盤庚〉三篇"이라 하였다. 이로 보면 반경이 죽은 뒤 추기한 것임을 알 수 있다.

한편 복생伏生의 《尙書大傳》에는 〈반경〉편이 1편으로 실려 있으나 《사기》와 〈十三經注疏〉에는 모두 3편으로 나뉘어 있다. 상편은 은으로 천도한 후의 내용이며, 중편은 천도하기 전이며, 하편은 역시 천도한 뒤의 기록으로 되어 있어 시기적으로 순서가 맞지 않다. 이 때문에 유월兪樾은 착오를 일으킨 것이므로 상편이 맨 뒤로 가야 한다고 주장하기도 하였다.

다음으로 반경이 천도한 '은'이 어디인지에 대해 공영달孔穎達 소疏에는 〈汲冢書〉를 인용하여 "盤庚自奄遷于殷. 殷在鄴南三十里"라 하였고, 다시 《한서漢書》 항우전項羽傳을 인용하여 "洹水南殷墟上, 今安陽西有殷"이라 하여 바로 지금의 河南 安陽縣 小屯村 殷墟이며 《죽서기년竹書紀年》에는 이곳을 북몽北蒙이라 하였다. 그렇다면 반경은 엄에서 안양으로 천도한 것이다. 그러나 《사기》 은본기에는 "帝盤庚之時, 殷已都河北, 盤庚渡河南, 復居成

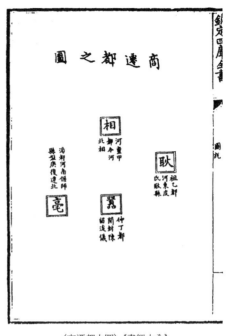

〈商遷都之圖〉《書經大全》

湯之故居, 乃五遷, 無定處"라 하여 황하를 두고 넘나들며 다섯 번 옮긴 것으로 되어 있어 다른 기록과는 차이가 있다.

이 〈반경〉 3편은 〈今文尙書〉와 〈古文尙書〉에 모두 실려 있다.

*蔡沈 《書傳》〈盤庚〉 注에 "盤庚, 陽甲之弟. 自祖乙都耿, 圮於河水. 盤庚欲遷于殷, 而大家世族安土, 重遷胥動浮言, 小民雖蕩析離居, 亦惑於易解, 不適有居. 盤庚喩以遷都之利·不遷之害. 上中二篇, 未遷時言, 下篇旣遷後言. 王氏曰:「上篇告羣臣, 中篇告庶民, 下篇告百官族姓.」《左傳》謂盤庚之誥, 實誥體也. 三篇今文·古文皆有, 但今文三篇合爲一"이라 하였다.

〈서〉: 반경盤庚이 다섯 번이나 옮겨 다니다가 장차 비로소 은殷 땅에 자리를 잡으려 하자, 백성들이 한탄하며 서로 모여 원망하였다. 이에 〈반경〉편 3편을 지었다.

<序>: 盤庚五遷, 將治亳殷, 民咨胥怨, 作<盤庚>三篇.

【盤庚】殷나라 19대 군주. 16대 祖丁을 이은 군주는 그의 사촌이었던 南庚(17)이며 남경을 이어 조정의 네 아들이 차례로 제위를 이었음. 즉 陽甲(18), 盤庚(19), 小辛(20), 小乙(21)이었으며 그 뒤는 小乙의 아들 武丁(22)이 이음.

【五遷】다섯 번 천도함.《竹書紀年》에 "仲丁自亳遷于囂, 河亶甲自囂遷于相, 祖乙居庇, 南庚自庇遷于奄, 盤庚自奄遷于北蒙, 曰殷"이라 함. 한편 殷나라는 아직 완전 정착 단계에 들지 못한 것으로 보이며, 아울러 黃河의 잦은 범람으로 어쩔 수 없이 자주 옮겨 다녔음을 알 수 있다.

【治亳殷】'始宅殷'의 誤記임. '治'는 '始'의 오류이며 '亳'은 '宅'의 오류임. 盤庚이 殷으로 천도하기 전에는 도읍이 奄(지금의 山東 曲阜)이었으므로 '亳'은 본 문장과 관계가 없음. 孔穎達 疏에 "束晳云:〈尙書序〉:「盤庚五遷, 將治亳殷」 舊說以爲居亳, 亳殷在河南. 公子壁中《尙書》云「將始宅殷」, 是與古文不同也"라 함.

【民咨胥怨】'咨'는 '한탄하다'의 뜻이며, '胥'는 相과 같음. 백성들이 한탄하며 서로 모여 원망의 뜻을 나타냄.

盤庚(上)
086(16-1)
반경천은盤庚遷殷

　반경盤庚이 은殷 땅으로 옮겨왔으나 백성들이 그곳에서 살기를 기꺼워하지 않자 반경은 이로 인해 친척 대신 무리들을 불러 궁궐 밖으로 나가 백성들에게 이렇게 진술하도록 하였다.

　그들은 임금의 말을 이렇게 전하였다.

　"나 임금 반경이 이곳에 와서 이미 여기에 살기로 한 것은 우리 백성들을 중히 여기며 우리가 모두 진멸당함이 없도록 하기 위함이었다. 만약 우리가 능히 서로 도와주어도 살아갈 수 없게 된다면 설령 점을 쳐서 그에 따라 행동하는 것이 어떻다는 것인가? 이전 선왕들께서는 큰일이 있으면 모두가 천명을 공경하고 삼갔으나 그럼에도 여전히 장구한 안녕을 얻을 수는 없었다. 장구하게 한 곳에 살 수 없었기에 오늘에 이르도록 다섯 번이나 도읍을 옮긴 것이다! 그런데 지금 옛 선왕들의 천도한 전례를 그대로 이어받지 아니하고 하늘이 결단한 명령도 알지 못하거늘, 하물며 선왕의 빛나는 업적을 능히 따른다고 말할 수 있겠는가? 지금 우리는 마치 나무가 넘어진 다음 자라나는 가지나 잘라진 나무 밑동에 다시 피어난 여린 싹과 같아 하늘은 틀림없이 우리에게 명을 주어 이 새로운 도읍에서 길이 선왕의 대업을 다시 이어 부흥시키며 나아가 사방을 안정시키게 해 줄 것이다."

　반경이 백성들에게 가르침을 베풀며 직위에 있는 자들에게 경고하여 선왕의 옛 제도를 지키고 그 법도를 바르게 하도록 하면서 이렇게 말하였다.

　"혹 감히 내가 백성 소인들에게 권고한 말을 숨기는 자가 없도록 하라!"

왕이 여러 귀척대신들에게 명하자 모두가 궁궐 뜰에 이르러 모였다.

盤庚遷于殷, 民不適有居, 率籲衆慼出, 矢言.

曰:「我王來, 旣爰宅于玆, 重我民, 無盡劉. 不能胥匡以生, 卜稽, 曰其如台? 先王有服, 恪謹天命, 玆猶不常寧. 不常厥邑, 于今五邦! 今不承于古, 罔知天之斷命, 矧曰其克從先王之烈? 若顚木之有由蘖, 天其永我命于玆新邑, 紹復先王之大業, 厎綏四方.」

盤庚斅于民, 由乃在位, 以常舊服, 正法度.

曰:「無或敢伏小人之攸箴!」

王命衆, 悉至于庭.

【不適有居】 '適'은 悅과 같음. 孫星衍은 "適, 悅也. 言民不悅新邑"이라 함.《尙書今古文注疏》에 "適者,《一切經音義》引《三蒼》云: '悅也.' 言民不悅新邑"이라 함. '有'는 名詞에 붙이는 語頭詞. 본 장은 이미 殷으로 천도한 직후의 사정을 설명한 것으로 백성들이 새로 옮겨간 은에서 살기를 기꺼워하지 않아 벌어진 사안임.

【率籲衆慼出】 '率'은 用, 因과 같음. '籲(유)'는《說文》에 "籲, 呼也"라 하여 '불러오다'의 뜻. '慼'은 戚과 같으며《說文》에 "戚, 親也"라 하여 至親의 貴戚大臣들을 가리킴. 그러나 혹 '근심하다, 우려하다'의 뜻으로도 봄. 반경이 귀척대신들을 불러 궁궐 밖으로 나서서 백성들을 설득하도록 명한 것임.

【矢言】 '矢'는《爾雅》釋詁에 "矢, 陳也"라 하여 '진술하다, 설명하다, 告諭하다'의 뜻. 혹 '矢'는 '맹세하다'의 뜻으로도 봄. 대신과 친척들이 반경을 대신하여 궁궐 밖으로 나가 백성들에게 은으로 옮겨온 이유를 널리 설명하도록 한 것임.

【曰】 반경의 말을 직접화법 그대로 전달한 것.

【我王】 盤庚 자신을 일컬어 한 말.

【爰宅于玆】 '爰'은 發語詞. 의미는 없음. '宅'은 '거주하다'의 뜻. '玆'는 이곳. 新邑, 즉 殷地. 그러나 楊樹達은 "玆, 指奄, 奄蓋在山東曲阜, 在黃河之南. 自南庚遷奄, 陽甲卽位居奄, 盤庚繼陽甲立, 初卽位時在奄也"라 하면서 "定計決遷之辭, 實爲未遷也"라 하여 殷으로 천도하기 전의 상황이라 하였으나 많은 이들은 본장은 이미 옮긴

다음의 일로 보고 있음.

【重我民】‘重’은 중시함. 중요하게 여김.

【無盡劉】‘劉’는《爾雅》釋詁에 “殺也”라 함. 여기서는 ‘백성들이 水災에 의해 盡滅을 당하다’의 뜻. 《尙書古今文注疏》에 “言我民若爲水所害, 是我殺之, 所謂思天下有溺, 由己溺之, 毋令其盡厄於水也”라 함. 즉 ‘나 반경은 백성 너희들을 盡滅당하는 일이 없도록 해 주었다’의 뜻.

〈甲骨文發見地〉 河南 安陽 小屯村 殷墟

【胥匡以生】‘胥’는 相과 같음. ‘匡’은 ‘구제하다, 서로 바로잡아주다’의 뜻.

【卜稽】‘卜’은 ‘점치다’, ‘稽’는 ‘살펴 알아보다’의 뜻.

【其如台】‘其’는 將, ‘如台’의 ‘台’는 ‘이’로 읽으며, ‘如以’, ‘如何’와 같음. 여기서는 “점을 쳐서 그 결과에 따라 이곳에 온 것이 무슨 문제라는 것인가?”의 뜻.

【先王有服】先王이 일삼아 服務한 일. ‘服’은《尙書易解》에 “事也”라 함.

【恪謹天命】‘恪’은 ‘공경히’의 뜻. ‘謹’은 ‘삼가다’의 뜻.

【玆猶不常寧】‘猶’는 ‘그럼에도 도리어’의 뜻. ‘常’은 久와 같음.

【五邦】‘邦’은 국도를 뜻함. 도읍을 다섯 번 옮긴 것. 仲丁 때의 亳에서 囂로, 河亶甲은 다시 相으로, 祖乙은 耿으로, 盤庚은 다시 奄에서 殷으로 천도한 것.

【承于古】‘承’은 계승함. ‘古’는 先王이 천도한 전례를 말함.

【斷命】결단한 명령. 즉 遷都할 것을 하늘이 命한 것임을 밝힌 것.

【矧】副詞로 ‘하물며’의 뜻.

【顚木之有由櫱】‘顚’은 ‘엎어지다’의 뜻. ‘由’는 고목에서 난 새싹. ‘櫱’은 잘려나간 나무 밑동에서 새롭게 난 싹.

【新邑】새롭게 도읍으로 정해 가고자 하는 殷 지역.

【紹復先王之大業】‘紹’는 ‘이어가다, 계속해 나가다’의 뜻. ‘復’은 ‘부흥시키다’의 뜻.

【底綏四方】‘底’는 ‘定하다, 고정시키다’, ‘綏’는 ‘안정시키다’의 뜻.

【敎于民】백성들에게 가르침을 줌. ‘敎’는 敎의 뜻.

【由乃在位以常舊服】‘由’는《方言》에 “正也”라 하였고, ‘乃’는《尙書易解》에 “猶其也”라 하였음. ‘常’은 ‘준수하다, 지키다’의 뜻.《詩》魯頌 “保彼東方, 魯邦是常”의 鄭玄

注에 "常, 守也"라 함. '舊服'은 옛날 제도를 뜻함.

【無或敢伏小人之攸箴】'或'은 '或人, 或者'의 뜻. '伏'은 '감추다, 숨기다'의 뜻. 그러나 張衡의 〈西都賦〉 "伏檻檻而俯聽, 聞雷霆之相激"의 薛綜 注에 "伏, 猶憑也"라 하여 '기대다, 의지하다'의 뜻으로 보는 경우도 있으나 의미가 순통하지 않음. '小人'은 소민, 즉 백성. '攸'는 所와 같음. '箴'은 '規諫하여 勸勉하다'의 뜻으로 앞에 盤庚이 귀척대신들로 하여금 백성들에게 고유하도록 한 내용을 말함.

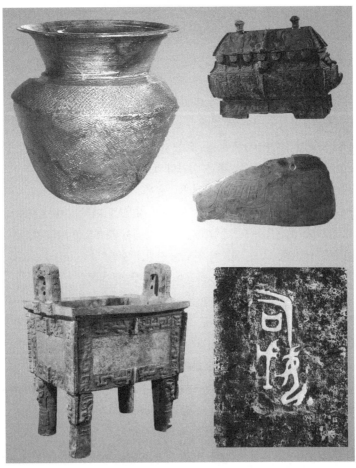

〈婦好墓 出土 遺物과 「司母戊」 鼎〉

087(16-2)
패화간귀 敗禍姦宄

임금 반경이 이렇게 말하였다.

"그대 무리들 다가오라. 내 그대들에게 고하며 그대들을 가르치노니 그대들은 사심을 없애도록 도모하라. 안일에 빠져 방종한 오만함이 없도록 하라. 옛 나의 선왕께서도 옛 사람을 임용하여 정치를 함께 하기를 도모하였다. 선왕께서는 잘 닦도록 포고하였으며 선왕께서는 이를 크게 공경히 여기셨다. 잘못된 말을 하지 않았기에 백성들은 그에 따라 크게 변화하였는데, 지금 그대들은 시끄럽게 떠들면서 사악하고 천부한 말을 펴서 일으키고 있으니, 나는 어떻게 변론을 해야 할지 모르겠도다. 내 스스로 이러한 덕을 황폐하게 한 것이 아니라 그대들이 나의 이러한 덕을 인정하면서도 나 한 사람에게 이를 베풀도록 해주지는 않고 있다. 나는 그대들을 보기를 마치 불을 보듯 명확하며 나 역시 모책이 졸렬하다면 이는 잘못일 것이다. 이는 마치 그물이 벼리에 묶여 있어야 줄기가 있어 엉키지 않게 되며, 농부가 농사일에 매달리고 힘써 수확을 해야 가을에 추수할 것이 있는 것과 같다. 그대들은 사사로운 마음을 버리고 백성들에게 실질의 덕을 베풀되, 널리 인척과 친구에게까지 이르러야 크게 감히 그대들이 덕을 쌓았다고 큰 소리를 할 수 있는 것이다. 만약 그대들이 장래나 혹 눈앞에 큰 재앙이 있을 것을 두려워하지 않는다면 이는 마치 게으른 농부가 자신의 안일만 찾으면서 노력하지 아니하고 농사일에도 매달리지 않아 이에 아무런 수확이 없는 것과 같아지고 말리라. 그대들이 백성을 향해 길할 것이라는 말을 널리 알리지 않는다면 이는 스스로 재앙을 만들어 내는 것이며, 그리하여 장차 간귀姦宄의 화란이 발생한다면 이는 스스로 자신을 해치는 일이 되는 것이다. 그대들은 이미 먼저 나서서 백성들을 악으로 인도하면서 그 고통을 받고 있으니, 그대들 스스로 후회한들 어찌 미칠 수 있겠는가? 이러한 소민小民들을 살펴보건대 그들은 오히려 내가 한 잠언箴言을 서로 살펴보고 있는데도 그대들은 잘못된 말을 입으로 내뱉고 있거늘, 하물며 그대들 단장短長의 생명을 통제하는 나로서는 어떻게 하겠는가? 그들은 어찌하여 나에게 일러주지 않은 채 서로 얕은 말로 소동을 벌이며, 바르지 못한 말로 무리들이 두려움에 떨도록 하는가? 마치 들판에 불이 붙은 것과 같은데 가까이 갈 수는 없다 해도 그래도 두드려 꺼야 하지 않겠는가? 그렇다면 그대들 무리가 스스로 옳지 못한 짓을 하는 것이지, 내가 잘못을 저지른 것이 아니다."

王若曰:「格汝衆, 予告汝訓汝, 猷黜乃心, 無傲從康. 古我先王, 亦惟圖任舊人共政. 王播告之脩, 不匿厥指, 王用丕欽. 罔有逸言, 民用丕變, 今汝聒聒, 起信險膚, 予弗知乃所訟. 非予自荒茲德, 惟汝含德, 不惕予一人. 予若觀火. 予亦拙謀作, 乃逸. 若網在綱, 有條而不紊, 若農服田, 力穡乃亦有秋. 汝克黜乃心, 施實德于民, 至于婚友, 丕乃敢大言汝有積德. 乃不畏戎毒于遠邇, 惰農自安, 不昏作勞, 不服田畝, 越其罔有黍稷. 汝不和吉言于百姓, 惟汝自生毒, 乃敗禍姦宄, 以自災于厥身. 乃旣先惡于民, 乃奉其恫, 汝悔身何及? 相時憸民, 猶胥顧于箴言, 其發有逸口, 矧予制乃短長之命? 汝曷弗告朕, 而胥動以浮言, 恐沈于衆? 若火之燎于原, 不可嚮邇, 其猶可撲滅? 則惟汝衆, 自作弗靖, 非予有咎.」

【若曰】'이와 같이 말하였다'의 뜻.
【格】'來'와 같음. '다가오라, 가까이 오라, 오라'의 뜻.
【猷黜乃心】'猷'는 '圖謀하다'의 뜻. '黜'은 '除去하다, 逐出하다'의 뜻. '乃'는 爾와 같음. '心'은 私心. '乃心'은 그대들의 사사로운 마음.

【無傲從康】'無'는 毋와 같음. 금지 명령. '傲'는 傲慢함. '從'은 縱과 같음. '康'은 安逸에 빠짐.

【圖任舊人共政】'任'은 임용하다. '舊人'은 관직의 경력이 오랜 사람. '共政'은 정사를 공동으로 함께 관리하고 처리함.

【王播告之脩】'王'은 先王. '播告之脩'의 '播告'는 布告한 내용. '播'는 布와 같음.《說文》에 "播, 布也"라 함. '脩'는 修와 같으며 잘 닦도록 부탁한 政令.

【不匿厥指】'匿'은 '隱匿하다, 隱瞞하다, 감추다'의 뜻. '指'는 旨와 같으며 意圖, 旨意.

【丕欽】'丕'는 大의 뜻. '欽'은 공경하여 중히 여김.

【逸言】그릇된 말. 지나친 말.《爾雅》釋言에 "逸, 過也"라 함.

【民用丕變】'用'은 因의 뜻. '變'은 變化, 敎化의 뜻.

【聒聒】떠들썩하게 말이 많음. 馬融은 "拒善自用之意"라 하여 '남의 좋은 의견은 거부하며 자신만이 옳다고 여기는 행동'이라 하였음.

【起信險膚】'起'는 '흥기하다'의 뜻. '信'은 伸(申)과 같음. '의견을 펴다'의 뜻. '險'은 사악함, 음흉함을 뜻함. '膚'는 淺浮함. 즉 얕은 말이나 들뜬 채 경박한 행동을 함을 뜻함.

【弗知乃所訟】'訟'은 爭訟함, 解明함, 說明함.

【自荒玆德】'荒'은 황폐함. 폐기함. '玆德'은 이러한 미덕. 즉 舊人을 임용하는 미덕을 뜻함.

【惟汝含德】'含'은 懷와 같음. 그러나 여기서는 '그렇다고 인정함, 긍정함'의 의미임.

【不惕予一人】'惕'은 兪樾은 '施'로 읽어야 한다고 여겼음.《白虎通》에 인용된 구절은 '施'로 되어 있음. '予一人'은 盤庚이 자신을 지칭한 것.

【若觀火】明若觀火와 같음. 마치 어둠 속에서 불빛을 보듯이 틀림없음.

【謀作】謀略과 같음.

【乃逸】'乃'는 則과 같음. '逸'은 過誤, 錯誤, 잘못.

【若綱在綱】'網'은 그물. '綱'은 벼리가 있어야 그물을 다룰 수 있음과 같음. 綱은 나라의 紀綱을 의미함.

【有條而不紊】'條'는 條理, 줄기. 조리와 줄기가 있으므로 엉키지 않음. '紊'은 紊亂. 즉 실이 엉키거나 얽혀 풀기 어려운 상태와 같음을 비유함.

【若農服田】'服'은 '종사하다'의 뜻. '田'은 농사일을 뜻함.

【力穡乃亦有秋】'穡'은 수확을 의미하나 넓은 의미로 농사를 뜻함. '秋'는 가을의 추수.

【汝克黜乃心】'너의 사사로운 사심을 버리도록 하라'의 뜻. '黜'은 '제거하다, 없애다' 의 뜻.

【施實德于民】曾運乾은 "不遷爲順民之虛名, 遷則爲惠民之實德也"라 함.

【至于婚友】혼인 관계로 맺어진 姻戚을 뜻함.

【丕乃敢大言汝有積德】'丕乃'는 於是와 같음. 《詞詮》에 "丕乃猶言於是"라 함. 덕을 쌓았노라 큰소리 침.

【乃不畏戎毒于遠邇】'乃'는 若, 如와 같음. 假定節을 이룸. '戎毒'은 큰 해독. 《爾雅》 釋詁에 "戎, 大也"라 함. '遠邇'는 遠近과 같음.

【不昏作勞】'昏'은 '강하다'의 뜻. 《爾雅》 釋詁에 "昏, 强也"라 함. '作勞'는 '일을 하다' 의 뜻.

【越其罔有黍稷】'越其'는 '이에 곧, 爰乃'의 뜻. 《經傳釋詞》에 "越其, 猶云爰乃也"라 함. '黍稷'은 모든 곡식을 총칭한 것.

【汝不和吉言于百姓】'和'는 兪樾은 '宣'과 같다고 하였음. 宣布의 뜻.

【汝自生毒】'生毒'은 해독을 만들어 냄.

【乃敗禍姦宄】'敗禍'는 危敗와 災殃. '姦宄'의 '姦'은 나라 밖에서 원인이 되어 일어 나는 禍亂, '宄'는 나라 안에서 생기는 禍亂.

【先惡于民】'先'은 앞에서 先導함. 《禮記》 郊特牲 "天先乎地"의 鄭玄 注에 "先謂倡導 之也"라 함.

【乃奉其恫】'恫'은 痛과 같음. 《廣雅》 釋詁에 "恫, 痛也"라 함.

【悔身】자신의 행동을 후회함.

【相時憸民】'相'은 '살피다'의 뜻. '時'는 是와 같음. '憸民'은 小民과 같음. 〈蔡傳〉에 "憸民, 小民也"라 함.

【其發有逸口】'逸口'는 그릇된 말. 〈蔡傳〉에 "逸口, 過言也"라 함.

【矧予制乃短長之命】'制'는 管制함, 掌握함, 制御함.

【汝曷弗告朕】'曷'은 何, 胡, 安, 焉 등과 같은 疑問詞.

【恐沈于衆】'恐'은 '두려워하다'의 뜻. '沈'은 黃式三은 '抌'과 같다고 하였음. 《說文》에 "告言不正曰抌"이라 함. 여기서는 '煽動하여 迷惑하게 하다'의 뜻.

【嚮邇】가까이 접근해 감.

【撲滅】불을 두드려 완전히 끄는 것.

【則惟汝衆自作弗靖】'汝衆'은 관리들을 지칭함. '靖'은 善과 같음.

088(16-3)
작복작재 作福作災

"지임遲任이 한 말이 있다. '사람은 옛사람을 찾되, 그릇은 옛것을 찾지 않으며 오직 새것이어야 한다'라고 말이다. 옛날 우리 선왕先王이 그대들의 할아버지, 아버지와 함께 서로 편안하고 즐겁게 일을 하여 왔으니 내 감히 벌을 받지 않아야 할 자에게 벌을 내리겠는가? 대대로 그대들의 공로를 계산하여 내 그대들의 잘한 일은 덮어두지 않을 것이다. 여기에서 내가 선왕께 대향大享의 제사를 올림에 그대들 조상도 그를 따라 그 제사에 함께 흠향하도록 하리라. 복을 짓고 재앙을 짓는 것에 대해 나 또한 감히 그 공로가 없는 자에게 상을 베풀지는 않으리라. 내 그대들에게 어려움을 고하노니 이는 마치 활 쏘는 자가 과녁을 맞혀야 하는 것과 같다. 너희들은 늙은 어른을 깔보지 말 것이며, 어린 고아라고 약하게 보지 말라. 저마다 그 사는 곳에 길이 살면서 힘써 그 힘을 내놓아 나 이 한 사람이 모책하고 있는 일을 듣도록 하라. 멀고 가까움에 관계없이 악행을 저지른 자는 죄를 주어 벌할 것이며, 선행을 한 자는 상을 내려 현창하리라. 나라가 훌륭하게 되는 것은 오직 그대들에게 달려 있으며, 나라가 옳지 못하게 되는 것은 오직 나 한 사람에게 죄과가 있기 때문이다. 무릇 그대 무리들은 이러한 훈계를 잘 생각하여 지금부터 뒷날에 이르기까지 각기 자신들의 일에 공경을 다할 것이며, 각기 자신들의 위치로 급히 갈 것이며, 그대들 입은 닫도록 하라. 징벌이 그대들 몸에 미치면 후회해도 어쩔 수 없으리라."

「遲任有言曰: 『人惟求舊, 器非求舊, 惟新.』古我先王曁乃祖乃父, 胥及逸勤, 予敢動用非罰? 世選爾勞, 予不掩爾善. 茲予大享于先王, 爾祖其從與享之. 作福作災, 予亦不敢動用非德. 予告汝于難, 若射之有志. 汝無侮老成人, 無弱孤有幼. 各長于厥居, 勉出乃力, 聽予一人之作猷. 無有遠邇, 用罪伐厥死, 用德彰厥善. 邦之臧, 惟汝衆; 邦之不臧, 惟予一人有佚罰. 凡爾衆, 其惟致告, 自今至于後日, 各恭爾事, 齊乃位, 度乃口. 罰及爾身, 弗可悔.」

【遲任】鄭玄은 "遲任, 古之賢史"라 함.《左傳》隱公 6년 "周任有言曰:「爲國家者, 見惡, 如農夫之務去草焉, 芟夷蘊崇之, 絶其本根, 勿使能殖, 則善者信矣.」"의 周任이 아닌가 함.《論語》馬融 注에 "周任, 古之良史"라 함.

【曁乃祖乃父胥及逸勤】'曁'는 與의 뜻. '胥'는 相의 뜻. '逸勤'은 편안하고 즐겁게 일에 임함.

【予敢動用非罰】'非罰'은 합당하지 않은 징벌.

【世選爾勞】'選'은 孔安國 傳에 "數也"라 하여 '계산하다'의 뜻. '勞'는 功勞, 功績을 뜻함.

【予不掩爾善】'掩'은 덮어버림. 드러내어 밝혀주지 않음.

【玆予大享于先王】'大享'은 孔穎達 疏에 "《周禮》大宗伯祭祀之名; 天神曰祀, 地祇曰祭, 人鬼曰享. 此「大享于先王」, 謂天子祭宗廟也"라 함.

【爾祖其從與享之】고대 천자가 宗廟에 제사를 올릴 때 功臣의 조상도 함께 그 제사를 받도록 함을 뜻함.

【予亦不敢動用非德】'非德'은 정당하지 못한 賞賜.

【若射之有志】'志'는 표적, 과녁. 활을 쏠 때의 箭靶.

【汝無侮老成人】'侮老'는 〈唐石經〉에는 '老侮'로 되어 있으며 '늙은이 취급을 하며 깔보다'의 뜻.

【弱孤有幼】'弱孤'는《經義述聞》에 "弱孤連言, 以爲孤弱而輕忽之也"라 함. '有'는 語頭詞.

【長于厥居】길이 그 자리에 살아감. '居'는 사는 곳. 殷地를 가리킴.

【作猷】계획이나 모책을 세움. 江聲은 "作, 爲; 猷, 謀也"라 함.

【用罪伐厥死】'罪'는 형벌을 내림. '死'는 惡.《韓詩外傳》(8)에 "遜而直, 上也; 切, 次之; 謗諫爲下; 懦爲死"라 하여 '死'는 '惡'의 의미로 쓰였음.

【用德彰厥善】그 善에 대해서는 德으로 顯彰해줌. 여기서의 '德'은 '賞賜를 베풀다'

의 뜻.

【邦之臧】'臧'은 善, 好의 뜻.

【佚罰】'佚'은 逸과 같음. '逸'은 과오, 착오의 뜻. '罰'은 죄.《國語》注에 "罰, 猶罪也"
라 함.

【其惟致告】'惟'는 思와 같음. '告'는 告誡의 의미.

【齊乃位】'齊'는《爾雅》釋詁에 "疾也"라 하여 '신속하다'의 뜻. '位'는《尙書易解》에
"位, 位置, 猶今言布置"라 함.

【度乃口】'度'는 杜와 같음. 閉의 뜻. '닫다'의 의미.

盤庚(中)
089(16-4)
명청짐언明聽朕言

　　반경盤庚이 왕이 되어 하수河水를 건너 백성을 옮기려 하자, 백성들이 모여서 이에 따르지 않으려 하기에 반경이 그 큰 취지를 고하였다.

　　그 무리들이 모두 이르러 와서는 왕의 궁정에서 불안해하는 모습을 보이자, 반경은 그들을 가까이 오도록 하였다.

　　그리고 이렇게 말하였다.

　　"분명히 내 말을 들어 나의 명령을 소홀히 여겨 폐기함이 없도록 하라! 오호라! 옛날 우리의 선대 임금께서는 백성을 안전하게 살 수 있도록 하지 않은 적이 없었다. 임금은 이를 분명히 알고 있었고 귀척대신도 이를 뚜렷하게 알고 있었기에 천시天時가 벌을 내리지 않았던 것이다. 하늘이 수재의 큰 재앙을 내려 백성이 고통을 당하자 선왕께서는 자신이 하는 바의 일이 편안할 수가 없어 백성을 이롭게 할 곳을 보아 옮겨 다녔던 것이다. 너희들은 나의 옛 임금이 이러한 일을 하셨음을 어찌 듣지 못하였는가? 나는 그대들에게 즐겁고 평강하게 안정을 누리며 살 수 있도록 그대들 뜻에 순종하는 것이며, 그대들에 죄가 있다고 여기거나 벌로써 다스리지는 않을 것이다. 내가 이처럼 호소하여 그대들에게 새로 옮겨갈 이 도읍에서 편안히 살 수 있도록 하는 것은 또한 그대들을 위한 것이며, 선왕의 그러한 뜻을 크게 따르고자 하는 것이다."

　　盤庚作, 惟涉河以民遷, 乃話民之弗率, 誕告用亶.
　　其有衆咸造, 勿褻在王庭, 盤庚乃登進厥民.
　　曰:「明聽朕言, 無荒失朕命! 嗚呼! 古我前后, 罔不惟民之承保.

后胥感鮮, 以不浮于天時. 殷降大虐, 先王不懷厥攸作, 視民利用遷. 汝曷弗念我古后之聞? 承汝俾汝, 惟喜康共, 非汝有咎, 比于罰. 予若籲懷茲新邑, 亦惟汝故, 以丕從厥志.」

【作】'임금이 되다'의 뜻. 黃式三은 "作, 謂立爲君也. 與《易》神農氏作, 黃帝堯舜氏作同" 이라 함. 〈盤庚〉(上)의 내용과 시기적으로 순서가 바뀌어 이러한 표현이 나온 것임.

【惟涉河以民遷】'惟'는 《爾雅》 釋詁에 "謀也"라 함. 盤庚이 奄(지금의 山東 曲阜)에서 黃河를 건너 殷(지금의 河南 安陽)으로 백성을 옮겨 천도함.

【乃話民之弗率】'話'는 《尙書故》에 "會也"라 함. 雙聲假借. 《說文》에 "話, 會合善言也" 라 함. '率'은 循과 같음.

【誕告用亶】'誕'은 《爾雅》 釋詁에 "大也"라 함. '亶'은 정성(誠)의 뜻. 반경이 천도하고 자 하는 취지의 깊은 뜻을 말함.

【其有衆咸造】'有'는 名詞 앞의 語頭詞. '咸'은 '모두'(皆)의 뜻. '造'는 '이르다'(到)의 뜻.

【勿褻】連綿語임. 불안해하는 모습. 또는 '버릇없이 굴다'의 뜻으로도 봄.

【登進厥民】'登進'은 '가까이 오도록 하다'의 뜻.

【荒失】소홀히 여겨 폐기함. 저버림. '失'은 江聲은 '佚'의 뜻이라 하였음. 《說文》에 "佚, 忽也"라 하여 '소홀히 여기다'의 뜻.

【罔不惟民之承保】'罔'은 '無'와 같음. '承保'에 대해서는 江聲은 "當讀至保字絶句. 保, 安也. 言前後無不承安其民也"라 함.

【后胥感鮮】'后'는 군주. '胥'는 '諝'의 古字. 《說文》에 "諝, 知也"라 하였고, 章太炎《文始》(5)에는 "凡古言諝者, 今言淸楚, 或言淸爽"이라 함. '感'은 戚과 같음. 貴戚大臣을 가리킴. '鮮'은 '鮮明하다'의 뜻.

【不浮于天時】'浮'는 《小爾雅》 廣言에 "浮, 罰也"라 함.

【殷降大虐】'殷'은 慇의 假借. 《說文》에 "慇, 痛也"라 함. '虐'은 災殃. 여기서는 水災를 가리킴.

【先王不懷厥攸作】'懷'는 安과 같음. '攸作'은 所作과 같음.

【視民利用遷】'用'은 以와 같음. 雙聲互訓.

【古后】옛 군주, 즉 先王.

【承汝俾汝, 惟喜康共】'承'은 順. '俾'는 從. '康'은 平康. '共'은 兪樾은 "共拱古通用, 《廣雅》:「拱, 固也.」"라 함.

【非汝有咎比于罰】‘咎’는 허물, 과실. ‘比’는 庀와 같음.《國語》魯語 注에 “庀, 治也”
라 함.

【籲懷玆新邑】‘籲’는 呼와 같은 뜻. ‘호소하다’의 뜻. ‘懷’는 安과 같은 뜻임. ‘新邑’
은 새로 옮겨갈 도읍 殷地.

【以丕從厥志】‘丕’는 大. ‘從’은 ‘준수하여 따르다’의 뜻. ‘厥’은 其. 先王의 뜻을 가
리킴.

090(16-5)
안정궐방安定厥邦

"지금 내가 장차 그대들을 옮기어 나라를 안정시키고자 하건만, 그대들은 내 마음의 곤고한 바를 우려하지 아니한 채, 이에 모두가 그대들의 마음을 화합하지 아니하면서 나의 마음을 움직이려고 옳지 않은 말을 심하게 하고 있다. 그대들은 스스로 궁한 길로 가는 것이며 스스로 고생길을 택하고 있으니, 이는 마치 배를 타고는 그대들이 물을 건너려 하지 않아 배에 실은 물건이 모두 썩어가는 것과 같다. 그대들은 진실로 합당하지 못하니 서로 함께 물에 빠지고 말 것이다. 혹 협동하지 않는다면 그 노기(원망)가 어찌 저절로 치유될 수 있겠는가? 너희들은 장구한 모책을 통해 재앙을 생각하지 않은 채, 그저 우려스러운 것을 편안히 여기고 있다. 그렇게 되면 오늘은 있지만 훗날은 없게 될 것인데 그대들을 하늘인들 어찌 생명을 보장하겠는가? 지금 내 그대들에게 명하노니, 그대들은 마음을 하나로 하여 더러움을 휘저어 스스로 그 냄새를 피우지 않도록 하라. 남들이 그대들의 몸을 기울게 하고 그 마음을 우활하게 할까 두렵다. 내 그대들의 삶이 계속 이어지도록 조종하면서 하늘에 명을 맡기는 것이지 내 어찌 그대들을 위세로써 하겠는가? 이로써 너희 무리들을 도와 길러주는 것이다."

「今予將試以汝遷, 安定厥邦, 汝不憂朕心之攸困, 乃咸大不宣乃心, 欽念以忱動予一人. 爾惟自鞠自苦, 若乘舟, 汝弗濟, 臭厥載. 爾忱不屬, 惟胥以沈. 不其或稽, 自怒曷瘳? 汝不謀長以思乃災, 汝誕勸憂. 今其有今罔後, 汝何生在上? 今予命汝一, 無起穢以自臭. 恐人倚乃身, 迂乃心. 予迓續乃命于天, 予豈汝威? 用奉畜汝衆.」

【汝不憂朕心之攸困】'憂'는 '憂慮하다'의 뜻. '攸'는 所와 같음. '困'은 '困苦하다'의 뜻.

【不宣乃心】'宣'은 孫星衍은 '和'의 뜻으로 보았음. '和協하다'의 뜻.

【自鞫目苦】스스로 자신을 궁하고 괴롭게 만드는 것.

【欽念以忱動予一人】'欽念'은 《尙書易解》에 "按欽之言甚也, 欽念, 爲甚念也"라 함. '忱'은 《尙書易解》에 "忱當作扰, 《說文》: 「告言不正曰扰.」"이라 함.

【自鞫自苦】'鞫'은 窮과 같음. 길이 없는 곳으로 달려감.

【臭厥載】'臭'는 朽와 같음. 《廣雅》 釋詁에 "朽, 敗也"라 함. '載'는 배에 함께 실은 물건을 뜻함. 그러나 혹 '載'를 事의 뜻으로 보기도 함.

【爾忱不屬】'忱'은 誠의 뜻. '屬'은 《尙書易解》에 "《禮記》經解注 : 「猶合也.」"라 함.

【惟胥以沈】'胥以'는 '서로 더불어'의 뜻. '沈'은 침몰함. 물에 잠김. '沉'과 같음.

【不其或稽】'其'는 조사. '或'은 克과 같음. '稽'는 '協同하다'의 뜻.

【自怒曷瘳】'怒'는 〈漢石經〉에는 '恕'으로 되어 있음. '曷'은 何의 뜻. 疑問詞. '瘳'는 '병이 낫다, 치유되다, 근심이나 갈등이 사라지다'의 뜻.

【汝誕勸憂】'勸'은 '편안히 여기다'의 뜻. 《呂氏春秋》 離俗覽 適威 "天子至貴也, 天下至富也, 彭祖至壽也, 誠無欲, 則是三者不足以勸"의 高誘 注에 "勸, 樂也"라 함.

【今其有今罔後】'其'는 將의 뜻. '有今罔後'는 지금만 있지 나중은 없음. 곧 '죽음이 머지 않았다'의 뜻.

【今予命汝一】'一'은 同心의 뜻.

【無起穢以自臭】'起穢'는 휘저어 더러움이 드러나도록 함. 謠言을 퍼뜨림을 비유함.

【倚乃身】'倚'는 '치우치다, 기울다'의 뜻. 偏斜의 뜻.

【迂乃心】'迂'는 歪曲됨. 먼 길로 돌아감. 迂闊함. 바른 길로 가지 못함.

【予迓續乃命于天】'迓'는 御와 같은 뜻임. 통제하고 조절함. 《廣雅》 釋詁에 "御, 使也"라 함. '續乃命'은 그대들의 생명을 계속 이어지도록 함. 혹 '迓'를 迎으로 풀이하기도 함. 전체의 뜻은 '옮겨가지 않으면 물에 휩쓸려 죽게 될 것이며, 옮겨간 다음에는 계속 생명을 부지할 수 있음'을 말함.

【汝威】'威汝'의 倒置形. 위엄으로 그대들을 누름.

【奉畜汝衆】'奉'은 助의 뜻. '畜'은 '길러주다, 扶養해주다, 畜養하다'의 뜻. 안전하게 생육하며 살아갈 수 있도록 도와주고자 하는 것이 자신의 의도와 목적이라는 의미.

091(16-6)
갈학짐민葛虐朕民

"내 나의 옛 신후神后께서 그대들의 조상들을 수고롭게 하셨음을 생각하건대, 나도 이에 능히 그대들을 떠받들어 편안히 하고자 하였다. 그러나 정치를 제대로 하지 못한 채 이곳에 그대로 거처하고 있자 고후高后께서 이러한 죄에 대한 벌을 크게 내리시어 '어찌 내 백성을 학대하느냐?'라 하시고 있다.

그대들 만백성들이 만약 삶을 제대로 영위하지 못하거나 나 한 사람의 모책에 마음을 같이 하지 않는다면 선후先后께서 크게 너희들에게 죄를 내리시며 '어찌 내 후손 반경을 가까이 하지 않는가?' 하실 것이다. 그러므로 덕을 그르치는 일이 있어 위로부터 너희들에게 벌을 내리게 되면 너희들은 도망갈 곳이 없게 될 것이다.

옛 우리 선후께서 이미 그대들의 할아버지와 그대들의 아버지를 수고롭게 하여 그대들을 모두 내가 기르는 백성이 되도록 하였는데, 그대들이 다시 적해하는 마음을 품고 있다면, 나의 선후께서 그대들의 할아버지와 그대들의 아버지를 편안케 하였으니 그대들의 할아버지와 그대들의 아버지는 단연코 그대들은 버릴 것이며, 그대들을 죽음에서 구해주지 않을 것이다.

여기에 정치를 어지럽히는 동료 대신들이 있거나 재물을 모으는 자가 있다면, 그대들의 할아버지와 그대들의 아버지는 크게 나의 고후께 '내 후손들에게 큰 형벌을 내려주십시오'라고 고할 것이며, 고후께서는 이에 크고도 무겁게 너희들에게 재앙을 내리실 것이다."

「予念我先神后之勞爾先, 予丕克羞爾用懷爾; 然失于政, 陳于玆,
高后丕乃崇降罪疾, 曰:『曷虐朕民?』汝萬民乃不生生, 暨予一人
猷同心, 先后丕降與汝罪疾, 曰:『曷不暨朕幼孫有比?』故有爽德,
自上其罰汝, 汝罔能迪. 古我先后, 旣勞乃祖乃父, 汝共作我畜民,
汝有戕則在乃心, 我先后綏乃祖乃父, 乃祖乃父乃斷棄汝, 不救乃
死. 玆予有亂政同位, 具乃貝玉. 乃祖先父, 丕乃告我高后曰:『作丕
刑于朕孫!』迪高后丕乃崇降弗祥.」

【神后之勞】'神后'는 神明한 군주. 존경을 표시함. 成湯을 지칭하는 것으로 보고 있
음. '勞'는 수고함, 노로고움. 본장에서의 神后, 高后, 先后는 모두 같은 뜻이며 祖上
君主, 혹은 成湯을 가리킴.

【予丕克羞爾用懷爾】'丕'는 乃, 纔와 같음. '羞'는 바쳐 올림. 張衡〈思玄賦〉"聘王母
於銀臺兮, 羞玉芝以療饑"의 李善 注에 "羞, 進也"라 하였고, 《尙書正讀》에도 "羞,
進也, 獻也. '羞爾', 猶今言貢獻意見于爾也, 下篇'羞告爾于朕志'可證"이라 함. '懷'는
安과 같음.

【陳于玆】'陳'은 '居處하다'의 뜻. 《周禮》天官 冢宰 內宰 "陳其貨賂"의 鄭玄 注에 "陳,
猶處也"라 함.

【高后丕乃崇降罪疾】'高后'는 神后와 같음. 成湯을 가리킴. '丕乃'는 '이에 곧'의 의미.
'崇'은 《爾雅》釋詁에 "重也"라 함. '罪疾'은 죄에 대하여 벌을 내림.

【曷虐朕民】'曷'은 의문사 何와 같음. '虐'은 학대함.

【乃不生生】'乃'는 若과 같음. '生生'은 삶을 영위함. 《莊子》大宗師 "殺生者不生, 生生
者不生"의 注에 "常營其生爲生生"이라 함.

【暨予一人猷同心】'猷'는 모책, 계책, 계획.

【幼孫有比】'幼孫'은 盤庚 자신을 가리킴. '有比'는 가까이 하여 친하게 여김.

【爽德】'爽'은 착오나 과실. 따라서 '爽德'은 敗德의 뜻으로 풀이함.

【自上其罰汝】'上'은 天帝, 上天, 上帝.

【汝罔能迪】'迪'은 '도망하다, 피하다'는 뜻. 《尙書正讀》에 "迪, 逃也, 聲相近"이라 함.

【汝共作我畜民】'作'은 爲와 같으며, '하다, 짓다, 되도록 하다'의 뜻. '畜'은 養의 뜻.

【汝有戕則在乃心】'有'는 又와 같음. '戕'은 '찔러 殘廢시키다, 적해하다'의 뜻.

【綏乃祖乃父】'綏'는 《尙書正讀》에 "綏, 安也. 引申之安人以言亦曰綏. 下文'綏爰有衆',

卽告于有衆也"라 함.

【乃斷棄汝】'斷'은 '斷然코', '決斷코'의 뜻.

【亂政同位】'亂政'은 정치를 혼란시킴. '同位'는 동료. 여기서는 盤庚에게 벼슬하면서
　정치를 어지럽히는 사람을 지칭함.

【其乃貝玉】'乃'는 其와 같음. '貝'는 돈. '玉'은 옥석. '貝玉'은 재물을 비유하여 쓴 말.

【迪高后丕乃崇降弗祥】'迪'은 語頭助詞. '丕'는 大의 뜻. '崇'은 重의 뜻. '弗祥'은 재앙
　을 뜻함.

092(16-7)
영경대휼 永敬大恤

"오호라! 지금 내 그대들에게 고하노니 쉽게 여기지 말라! 길이 큰 우려에 대해 근신하여 서로 끊어지거나 멀리 함이 없도록 하라! 너희들은 마땅히 모책에 대해 서로 순종할 생각을 하여 각기 너희들 마음속에 바른 길을 세우도록 하라. 만약 길하지 못한 생각에 바른 길로 가지 않거나, 엎어지고 뛰어넘어 공손치 못한 짓을 하거나, 속임수나 사악함, 간귀姦宄의 못된 짓을 한다면, 나는 너희들을 끊어 진멸殄滅할 것이며, 그 후손도 남지 못하게 할 것이며, 너희들 후손 종족이 이 신읍新邑에서 이어가지 못하도록 할 것이다.

가자! 그곳에 가서 생업을 힘쓸지어다! 지금 나는 장차 너희들을 옮겨 영원한 너희들의 나라를 세울 것을 시도하노라!"

「嗚呼! 今予告汝: 不易! 永敬大恤, 無胥絶遠! 汝分猷念以相從, 各設中于乃心. 乃有不吉不迪, 顚越不恭, 暫遇姦宄, 我乃劓殄滅之, 無遺育, 無俾易種于茲新邑. 往哉! 生生! 今予將試以汝遷, 永建乃家.」

【不易】'易'는 輕易, 輕率의 뜻. '쉽게 여기지 말라'의 뜻.
【永敬大恤】'敬'은 '謹愼하다'의 뜻. '恤'은 '憂慮하다'의 뜻.
【無胥絶遠】'胥'는 相과 같음. '絶遠'은 끊거나 멀리하여 무시함.
【分猷念以相從】'分'은 當과 같음. 宋玉〈神女賦〉"含然諾其不分兮, 喟揚音而哀嘆"의 李善 注에 "分, 當也"라 함. '猷'는 謀와 같음.
【各設中于乃心】'中'은 和와 같으며 中正, 中道, 衷心의 뜻.《說文》에 "中, 和也"라 함.
【乃有不吉不迪】'乃'는 若과 같음. '吉'은 善, '迪'은 道, 正路의 뜻.

【顚越不恭】‘顚’은 엎어짐. ‘越’은 越權, 違法.

【暫遇姦宄】‘暫’은 王引之는 “暫, 讀爲漸, 詐欺也”라 하여 ‘속이다’의 뜻으로 보았으며, ‘遇’는 ‘奸邪하다’의 뜻으로 보았음. ‘姦宄’는 못된 짓을 함.

【劓殄滅之】‘劓’는 《廣雅》 釋詁에 “斷也”라 하여 ‘자르다’의 뜻. ‘殄’은 ‘滅絶시키다’의 뜻.

【遺育】‘育’은 冑의 뜻. 後孫을 의미함.

【無俾易種于玆新邑】‘俾’는 使와 같음. 使役形 助動詞. ‘易’는 王引之는 “延也”라 하여 ‘이어가다’의 뜻. ‘種’은 種族, 後代를 의미함.

盤庚(下)
093(16-8)
반경기천盤庚旣遷

　　반경盤庚이 이미 옮기고 나서 그 거처할 곳에 자리를 잡고, 이에 종묘 조정의 위치를 바르게 하고 여러 무리들에게 이렇게 고하였다.

　　"유희에 빠지거나 게으름을 피우지 말고 나라의 큰 운명을 세우기에 힘쓰도록 하라! 지금 나는 심장, 배, 신장, 창자를 다 펴서 차례로 너희들 백관들에게 나의 의도를 알리노라. 너희들 무리에게 죄를 씌우지 않을 것이니, 너희들은 함께 화를 내며 한 덩어리가 되어 나 한 사람을 헐뜯는 일이 없도록 하라. 옛 나의 선왕께서는 앞선 사람들이 세운 공로보다 더 많은 일을 하고자 높은 지대인 박亳으로 옮겨갔던 것이다. 그 때문에 우리에게 재앙이 줄어든 것이며 우리 땅이 아름다운 실적을 높여준 것이다. 지금 나의 백성들은 마구 흩어지고 쪼개져 살던 자리를 떠나, 정착할 수도, 갈 곳도 없게 되었으면서도 그대들은 나에게 '어찌 우리 만민을 진동震動하며 옮겨가고자 하느냐?'라고 말하고 있다. 지금 상제上帝께서는 다시 우리 고조高祖의 덕을 회복하여, 우리 국가를 다스려주고자 하고 있다. 나는 독실하고 경건함에 급급하며, 백성들의 생명을 이어지도록 하기에 공경을 다하고자 영원히 살 땅을 이 신읍新邑에 마련한 것이다. 그러므로 이 어린 나는 그 계획을 폐기하지 않았던 것이며, 신령의 헤아림을 말미암음도 훌륭한 것이거니와 감히 점의 내용을 위배하는 것도 아니기에 이러한 훌륭함을 발양한 것이다."

　　盤庚旣遷, 奠厥攸居, 乃正厥位, 綏爰有衆.
　　曰:「無戲怠, 懋建大命! 今予其敷心腹腎腸, 歷告爾百姓于朕志.

罔罪爾衆, 爾無共怒, 協比讒言予一人. 古我先王, 將多于前功, 適于山. 用降我凶, 德嘉績于朕邦. 今我民用蕩析離居, 罔有定極, 爾謂朕:『曷震動萬民以遷?』肆上帝將復我高祖之德, 亂越我家. 朕及篤敬, 恭承民命, 用永地于新邑. 肆予沖人, 非廢厥謀, 弔由靈各; 非敢違卜, 用宏茲賁.」

【奠厥攸居】'奠'은 자리를 잡음. 정함. '攸'는 所와 같음.

【綏爰有衆】'綏'는 알림. '爰'은 前置詞 於(于, 乎)와 같음. '有'는 名詞 앞의 語頭詞.

【懋建大命】'懋'는 務와 같음. '힘쓰다, 노력하다'의 뜻. '建'은 '널리 알리다'의 뜻.《周禮》天官 冢宰 小宰 "小宰之職, 掌建邦之宮刑"의 鄭玄 注에 "建, 明布告之"라 함. '大命'은 나라의 운명.

【敷心腹腎腸】'敷'는 布와 같음. '心腹腎腸'은 心臟, 배, 腎臟, 창자 등 신체의 모든 것을 일컬은 말.

【歷告爾百姓于朕志】'歷'은 數와 같음. '百姓'은 百官을 가리킴. '志'는《廣雅》釋詁에 "意也"라 함.

【協比】협동하여 무리를 이룸. 한 덩어리가 됨.

【先王將多于前功】'先王'은 成湯을 가리킴. '將'은《廣雅》釋詁에 "欲也"라 함. '前功'은 옛사람들의 공로.

【適于山】'適'은 '가다, 옮겨가다'의 뜻. '山'은 毫땅을 가리키며 지대가 높은 곳임을 의미함.

【用降我凶】'用'은 因과 같음. '降'은 '감소시키다'의 뜻. '凶'은 재앙을 뜻함.

【德嘉績于朕邦】'德'은《說文》에 "升也"라 함.

【蕩析離居】'蕩'은 蕩泆의 뜻. 段玉裁는 "蕩泆者, 動蕩奔突而出"이라 함. '析'은 '쪼개지다, 흩어지다'의 뜻.

【定極】정착하거나 이를 곳. '極'은 止, 至와 같음.《詩》齊風 南山 "旣曰得止, 曷又極止"의〈毛傳〉에 "極, 至也"라 함.

【肆上帝將復我高祖之德】'肆'는《爾雅》釋詁에 "今也"라 함. '將'은 欲과 같음. 意志未來의 상황을 표현할 때 사용하는 말.

【亂越我家】'亂'은 治의 뜻.《爾雅》釋詁에 "亂, 治也"라 함. '越'은 于(於)와 같음.

【朕及篤敬】'及'은《尚書今古文注疏》에 "及者,《公羊》隱元年傳云:「猶汲汲也.」"라 하

여 汲汲과 같은 의미로 보았음. '篤敬'은 篤實하고 敬虔함.

【恭承民命】'承'은 續과 같음. 잇도록 해 줌.

【永地】영원히 정착하여 살 땅.

【肆予沖人】'肆'는 故와 같음. '沖人'은 나이 어린 사람. 자신을 일컫는 말.《後漢書》沖帝紀 "孝沖黃帝諱炳"의 李賢 注에《諡法》曰:「幼小在位曰沖.」이라 함. 여기서는 盤庚 자신을 일컫는 말.

【厥謀】'厥'은 其와 같음. '謀'는 모책, 계획. 여기서는 遷徙에 대한 모책.

【弔由靈各】'弔'는 '吊'로도 표기하며 善의 뜻. '靈各'은《尙書易解》에 "靈, 神也, 指上帝. 各, 當讀爲格,《倉頡篇》:「格, 量度也.」弔由靈各, 謂善用上帝之謀度, 卽上文上帝云云之意"라 함.

【用宏妓賁】'宏'은 '弘'과 같으며 宏揚, 發揚의 뜻. '賁'은 美의 뜻.

094(16-9)

생생자용生生自庸

"오호라! 방백邦伯과 사장師長, 그리고 여러 일을 맡고 있는 사람들은 모두가 깊이 고려하기를 바란다! 나는 그대들을 살펴보기에 힘썼으며, 우리 무리를 공경할 일을 생각하였다. 나는 재물을 좋아하는 자를 임용하지 않을 것이며, 생업에 힘쓰는 자에게는 감히 공경을 다할 것이다. 사람을 길러주는 자와 사람을 살려줄 모책을 세워 삶을 안전하게 해 주는 자라면 차례에 맞추어 공경하며 우대할 것이다. 지금 나는 이미 나의 의도와 같거나 같지 않거나, 모두에게 받들어 일러주노니 나에게 순종하지 않음이 없도록 하라! 재물이나 보화를 긁어모으지 말 것이며, 생업에 열심을 다하는 것을 스스로의 공로로 삼도록 하라. 백성에게 은혜를 펼 것이며 길이 능히 한 마음으로 하도록 하라!"

「嗚呼! 邦伯師長, 百執事之人, 尚皆隱哉! 予其懋簡相爾, 念敬我衆. 朕不肩好貨, 敢恭生生. 鞠人謀人之保居, 敍欽. 今我旣羞告爾于朕志若否, 罔有弗欽! 無總于貨寶, 生生自庸. 式敷民德, 永肩一心!」

【邦伯師長】'邦伯'은 邦國의 우두머리. 諸侯. '師長'은 여러 관직의 각각 우두머리. '師'는《爾雅》釋詁에 "衆也"라 함.

【百執事】여러 관직을 맡고 있는 사람들.

【尚皆隱哉】'尚'은 庶幾와 같음. 희망함. '隱'은《廣雅》釋詁에 "度也"라 하여 '忖度하다, 考慮하다'의 뜻.

【予其懋簡相爾念敬我衆】'懋'는 務와 같으며 '힘쓰다, 노력하다'의 뜻. '簡相'은《廣雅》釋詁에 "簡, 閱也"라 하였고,《說文》에 "相, 視也"라 하여, '簡相'은 視察과 같은

商代 〈採桑圖〉(靑銅紋)

뜻임. '念'은 回念함. '敬'은《尙書故》에 '矜'으로 읽도록 하여 '矜恤히 여기다'의 뜻.

【朕不肩好貨】'肩'은《爾雅》釋詁에 "肩, 勝也"라 하였고,《說文》에는 "勝, 任也"라 하여 '任用하다'의 뜻. '好'는 '좋아하다'의 뜻. '貨'는 재물, 재화를 뜻함.

【敢恭生生】'生生'은 生業에 힘씀을 뜻함.

【鞠人謀人之保居】'鞠'은 '養育하다, 保育하다'의 뜻.《詩》小雅 蓼莪 "父兮生我, 母兮鞠我"의 〈毛傳〉에 "鞠, 養"이라 함. '保'는 安과 같음.

【敍欽】'敍'는 차례. '欽'은 '공경하다'의 뜻.

【今我旣羞告爾于朕志若否】'羞'는 '進獻하다. 받들다'의 뜻. '若'은 '같이하다, 순종하다'의 뜻.

【罔有弗欽】'罔'은 無와 같음. '欽'은 '順從하다'의 뜻.

【無總于貨寶】'總'은 '끌어 모으다'의 뜻.《說文》에 "總, 聚束也"라 함.

【自庸】'庸'은 功과 같음.《國語》晉語 "無功庸者, 不敢居高位"의 韋昭 注에 "國功曰功, 民功曰庸"이라 함.

【式敷民德】'式'은 語頭助詞. 發語詞. '敷'는 施와 같음. '德'은 은덕, 은혜.

【永肩一心】'肩'은 能, 克과 같음.《爾雅》釋詁에 "肩, 克也"라 함. '一心'은 충성된 한 마음.

⟨17⟩ 열명說命(上, 中, 下)(095-104)

⟨열명說命⟩은 3편으로 되어 있으
며 은殷 고종高宗, 武丁이 부열傳說을
재상으로 삼으면서 명한 말을 기록
한 것이다.

19대 반경盤庚이 세상을 떠난 뒤
그의 두 아우 20대 소신小辛과 21대
소을小乙이 뒤를 이어 왕이 되었으
며 이때 은나라 국운은 매우 쇠락
해 있었다. 그 뒤 22대 무정武丁이 뒤
를 이어 부흥을 시도하였으나 뛰어
난 인물을 구할 수 없었다. 이에 모
든 국사를 총재冢宰에게 넘겨주고 3
년 동안 말하지 않으면서 나라의 풍
기를 관찰만 하고 있었던 것이다. 그
러던 어느 날 무정의 꿈에 현인을

⟨陶鶴⟩(東漢) 明器 四川 成都 출토

보게 되어 기쁜 나머지 그 이름을 '열'說, 悅이라 하였으며 이를 그림으로
그려 찾아보도록 하였다. 결국 부암傳巖에서 그를 찾아 재상으로 삼아 은
나라가 부흥하게 되었으며, 무정은 죽은 뒤 묘호廟號를 고종高宗으로 삼게
되었다.

상편은 고종이 부열을 얻게 되는 과정과 부열을 재상으로 명하는 말이
위주이며, 중편은 부열이 재상으로서 고종에게 진언한 내용이며, 하편은 부
열의 학문에 대한 논의를 기록한 것이다. ⟨금문상서⟩에는 전하지 않으며
⟨고문상서⟩에만 실려 있다.

한편《史記》殷本紀에는 "帝盤庚崩, 弟小辛立, 是爲帝小辛. 帝小辛立, 殷
復衰. 百姓思盤庚, 迺作盤庚三篇. 帝小辛崩, 弟小乙立, 是爲帝小乙. 帝小乙
崩, 子帝武丁立. 帝武丁卽位, 思復興殷, 而未得其佐. 三年不言, 政事決定於
冢宰, 以觀國風. 武丁夜夢得聖人, 名曰說. 以夢所見視群臣百吏, 皆非也. 於
是迺使百工營求之野, 得說於傅險中. 是時說爲胥靡, 築於傅險. 見於武丁, 武
丁曰是也. 得而與之語, 果聖人, 擧以爲相, 殷國大治. 故遂以傅險姓之, 號曰傅
說. 帝武丁祭成湯, 明日, 有飛雉登鼎耳而呴, 武丁懼. 祖己曰 : 「王勿憂, 先修
政事.」祖己乃訓王曰 : 「唯天監下典厥義, 降年有永有不永, 非天夭民, 中絶其
命. 民有不若德, 不聽罪, 天旣附命正厥德, 乃曰其奈何. 嗚呼! 王嗣敬民, 罔非
天繼, 常祀毋禮于棄道.」武丁修政行德, 天下咸驩, 殷道復興. 帝武丁崩, 子帝
祖庚立. 祖己嘉武丁之以祥雉爲德, 立其廟爲高宗, 遂作高宗肜日及訓."이라
하였다.

＊蔡沈《書傳》〈說命〉注에 "〈說命〉, 記高宗命傅說之言. '命之曰'以下是也. 猶〈蔡仲之
命〉·〈微子之命〉. 後世命官制詞, 其原蓋出於此. 上篇記得說命相之辭, 中篇記說爲相
進戒之辭, 下篇記說論學之辭. 總謂之命者, 高宗命說, 實三篇之綱領, 故總稱之. 今
文無, 古文有"라 하였다.

〈서〉: 고종高宗이 꿈에 열悅을 보고 백관들로 하여금 들에 공사를 하는 곳을 다니며 찾아보도록 하여, 부암傅巖에서 찾아내어 〈열명說命〉 3편을 짓게 되었다.

〈序〉: 高宗夢得說, 使百工營求諸野, 得諸傅巖, 作〈說命〉三篇.

【高宗】殷나라 22대 군주. 이름은 武丁. 小乙의 아들이며 祖庚과 祖甲의 아버지. 高宗은 죽은 뒤의 廟號임. 《史記》 殷本紀에 "帝武丁崩, 子帝祖庚立. 祖己嘉武丁之以祥雉爲德, 立其廟爲高宗"이라 함.

【說】사람 이름. 武丁이 꿈에 보고 기쁜 마음을 느껴 說(悅)이라 불렀으며 뒤에 傅巖에서 그를 찾아내어 傅說이라 부름. 뒤에 高宗(武丁)이 재상으로 삼아 은나라 중흥을 일으킴.

【百工】百官. 〈堯典〉 "允釐百工, 庶績咸熙"의 孔安國 傳에 "工, 官"이라 함.

【營】經營함. 造營함.

【諸】'저'로 읽으며 '之於, 之于, 之乎'의 合音字.

【傅巖】'傅'는 지명. '巖'은 洞穴. 孔安國은 "傅氏之巖在虞虢之界, 通道所經, 有澗水壞道, 常使胥靡刑人築護此道. 說賢而隱, 代胥靡築之, 以供食也"라 함. 그러나 《孟子》 告子(下)에는 "舜發於畎畝之中, 傅說擧於版築之閒, 膠鬲擧於魚鹽之中, 管夷吾擧於士, 孫叔敖擧於海, 百里奚擧於市"라 하여 版築하는 이들 사이에 섞여 있던 사람이라 하여 '傅'는 '붙다'(附), '說'은 고종이 지어준 이름의 뜻으로 보고 있음.

說命(上)
095(17-1)
양암삼사亮陰三祀

왕 무정武丁이 상중에 거하여 양암亮陰한 지 3년이 되었다.

이윽고 상을 마쳤음에도 그래도 아무 말을 하지 않자, 여러 신하들이 모두가 왕에게 이렇게 간언하였다.

"오호라! 사물에 대하여 아는 것을 명철明哲이라 하며, 명철하면 실제 법칙을 만드는 것입니다. 천자께서는 만방에 군림하시며 백관은 그를 법식으로 받드는 것입니다. 왕의 말씀은 곧 법령이 되는 것인데 말씀을 아니 하시니 신하들은 그 법령을 받을 수가 없습니다."

王宅憂, 亮陰三祀.

旣免喪, 其惟弗言, 羣臣咸諫于王曰:「嗚呼! 知之曰明哲, 明哲實作則. 天子惟君萬邦, 百官承式, 王言惟作命, 不言, 臣下罔攸稟令.」

【王宅憂】王은 殷 高宗 武丁을 가리킴. '宅憂'는 居喪, 服喪의 뜻. 아버지 小乙이 죽어 武丁이 喪中이었음을 말함.

【亮陰】'양암'으로 읽으며 밝은 것을 가리고 어두운 데 들어앉아 있음을 뜻함. 帝王의 居喪을 일컫는 말로 쓰임. '亮闇', '凉闇', '凉陰'(《漢書》五行志), '梁闇'(《尙書大傳》), '諒陰'(《禮記》喪服四制 및 論語 憲問篇) 등 여러 표기가 있음. 《禮記》喪服四制에 "高宗諒陰, 三年不言"이라 하였고, 《論語》憲問篇에 "子張曰:「書云:『高宗諒陰, 三年不言.』何謂也?」子曰:「何必高宗, 古之人皆然. 君薨, 百官總己以聽於冢宰三年.」"이라 함. 馬融은 "亮, 信也. 陰, 默也. 爲聽于冢宰, 信默而不言"이라 함.

【三祀】'祀'는 年과 같음.

【免喪】脫喪함. 喪期를 마침.

〈부열(傅說)〉《三才圖會》

〈商王 成湯과 殷 高宗(武丁)〉《三才圖會》

【作則】規範이나 법칙을 만듦.

【君萬邦】'君'은 動詞로 '君臨하다'의 뜻.

【承式】'承'은 '받들다'(奉)의 뜻. '式'은 法式, 法令.

【罔攸稟令】'罔'은 無와 같음. '攸'는 所와 같음. '稟'은 受의 뜻.

096(17-2)
부열傅說

임금 무정이 글로 지어 이렇게 일러주었다.

"나로써 천하를 바르게 하도록 되어 있으나 내 덕이 훌륭하지 못할까 두려워 이러한 이유로 말을 하지 않는 것이다. 묵묵히 오직 치도만을 생각하고 있었는데, 꿈속에 상제께서 나에게 훌륭한 보필을 내려주셨으니 그가 장차 나의 말을 대신할 것이다."

이에 그의 형상을 자세히 더듬어 그의 모습을 그려서 천하에 널리 찾도록 하였다.

그러자 열說이 부암傅巖의 들에서 성 쌓는 일을 하고 있었는데, 아주 똑같아 이에 그를 세워 재상으로 삼고 왕 자신의 곁에 두었다.

王庸作書以誥曰:「以台正于四方, 惟恐德弗類, 茲故弗言. 恭默思道, 夢帝賚予良弼, 其代予言.」

乃審厥象, 俾以形旁求于天下.

說築傅巖之野, 惟肖, 爰立作相, 王置諸其左右.

【庸作書以誥】'用', '以'의 뜻. 말을 하지 아니하고 글로 지어 일러줌.

【以台正于四方】'台'는 '이'로 읽으며 我, 吾, 余, 予의 뜻. '正'은 儀表, 法式을 뜻함. '四方'은 天下.

【弗類】'類'는 善의 뜻.《詩》大雅 皇矣 "克明克類, 克長克君"의 鄭玄 注에 "類, 善也"라 함.

【恭默思道】'默'은 幽靜의 뜻. '思道'는 천하를 바르게 다스릴 치도에 대해 생각함.

【夢帝賚予良弼】'帝'는 天帝, 上帝. '賚'는 내려줌.

【其代予言】'其'는 將과 같음.

【乃審厥象】'審'은 '詳細하다'의 뜻. '厥象'은 꿈에 본 형상.

【俾以形旁求于天下】'形'은 '형상을 그리다'의 뜻. '旁求'는 널리 찾아봄.

【築傅巖之野】'築'은 흙을 다져 성벽이나 담을 쌓아 올라가는 것. 《孟子》 告子(下)에 "舜發於畎畝之中, 傅說擧於版築之間, 膠鬲擧於魚鹽之中, 管夷吾擧於士, 孫叔敖擧於海, 百里奚擧於市"라 하여 뜻이 약간 차이가 있음.

【爰立作相】'爰'은 於是와 같음.

【置諸其左右】'諸'는 '之於'의 合音字. '左右'는 곁. 신변. 武丁이 說을 언제나 만나 도움을 받고자 곁에 둠.

097(17-3)
조석납회 朝夕納誨

무정이 열에게 이렇게 명하였다.

"아침저녁에 가르침을 올려 나의 덕德을 보필하라. 만약 쇠붙이라면 너를 숫돌로 삼을 것이요, 만약 큰 냇물을 건너야 할 경우라면 너를 배와 삿대로 삼을 것이요, 만약 큰 가뭄이 드는 해라면 너를 장마로 삼으리라. 너의 마음을 열어 나의 마음을 적셔주도록 하라. 만약 약이라면 그 약이 어질하고 눈이 가물거리는 독한 기운이 없다면 그 병이 나을 수 없는 것이며, 만약 맨발로써 땅을 잘 살피지 않는다면 그 발은 그로 인해 상처를 입게 되는 것이다. 오직 너의 부하들과 함께 하되 한마음이 아님이 없이 너의 임금을 바로잡아 주어라. 그들로 하여금 선왕先王의 뜻을 따라 내 고후高后 성탕의 업적을 실천에 옮겨, 수많은 백성들이 평강히 살 수 있도록 하라. 오호라! 너는 이러한 명령을 공경히 받들어 그 끝을 잘 맺게 되기를 바라노라."

命之曰:「朝夕納誨, 以輔台德. 若金, 用汝作礪; 若濟巨川, 用汝作舟楫; 若歲大旱, 用汝作霖雨. 啓乃心, 沃朕心. 若藥弗瞑眩, 厥疾弗瘳; 若跣弗視地, 厥足用傷. 惟曁乃僚, 罔不同心, 以匡乃辟. 俾率先王, 迪我高后, 以康兆民. 嗚呼! 欽予時命, 其惟有終.」

【命】관리를 임명할 때 발표하는 政令.〈蔡傳〉에 "後世命官制詞, 其源蓋出於此"라 함.
【朝夕納誨】〈蔡傳〉에 "朝夕納誨者, 無時不進善言也"라 함. '納誨'는 諫言을 올리면 왕이 이를 받아들임.
【以輔台德】'台'는 '이'로 읽으며, 我, 予, 吾, 余의 뜻.

【若金】‘若’은 ‘만약’의 뜻. ‘金’은 金屬.

【用汝作礪】‘礪’는 숫돌. 磨刀石.《荀子》勸學篇에 “故木受繩則直, 金就礪則利”라 함.

【若濟巨川】‘濟’는 ‘건너다’의 뜻.

【舟楫】배와 삿대. 물을 건너는 필수 기구.

【霖雨】장마.《左傳》隱公 9년에 “凡雨, 自三日以往爲霖”이라 함.

【啓乃心】‘乃’는 爾와 같음. 인칭대명사 ‘너’.

【沃朕心】‘沃’은 물을 부어 마음을 적셔줌. 윤택하게 해 줌.

【瞑眩】머리가 어지럽고 눈이 어른거림. 孔穎達 疏에 “瞑眩者, 令人憤悶之意也.《方言》云:「凡飲藥而毒, 東齊海岱間或謂之瞑, 或謂之眩,」”이라 하였고, 다시 “藥毒乃得除病, 言切乃得去惑”이라 하여 약은 명현 현상을 일으키지만 병을 낫게 한다는 의미를 뜻함.

【厥疾弗瘳】그 병을 고칠 수 없음.

【若跣弗視地】‘跣’은 신을 신지 않은 맨발.

【厥足用傷】‘用’은 因과 같으며 ‘그 때문에’의 뜻.

【惟暨乃僚】‘暨’는 同과 같음. ‘僚’는 下屬官員.

【以匡乃辟】‘匡’은 匡正, 곧 ‘바로 잡아주다’의 뜻. ‘辟’은 임금, 군주.

【俾率先王】‘俾’는 使와 같음. ‘率’은 循과 같음.

【迪我高后】‘迪’은 蹈, 踏과 같음. 직접 밟고 실천함. ‘高后’는 成湯을 일컫는 말.

【欽予時命】‘欽’은 ‘공경하다’의 뜻. ‘時’는 是와 같음.

【其惟有終】‘其’는 語氣助詞. 庶幾와 같은 뜻.

098(17-4)
목종승정 木從繩正

부열傳說이 왕에게 이렇게 대답하였다.

"나무는 먹줄을 따르면 곧게 켜지는 것이요, 임금은 간언을 따르면 성명聖明해집니다. 임금께서 능히 성명해지면 신하는 명령을 내리지 않아도 그것을 이어받는 것이니, 누가 감히 왕의 그 아름다운 명을 공경스럽게 순종하지 아니할 수 있겠습니까?"

說復于王曰:「惟木從繩則正, 后從諫則聖. 后克聖, 臣不命其承, 疇敢不祗若王之休命?」

【復】'대답하다, 復命하다'의 뜻.

【繩】먹줄. 나무를 곧게 켤 때 미리 먹줄을 튕겨 바르게 금을 냄.

【臣不命其承】命令이 아니어도 스스로 임금님의 뜻을 받들 것임을 다짐한 것. 孔安國 傳에 "君能受諫, 則臣不待命其承意而諫之"라 함.

【疇敢不祗若王之休命】'疇'는 誰와 같음. '祗'는 '공경하다'의 뜻. '若'은 '동의하다, 순종하다'의 뜻. '休'는 '아름답다'의 뜻.

說命(中)
099(17-5)
윤자극명 允玆克明

　부열傳說이 명을 받들어 백관百官을 총괄하면서 왕에게 이렇게 진언하였다.
　"오호라! 명왕明王은 천도天道를 받들어 순종하시어 나라를 세우고 도읍을 건설하며, 후왕后王과 군공君公을 세우시고 대부大夫와 사장師長으로써 받들게 하신 것은, 그들로 하여금 일예逸豫함이 없이 오직 백성을 다스리고자 함입니다. 하늘은 총명하시니 성명한 군주는 이를 법을 삼고, 신하는 이를 공경히 따르며, 백성은 그 다스림을 좇아갑니다. 임금의 말씀이 가벼우면 치욕을 초래하게 되고, 군대를 마구 동원하면 전쟁을 일으킬 수 있습니다. 그러니 관복은 상자에 넣어두고 너무 가볍게 상으로 내리지 말 것이며, 병기는 창고에 넣어두고 쉽게 남에게 주지 말아야 합니다. 왕께서는 이러한 일을 경계하시어 진실로 능히 명확하게 정치를 하시면 훌륭하지 못한 것이 없게 될 것입니다."

　惟說命總百官, 乃進于王曰:「嗚呼! 明王奉若天道, 建邦設都, 樹后王君公, 承以大夫師長, 不惟逸豫, 惟以亂民. 惟天聰明, 惟聖時憲, 惟臣欽若, 惟民從乂. 惟口起羞, 惟甲冑起戎, 惟衣裳在笥, 惟干戈省厥躬. 王惟戒玆, 允玆克明, 乃罔不休.」

【命總百官】'命'은 '왕의 명령을 받다'의 뜻. '總'은 '總括하다, 統括하다'의 뜻.
【進于王】傳說이 왕 武丁에게 進諫함.
【奉若】받들어 순종함. '若'은 '순종하다'의 뜻.

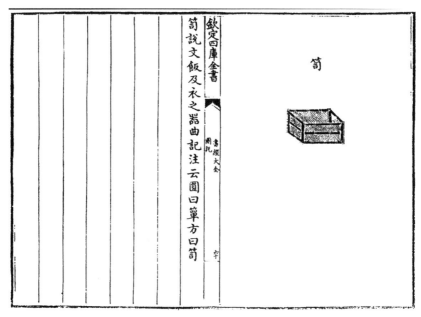

〈筥〉《書經大全》

【建邦設都】‘邦'은 王國과 邦國. 王國은 천자의 나라. 邦國은 제후의 나라. ‘都'는 왕
국과 邦國의 행정 중심지. 천자나 제후가 거하는 곳.

【后王君公】后王은 天子. 君公은 諸侯를 가리킴.

【承以大夫師長】‘承'은 ‘이어받다, 접수하다'의 뜻. ‘大夫'는 卿大夫. ‘師長'은 각 직무
단위의 우두머리. 孔穎達 疏에 “周禮立官多以師爲名. 師者, 衆所法, 亦是長之意也.
大夫以下分職不同, 每官各有其長, 故以師長言之”라 함.

【逸豫】안일과 향락에 빠짐. 雙聲連綿語.

【惟以亂民】‘亂'은 治의 뜻.《論語》泰伯篇 “舜有臣五人而天下治. 武王曰:「予有亂臣十
人.」”의 注에 “亂, 治也”라 하였고, 集注에 “馬氏曰:「亂, 治也. 十人, 謂周公旦、召公奭、
太公望、畢公、榮公、太顚、閎夭、散宜生、南宮适, 其一人謂文母.」”라 함.《說文》에도 “亂,
治也”라 함. ‘敬'은 공경히 하는 것. 신중함.《說文》에도 “亂, 治也”라 함.

【惟聖時憲】‘時'는 是와 같음. ‘憲'은 법을 본받음. 모범을 삼아 따라함.

【欽若】공경스럽게 순종함. ‘若'은 ‘순종하다'의 뜻.

【惟民從乂】‘乂'는 다스림.

【惟口起羞】‘口'는《說文》에 “口, 人所以言食也”라 함. 여기서는 ‘수시로 명령을 내려

〈冑〉《書經大全》

시행하다'의 뜻. '起'는 '일으키다, 초래하다'의 뜻. '羞'는 수치, 치욕. '경홀히 입으로 명령을 잘못 내리면 치욕을 불러올 수 있음'을 뜻함.

【甲冑起戎】'甲冑'는 갑옷과 투구. 군대를 대신하는 말. '戎'은 전쟁. 군대를 마구 동원했다가는 전쟁을 유발할 수 있음'을 뜻함.

【惟衣裳在笥】'衣裳'은 官服. '笥'는 대나무 상자. 여기서는 임금이 功에 따라 신하들에게 내리는 의복을 갈무리하고 있음을 뜻함. 신하들에게 마구 상을 내리지 말기를 권고한 것.

【惟干戈省厥躬】'干戈'는 무기를 이르는 말. '省'은 '살피다'의 뜻. '躬'은 자신 본인. 무기에 대한 권한은 자신이 쥐고 있어야 함을 뜻함.

【妓】위에 열거한 네 가지. 口, 甲冑, 衣裳, 干戈를 가리킴.

【允妓克明】'允'은 信과 같음. '明'은 정치를 명확하고 투명하게 함을 뜻함.

【乃罔不休】'罔'은 無와 같음. '休'는 '아름답다'의 뜻. "훌륭하지 않음이 없게 되다"의 뜻.

100(17-6)
유비무환有備無患

"나라의 치란治亂은 많은 관리들에게 있습니다. 관직은 사사롭게 친한 이라고 해서 마구 주어서는 안 되며 오직 능력 있는 자에게 주어야 합니다. 작위는 악덕惡德한 자에게 주어서는 안 되며 오직 현능한 이에게 주어야 합니다. 잘하는 자를 고려하여 행동하시고, 행동할 때는 그 때에 맞추어야 합니다. 자신만이 잘한다고 여기면 그 잘하는 것을 상실하게 되며, 자신의 능력만을 뽐내면 그 공적을 잃게 됩니다. 일은 일에 맞게 하시며 거기에는 대비함이 있어야 합니다. 대비함이 있으면 환난이 없게 됩니다. 총애를 열어놓았다가 모욕당하는 일이 없도록 하시고, 허물을 치욕으로 여기다가 더 큰 잘못을 저지르는 일이 없도록 해야 합니다. 만약 평소 행동하는 바가 앞서 말씀드린 것대로 하면 정사政事는 완미하게 될 것입니다. 제사를 올릴 때 경만하게 하면 이를 일러 흠향하지 않는다는 것입니다. 제사의 예절이 너무 번거로우면 혼란을 가져오고, 귀신을 섬기는 데에 빠지면 난처한 지경을 당하게 됩니다."

「惟治亂在庶官. 官不及私昵, 惟其能; 爵罔及惡德, 惟其賢. 慮善以動, 動惟厥時. 有其善, 喪厥善; 矜其能, 喪厥功. 惟事事, 乃其有備, 有備無患. 無啓寵納侮, 無恥過作非. 惟厥攸居, 政事惟醇. 黷于祭祀, 時謂弗欽. 禮煩則亂, 事神則難.」

【庶官】'庶'는 衆의 뜻. 많은 관직.
【不及私昵】'昵'은 '친밀히 여기다'의 뜻. 사사로이 친한 이에게 벼슬을 내리지 않음.
【爵罔及惡德】'爵'은 爵位. 《禮記》王制에 "王者之制祿爵, 公侯伯子男, 凡五等"이라

함. '惡德'은 品德이 악한 사람.

【有其善】스스로 자신이 잘하는 일에 대해서만 인정함. 남의 능력은 인정하지 않음.

【矜其能】'矜'은 뽐냄, 자랑함.

【無啓寵納侮】'無'는 毋와 같음. '啓'는 '열다'의 뜻. '納'은 용납함, 받아들임. '侮'는 侮辱, 受侮, 輕慢 등의 뜻.

【無恥過作非】'恥過'는 허물을 치욕으로 여김. '作非'는 더 큰 과오를 저지르게 됨을 뜻함.

【攸居】'攸'는 所와 같음. '居'는 평소의 行動擧止를 뜻함.

【政事惟醇】'醇'은 純과 같음. 純粹함. 完美함.

【黷王祭祀】'黷'은 瀆과 같음. 冒瀆함. 《公羊傳》桓公 8년 "(祭)亟則黷, 黷則不敬. 君子之祭也, 敬而不黷"의 何休 注에 "黷, 渫黷也"라 함.

【時謂弗欽】'時'는 是와 같음.

101(17-7)
행지유간行之惟艱

임금이 말하였다.

"훌륭하다! 열說이여. 그대의 말은 믿고 따를 만하도다. 그대가 말에 선량함이 없다면 내가 실행하는 데에 들려줄 자가 없도다."

열이 머리를 조아려 절하고 말하였다.

"알기가 어려운 것이 아니라 실행함이 어려운 것이지요. 임금이 정성을 다하면서 어렵다고 여기지 않으신다면 진실로 선왕先王의 성덕成德에 합치되는 것이니, 만약 제가 말씀드리지 않으면 착오가 있게 됩니다."

王曰:「旨哉! 說. 乃言惟服. 乃不良于言, 予罔聞于行.」

說拜稽首曰:「非知之艱, 行之惟艱. 王忱不艱, 允恊于先王成德, 惟說不言有厥咎.」

【旨哉】'旨'는 '훌륭하다, 아름답다'의 뜻.《詩》小雅 頍弁 "爾酒既旨, 爾殽既嘉"의 鄭玄 주에 "旨嘉, 皆美也"라 함.

【乃言惟服】'乃'는 爾와 같음. '服'은 信服함.

【良于言】말에는 훌륭함.

【罔聞于行】'罔'은 無와 같음. 듣고 행할 계제가 없음. 그대가 아니면 들려줄 자가 없음을 말함. "누구에게 이런 말을 듣고 실행하겠는가?"의 뜻.

【王忱不艱】'忱'은 眞誠의 뜻. '정성을 다하다'의 의미.

【允恊于先王成德】'允'은 '진실로, 확실히'의 뜻. '恊'은 '協'과 같으며 '합치되다'의 뜻. '成'은 盛과 같음.

【咎】허물, 과오, 착오. 傅說 자신이 하나씩 모두 말씀을 올려 사안마다 깨우쳐 주지 않으면 임금의 행동에 착오가 있게 될 것임을 말한 것.

說命(下)
102(17-8)
감반甘盤

왕이 말하였다.

"다가오라! 그대 열說이여! 나 소자小子가 옛날 감반甘盤에게 배웠는데 그는 이미 황야荒野에 은둔하더니 하수河水에 들어가 거처하고 있다. 그는 다시 하수로부터 박亳으로 갔으나 그곳에 이르러서는 끝내 덕행이 드러나지 못하였다. 너는 나의 포부에 대해 가르쳐 주어라. 이는 만약 술과 단술을 만들 때라면 너는 누룩이 되어야 하는 것과 같고, 오미를 맞추어 국을 끓일 때라면 너는 소금이나 산매酸梅 역할을 해야 하는 것과 같다. 너는 나와 교유하면서 나에게 덕을 닦는 일을 가르쳐 주되 나를 포기하지 말라. 나는 오직 너의 가르침을 능히 실천에 옮길 것이다."

王曰:「來! 汝說. 台小子舊學于甘盤, 旣乃遯于荒野, 入宅于河. 自河徂亳, 暨厥終罔顯. 爾惟訓于朕志, 若作酒醴, 爾惟麴糱; 若作和羹, 爾惟鹽梅. 爾交脩予, 罔予棄. 予惟克邁乃訓.」

【台小子】'台'는 '이'로 읽으며 我의 뜻. '小子'는 王이 자신을 낮추어 부른 말.
【甘盤】武丁 때의 賢臣. 본《尙書》君奭篇에 周公(姬旦)이 추앙한 殷나라 때의 신하로 武丁 때의 甘盤을 成湯 때의 伊尹, 太甲 때의 保衡, 太戊 때의 伊陟, 祖乙 때의 巫賢 등과 견주고 있음.
【旣乃遯于荒野】'遯'은 遁의 古字. 도피하여 隱遁함.
【入宅于河】'宅'은 '거주하다'의 뜻.《爾雅》釋言에 "宅, 居也"라 함. '河'는 河內, 황하의 안쪽.
【自河徂亳】'徂'는 '往'의 뜻. 황하의 북쪽으로부터 도읍지인 박 땅으로 돌아옴. '亳'

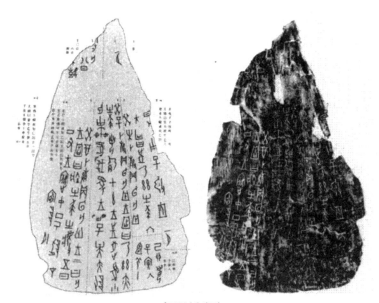

갑골문(해석문)

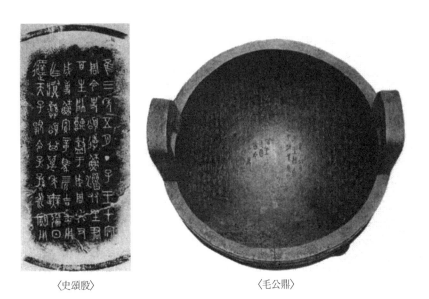

〈史頌殷〉　　　　　〈毛公鼎〉

은 殷나라가 도읍으로 삼았던 곳. 南亳과 西亳이 있음. 《韓詩外傳》 등에는 '薄'으로 표기되어 있음. 《括地志》에 "宋州穀熟縣庶男三十五里南亳故城, 卽南亳, 湯都也. 宋州北五十里大蒙城爲景亳, 湯所盟地, 因景山爲名. 河南偃師爲西亳, 帝嚳及湯所都, 盤庚亦徙都之"라 하였으며, 여기서는 南亳을 가리킴.

【曁厥終罔顯】'曁'는 '도착하다'의 뜻. '泊'와 같음. 《國語》 周語(中) "上求不曁, 是其外利也"의 韋昭 注에 "曁, 至也"라 함. '顯'은 뚜렷함. 明顯함의 뜻.

【訓于朕志】'于'는 大와 같음. '遠大하다'의 뜻. 《方言》에 "于, 大也, 于, 通語也"라 함. '志'는 지향하는 바, 포부.

【麴蘗】'麴'은 麯, 粬으로도 표기하며 누룩. 《列子》 楊朱篇에 "聚酒千鍾, 積麴成封, 望門百步, 糟漿之氣逆於人鼻"라 함. '蘗'은 《玉篇》에 "麴也"라 하였고, 《禮記》 禮運篇에는 "禮之於人, 猶酒之於蘗也"라 함.

【和羹】五味의 조화를 맞춘 국.

【梅】靑梅. 酸梅. 食醋의 효능을 의미함. 고대 초는 梅實로 만들었음.

【爾交脩予】孔安國 傳에 "交, 非一之義"라 하였고, 孔穎達 疏에는 "爾交脩予, 令其交更脩治己也. 故以交爲非一之義, 言交互敎之, 非一事之義"라 함. "나를 여러 방면에서 훈도하여 나로 하여금 덕을 잘 닦도록 하라"의 뜻.

【罔予棄】'罔棄予'의 倒置형. '罔'은 無와 같음. "나를 버리지 말라"의 의미.

【邁】邁進함. 實行함. 행동으로 옮김. 《爾雅》 釋詁에 "邁, 行也"라 함.

103(17-9)
효학반斅學半

부열傅說이 말하였다.

"왕이시여, 사람이 많은 것을 듣기를 요구함은, 이는 일을 세우려 하는 것이니 옛 가르침에서 배우면 얻을 것이 있을 것입니다. 일을 처리하면서 옛것을 스승으로 삼지 않으며 영세토록 능히 해내었다는 예를 나 부열은 들어본 바가 없습니다. 오직 배움에 있어서 겸손하고 뜻을 세우면서 때에 맞추어 민첩하게 한다면 그 닦는 일이란 다가올 것입니다. 진실로 이러한 것에 뜻을 품고 있으면 도道는 그 자신에게 쌓여갈 것입니다. 가르침이란 배움의 반이니, 처음과 끝을 배움에 뜻을 두고 생각하시면 그 덕이란 깨닫지 못하는 사이에 닦여질 것입니다. 선왕이 이룬 법을 거울로 삼으면 영원히 허물이 없게 될 것입니다. 오직 저 열은 이로써 공경을 다해 받들 것이니, 널리 뛰어난 인재를 초빙하셔서 여러 직위에 배치하시옵소서."

說曰:「王, 人求多聞, 時惟建事, 學于古訓, 乃有獲. 事不師古, 以克永世, 匪說攸聞. 惟學遜志, 務時敏, 厥脩乃來. 允懷于茲, 道積于厥躬. 惟斅學半, 念終始典于學, 厥德脩罔覺. 監于先王成憲, 其永無愆. 惟說式克欽承, 旁招俊乂, 列于庶位.」

【時惟建事】'時'는 是와 같음. '建'은 立과 같음.
【學于古訓乃有獲】'乃'는 纔와 같음. '獲'은 획득함. 얻음.
【匪說攸聞】'匪'는 非와 같음. '說'은 傅說. '攸'는 所와 같음.
【惟學遜志】배워야 겸손한 뜻을 갖게 됨.

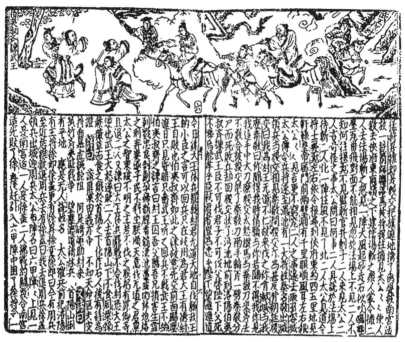

〈武王伐紂〉元《全相平話五種》삽화

【務時敏】'時'는 글자 그대로 '때'의 뜻임. '敏'은 민첩함.

【允懷于玆】'允'은 '미덥다, 진실로'의 뜻. '懷'는 생각으로 품고 있음.

【道】學問을 통해 이루어진 올바른 도.

【斅學半】가르침은 배움의 반이라는 뜻. 孔安國 傳에 "斅, 教也. 教然後知所困, 是學 之半"이라 함.

【厥德脩罔覺】'脩'는 修와 같음. '罔覺'은 '깨닫지 못하다'의 뜻. "깨닫지 못하는 사이 덕이 닦아지다"의 의미.

【監于先王成憲】'監'은 鑑과 같음. 거울로 삼음. '成憲'은 법을 만듦.

【式克欽承】'式'은 用, 以와 같은 뜻임. '欽承'은 공경을 다해 이어받음.

【旁招俊乂】'旁'은 普, 遍의 뜻. '俊乂'는 재능이 뛰어난 사람. 馬融은 "才德過千人爲 俊, 百人爲乂"라 함.

【列于庶位】'列'은 '排列하다, 按排하다, 配置하다'의 의미. '庶'는 衆, '位'는 관직, 직위.

104(17-10)
격우황천 格于皇天

왕이 말하였다.

"오호라! 열說이여! 사해四海 안의 사람들이 모두 나의 덕德을 우러러보고 있는 것, 이는 그대의 교화 덕분이로다. 사람에게 다리와 팔이 있어야 하듯, 성인에게는 양신良臣이 있어야 하느니라. 옛날 선대의 재상 보형保衡께서는 나의 선왕先王을 흥기시켜 이렇게 말하였다. '내 능히 그 임금으로 하여금 요순堯舜으로 만들지 못하면 내 마음이 부끄럽고 수치스럽기가 마치 저잣거리에서 매질당하는 것과 같을 것입니다. 한 사나이라도 제대로 제자리를 잡지 못하게 한다면 이는 저의 죄입니다.' 이리하여 우리 훌륭하신 조상을 도와 그 칭송이 하늘에 이르게 하였다. 나는 네가 나를 명확히 보호하여 아형阿衡만이 이 은殷, 商나라를 혼자 훌륭하게 했다는 말이 아니기를 바라노라. 임금은 현신이 아니면 다스릴 수 없고, 현신은 임금이 아니면 식록食祿을 받을 수 없으니, 너는 능히 너의 임금으로 하여금 선왕先王의 사업을 이어나가 백성을 영원히 위무할 수 있도록 하라."

열이 절하고 머리를 조아리며 이렇게 말하였다.

"감히 대답하건대 천자의 아름다운 명령을 선양하겠나이다!"

王曰:「嗚呼! 說, 四海之內, 咸仰朕德, 時乃風. 股肱惟人, 良臣惟聖. 昔先正保衡, 作我先王, 乃曰:『予弗克俾厥后惟堯舜, 其心愧恥, 若撻于市. 一夫不獲, 則曰時予之辜.』佑我烈祖, 格于皇天. 爾尚明保予, 罔俾阿衡, 專美有商. 惟后非賢不乂, 惟賢非后不食, 其爾克紹乃辟于先王, 永綏民.」

說拜稽首曰:「敢對揚天子之休命!」

【時乃風】 '時'는 是의 가차자. '乃'는 爾와 같음. '風'은 孔安國 傳에 "風, 敎也"라 함. "바람의 힘이 풀과 나무를 한쪽으로 눕히듯 교화를 주다"의 뜻.

【股肱】 넓적다리와 팔. 중요한 輔弼, 輔佐를 일컫는 표현.

【先正保衡】 先代의 재상이었던 保衡. '正'은 長과 같음. 《爾雅》 釋詁에 "正, 長也"라 함. '保衡'은 成湯의 보좌였던 伊尹을 가리킴. 孔穎達 疏에 "保衡, 阿衡, 俱伊尹也. 〈君奭〉傳曰:「伊尹爲保衡, 言天下所取安, 所取平.」"이라 함.

【若撻于市】 '撻'은 매질을 함. '市'는 시장, 저잣거리.

【時予之辜】 '時'는 是와 같음. '辜'는 罪와 같음.

【烈祖】 공이 큰 조상, 곧 탕임금.

【格于皇天】 '格'은 '이르다'의 뜻. 혹 '찬미하다'의 뜻으로도 풀이함.

【爾尙明保予】 '尙'은 '희망하다, 간구하다, 바라다'의 뜻.

【專美有商】 '殷나라를 훌륭하게 한 인물이 阿衡(伊尹) 하나만 아니도록 해 줄 것을 바라다'의 뜻. '專'은 '홀로 차지하다'의 뜻. '有'는 종족, 나라, 부족, 씨족 앞에 붙이는 語頭詞.

【非賢不乂】 현명하지 않으면 다스릴 수 없음. '乂'는 치의 뜻.

【食】 食祿을 줄여서 한 말.

【爾克紹乃辟于先王】 '紹'는 '이어가다, 계속하다, 잇다'의 뜻.

【永綏民】 '綏'는 '安撫하다, 慰撫하다'의 뜻.

【休命】 아름다운 명령. '休'는 '아름답다, 훌륭하다'의 뜻.

畫像磚(漢) 위: 〈樂舞圖〉. 아래: 〈樂舞圖〉. 四川 德陽 출토

〈18〉 고종융일高宗肜日(105-106)

　고종高宗은 은나라 22대 임금 무정
武丁이며, 융일肜日은 융제肜祭를 지내
는 날이라는 뜻이다. 융제란 先祖에게
올리는 제사의 명칭이다. 고종이 탕
의 제사인 융제를 거행하던 날 꿩 한
마리가 날아와 제기祭器인 정鼎의 귀
에 앉아 울었다. 이를 보고 무정이 불
길하게 여겨 두려워하자, 신하 조기祖
己가 〈고종융일〉이라는 글을 지어 왕
을 훈계한 것이다. 덕을 쌓으면 그 어
떤 흉조도 마땅히 제거된다는 원리이
다. 그러나 근래 갑골 복사卜辭 연구
결과에 의하면 이 기록에 나타나는
인명은 모두가 제사의 대상인 조상들
이며 제사를 지낸 인물은 아님이 밝

〈七牛虎耳銅貯貝器〉(西漢) 1956 雲南 晉寧縣
滇王墓 출토

혀졌다. 따라서 이 기록은 뒷사람들이 고종 무정을 제사지낸 것이지, 무정
이 성탕을 제사지낸 것이 아니라는 것이다. 아마 고종 무정이 죽은 뒤 그의
아들 祖庚(23대)이 제위를 이으면서 융제를 지낸 것으로, 무정 때의 신하였
던 조기가 조경을 훈도한 기록일 가능성이 크다. 한편 조기에 대한 기록도
자세하지 않아 구체적인 사실은 알 수 없다. 이 편은 〈今文〉과 〈古文〉에 모
두 들어 있다.

　《史記》殷本紀에는 "帝武丁祭成湯, 明日, 有飛雉登鼎耳而呴, 武丁懼. 祖己
曰:「王勿憂, 先修政事.」祖己乃訓王曰:「唯天監下典厥義, 降年有永有不永,

非天夭民, 中絶其命. 民有不若德, 不聽罪, 天旣附命正厥德, 乃曰其奈何. 嗚呼! 王嗣敬民, 罔非天繼, 常祀毋禮于棄道.」武丁修政行德, 天下咸驩, 殷道復興. 帝武丁崩, 子帝祖庚立. 祖己嘉武丁之以祥雉爲德, 立其廟爲高宗, 遂作高宗肜日及訓"이라 하였다.

*蔡沈 《書傳》 〈高宗肜日〉 注에 "高宗肜祭, 有雊雉之異, 祖己訓王, 史氏以爲篇, 亦訓體也. 不言訓者, 以旣有〈高宗之訓〉, 故只以篇首四字爲題. 今文·古文皆有"라 하였다.

〈서〉: 고종高宗이 성탕成湯을 제사 지낼 때 꿩이 날아와 정鼎의 귀에 올라 앉아 울었다. 조기祖己가 이로써 왕에게 훈계하여 〈고종융일高宗肜日〉과 〈고종지훈高宗之訓〉을 지었다.

〈序〉: 高宗祭成湯, 有飛雉升鼎耳而雊, 祖己訓諸王, 作〈高宗肜日〉·〈高宗之訓〉.

【高宗】武丁. 傅說을 얻어 殷나라를 중흥시켰던 군주. 그 뒤를 그의 아들 祖庚(23대), 祖甲(24대)으로 이어짐.

【成湯】'成'은 郕으로도 표기하며 지명, 그러나 혹 諡號라고도 함. 有湯으로도 불림. 商(殷)나라 시조 湯王. 子姓. 이름은 履. 武湯, 成湯, 天乙로도 불림. '湯'은 원래 夏나라 때의 諸侯. 毫을 근거로 발전하여 夏나라 末王 桀의 무도함을 제거하고 伊尹을 등용하여 殷(商)을 세운 개국군주. 儒家에서 聖人으로 받듦.《史記》殷本紀를 참조할 것.《十八史略》(1)에는 "殷王成湯: 子姓, 名履. 其先曰契, 帝嚳子也. 母簡狄, 有娀氏女, 見玄鳥墮卵吞之, 生契. 爲唐虞司徒, 封於商, 賜姓"이라 함.

【雉】꿩. 野鷄. 꿩은 들에 사는 새로 제사용 솥귀에 올라 울었다는 것은 매우 불길한 징조를 뜻함.

【鼎】고대 三足兩耳의 솥. 흔히 祭器用으로 쓰였음.

【雊】꿩의 우는 소리를 寫音한 것.

【祖己】임금 祖庚의 賢臣.

【諸】'之於'의 合音字.

【高宗之訓】祖己가 〈高宗肜日〉과 함께 지은 것으로 篇名만 있으며 구체적인 내용은 알 수 없음.

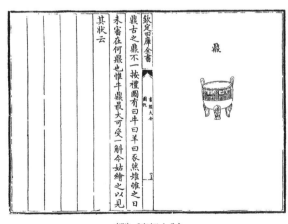

〈鼎〉《書經大全》

105(18-1)
고종지융高宗之肜

고종高宗의 융제를 지내던 날, 꿩이 울면서 나타났다.

조기祖己가 말하였다.

"먼저 왕께서는 마음을 관대하게 푸시고, 그 제사를 바르게 하시면 됩니다."

그리고 왕 조경祖庚에게 가르쳐 주었다.

> 高宗肜日, 越有雊雉.
> 祖己曰:「惟先格王, 正厥事.」
> 乃訓于王.

【肜日】'肜'은 殷나라 때의 제사 이름. 제사를 지낸 다음 이틀 뒤 다시 제사를 올림. 《爾雅》釋天에 "繹, 又祭也. 周曰繹, 商曰肜, 夏曰復胙"라 함. 여기서는 祖庚(23)이 아버지 高宗(22)의 제사를 올린 것.

【越】發語辭.

【格】寬大하게 풂. 너무 걱정할 일이 아니라는 뜻.《漢書》五行志와 孔光傳에는 모두

<〈殷高宗의 부인 婦好〉河南 安陽 殷墟

'假'자로 되어 있으며,《史記》殷本紀에는 "王勿憂, 先修政事"라 하였고, 孫星衍은 "史公云王勿憂者, 疑釋假王爲寬假王心"이라 함.

【正厥事】'正'은 '바로잡다'의 뜻. '事'는 《左傳》成公 13년에 "國之大事, 在祀與戎"이라 하였고, 본문 끝에 "典祀無豊于昵"이라 하여 '제사'를 뜻하는 말임.

【乃訓于王】'王'은 祖庚을 가리킴.

106(18-2)
천감하민天監下民

조경祖庚이 말하였다.

"하늘이 아래 백성을 살피되 그 순리대로 따름을 선하게 여깁니다. 하늘이 내려준 햇수는 긴 경우도 있고 길지 않은 경우도 있으나, 하늘이 사람을 요절하게 하는 것이 아니라 사람이 중도에 자신의 생명을 끊을 짓을 하는 것입니다. 사람으로서 덕을 선하게 하지 않거나 죄를 인정하지 않는 것이지요. 하늘이 이미 그들에게 그 덕을 바르게 하도록 명령하였건만 사람들은 도리어 '그러면 어때?'라고 하는 것입니다. 오호라! 임금이란 백성을 공경함을 이은 것으로, 하늘의 후손이 아님이 없으니, 제사를 맡아 거행함에 아버지 제사 제물만 너무 풍성해서는 안 됩니다."

曰:「惟天監下民, 典厥義. 降年有永有不永, 非天天民, 民中絶命. 民有不若德, 不聽罪. 天旣孚命正厥德, 乃曰:『其如台?』嗚呼! 王司敬民, 罔非天胤, 典祀無豐于昵.」

【天監下民】'監'은 '監視하다, 살피다'의 뜻.
【典厥義】'典'은 腆과 같음. 善의 뜻.《禮記》郊特牲 "幣必誠, 辭無不腆"의 鄭玄 注에 "腆, 善也"라 함. '義'는 '순리에 맞게 하다'의 뜻.
【降年】하늘이 내려 준 햇수. 수명이나 집안 또는 나라를 다스리는 기간.
【非天天民】하늘이 사람을 天折하게 하는 것이 아님. '天'는 일찍 죽음.《釋名》에 "小壯而死曰天"라 함. '民'은 人과 같음.
【民中絶命】'中'은 중도, 중간.
【若德】善德과 같음. '若'은 善의 뜻.《爾雅》釋詁에 "善也"라 하였고,《漢書》禮樂志 "神若宥之"와 韋玄成傳의 "欽若稽古"의 集注에 모두 "若, 善也"라 함.

【聽罪】지은 죄를 인정하고 벌을 달게 받는 것.

【天旣孚命正厥德】'孚'는《史記》殷本紀에는 '附'로 되어 있고,〈漢石經〉과《漢書》孔光傳에는 모두 '付'로 되어 있어 '交付하다'의 뜻. '그러한 원리를 교부해주다'의 뜻.

【如台】'台'는 '이'로 읽으며 '如何'의 뜻.

【王司敬民】'王'은 殷나라 선대의 왕들. '司'는《史記》殷本紀에는 '嗣'로 되어 있으며, 孫星衍은《尙書今古文注疏》에서 "王司者, 言王嗣位也"라 함. 대대로 왕위가 이어지는 것은 백성을 위한 것임을 강조한 말.

【天胤】天子, 天孫. '胤'은 후대, 후손의 뜻.《史記》殷本紀에는 '繼'로 되어 있음.

【典祀】제사를 맡아 지냄.

【昵】馬融은 "昵, 考也. 謂禰廟也"라 하여 돌아가신 아버지를 뜻하는 것으로 보았음. '禰'는 부친이 죽은 후 宗廟의 중앙에 신주를 모시는 것을 말함.《周禮》春官甸祝 "舍奠于祖廟, 禰亦如之"에 대해 鄭衆은 "禰, 父廟"라 함. 여기서는 구체적으로 祖庚의 아버지 高宗(武丁)을 가리킴.

※ 이 다음에〈高宗之訓〉의 편명이 있어야 하며 위의〈高宗肜日〉의 序文에 편명이 밝혀져 있으나 正文은 이미 없어진 것으로 여김. 내용은 祖庚이 武丁의 肜祭를 올릴 때 祖己가 祖庚을 訓導한 訓辭일 것으로 여기고 있음.

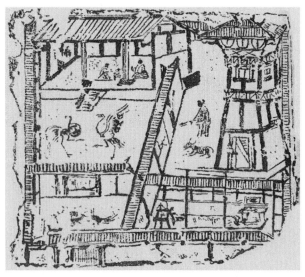

畫像石(漢)〈家況圖〉四川 成都 揚子山 출토

〈19〉 서백감려西伯戡黎(107)

서백西伯은 후직后稷의
후손으로 고공단보古公亶
父의 손자이며, 계력季歷
의 아들이요, 武王(姬發)의
아버지이다. 은殷나라 말
에 서쪽 지역을 중심으로
세력을 키워나갔으며 그
아들 무왕에 이르러 결국
은의 주紂를 멸하고 주周

〈羑里城〉文王이 紂에 의해 감금되었던 감옥(河南 安陽)

나라가 건국되게 된다. 한편 은나라는 30대 제신帝辛, 즉 주紂에 이르러 점
차 쇠락의 길로 걷기 시작하였고, 주는 특히 총희 달기妲己에게 빠져 주지
육림酒池肉林, 포락지형炮烙之刑 등 포악한 짓을 한 폭군으로 악명을 뒤집어
쓰고 있었다.

서백西伯에 봉해진 희창(姬昌, 뒤에 武王이 文王으로 추존)은 우선 은의 속국
여黎를 멸하며 차츰 은나라 국운을 조여들게 된다. 그러자 주왕의 신하 조
이祖伊가 주왕에게 직언으로 옳은 정사政事에 온힘을 쏟을 것을 쟁간諍諫
한 내용을 기록한 것이 바로 본편 〈서백감려西伯戡黎〉이다.

'戡'감은 '적을 쳐서 멸하다'의 뜻이며, 서백 창은 그 대상을 여국黎國으로
부터 시작한 것이다. 그러나 《史記》에는 서백이 기국飢國을 벌하고 나서 조
이가 주에게 쟁간한 것으로 되어 있다.

한편 역사 기록은 선명한 대비를 위해 폭군 주紂와 성왕聖王 문왕(희창)을
내세웠으나 실제 승리자를 위한 부회일 가능성이 높다. 이에 《論語》子張篇
에는 "子貢曰:「紂之不善, 不如是之甚也. 是以君子惡居下流, 天下之惡皆歸

焉.」이라 하였던 것이다. 이 편은 〈今文〉과 〈古文〉에 모두 들어 있다.

《史記》殷本紀에는 "及西伯伐飢國, 滅之, 紂之臣祖伊聞之而咎周, 恐, 奔告
紂曰:「天旣訖我殷命, 假人元龜, 無敢知吉, 非先王不相我後人, 維王淫虐用
自絶, 故天棄我, 不有安食, 不虞知天性, 不迪率典. 今我民罔不欲喪, 曰'天曷
不降威, 大命胡不至'? 今王其奈何?」紂曰:「我生不有命在天乎!」祖伊反, 曰:
「紂不可諫矣.」라 하였다.

＊蔡沈《書傳》〈西伯戡黎〉注에 "西伯, 文王也. 名昌, 姓姬氏. 戡, 勝也. 黎, 國名, 在
上黨壺關之地. 按《史記》: 文王脫羑里之囚, 獻洛西之地, 紂賜弓矢·鈇鉞, 使得專征
伐爲西伯文王, 旣受命黎爲不道, 於是擧兵伐而勝之, 祖伊知周德日盛, 旣已戡黎, 紂
惡不悛, 勢必及殷, 故恐懼奔告于王, 庶幾王之改之也. 史錄其言, 以爲此篇. 誥體也.
今文·古文皆有"라 하였다.

〈서〉: 은殷나라가 비로소 주周나라를 증오하기 시작하자 주나라 사람들이 여黎나라를 쳐서 평정하였다. 조이祖伊가 두려움을 느껴 수受에게 달려가 고하였으며 이를 기록한 것이 〈서백감려西伯戡黎〉이다.

〈序〉: 殷始咎周, 周人乘黎. 祖伊恐, 奔告于受, 作〈西伯戡黎〉.

【殷】殷商. 商나라 19대 盤庚이 奄(지금의 山東 曲阜)에서 殷(지금의 河南 安陽 小屯村)으로 옮긴 뒤 商은 殷이라 부름.

【咎周】'咎'는 재앙의 뜻이나 여기서는 '증오하다'의 의미임. '周'는 后稷의 후손들이 豳(邠)과 岐山을 거쳐 古公亶父 때 周原에 자리를 잡았을 무렵의 나라 이름. 뒤에 紂王을 멸하고 周나라가 됨. 여기서는 西伯 昌의 나라를 가리킴.

【乘黎】'乘'은 勝과 같음. 孔安國 傳에 "乘, 勝也"라 함. '黎'는 나라 이름으로 殷의 제후국이었음. 지금의 山西 黎城縣, 혹 長治縣 서남쪽에 있었다 함.《漢書》地理志 "上黨郡壺關" 注에 應劭의 말을 인용하여 "黎, 侯國也. 今黎亭是"라 함. 그러나《史記》에는 "西伯伐飢國, 滅之"라 하여 '飢'로 되어 있으며 〈集解〉에 "徐廣曰: 「飢, 一作阢, 又作耆.」"라 함.

【祖伊】祖己의 후대이며 紂王의 신하. 賢者로써 紂에게 간언하였으나 채납되지 못함.

【受】紂의 이름.《史記》殷本紀에 "帝乙崩, 子辛立, 是爲帝辛, 天下謂之紂"라 하였고, 鄭玄은 "紂, 帝乙之少子名辛. 帝乙愛而欲立焉, 號曰受德. 時人傳聲轉作紂也. 史掌書, 知其本, 故曰受"라 함.

【西伯】周 文王 姬昌.《史記》周本紀에 "公季卒, 子昌立, 是爲西伯. 西伯曰文王"이라 함. 岐山에 거하면서 雍州伯에 봉해졌다가 남쪽으로 梁과 荊을 겸병하자 西伯에 봉해짐. 뒤에 그 아들 姬發(武王)이 殷을 멸하고 古公亶父를 太王으로, 季歷을 公季로, 姬昌을 文王으로 추존한 것임. 그러나《書傳》에는 여기서의 西伯은 "或曰: 「西伯, 武王也.《史記》嘗載紂使膠鬲觀兵, 膠鬲問之曰: 『西伯曷爲而來?』」則武王亦繼文王爲西伯矣."라 하여 혹 武王일 것이라 하였음.

【戡】쳐서 멸함. 평정함.

107(19-1)
서백감려西伯戡黎

서백西伯이 이윽고 여黎를 쳐 이기자 조이祖伊가 두려움을 느껴 왕에게 달려가 고하였다.

조이가 말하였다.

"천자天子여! 하늘이 아마 우리 은殷나라의 명命을 마감하려는가 봅니다. 지인至人이나 큰 거북일지라도 감히 길하다는 점괘가 나올 수 없습니다. 선왕께서 우리 후손을 도와주지 않는 것이 아니라 왕께서의 음희淫戱로 인해 스스로 끊고 계신 것입니다. 그 때문에 하늘이 우리를 버리시어 편안히 밥을 먹을 수 없게 된 것입니다. 하늘의 본 뜻을 헤아리지 못하고 있으며, 상법常法을 준행하지 않습니다. 지금 우리 백성들은 망하지 않기를 바라는 자가 없어 '하늘이 어찌 위엄을 내려주지 않는고? 천명이 이르지 않고 있으니 지금 우리 임금을 어쩌면 좋을까?'라고 하고 있습니다."

그러자 주왕이 말하였다.

"오호라! 나의 생명은 하늘에 그 운명이 달려 있는 것이 아닌가?"

조이가 반박하였다.

"오호라! 그대는 죄가 많고 게으름은 저 하늘까지 뻗쳐 있으면서 도리어 좋은 운이 있도록 해달라고 하늘에 요구하고 있소? 은나라가 장차 망할 것이므로 그대에게 많은 악행을 저지르도록 지시한 것이니, 죽을힘을 다해 그대 나라를 위해 힘쓰지 않을 수 없을 것이오!"

西伯旣戡黎, 祖伊恐, 奔告于王.

曰:「天子! 天旣訖我殷命. 格人元龜, 罔敢知吉. 非先王不相我後人, 惟王淫戲用自絶. 故天棄我, 不有康食. 不虞天性, 不迪率典.
今我民罔弗欲喪, 曰:『天曷不降威? 大命不摯, 今王其如台?』」

　王曰:「嗚呼! 我生不有命在天?」

　祖伊反曰:「嗚呼! 乃罪多, 參在上, 乃能責命于天? 殷之卽喪, 指
乃功, 不無戮于爾邦!」

【旣】이미, 이윽고, 이후.

【王】殷의 紂王(受)을 가리킴.

【天旣訖我殷命】'旣'는 '아마, 대개'의 뜻.《尙書覈詁》에 "旣與其古通用"이라 함. '訖'은
　'중지시키다, 끝내다, 완결하다, 마감하다'의 뜻.

【格人】至人. 賢人. 천명과 길흉을 능히 알아내는 사람. 孔穎達 疏에 "格訓爲至. 至
　人謂至道之人, 有所識解者也. 至人以人事觀殷"이라 함.

【元龜】점칠 때 쓰는 큰 거북. 馬融은 "元龜, 大龜也. 長尺二寸"이라 함.

【罔敢知吉】'감히 길하다는 점괘가 나올 수 없다'의 뜻.

【淫戲用自絶】'淫戲'는 酒色에 과도하게 빠짐.《史記》殷本紀에 "(紂)好酒淫樂, 嬖於婦
　人"이라 함. '用'은 以, 因과 같음. '自絶'은 孔穎達 疏에 "紂旣自絶於先王, 亦自絶於天"
　이라 함.

【不有康食】凶年으로 인해 편안히 밥을
　먹을 수 없음.

【不虞天性】'虞'는 추측함, 예견함, 알아
　차림. '天性'은 天意와 같음. 하늘의 본
　뜻.

【不迪率典】'迪'은 준행함, 준수함. '率典'
　은 常法.《尙書集注音疏》에 "王猶不度
　知天性, 不遵循典法, 言其昏亂"이라 함.
　《史記》集解에는 "鄭玄曰:「王暴虐於民,
　使不得安食, 逆亂陰陽, 不度天性, 傲很
　明德, 不修敎法者.」라 함.

【罔不欲喪】'喪'은 亡과 같음. 망하지 않
　기를 바라는 자가 없음.

〈周 文王(西伯 姬昌)〉

〈周 文王(姬昌)과 武王(姬發)〉《三才圖會》

【天曷不降威】 "하늘이 어찌 위세를 내려주지 않는가"의 뜻. 紂가 천벌을 받기를 바라고 있음. '曷'은 何와 같음.

【大命不摯】 '大命'은 天命, 곧 殷이 망하고 周가 들어설 命運. '摯'는 至, 臻과 같음. 그러나 중국 판본에는 백성들의 원성을 '天曷不降威'에서 끊고 다음의 이 구절은 "그를 징벌할 명령이 이르지 않고 있다"로 풀이하고 있음. 그러나 《史記》 등의 기록을 참고하여 이 구절과 다음 구절까지 백성들의 원망의 말로 함께 묶어 풀이함.

【如台】 '台'는 '이'로 읽으며 '如以, 如何'의 뜻. 이 역시 중국 판본에는 "지금 왕께서는 어쩔 셈이오?"의 의미로 풀이하고 있음.

【反】 反對, 反駁의 뜻.

【乃罪多】 '乃'는 爾와 같음. 인칭대명사. '罪'는 죄과.

【參在上】 '參'은 '政事를 게을리하다'의 뜻으로도 풀이함. 《鳴沙石室遺書》의 《尚書》에는 이 글자가 '厽'로 되어 있으며, 《漢書》 古文四聲韻에는 '㣥'로 되어 있음. '厽'는 '㣥'의 古字이며 '㣥'는 '傝'의 本字임. 《說文解字注》에 "傝, 垂貌. 从人, 㣥聲. 一曰懶懈"라 함.

【乃能責命于天】'乃'는 却의 뜻. '責命于天'은 좋
 은 운을 달라고 하늘에 기원함.
【殷之卽喪】'喪'은 亡과 같음. 疊韻互訓. 혹 失로
 도 풀이함. 雙聲互訓. 나라가 사라짐.
【指乃功】하늘이 너에게 지시한 일들. 하늘이 은
 나라를 망하게 하려고 그대에게 온갖 악행을 저
 지르도록 지시한 것임. '乃'는 爾. '功'은 일, 사업,
 紂의 온갖 악행을 뜻함.
【戮】'劉, 勠'과 같음. 온힘을 다함. 죽을힘을 다함.

〈美人圖〉(殘畫) 唐 新疆 吐峪溝 출토

〈20〉 미자微子(108-109)

〈青瓷四繫蟠耳天雞尊〉(隋) 1956 湖北
武漢 隋墓 출토

미자微子는 이름이 啓(開)이며 殷나라 말
紂王의 庶兄이다. '微'는 봉호이고 '子'는 작
위이다. 《呂氏春秋》(仲冬期)에 의하면 원래
그는 帝乙의 장자로 어머니는 제을의 첩이
었다가 정식 妻가 된 다음 그 뒤 紂가 태
어난 것이다. 같은 어머니 소생이지만 啓
는 첩의 신분이었을 때 낳았기 때문에 먼
저 났음에도 서형이 된 것이며, 정비가 된
다음 낳은 紂가 정통을 인정받아 帝位에
올랐다고 하였다. 그러나 《孟子》告子章에
는 微子를 紂의 叔父라 하여 정확한 혈통
은 알 수 없다. 뒤에 周 武王이 紂를 쳐서
殷을 滅한 후 微子를 宋에 봉하여 殷의 제
사를 잇도록 하였으며 이에 송나라 시조가
되었다.

《史記》殷本紀와 宋微子世家에 의하면 주의 포악한 짓이 계속되자 미자
가 여러 차례 간언을 하였으나 주는 듣지 않았다. 이에 미자는 太師, 少師
와 상의한 끝에 도망하여 조정을 떠나버렸다. 《史記》에는 "帝乙長子曰微子
啓, 啓母賤, 不得嗣. 少子辛, 辛母正后, 辛爲嗣. 帝乙崩, 子辛立, 是爲帝辛, 天
下謂之紂. ……紂愈淫亂不止. 微子數諫不聽, 乃與大師·少師謀, 遂去"라 하였
으며, 《論語》微子篇에도 "微子去之, 箕子爲之奴, 比干諫而死. 孔子曰:「殷有
三仁焉.」"이라 하여 은나라 삼인三仁의 하나로 추앙받기도 하였다.

본편은 문장이 고체에 속하며 다만 표현이 너무 천이淺易하여 이 때문에 혹 뒷사람이 위탁한 것이 아닌가 여기기도 하지만 근거는 없다. 본편은 〈今文尙書〉와 〈古文尙書〉에 모두 실려 있다.

*蔡沈 《書傳》 〈微子〉 注에 "微, 國名;子, 爵也. 微子, 名啓, 帝乙長子, 紂之庶母兄也. 微子痛殷之將亡, 謀於箕子·比干. 史錄其問答之語, 亦誥體也. 以篇首有微子二字, 因以名篇. 今文·古文皆有"라 하였다.

〈서〉: 은殷나라가 이미 천명이 폐기되자, 미자微子가 태사太師, 소사少師와 상의하였다.

〈序〉: 殷旣錯天命, 微子作誥父師·少師.

【錯天命】'錯'은 錯亂함. 馬融은 "廢也"라 함. '天命'은 나라의 운명.

【微子】이름은 啓(開). 微는 畿內의 지명. 미자가 받았던 봉지. 子는 爵位.

【父師, 少師】父師는 太師.《史記》에는 "居二年, 聞紂昏亂暴虐滋甚, 殺王子比干, 囚箕子. 太師疵·少師彊抱其樂器而奔周"라 하여 太師는 疵, 少師는 彊이라 하였음.

【誥】布誥하는 말. 여기서는 '상의하다, 논의하다'의 뜻에 가까움.

【父師】太師.《史記》에는 '太師'로 되어 있음.

【少師】比干으로 보고 있음. 紂임금의 諸父로서 紂임금의 무도함을 간하다가 죽임을 당함.

108(20-1)

약섭대수 若涉大水

미자微子가 이렇게 말하였다.

"부사父師여, 소사少師여! 은殷나라는 능히 사방四方을 다스려도 바르게 하지 못할 것입니다. 우리 조상 탕께서 법술을 정하여 지난날에 진열해 놓으셨는데, 주紂가 술에 빠져 정신을 차리지 못한 채 그 덕을 후대에 이렇게 어그러뜨리고 있습니다. 은나라는 백성이나 군신 할 것 없이 초략질을 일삼는 간귀姦宄을 좋아하며, 경卿이나 사대부, 많은 우두머리들은 법도에 어긋난 짓만 하면서 죄를 저지른 자는 도리어 떳떳이 잡아들이지 않고 있으니, 일반 백성들이 뭉쳐 일어나 서로가 적과 원수가 되고 있습니다. 지금 은나라는 아마 망하고 말 것이니, 이는 마치 큰 물을 건너면서 나루도 언덕도 없는 것과 같습니다. 은나라가 드디어 망함이 오늘에 이르렀습니다!"

그리고 미자는 또 이렇게 말하였다.

"부사여, 소사여! 나는 이를 버리고 떠나리이까? 우리는 관여하지 않고 집에서 늙거나, 황야에 숨어 버리리까? 지금 그대들이 그의 잘못을 지적하여 일러주지 않으면 우리는 엎어지고 말 것이니, 어찌하면 좋겠소?"

微子若曰:「父師·少師! 殷其弗或亂正四方. 我祖底遂陳于上, 我用沈酗于酒, 用亂敗厥德于下. 殷罔不小大好草竊姦宄, 卿士師師非度. 凡有辜罪, 乃罔恒獲, 小民方興, 相爲敵讎. 今殷其淪喪, 若涉大水, 其無津涯. 殷遂喪, 越至于今!」

曰:「父師·少師! 我其發出狂? 吾家耄遜于荒? 今爾無指告, 予

顚隮, 若之何其?」

【若曰】'이렇게 말하였다'의 뜻.

【殷其弗或亂正四方】'其'는 蓋의 뜻. '아마도'의 의미. '或'은 克과 같음.〈文侯之命〉의 '罔或耆壽'를《漢書》成帝紀 詔書에 인용된 것은 '罔克耆壽'라 한 것으로 보아 '或'은 '克'과 같은 의미로 보고 있음. '亂'은 治와 같음.《史記》宋微子世家에는 "殷不有治政, 不治四方"으로 되어 있음.

【我祖底遂陳于上】'我祖'는 湯을 지칭함. 馬融은 "我祖, 湯也"라 함. '底'는 '정하다'의 뜻.〈舜典〉'乃言底可績'의 馬融 注에 "底, 定也"라 함. '遂'는 法術의 뜻. 黃式三은 "遂, 法也, 與術通"이라 함. '陳'은 '진열하다'의 뜻.

【我用沈酗于酒】'我'는 紂를 가리킴.《尙書易解》에 "我, 指紂"라 하였고,《史記》宋微子世家에는 "紂沈湎於酒"라 함. '用'은 以, 因과 같음. '沈'은 王引之는 "沈之言淫也. 沈酗, 猶淫酗也"라 함. '酗'(후)는 술에 빠져 혼미함을 뜻함.

【用亂敗厥德于下】'用'은 以, 因과 같음. '亂'은 淫亂. '厥德'은 成湯의 덕을 가리킴. '下'는 後世. 馬融은 "下, 下世也"라 함.

【小大好草竊姦宄】'小'는 일반 백성을, '大'는 群臣들을 가리킴. '草'는 鈔와 같음.《爾雅》釋言에 "鈔, 掠也"라 함. '姦宄'는 법을 어기며 난을 짓는 행위.

【卿士師師非度】'師師'는 여러 우두머리들. 앞의 '師'는 多의 의미이며, 뒤의 '師'는 長의 의미임. '度'는 법도.

【乃罔恒獲】'乃'는 却과 같음. '恒'은 常과 같음. '獲'은 捕獲, 逮捕의 의미.

【小民方興】'方'은 幷(並)과 같음.《儀禮》鄕射禮 "不方足"의 鄭玄 注에 "方, 猶幷也"라 함. '方興'은 '함께 들고 일어나다'의 뜻.

【相爲敵讎】서로 적이나 원수가 됨.

【殷其淪喪】'其'는 '아마도'의 뜻. '淪喪'은 滅亡의 의미.

【津涯】나루나 언덕.

【越至于今】'越'은 語頭의 語氣助詞. '今'은 此와 같음.

【其發出狂】《史記》宋微子世家에는 "我其發出往"으로 되어 있으며, 鄭玄은 "發, 起也. 紂禍敗如此, 我其起作出往也"라 하였고, 孫詒讓은 "此狂當從鄭讀爲往, 發疑當讀爲廢. 言我其廢棄而出亡也"라 함.

【吾家耄遜于荒】'家耄'는 벼슬하지 아니한 채 집 안에서 늙는 것. '遜'은 도망하여 숨음. '荒'은 荒野.

【指告】지적하여 일러줌. 紂의 포악함을 지적하여 일러줌.

【顚隮】엎어지고 넘어짐. 멸망을 뜻함.

【若之何其】如何, 何如와 같음. '其'는 語氣助詞.

천독강재天毒降災

부사父師가 이렇게 말하였다.

"왕자王子여! 하늘이 무겁게 재앙을 내려 이 은殷나라를 황폐하게 하고 있는데도, 바야흐로 술에 빠져 정신을 차리지 못하면서도 도리어 천위天威를 두려워함이 없이 나이 많은 사람이나 오래 관직에 있었던 사람들을 위배하고 있습니다. 지금 은나라 백성들은 이에 천신지기에게 올릴 희생물을 훔쳐 이를 숨기고 자신들이 길러 먹고 있어도 죄가 되지 않습니다. 하늘이 은나라 백성을 내려다보고 있는데도, 나라에서는 백성을 죽이고 세금을 조밀하게 매겨 백성이 적과 원수가 될 일을 초래하면서, 조금도 감면해주지 않고 있습니다. 죄가 이처럼 한결같이 하나로 모이고 있건만 고통당하는 많은 이들은 호소할 데조차 없습니다. 상商나라가 이제 재앙이 있게 되면 우리는 모두가 그 재앙을 입게 될 것이니, 만약 상나라가 망하면 나는 적의 노예가 되지 않고자 합니다. 왕자께 권하건대 어서 나서서 가십시오. 내 일찍이 각자刻子와 왕자께 도망하지 않으면 우리는 모두 엎어진다고 일렀습니다. 스스로 대책을 세우십시오! 사람마다 각기 선왕에게 공헌함이 있으면 되는 것이지 나는 도망하여 숨는 행동에 대해서는 생각해 볼 겨를도 없습니다."

父師若曰:「王子! 天毒降災荒殷邦, 方興沈酗于酒, 乃罔畏畏, 咈其耈長, 舊有位人. 今殷民, 乃攘竊神祇之犧牷牲用以容, 將食無災. 降監殷民, 用乂讎斂, 召敵讎不怠. 罪合于一, 多瘠罔詔. 商今其有災, 我興受其敗; 商其淪喪, 我罔爲臣僕. 詔王子出迪. 我舊云刻子·王子弗出, 我乃顚隮. 自靖! 人自獻于先王, 我不顧行遯.」

【王子】微子를 가리킴. 微子 啓는 帝乙의 長子였음.

【天毒降災荒殷邦】《史記》 宋微子世家에는 '毒'을 篤으로, '荒'을 亡으로 표기하였음. '篤'은 '두텁다, 무겁다'의 뜻. '災'는 일부 판본에는 '灾'로 되어 있음.

【乃罔畏畏】'乃'는 却과 같음. '도리어'의 뜻. '畏畏'는 '天威를 두려워하다'의 뜻.《禮記》表社에《甫刑》을 인용하여 "德威惟畏"라 하였고, 鄭玄은 "德所威則人皆畏之"라 하였으며, 여기의 '威'는 '畏'와 같음. 鄭玄 注에 〈考工記〉등을 인용하여 "故《書》威作畏"라 함. "마땅히 두려워하여야 할 것을 두려워하지 않다"의 뜻.

【咈其耇長舊有位仁】'咈'은《說文》에 "違也"라 함. '耇'는 늙고 나이 많은 사람. '位人'은 오래도록 벼슬하여 경험 많은 사람.

【攘竊神祇之犧牷牲用以容】'攘'은 '슬며시 훔치다'의 뜻. '竊'은 竊盜. '神祇'는 천신지기. '犧'는 한 가지 색깔의 제물로 쓰는 가축. '牷'은 통째로 쓰이는 제물용 가축. '牲'은 돼지, 소, 양 등. '容'은 '숨기다'의 뜻.《尚書今古文注疏》에 "容, 隱也"라 함.

【將食無災】'將'은 '기르다'의 뜻.《詩》小雅 四牡 "王師靡鹽, 不遑將父"의 〈毛傳〉에 "將, 養也"라 함. '無災'는 죄가 없음을 뜻함.

【降監】밑을 내려 봄.

【用乂讎歛】'乂'는 刈와 같음. '베어버리다, 죽이다'의 뜻. '讎'는 馬融은 '稠'의 뜻으로 보았음. '빽빽하다, 많다'의 의미. '歛'은 賦稅.

【召敵讎不怠】'召'는 '招來하다'는 뜻. '怠'는 '느슨히 하다, 세금과 요역을 감면해주다'의 의미.

【多瘠罔詔】'瘠'은 病. 여기서는 고통받는 사람을 가리킴. '詔'는 '告하다, 호소하다'의 의미.

【興受其敗】'敗'는 災殃, 殃禍.

【罔爲臣僕】'臣僕'은 奴隸와 같은 의미임.

【詔王子出迪】'詔'는 '일러주다, 권고하다'의 뜻. '迪'은《尚書今古文注疏》에 "迪者, 行也. 字从由, 行也"라 함.

【舊云刻子】'舊'는 久와 같음. '刻子'는 焦循의《尚書補疏》와 孫詒讓의《尚書駢枝》에 모두 '箕子'라 하였음. 箕子는 이름은 胥餘. 箕 땅에 봉해진 子爵의 왕족. 紂임금의 諸父로 알려짐. 紂의 무도함을 간언하였으나 듣지 않자 거짓으로 미친 체하며 살았다 함. 周나라 武王이 殷나라를 토벌하고 그를 찾아 天道에 관하여 물은 내용의 본《尚書》의 〈洪範〉편임.

【我乃顚隮】'我'는 殷王室을 가리킴. '顚隮'는 '엎어져 망하다'의 뜻.

【自靖】'靖'은 '대책을 세우다, 모책을 강구하다'의 뜻.

【不顧行遯】'顧'는 '생각하다'의 뜻. '遯'은 '도망하다, 숨다'의 뜻.

임동석(茁浦 林東錫)

慶北 榮州 上茁에서 출생. 忠北 丹陽 德尙골에서 성장. 丹陽初中 졸업. 京東高 서울
敎大 國際大 建國大 대학원 졸업. 雨田 辛鎬烈 선생에게 漢學 배움. 臺灣 國立臺灣師範
大學 國文硏究所(大學院) 博士班 졸업. 中華民國 國家文學博士(1983). 建國大學校
敎授. 文科大學長 역임. 成均館大 延世大 高麗大 外國語大 서울대 등 大學院 강의.
韓國中國言語學會 中國語文學硏究會 韓國中語中文學會 등 會長 역임. 저서에
《朝鮮譯學考》(中文)《中國學術槪論》《中韓對比語文論》편역서에《수레를 밀기 위
해 내린 사람들》《栗谷先生詩文選》. 역서에《漢語音韻學講義》《廣開土王碑硏
究》《東北民族源流》《龍鳳文化源流》《論語心得》〈漢語雙聲疊韻硏究〉등. 학술
논문 50여 편. 현 건국대 명예교수. 靑丘書堂 훈장.

임동석중국사상100

서경 書經(尙書)

林東錫 譯註
1판 1쇄 발행/2017년 9월 9일
발행인 고정일
발행처 동서문화사
창업 1956. 12. 12. 등록 16-3799
서울 중구 다산로 12길 6(신당동 4층)
☎546-0331~6 (FAX) 545-0331
www.dongsuhbook.com
잘못 만들어진 책은 바꾸어 드립니다.

*

이 책의 출판권은 동서문화사가 소유합니다.
의장권 제호권 편집권은 저작권 법에 의해 보호를 받는 출판물이므로 무단전재와 무단복제를 금합니다.
이 책의 일부 또는 전부 이용하려면 저자와 출판사의 서면허락을 받아야 합니다.

*

사업자등록번호 211-87-75330
ISBN 978-89-497-1640-4　04080
ISBN 978-89-497-0542-2　(세트)